쉬운 영어, 살아있는 영문법
물고기 영어

쉬운 영어, 살아있는 영문법
물고기 영어

초판 1쇄 발행 2023년 2월 15일

지 은 이 이재옥
펴 낸 이 김한수
편   집 박민선

펴낸곳   한국NCD미디어
등 록   과천 제2016-000009호
주 소   경기도 과천시 문원청계2길50 로고스센터 206호
전 화   02-3012-0520
이메일   ncdkorea@hanmail.net
홈주소   www.ncdkorea.net

ISBN 979-11-91609-83-7   13740

copyright©한국NCD미디어 2023
Printed in Seoul, Korea

* 이 책은 한국NCD미디어가 저작권자와의 계약에 따라 발행한 것이므로
  본사의 협의없는 무단전재와 무단복제를 엄격히 금합니다.
* 잘못 만들어진 책은 구입처에서 교환해드립니다.

값 30,000원

쉬운 영어, 살아있는 영문법
물고기 영어

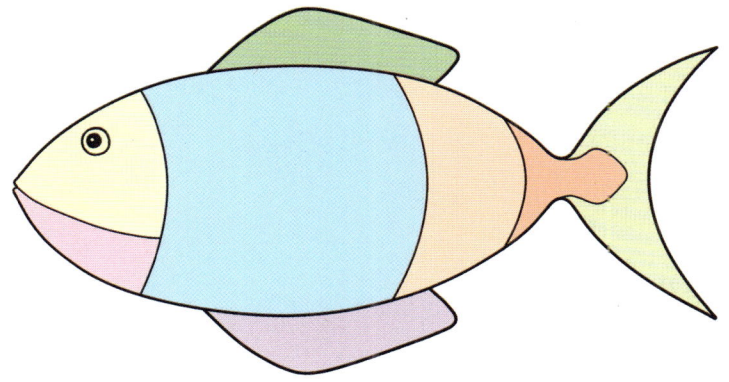

이재옥 지음

한국NHD미디어

Prologue _12

제1편   물고기 영어 8품사

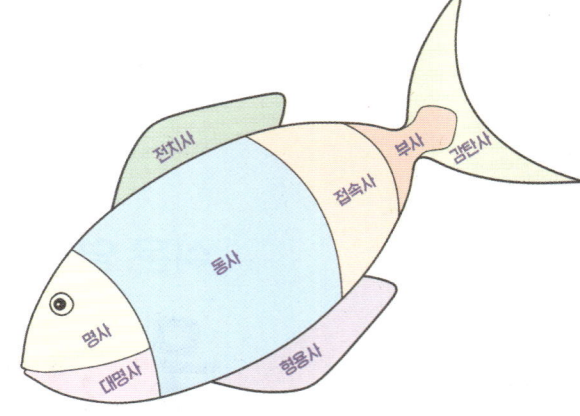

강의 #1 _18
- 영어문법의 기초적인 개념과 한글식 영어 공부의 중요성
- 영어식 문법과 한글식 문법의 차이점과 8품사의 개념
- 영어를 공부할 땐 모든 영문법을 한글식으로 분석하는 습관을 가져라.
- 귀납법과 연역법의 원리
- 연역법적인 영어 문장
- 한글식 영어해석의 단점들
- 영어는 오직 8품사
- 영어문장과 국어문장의 차이점
- 5형식의 기원
- 단어
- 품사와 품격의 차이
- 어휘력
- 반복되는 단어를 피하라.
- 동사를 보고 문장을 파악하라.
- 8품사의 기본 개념
- 복습

강의 #2 _39
- 시제(tense)
- 현재시제(Present tense)
- 시간과 조건의 부사절
- 과거시제(Past tense)
- 현재완료 시제(Present Perfect Tense) have(has)+p.p.

- 수(number)
- 3인칭 단수현재
- 관사(Article)
- 태(voice)
- to 부정사(to-infinitive)
- 분사(perfect)의 종류
- 현재분사 ing
- 과거분사 ed/en
- 분사구문
- ing 의 4 가지 기능
- 빈도부사의 위치
- 구(Phrase)
- 절(Clause)
- 관계 대명사(Relative Pronoun)
- 관계대명사 that
- 부사의 어순
- 복습

강의 #3 _68

- 동사류
- 동사류(상당어구) 6가지
    - 일반 동사
    - Do 동사
- 원형부정사(원형동사)
- 조동사가 생략된 원형동사
- 동명사만을 목적어로 취하는 동사들
- 지각동사
- 감각동사
- 왕래발착동사에 will 이 오는 경우
- 왕래발착동사에 will 을 쓸 수 없는 경우

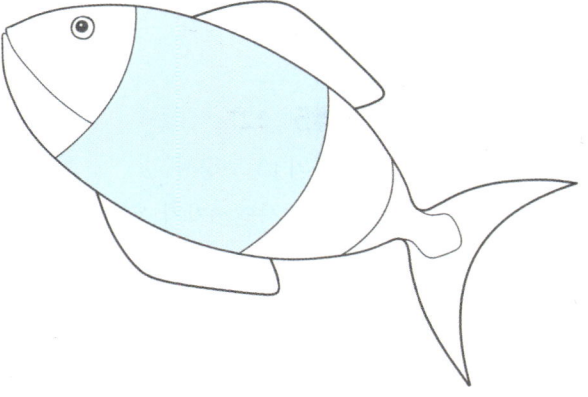

- 사역동사
    - 원형부정사의 확실성
    - 사역동사의 수동태
    - 준사역동사란?
- be 동사
- be to 용법의 특성
- 일반 동사가 be 동사처럼 쓰이는 동사들
- be 동사 정리

강의 #4 _109

- 1번 동사
- 동사구의 유형들
- to 숙어들
- 경상도과 6개
- 충청도과 5개
- to 과 3개
- 다양한 종합동사구
- 수여동사
- 전치사 to 가 오는 경우
- 전치사 for 가 오는 경우
- 전치사 on/in 이 오는 경우

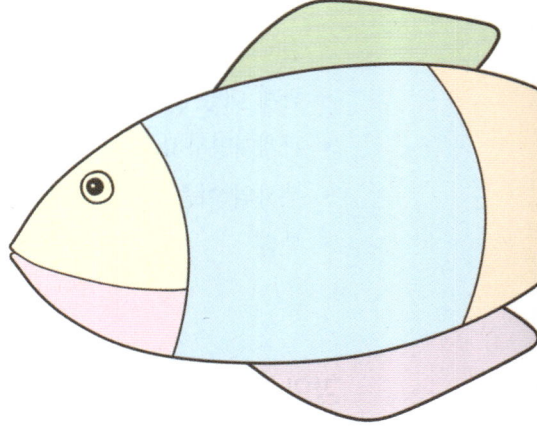

강의 #5 _127

- 동사의 to 부정사
- to 부정사의 3가지 용법
- 전치사의 to 란
- 자동사(Intransitive Verb)와 타동사(Transitive Verb)의 차이점
- 뜻이 달라지는 1형식과 3형식의 차이
- 대표적인 타동사들
- 좋은 표현을 위한 동사의 바른 선택

- 뜻이 달라질 수 있는 자동사와 타동사
- 자동사들이기 때문에 전치사가 와야 하는 경우
- 분사
- 현재분사
- 과거분사 ed/en
- 현재분사 ing
- 분사구문

강의 #6 _154

- 조동사
- will 과 be going to 의 차이점
- be going to 의 뜻
- 조동사의 의문문
- 조동사구와 동사구의 서술어
- 조동사구의 숙어들과 가정법적인 표현들
- 조동사구의 과거의 유감
- 현재완료 시제
- 현재완료 수동태
- 과거완료 시제

강의 #7 _179
- 명사 10%
- 명사류(상당어구)
- 명사류 6가지
- 주어를 만드는 명사류 5가지
- 형용사 5%
- 형용사의 기능
- 형용사의 한글식 해석방법 5가지
- 형용사가 오직 명사 앞에서 수식하는 7가지 경우
- 형용사가 명사 뒤에서 수식하는 경우

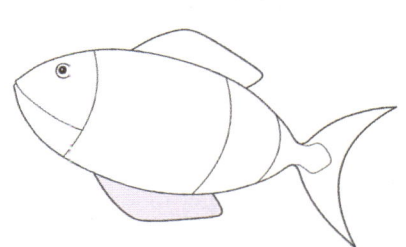

강의 #8 _206
- 형용사의 서술적 용법
- 형용사가 한정적 용법과 서술적 용법으로 쓰일 때 의미가 달라지는 경우
- 형용사류 7가지
- 부사 10% 부사(상당어구=부사류)
- 부사류의 기능
- 부사류 5가지
- 독립된 부사와 부사구의 경우

강의 #9 _228
- 태(voice)
- 접속사(Conjunction) 15~20%
- 의문(사)접속사와 의문(사)의 의문문의 차이점

강의 #10 _253
- 의문접속사들
- If/whether ~ (or not) ~인지 아닌지, ~할 건지 안할 건지
- 접속사 부사절들

강의 #11 _281
- because, as, since, for 의 용법의 차이점
- It ~ that 강조용법
- It be ~ that 강조용법 I
- It ~ to 강조용법
- It ~ for ~ to ~ 강조용법
- 의문사 강조 용법들
- What 의 용법
- 다양한 의문문사 의문사들
- 문장 해석의 원리

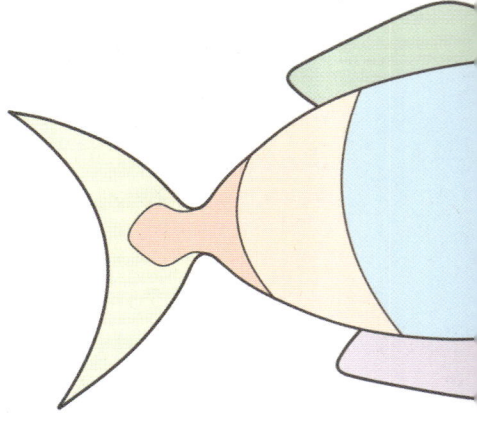

강의 #12 _313
- 관계대명사(Relative Pronoun)
- that 의 여러 가지 용법
- 관계부사(Relative Adverb)

강의 #13 _340
- 관사(Article)
- 부정관사
- 정관사
- 동사구의 목적어
- 부록 1
- 특수동사의 공식
- 부록 2
- say, tell, talk, speak 의 차이점

강의 #14 _365
- 도치구문(Inverted sentences)
- 화법(narration)
- 비교급Comparative)과 최상급(Superlative)
- 절대비교
- 열등비교
- the 비교급
- 동일인 성질 비교
- 동등 비교급
- 비교급 관용적 표현

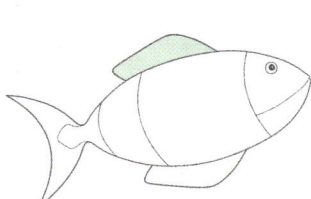

제2편　　걸어서 어순 속으로

　영어 공부의 순서 _392

첫째: 한글식 이론 _394
- 장·방·시 이론
- 시간(때)를 동반한 사역동사
- 사건의 때와 시간 때
- 수와 기간의 순서
- 작은 장소 큰 장소의 원칙
- 장소는 문장 끝에
- 장소와 때의 문장 구조
- 장소와 수단(방법)의 문장 구조
- 질병과 때(기간)의 문장
- 문장 속에 질병이 언급되면 문장 끝에
- 직역과 의역의 내용이 달라지는 경우
- 주어와 동사의 관계

둘째: 동사 이론 _407
- 동사 우선순위
- 주어 다음 동사의 목적을 찾아라.
- 동사구의 to 부정사
- 동사 선택의 중요성
- 동사와 관련된 단어 우선 순위
- 동명사의 속성
- to 부정사와 동명사의 차이점
- 사람을 강조하는 목적어 뒤에 to 부정사
- 문장의 연결고리를 찾아라.
- 분사적 형용사와 동명사적 형용사가 명사 뒤에서 수식하는 경우
- 사역동사의 특성

- 동사 다음 바로 연결된 단어를 찾아라.
- 지각동사의 특성

셋째: 문법적 이론 _428
- 한글식 어순과 영어식 어순의 한계점
- 한글 내용을 영어식으로 고친 후 영작하라.
- 영어 논리와 한글 논리의 차이점
- 독립된 부사구는 문장 앞에 긴 부사구는 문장 끝에
- 문장 끝에 오는 단어들
- 모든 부사는 문장의 엑스트라
- 부사구나 부사절이 문장 앞에 오는 경우
- 종속절이 주절 앞에 오는 경우
- 중요한 내용은 앞으로 보내고 의미부여가 약한 내용은 뒤로 보내라.
- 짧은 문장은 앞에 긴 문장은 뒤에 온다.
- 전치사 용법
- 분사구문
- 형용사의 후방한정용법의 to 부정사와 서술용법의 to 부정사의 차이점
- 비교급의 특성
- 의문사와 명사, 형용사, 부사의 어순 순위

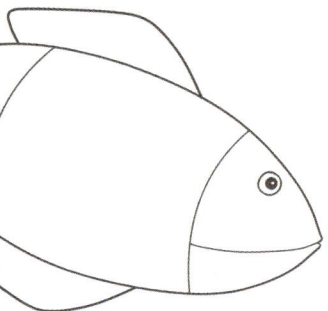

Prologue

구슬이 서말이라도 꿰야 보배다.

이스라엘에서 약 5년 동안 태권도 사범으로 올림픽 대표 선수들을 가르쳤다. 태권도를 가르치면서 히브리어만 잘하면 그만이겠지라고 생각했다. 하지만 아랍지역을 여행하다 보니 아랍어뿐만 아니라 영어를 유창하게 하면 어느 지역을 가든지 환영을 받을 수 있다는 것을 깨닫게 되었다. 그런데 천재가 아니고서야 어느 천 년에 영어, 히브리어, 아랍어를 동시에 다 할 수 있단 말인가!

영어를 공부해야겠다는 고민 끝에 미국을 선택하게 되었다. 미국에 살면서도 영어는 생각처럼 쉽게 다가오지 않았다. 10년 그리고 15년이 지나도 영어는 갈수록 어렵게만 느껴졌다. 미국에 있는 필리핀계 More Than Medals (MTM)이라는 회사에서 사역한지 어느덧 10년이 되던 해 느닷없이 San Francisco로 출장을 다녀오게 되었다. 한 달은 Los Angeles(L.A)에서 또 다른 한 달은 San Francisco에 살면서 정신 없이 사역에 집중하다 보니 필리핀계 학생들 가운데 미국 태권도 국가 대표 2명과 한 명의 국가대표 후보생을 배출할 수 있었다.

사역의 보람은 컸지만 영어실력의 한계점은 점점 크게 부딪치기 시작했다. 갈수록 부족한 영어 실력에 화가 났다. 영어를 배우기 위해 30년 전부터 영어 단어장을 소지하면서 매일같이 회화를 연습하고 문법을 달달 암기하면서 나름대로 열심히 영어 공부했는데 왜 이렇게 영어는 갈수록 힘든 것일까?라는 생각으로 심한 좌절감에 빠지기도 했지만 평생을 독학으로 단련한 몸이라 쉽게 포기하고 싶지는 않았다. 옛 속담에 소도 비빌 언덕이 있어야 비빈다고 했는데 정말 비빌 언덕조차 없던 필자에겐 오직 백절불굴의 정신만이 삶의 전부였다. '그래 한번 끝까지 가보는 데까지 가 보자.'라고 굳게 결심하면서 하루 평균 약 5시간에서 6시간을 영어공부에 집중했다.

유튜부에 나온 동영상을 검토하면서 기라성 같은 강사진들을 접하게 되었다. 약 3개월쯤 되서야 문법의 윤곽이 드러나면서 영어공부의 참 맛을 느끼게 되었고 심지어 독학생만이 느낄 수 있는 문법의 새로운 방식을 구성하게 되었다. 유대인들의 정신적 지주가 되는 탈무드에 "자녀에게 고기를 잡아주지 말고, 고기를 잡는 방법을 가르쳐줘라."라는 말이 있다. 이『물고기 영어』교재는 영어공부를 주입식으로 가르치는 것이 아니라 영어를 스스로 할 수 있도록 길잡이 역할을 하게 될 것이다. 필자는 영어를 유창하게 잘해서 교재를 만든 것이 아니라 영어를 이해하기 시작하면서 교재를 쓰게 되었다. 이 교재는 암기하는 방식을 가르쳐 주는 것이 아니라 이해하는 사고력을 가르쳐 주게 될 것이다.

이 교재는 기초적인 영문법으로부터 시작된다. 이 책에서 말하는 영문법은 대기업의 구조와 매우 유사하다. 명사와 대명사를 기업의 총수로 비유했으며 그 총수 밑에 있는 다섯 개의 명사 종류를 고·추·집·보·물, 즉 고유, 추상, 집합, 보통, 물질 명사로 표현하여 누구나 쉽게 이해할 뿐 아니라 평생 잊을 수 없도록 각인시켜 표현하였다.

시제부분에서는 현재를 사·진·속·습·격으로 설명했다. 일반적 사실, 불변의 진리, 속담, 습관, 격언 등이 현재시제를 대표하는데 이를 보다 쉽게 이해할 수 있도록 한글식 표현을 활용하므로 어렵게 느껴지는 부분들을 쉽게 접근할 수 있도록 최선을 다했다. 현재시제의 고급반에서는 '사진 속 습격 시간입니다. 그런데 조건이 있어요. 왕래발착동사와 같이 갑니다.'로 연결하여 현재시제를 깔끔하게 정리했다.

기본적인 영문법을 공부한 후 제2편「걸어서 영어 어순 속으로」편에서는 한글식 이론, 동사의 이론, 문법적 이론 등을 적용하므로 회화, 독해, 영작, 번역 등을 자유자재로 할 수 있도록 연구했다. 영어를 자유롭게 말하거나 쓰기 위해서는 긴 시간을 두고 여유롭고 한가하게 공부할 수 있는 과목은 아니다.

'쇠 뿔도 단 김에 빼라.'라는 옛 속담이 있듯이 강한 결심이 있어야 한다. 결심한 뒤에는 시간을 투자해야 하며 시간을 투자한 뒤에는 집중적으로 학습할 수 있는 환경을 만들어야 한다. 이 교재는 개인별 또는 소그룹별로 활용하면 더욱 큰 효과를 얻을 수 있다. 반드시 건너야 할 강이 있다면 이번 기회에 굳게 결심한 후 꼭 실천해보자. 혼자 건널 수 없는 강이라면 함께 힘을 모아 보자.

영어공부의 핵심적인 요소들

영어를 잘 하는 사람만이 영어를 잘 가르치는 것은 아니다. 영어를 잘 하는 것과 가르치는 것은 다소 차이점이 있다. 운동선수가 자신이 잘 하는 운동을 다른 사람들에게 그대로 전수할 수 없는 것과 같이 영어도 이와 비슷하다. 교포 1.5세 또는 2세가 제 아무리 영어를 잘 한다 한들 영어를 가르쳐 본 경험이 없다면 정식으로 영문법을 배워 가르치는 사람보다 더 못 가르칠 것이다. 영어공부의 아픔을 경험해보지 못한 사람이 어떻게 그 가르치는 기쁨을 깨달을 수 있겠는가!

사람은 자신이 아는 만큼 행동할 수 있으며 경험한 만큼 가르칠 수 있다.

영어 문법과 회화 그리고 단어를 하나로 연결하라.

학창시절에 열심히 영어를 배웠음에도 불구하고 생활 속에서 영어가 전혀 안 되는 사람들이 있다. 그 이유 중 하나는 영어를 배울 때 문법과 회화 그리고 단어를 하나로 연결시키지 못하고 따로 암기하는 방법만을 배워왔기 때문이다. 영어를 배울 때에는 문법, 회화, 단어를 하나로 연결하는 방식을 알아야 한다.

공부하는 방식을 잘 알지 못한다면 아무리 영어학문을 습득해보려 애써도 그에 적합한 해결책을 찾지 못할 것이다. 영어를 잘하고 싶은 열정이 있는 사람이라면 반드시 문법, 회화, 단어를 하나로 연결하여 공부하는 방식을 터득해야 한다. 이 교제는 이러한 3가지를 한 번에 해결할 수 있도록 구성되어 있다. 문법과 회화 뿐 아니라 독회와 번역 그리고 통역까지 할 수 있도록 연구되어 있다.

영어를 잘 하기를 원한다면 많은 시간을 투자하라.

문법을 잘 안다고 영어를 잘 할 수 있는 것도 아니며 단어를 많이 안다고 문법을 잘 하는 것도 아니다. 문법, 회화, 단어를 하나로 연결하기 위해서는 전체적인 영어개념의 흐름을 바르게 이해해야만 한다.

영어공부를 위해 비싼 교재들과 엄청난 학원비용을 투자해 보지만 투자비용에 비해 득을 얻지 못한 것은 집중적으로 시간을 활용하지 못하고 있었기 때문이다. 만일 하루에 10시간씩 1주 또는 하루에 5시간씩 2주 또는 하루에 3시간씩 3주를 투자하여 전반적인 영어 문법을 모두 이해하고 활용할 수있는 길이 있다면 어떻게 할 것인가?

효과적인 영어공부

효과적인 영어공부를 위해서는 다음 다섯 가지 방식을 꼭 기억해야 한다.
1. 지속적인 전략에 따라 단계적으로 공부하는 방식
2. 연수나 세미나 형식으로 전체 흐름을 파악하는 방식
3. 특별한 결심과 각오에 따라 시간을 투자하는 방식
4. 단어, 문법, 회화, 독해, 번역 등을 동시에 적용하며 훈련하는 방식
5. 집중적으로 배우고 생활 속에 실천할 수 있는 응용의 훈련 방식 등이 있다.

한국인 영어 교사와 미국인 영어 교사의 차이점

어떤 부분에 있어서는 영어를 한국 사람에게 배우는 것이 원어민에게 배우는 것보다 더 큰 효과를 얻을 수 있다. 유년시기 원어민에게 영어를 배우면 다소 효과를 얻을 수 있으나 청년시기에 원어민에게 영어를 배우면 한국인에게 영어를 배우는 것보다 비효과적인 결과가 올 수 있다. 복잡하고 힘든 공부를 영어로만 설명을 듣는 것보단 한국어로 듣는 것이 훨씬 효과적일 수 있기 때문이다.

단순한 단어라도 영어로 설명하면 복잡하고 힘들게 느껴지는데 어렵고 복잡한 영어를 외국인에게 배운다면 어려움은 한층 더 증가하게 된다. 비록 배우기 어렵고 힘들어도 모국인에게 영어를 잘 배울 수만 있다면 공부의 효과는 그 이상으로 크게 나타나게 될 것이다.

암기식 공부를 배척하고 반복하는 방식을 선택하라.

　영어는 많은 단어를 암기하거나 문법을 완벽하게 이해한다고 해서 영어를 잘 쓰고 말하고 듣게 되는 것은 아니다. 영어단어를 암기하면 하루 또는 며칠은 기억할 수 있으나 얼마 가지 못해 다 잊어 버리게 된다.

　영문법을 완벽하게 암기하여도 막상 회화를 하거나 글을 쓸 때에는 잘 적용이 되지 않을 것이다. 영어는 많은 것을 암기해야 하는 과목이 아닌, 모든 것을 이해해야 하는 과목이다. 즉 이해하는 것이 암기하는 것보다 훨씬 더 월등한 결과를 가져올 수 있다. 영어 단어를 줄줄 외우는 주입식 교육보다는 자연스럽게 한글을 연상시키며 이해하는 방법이 더 큰 결과를 가져올 것이다.

　이 교재는 단어와 문법들을 의도적으로 암기시키는 주입식 방법을 채택하지 않았다. 계속되는 반복훈련을 통해 이해능력을 향상시켜주는 방식을 선택했다. 영어공부는 어렵고 힘든 노동이 아니다. 무척 재미있고 흥미로운 공부 중 하나이다. 이 교재와 함께 영어를 공부하다 보면 다이돌핀(엔돌핀의 4,000배)이 저절로 나오는 것을 느끼게 될 것이다. 그동안 어렵고 힘들게 느껴졌던 영어공부가 재미있고 유익하게 느낄 수 있기를 기대한다.

제1편

물고기 영어 8품사

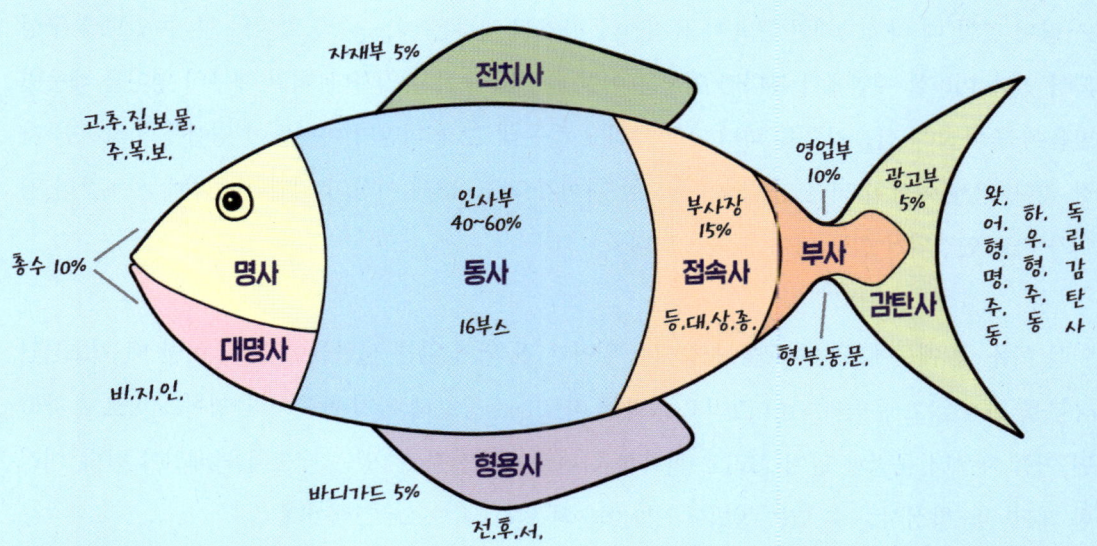

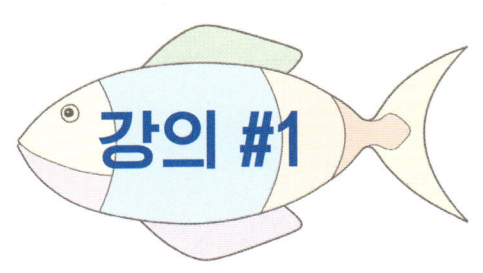

강의 #1

　강의 #1에서는 영어문법의 기초적인 개념과 한글식 영어 공부의 중요성을 다루고자 한다. 영어식 문법과 한글식 문법의 차이점과 8품사의 개념들을 검토하고 기본적인 문법에 대해 알아보자.

　사람이 말할 때 약 400개의 근육이 움직인다. 따라서 사람은 어느 나라 말이든 할 수 있도록 구성되어 있다. 이러한 개념에서 본다면 영어는 어릴 때 배울수록 유익하다. 어릴 때부터 영어를 배우면 발음이 좋아진다. 발음연습을 파닉스^{phonics}라고 하는데 12세 미만의 아이들이 영어를 시작하면 가장 좋다. 13세 이상이 되면 영문법이 필요한 나이가 되고, 18세 이상이 되면 국문법에 사로잡혀 영어가 바로 연결되기 힘든 나이가 되고 만다.

　이런 이유 중 때문에 고등학교를 졸업해도 영어가 잘 되지 않는 사람들이 많다. 어릴 때 기초적인 공부를 하지 않고 문법과 단어 그리고 회화를 따로따로 공부해 왔기 때문이다. 영어를 바르게 하려면 어릴 때부터 문법과 단어 그리고 회화를 하나로 연결시킬 수 있는 테크닉을 배워야 한다. 이러한 테크닉을 향상시킬 수 있는 방법이 '영어어순의 원리'라는 프로그램이다.

　영어어순의 원리란 뒤늦게 영어를 배우고자 하는 사람들이 영어를 배울 때 영문법에 따라 영어를 공부하는 것이 아니라 한글식 영어 학습에 따라 영어를 공부하는 방식을 말한다. 대부분의 사람은 영문법을 공부하기 위해 많은 노력은 하지만 실패하는 경향이 있다. 문법을 잘 안다고 영어를 쉽게 쓸 수 있거나 유창하게 말하는 것은 아니기 때문이다. 한 예로 국문법을 많이 안다고해서 한글을 잘 쓰거나 유창하게 말하는 것은 아니다. 즉 국어문법의 두음법칙과 연음법칙 그리고 구개음화 등을 반드시 공부해야만 말할 수 있거나 쓰는 것이 아니라는 뜻이다.

기본적인 한국말은 전문적인 국문법을 잘 몰라도 얼마든지 유창하게 말하거나 멋지게 글을 쓸 수 있다. 한 예로 두음법칙을 잘 몰라도 '녀자'를 '여자'로 쓰며 '년세'를 '연세'로 쓸 수 있다. 또한 연음법칙을 잘 몰라도 음운 규칙에 따라 '옷을' 읽을 때 '오슬'로 소리 내며 '낮에'를 '나제'로 소리 낼 수 있다. 이와 같이 국문법을 잘 알고 있기 때문에 한글을 잘 쓰거나 한국어를 잘 말하는 것은 아니다. 영어도 마찬가지로 영문법을 잘 안다고 해서 영어를 유창하게 말하거나 잘 쓰는 것은 결코 아니다.

영어를 공부할 땐 모든 영문법을 한글식으로 분석하는 습관을 가져라.

제일 먼저 영어를 시작할 땐 한글문장을 이해한 다음 영어를 공부하는 습관을 가져야 한다. 한 예로 '매우 아름다운 꽃들'을 영어로 표현해 보자. 'very beautiful flowers'라는 영어문장은 부사, 형용사, 명사의 어순으로 이루어져 있다. 여기서 한 가지 질문을 해 보자. 부사의 기능은 무엇인가? '부사가 하는 일을 나열해 보아라.'라고 물어 본다면 대부분의 사람은 잘 모른다고 답한다. 부사는 형용사, 부사, 동사, 문장 전체(형부동문)를 수식한다. 심지어 이러한 논리적인 답변을 알고 있다 할지라도 막상 영어를 공부할 때에는 잘 적용이 안 되는 경우가 허다하다. 왜냐하면 영문법만을 가지고 공부해 왔기 때문에 쉬운 것도 어렵게 느껴지기 때문이다.

이런 난제들을 한글식으로 표현해 보면 보다 쉽게 이해할 수 있다. 예를 들어 '매우 아름다운 꽃들'이란 예문에서 형용사 '아름다운'을 삭제하고 그냥 '매우 꽃들 very flowers'라고 해 보자. 부사가 명사를 직접 수식했다. 한글식 표현으로도 어색하지만 영문식으로 표현하는 것 역시 어울리지 않는 문장이다. 즉 부사는 명사를 수식할 수 없기 때문에 문장이 매끄럽지 않다.

부사는 명사를 절대로 수식할 수 없다. 그런데도 불구하고 대부분의 사람은 부사가 명사를 수식하는 것으로 인식한다. 이런 현상이 일어나는 것은 영문법에 대한 인식이 분명하지 않기 때문에 나타나는 자연스러운 현상 중의 하나이다. 이와 같이 영어 문법만을 가지고 영어를 공부하는 것은 결코 쉽지 않다. 영문법을 한글식 문장으로 분석한 후에 영어를 이해하는 습관을 기르는 방식이 영어를 가장 빠르게 익힐 수 있는 방법 중의 하나이다.

귀납법과 연역법의 원리

귀납법이란 소명제로 시작하여 대명제로 끝나는 방식을 말하며, 연역법이란 대명제를 기준으로 소명제의 옳고 그름을 유추해 내는 방식을 말한다. 한국인은 귀납법을 좋아해서 서론부터 말하고 미국인은 연역법을 좋아해서 결론부터 말한다.

연역법적인 영어 문장

연역법적인 영어 문장의 실례를 분석해 보자.

나는 네가 여기 내 곁에 있어 행복하다.
I am happy that (because) you are here with me. 라는 문장을 연역법적으로 접근해 보자.

연역법적 접근방법이란 주어+동사 다음에 핵심적인 내용을 가장 먼저 언급하는 것을 말한다. 문장을 살펴 보면 '나는 행복하다. 왜냐하면 당신이 여기 내 곁에 있으니까.'라고 분석해 볼 수 있다. 영어를 말할 때 먼저 한국어로 문장을 쉽게 정리한 후에 주어와 동사를 중심으로 하나씩 분석해 나가야 한다.

'나는 네가 여기 내 곁에 (있기 때문에) 있어 행복하다.' 첫 문장을 한글식 표현으로 분석해 보면 주어가 두 개 나타난다. '나는 네가'와 같이 주어가 한 문장 안에 두 개가 동시에 들어 있다. 이런 유형의 문장은 두 문장이 하나로 합쳐진 복합문장(복문)이라는 것을 빠르게 인식해야 한다.

그러면 주어+동사(문장을 연결하는 that 절 또는 접속사)+주어+동사 형태의 복문은 언제나 '나는 네가'처럼 주어를 표현하는 내용이 동시에 오기 때문에 두 종류의 문장이라는 것을 알 수 있다. 단문도 해석하기가 쉽지 않은데 복문을 해석하는 것은 더욱 어렵게 느껴지지만 영어의 속성은 연역법을 좋아하기 때문에 아무리 복잡한 문장이라 해도 해석의 원리는 크게 다르지 않다.

주어체가 두 개라는 것을 인식했다면 동사도 두 개라는 것을 감지해야 한다. 분명히 한 문장속에는 한 개의 주어와 한 개의 동사만이 허용된다. 두 개의 문장을 하나로 연결시킨 복문이라면 다시 분리해서 한 문장씩 따로 분석하면 된다. '나는 네가 여기 내 곁에 있어 행복하다.'라는 복문을 분리해 보면 '나는 행복하다. 왜냐하면 네가 여기 내 곁에 있기 때문에'로 복귀시켜 볼 수 있다.

원어민들이 연역법적인 해석을 좋아하는 이유도 이와 유사한다. 아무리 복잡한 문장이라도 핵심부터 던지고 싶어하는 원어민들의 속성이 있기 때문에 한글식 해석법처럼 '나는 행복하다. I am happy.'를 먼저 던지는 방식을 택한다는 것이다. '네가 내 곁에 있어.'가 중요한 것이 아니라 내가 행복한 것이 중요하다. 만일 상대가 곁에 있어서 불행할 수도 있고, 있어도 그만 없어도 그만일 수도 있다. 이렇게 결과론적으로 분석해 보면 영어는 언제나 연역법적 표현을 선호한다는 것을 알게 된다.

이 예문은 복합문장이기 때문에 주절과 종속절을 연결하는 종속절의 대표 접속사 that 이 왔다. 한글식 표현으로 주어+주어, 즉 '나는 네가'처럼 바로 주어가 두 개 오면 복합문장으로 that 절이 오는 것을 감지해야 한다. that 대신 because 를 사용할 수 있지만 that 은 접속사를 대표하기 때문에 언제나 다른 접속사를 대신하여 사용할 수 있다. 다음 종속절의 주어+동사는 'you are'이다. 그 다음 here 가 와야 하는지 아니면 with me 가 와야 하는지 여기서부터 단어를 잘 선택해야 한다.

영어를 보다 쉽게 파악하려면 가장 먼저 동사의 성질과 기능을 바르게 알아야 한다.

앞으로 배우게 되겠지만
동사에는 동사, 동사구=동사+to 부정사, 조동사구, 동사+부사구(to 부정사+부사구),
복합동사구(동사+일반 전치사), 종합동사구(동사+형용사+전치사) 등 모두 6개가 있다.

이러한 동사류를 잘 파악해야 다음에 오는 단어를 바르게 알 수 있게 된다. 동사를 파악한 다음 그 뒤에 무엇이 오는지 알 수 있다면 영어는 약 50% 이상 정복하게 되는 셈이다.

주어와 동사 뒤에 남은 단어는 here 와 with me 이다. here 와 with me 라는 단어는 모두 부사인데 같은 부사류일 경우 짧은 내용이 먼저 올수도 있고 의미가 가깝게 느껴지는 단어가 먼저 올 수도 있다. 그렇다면 here 가 오는 것이 합당하다. Here 은 with me 보다 의미상 가깝게 느껴진다. 그 다음 with me 가 문장 끝에 오면 나는 네가 여기 내 곁에 있어 행복하다. I am happy that (because) you are here with me. 가 된다.

한글식 영어해석의 단점들

영어문장을 한글식으로 분석하는 것은 매우 중요하나 언제나 한글식 문장이 영어문장을 완벽하게 해석할 수는 없다. 국문법과 영문법에는 그들만이 가지고 있는 고유한 문법이 있기 때문이다. 예를 들어 조사는 한글에만 있는 독특한 문법이다. 영어에는 조사가 없다. 따라서 한글식으로 영어를 해석할 때 때론 조사를 무시해야 할 때가 있다. 다시 말해 주어가 반드시 '은, 는, 이, 가'로 시작한다는 개념을 버려야 한다.

한글식 영어해석은 의역과 직역, 문어체와 회화체, 추상적 의미와 현실적 의미로 분리해서 해석할 필요가 있다.

나는 그가 무대 위에서 춤추는 것을 보았다.
I saw him dance on the stage. 라는 문장을 한글식으로 해석하면

'나는 그가'라는 주어체가 2개가 등장한다. 따라서 복문처럼 느껴진다. 마치 접속사가 필요한 것처럼 느낄 수 있다. 그런데 이 문장은 복문이 아니라 단문이다. 한글식 표현에 목적어 자리에 '그를'이 와야 하는데 대신 '그가'로 표현된 것뿐이다.

그녀가 임신한 것은 성령으로 된 것이다.
What is conceived in her is from the Holy Spirit.

한글식으로 해석하면 '그녀가'라는 문장이 주어 역할을 해야 하지만 'what'이라는 '것(은)'이 주어 역할을 하고 있다. 이와 같이 한글식 문장이 반드시 주어는 '은, 는, 이, 가'이며 목적어는 '을, 를'로 해석되는 것은 아니다.

영어는 오직 8품사

영어는 오직 8품사 뿐이다. 만일 영어가 어느 기계 부속처럼 복잡하거나 수없이 많다면 소위 말해 머리가 좋은 사람만이 영어를 공부할 수 있을 것이다. 하지만 영어는 오직 8품사가 전부이다. 여덟가지를 제 아무리 복잡하게 혼합시켜 놓아도 그 한계가 정해져 있다. 숫자가 많을 수록 복잡한 계산이 나오지만 단순한 숫자는 단순한 결과를 가져다 준다. 따라서 영어는 누구나 배울 수 있도록 구성되어 있다.

8품사

1. 명사(Noun)

고유 Korea, Sun 등
추상 love 등
군집〈복수/집합 단수〉 family, class 등
보통 car 등
물질 water 등

암송방식: 고·추·집·보·물 – 고추집에 가면 보물이 있어요.

2. 대명사(Pronoun)

비인칭대명사 it, its
지시대명사 this, that
인칭대명사 these, those

암송방식: 비·지·인

3. 동사(Verb) _영어 공부의 핵심

동사의 6 단계

1. 동사
2. 동사구(동사+to 부정사)
3. 조동사구(조동사+동사)
4. 동사+부사구(동사+ to 부정사+부사구)
5. 복합동사구(동사+전치사)
6. 종합동사구(동사+형용사+전치사)

동사의 종류에는 일반동사, be 동사, do 동사, 조동사, 완전자동사, 불완전자동사, 완전타동사, 불완전 타동사, 사역동사, 지각동사, 감각동사, 수여동사 등
모두 12종류가 있다.

4. 형용사(Adjective)

전방용법, 후방용법, 서술적 용법

암기방식: 전·후·서

5. 부사(Adverb)

빈도부사 often, never
부사의 기능은 형용사, 부사, 동사, 문장전체를 수식하는 기능이 있다.

암기방식: 형·부·동·문 – 형부! 동문들 왔시유.

6. 감탄사 exclamation [ekskləˈmeɪʃn] / Interjection

감탄사는 Exclamation 과 Interjection 이 있다.

Exclamation 은 감탄사가 문장으로 구성된 것을 말한다.
What+a+형+명+주+동
How+형+주+동

Interjection 은 독립된 감탄사를 말한다.
Wow!
Gash!

7. 접속사(Conjunction)

등위/대등접속사 and, or, but,
상관접속사 both A and B, B as well as A,
종속접속사 that, if, because.

암기방식: 등·대·상·종 – 등대를 상종하라.

8. 전치사(Preposition)

at, in, into

영어문장과 국어문장의 차이점

영문법을 국문법의 육하원칙에 의해 단어 배열을 해보자.

    1. 누가(who)

    2. 언제(when)

    3. 어디서(where)

    4. 무엇을(what)

    5. 어떻게(how)

    6. 왜(why)

암기방식: 누가·언제·어디서·무엇을·어떻게·왜·그랬데유?

육하원칙을 바탕으로 한 예문을 들어 보자.

나는 이번 여름에 유럽을 여행할 계획이다. 라는 영문장을 한글식 육하원칙을 바탕으로 나열해 보았다.

한글식으로 나열한 방식

1) 누가	who	나는	I
2) 언제	when	이번 여름에	this summer
3) 어디서	where	유럽(에서)	to Europe
4) 무엇을	what	여행을	to travel
5) 어떻게	how	계획이다	plan

= 나는 이번 여름에 유럽(에서) 여행을 계획이다.

I this summer to Europe to travel plan.

이 문장은 한글식 문장으로 나열한 육하원칙에 따른 문장이다.

이번에는 육하원칙을 영문 방식으로 나열해 보자.

영문식으로 나열한 방식

1) 누가　　　who　　나는　　　I
2) 어떻게　　how　　계획이다　　plan
3) 무엇을　　what　　여행을　　to travel
4) 어디서　　where　　유럽(에서)　　to Europe
5) 언제　　when　　이번 여름에　　this summer

= 나는 계획이다 여행을 유럽에서 이번 여름에.

육하원칙을 영문 방식으로 나열하면 한글식 육하원칙과 전혀 맞지 않는 결과가 발생한다. 하지만 영어식 문장으로는 완벽하게 맞는 문장이다.

1) 나는　　　I
2) 계획이다　　plan
3) 여행을　　to travel
4) 유럽(에서)　　to Europe
5) 이번 여름에　　this summer

= I plan to travel to Europe this summer.

'나는 계획이다 여행을 유럽에서 이번 여름에'라는 어색한 한글식 문장이 영어식 문장으로 보면 '나는 – 이번 여름에 – 유럽을 – 여행할 – 계획이다.'라는 완벽한 문장으로 완성된다.

따라서 한글식 육하원칙에 따라 '누가: I, 언제: this summer, 어디서: to Europe, 무엇을: to travel, 어떻게: plan.'이라고 하는 표현은 영어 어순에 전혀 어울릴 수 없는 법칙을 가지고 있다는 것을 알 수 있다. 영어를 배우는 것이 어렵다고 하는 이유가 바로 여기에 있다. 국문법에 따르는 한글식 영어와 영문법에 따르는 미국식 영어의 차이점을 앞에서 살펴 본 바와 같이 처음부터 끝까지 주어 빼놓고는 같은 순서가 하나도 없다. 이를 극복하는 방법 중 하나는 국문법적인 사고방식을 미국식 사고방식으로 바꾸려는 노력이 있어야 한다.

5형식의 기원

5형식을 이 교재에서는 「1~5형식」이라 칭하겠다. 1~5형식이 문장형태의 전부가 될 수는 없다. 문장형태는 8형식, 12형식, 32형식도 있다고 주장하는 학자들도 있기 때문이다. 1~5형식의 원 뿌리는 영국의 온이언즈^{Onions}라는 학자가 외국인들을 위해 만든 것이다. 그는 옥스포드 사전을 편찬한 대문법학자이기도 하다. 1~5형식이 한국에 잘못 들어오게 된 유래는 일본인들이 한국을 통치하던 시절부터 시작된다. 일본인들은 자신들도 잘 하지 못하는 영어를 우리 국민에게 일본식으로 잘못 가르쳤다.

여기서 유래된 단어 중 하나가 바로 '국민학교'라는 단어이다. 일본인들은 대한민국의 초등학교를 국민학교라 칭했다. 모든 대한민국 국민을 무시하기 위해 의도적으로 칭했던 용어이다. 모든 국민은 무식하기 때문에 초등학문부터 배워야 한다는 의미에서 칭해졌던 것이다. 5형식 문장은 일본인들이 제멋대로 5형식 문장을 변형시킨 후 잘못 가르쳤기 때문에 조금씩 변형되어 전해져 내려온 결과이다. 하지만 의식수준이 높아진 대한민국은 과거의 아픔을 넘어 새로운 문화의 꽃을 피웠다. 아픔은 잠시였으나 그로 인하여 발전은 끝없이 일어나고 있다. 이 교재에서는 5형식 문장을 1~5형식 문장으로 사용될 것이다. 1~5형식 문장을 바르게 알면 영어공부에 매우 유용해진다. 마치 구구단을 알면 기본적인 수학을 풀 수 있듯이 1~5형식을 알면 영어공부에 많은 도움이 된다.

단어

단어란 홑이라 하여 하나의 뜻이다. 하나라는 의미를 가지고 있는 것이 단어의 정의이다.
단어가 세상에 태어난 순서
명사, 대명사, 동사, 형용사, 부사, 감탄사, 접속사, 전치사.

품사와 품격의 차이

품사란 단어의 성격을 설명하는 것으로 8품사를 말한다. 즉, 명사, 대명사, 동사, 형용사, 부사, 감탄사, 접속사, 전치사 등의 단어 속성이 품사이다.

품격이란 어떤 단어가 문장 속에서 가지고 있는 기능을 말한다. 즉, 주어기능, 목적어기능, 보어기능, 서술어기능을 한다.

어휘력

어휘력이란 한 단어를 다양하게 해석할 수 있는 능력을 말한다. 예를 들어 address 란 단어는 주소, 연설하다, 기소하다, 호칭하다, 자세를 취하다 등 다양하게 쓰이고 있다. 같은 단어라도 문장의 종류에 따라 어떤 단어를 적절하게 활용하느냐에 따라 문장의 뜻이 달라질 수 있다.

반복되는 단어를 피하라

영어는 반복되는 단어를 피해야 한다.
'반복하다'를 'repeat'하면 된다. 굳이 'repeat again'이라고 할 필요가 없다.
'앞으로 나가아다'를 'advance'하면 된다. 굳이 'advance forward'라고 할 필요가 없다.
'되돌아가다'를 'return'하면 된다. 굳이 'return back'이라고 할 필요가 없다.

영단어의 추상적인 개념과 현실적인 개념

영어단어는 추상적인 것과 현실적인(구체적인) 것으로 분리된다. 동사원형과 명사원형은 현실적인 개념보다 추상적인 개념이 더 강하다. 예를 들어 동사원형 '공부하다 study'는 추상적인 개념으로 생각해야 한다. 하지만 'to study, studying, studied'는 추상적인 면에서 구체적인 면으로 변했다고 이해하라.

한 가지 예를 들어 설명해 보자. 나는 너를 사랑해. I love you. 하면 동사 원형 'love'라는 단어는 추상적인 의미를 가지게 된다. '사랑하다'라는 동사 속에 추상적인 의미가 있기 때문이다.

이를 나는 너를 사랑하고 있어 I am loving you. 라고 하면 구체적이며 현실적으로 지금 내가 너를 사랑하고 있다는 표현으로 변하면서 사랑한다는 추상적인 의미가 현실적으로 강하게 전달하게 된다.

맥도날드 McDonald's에서 'I'm loving it.'이란 광고 문구는 햄버거를 먹는 모습을 구체적으로 설명하기 위한 대표적인 표현이다. 한 가지 예를 더 들면 'I am a teacher'와 'I am being your teacher'의 표현도 이와 같이 추상적인 의미에서 현실적인 의미로 바뀌게 된다. 'I am a teacher.'는 직업이 선생이라는 추상적인 뜻이 숨겨 있지만 'I am being your teacher.'라고 하면 '나는 본래 선생이 아니지만 지금 현실적인 상대 앞에 선생 일을 하고 있는 중이다.'의 뜻으로 현실적이며 구체적인 표현이 된다. 특히 어른들이 아이들에게 어떤 훈계를 할 때 간혹 사용하기도 한다.

동사를 보고 문장을 파악하라

영어 공부는 동사부터 시작된다. 동사를 알면 영어가 보이기 시작할 것이다. 동사는 기업의 인사부와 같은 성질을 가지고 있기 때문에 동사의 종류에 따라 그 다음 문장의 성질을 파악할 수 있게 된다. 처음엔 이해하기 어렵지만 계속되는 반복으로 인하여 자연스럽게 동사의 속성을 배우게 될 것이다.

기본적인 동사의 유형을 잊지 말아야 한다.
문장에
be 동사가 오면	1형식 또는 2형식
감각 동사가 오면	2형식
일반 동사가 오면	3형식
수여 동사가 오면	4형식
지각 동사, 사역 동사가 오면	5형식 문장이 주로 온다.

8품사의 기본 개념

1. 명사(Noun) 5%

명사는 기업의 사령탑의 총수들과 같다. 명사는 5가지 종류가 있다.
고유명사, 추상명사, 집합(군집)명사, 보통명사, 물질명사 등이다(고추집보물).
이들을 기업의 이사진이라고 칭하자.

명사의 기능은 오직 주어, 목적어, 보어 역할만을 해야 한다(주, 목, 보 S. O. C.).
대명사도 명사이다. 따라서 대명사도 명사와 같이 주어, 목적어, 보어 역할을 하게 된다.
명사는 이 3가지 외에 어떤 것도 해서는 안 된다.

명사와 대명사

명사와 대명사는 영어문법에서 약 10%을 차지한다.

2. 대명사(Pronoun) 5%

대명사는 똑같은 명사가 반복될 때 쓰인다.
대명사에는 비인칭대명사(it. its) 등,
지시대명사(this, that, what) 등, 인칭대명사(he, she, they, those) 등이 있다.

대명사를 쓰는 이유는 앞에 나온 명사를 반복하여 말할 때,
또는 명사에 해당되는 상당어구가 길기 때문에 단순하게 표현하기 위해
대신 쓰는 것이 대명사의 기능이다.

3. 동사(Verb) 40-60%

동사는 영문법에서 약 40%에서 많게는 60%까지 차지할 수 있다.
동사를 얼마나 많이 활용하고 아느냐에 따라 영어실력이 크게 좌우된다.
또한 동사는 기업의 인사부와 같다. 모든 권한은 동사에 달렸다.
어느 종류의 동사가 쓰이느냐에 따라 뒤에 오는 단어들이 결정된다.

동사는 12가지 종류가 있다.

일반 동사, be 동사, do 동사, 조동사, 수여동사, 사역동사, 감각동사, 지각동사, 완전자동사, 불완전자동사, 완전타동사, 불완전타동사 등이다.

그밖에 to 부정사, 동명사, 현재분사, 과거분사도 동사에 속하는 가족들이다.

동사의 중요성

영어를 정복하는 것은 한마디로 말해 동사를 정복하는 것과 같다. 동사를 알면 영어가 보인다. 한 예로 be 동사(am, is, are, was, were, being)는 95%가 불완전 자동사이다. 나머지 5%는 완전자동사로 쓰인다. be 동사는 존재와 상태를 나타내는데 존재를 나타내면 완전자동사로 취급하여 보어를 필요로 하지 않으며, 상태를 나타내면 불안전자동사로 취급되어 보어를 필요로 한다. be 동사 뒤에 단지 명사나 형용사가 오면 약 95%가 보어가 되어 불완전자동사로 2 형식이 된다. be 동사 뒤에 전치사나 부사(구)가 오면 약 5%가 자동사가 되어 1형식이 된다.

4. 형용사(Adjective) 5%

형용사는 영문법에서 약 5%를 차지한다. 형용사는 기업의 총수들을 보호하는 안전요원 safety guard 또는 바디가드 body guard 와 같다. 명사를 수식하고 아름답게 꾸미는 역할을 할 뿐만 아니라 자신도 주어를 돕는 보어가 될 수 있으나 절대로 혼자는 행동을 할 수 없다. 반드시 be 동사를 동반하든지 아니면 명사와 함께 움직여야 한다. 보어가 될 수 있는 자격은 오직 명사와 형용사 뿐이다. 하지만 지각동사와 사역동사 다음에 오는 동사류는 원형동사를 사용해야 하기 때문에 제외된다. 형용사는 전방한정용법과 후방한정용법, 서술적 용법이 있다. 형용사의 기능은 보어나 명사류를 보충하는데 목적이 있다.

5. 부사(Adverb) 10%

부사는 영문법에서 약 10%을 차지한다. 부사는 기업의 영업부서에서 일하는 말단 사원에 해당된다. 명사와 대명사는 총수들이기 때문에 말단 사원인 부사가 이들을 함부로 만날 수가 없다. 하지만 명사 또는 대명사를 제외하고 어디든지 가서 필요한 곳을 보충하거나 도울 수는 있다. 1~5형식의 핵심 문장에는 들어가지 않지만 또한 없어서도 안 된다. 부사는 형용사, 부사, 동사, 문장 전체를 꾸민다. 다른 품사들은 하나만 꾸미는데 부사는 4가지 기능을 하기 때문에 부사의 위치를 잘 파악해야 한다.

명사가 부사구나 형용사구가 되는 경우
부사의 기능이 다소 복잡하기 때문에 한가지 짚고 넘어가야 할 부분이 있다. 즉 명사 앞에 전치사가 있으면 명사는 부사구 또는 형용사구가 된다. 전치사가 있는 명사는 90%가 부사구가 되며 나머지 10%는 형용사구가 된다.

부사구가 되는 경우
그는 부산에 산다. He lives in Busan.
'부산'이라는 단어는 분명히 고유명사이다. 그 고유명사 앞에 전치사 in 이 붙으면서 in Busan 은 부사구로 둔갑하게 된다. 왜냐하면 in Busan 이 lives 라는 동사를 꾸미고 있기 때문이다. 이를 전치사의 부사적 용법이라 한다.

형용사구가 되는 경우
부산에 있는 건물. The building in Busan.
여기에 쓰인 in Busan 은 전치사(in)+명사(Busan)로서 부사구가 되야 할 운명인데 The building 이라는 명사를 수식하므로 부사가 될 운명이 형용사구로 전환하게 된다. 이를 전치사의 형용사적 용법이라고 한다.

부사를 생략하라.
부사는 문장의 뜻만 전달한 뿐 문장의 성분은 아니다. 따라서 문장 속에서 부사를 가리고(생략하고) 해석하면 쉽게 이해된다. 예를 들어

그는 의사가 아니다. He is not a doctor.

이 문장에 not 이라는 부사가 있다. 부사는 동사를 꾸미기 위해 태어난 품사이다. 여기서 not 은 부사이므로 not 을 빼면 he 는 doctor 와 직접 연결된다. '의사'인 보

어가 '그는'의 주어와 관련되는 모습을 보다 쉽게 발견할 수 있다. 문장이 복잡하고 어려울 때는 항상 부사를 먼저 가리고 해석하는 습관을 가져야 한다.

6. 감탄사(Exclamation / Interjection) 5%

감탄사는 영어문법에서 약 5%을 차지한다. 감탄사는 기업의 광고부서와 같다. 문장을 아름답게 표현하는 기능을 한다. 감탄사의 두 가지 표현 감탄사는 Exclamation 과 Interjection 이 있다.

Exclamation 은 감탄사의 문장을 말한다.
what+a+형+명+주+동 형태 What a beautiful flower it is! 와
how+형+주+동 형태 How wonderful she is! 두 종류가 있다.

그밖에 단순 감탄사들

Interjection 은 독립된 감탄사를 말한다.

와우!   Wow!
오!   Oh!
웁스!   Oops!
가쉬!   Gosh!

7. 접속사(Conjunction) 15%

접속사는 영문법에서 약 15%을 차지한다. 접속사는 기업의 바이어^{Buyer} 또는 로비스트^{Lobbyist}와 같다. 접속사의 기능을 잘 알고 있으면 긴 문장도 쉽게 표현할 수 있으나 잘못하면 문장을 혼잡하게 만든다. 접속사는 절과 절 단어와 단어 구와 구를 연결해 준다.

등위/대등접속사 and, or, but

상관접속사 not only, but also, both A and B, B as well as A
종속접속사 that, if, because 등 3종류가 있다.

8. 전치사(preposition) 5%

전치사는 영문법에서 약 5%을 차지한다. 전치사는 기업의 자제부와 같다. 전치사의 기능은 명사를 돕기 위해 있지만 그 위치 선정이 불확실하다.

전치사는 단지 기능적인 역할만 할 뿐이다. 전치사의 '전'은 앞을 의미하며 '치'는 위치를 의미하며 '사'는 품사란 뜻으로 명사 앞에 위치한다는 뜻을 품고 있다.

전치사 preposition 의 영어 뜻을 보면 pre 는 '전에', 치사의 position 은 '위치' 즉 '앞에 위치하다.'에서 유래되었다.

강의 #1 복습

영어는 연역법을 좋아하기 때문에 핵심부터 던져라.
한글식 표현의 '은, 는, 이, 가' 또는 '을, 를'이 반드시 주어나 목적을 나타내는 표현이 아니다.

나는 그가 무대 위에서 춤추는 것을 보았다.
I saw him dance on the stage.

품사 8가지:	명사, 대명사, 동사, 형용사, 부사, 감탄사, 접속사, 전치사
품격 5가지:	서술격, 주격, 목적격, 보어격, 목적 보어격
명사의 3가지 기능:	주어, 목적어, 보어
명사의 5가지 종류:	고유, 추상, 집합/군집, 보통, 물질 (고추집보물)
동사의 종류:	일반동사, be 동사, do 동사, 조동사, 완전자동사, 불완전자동사, 완전타동사, 불완전타동사, 사역동사, 지각동사, 감각동사, 수여동사.

1. 명사(Noun) 10%

명사는 기업의 사령탑의 총수들과 같다. 명사는 5가지 종류가 있다. 고유명사, 추상명사, 집합(군집)명사, 보통명사, 물질명사 등이다 (고추집보물). 이들을 기업의 이사진이라고 칭하자. 명사는 오직 주어, 목적어, 보어 역할만 한다.

2. 대명사(Pronoun) 5%

대명사는 똑같은 명사가 반복될 때 쓰인다.
대명사에는 비인칭대명사(it, its), 지시대명사(this, that, what), 인칭대명사(he, she, they, those) 등이 있다.

3. 동사(Verb) 40-60%

동사는 기업의 인사부와 같다. 동사는 12가지 종류가 있다.
일반동사, be 동사, do 동사, 조동사, 수여동사, 사역동사, 감각동사, 지각동사, 완전자동사, 불완전자동사, 완전타동사, 불완전타동사 등이다.
그 밖에 to 부정사, 동명사, 현재분사, 과거분사도 동사에 속하는 가족들이다.

4. 형용사(Adjective) 5%

형용사는 기업의 총수들을 보호하는 안전요원(safety guard) 또는 바디가드(body guard)이다.

5. 부사 Adverb 10%

부사는 기업의 영업부서에서 일하는 말단 사원에 해당된다.
부사는 동사, 형용사, 부사, 문장 전체를 꾸민다.

6. 감탄사(Interjection) 5%

감탄사는 기업의 광고부서와 같다. 문장을 아름답게 표현하는 기능을 한다.
what+a+형+명+주+동 형태
What a beautiful flower it is! 와
how+형+주+동 형태
How wonderful she is! 두 종류가 있다.

7. 접속사(Conjunction) 15%

접속사는 기업의 바이어^{Buyer} 또는 로비스트^{Lobbyist}와 같다.

접속사는

등위/대등접속사 and, or, but

상관접속사 not only but also, both A and B, B as well as A

종속접속사 that, if, because 등 3종류가 있다. (등대상종)

8. 전치사(Preposition) 5%

전치사는 영어문법에서 약 5%을 차지한다.

전치사는 기업의 자제부와 같다.

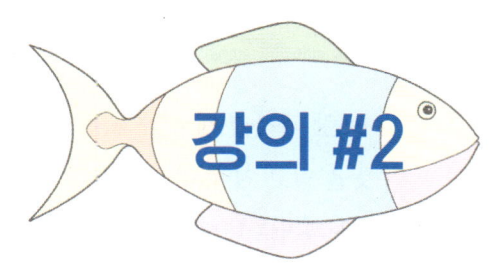

강의 #2에서는 현재시제, 과거시제, 현재완료, to 부정사, 분사의 종류, ing 의 4 가지 기능, 빈도 부사의 위치, 동사류에 속한 6가지 종류 등을 다루고자 한다.

시제(tense)

시제란 어떤 사건이나 행위가 일어나고 있는 현재 또는 일어났던 과거 또는 일어날 미래 일들을 표현하는 동사의 형태를 말한다. 시제는 모두 12시제가 있다고 하지만 실상은 과거, 현재, 미래 3가지로 보는 학자도 많이 있다.

그는 어제 사무실에서 일했다. (과거) He worked in the office yesterday. 와
그는 어제 사무실에서 일을 하고 있었다. (과거진행) He was working in the office yesterday.

이 두 문장은 서로 차이점이 있을 것처럼 보이지만 실상은 없다. 두 문장 모두 과거를 설명하고 있을 뿐이다. 시제에는

1. 단순현재형　　2. 현재진행형　　3. 현재완료형　　4. 현재완료진행
5. 단순과거형　　6. 과거진행형　　7. 과거완료형　　8. 과거완료진행형
9. 단순미래형　　10. 미래진행형　　11. 미래완료형　　12. 미래완료진행형

등이 있어 12시제가 있어 보이나 실상은 3시제에 불과하다.

시제란 과거-현재-미래를 말한다. 시제를 영어로 tense 라고 하는데 이는 '긴장감' 또는 '팽팽한'의 뜻을 담고 있다. 따라서 문장의 시제를 현재로 나타내면 좀 긴장감이 강하게 느껴지지만 문장의 시제를 과거로 나타내면 긴장감이 떨어져 공손한 표현으로 쓰인다.

문 좀 열어 줄래? Can you open the window? 라고 현재로 표현하는 것과
문을 좀 열어 주시겠습니까? Could you open the window? 라고 과거 형태로 표현하는 것은
큰 차이점이 있다.

마치 반말과 존댓말 같은 뉘앙스를 느끼게 만든다. 영어는 문장의 표현에 따라 상대에게 친절하게 보일 수도 있고 불친절하게 보일 수도 있다. 사람에 따라 말하는 이의 인격과 성품이 드러나게 된다. 따라서 무엇을 부탁하거나 공손하게 질문할 때는 항상 과거 시제를 사용함으로써 자신의 인격과 상대를 존중하는 마음이 표출되기 때문에 수준 높은 영어로 표현할 줄 알아야 한다.

현재 시제(Present tense)

현재시제란
일반적인 사실, 불변의 진리, 속담, 습관, 격언, 시간과 조건 등의
부사절을 표현할 때 쓰는 시제를 말한다.

암기방식: 사·진·속·습·격·시·간
사진을 습격하는 시간입니다용. 그런데 조건이 있어용. 왕래발착과 함께 하길 소망해요.

일반적인 사실
그는 학생이다.
He is a student.

런던은 영국의 수도이다.
London is the capital of England.

불변의 진리
지구는 태양을 돌고 있다. The Earth moves around the Sun.

한국은 4계절이 있다. Korea has four seasons.

속담
아니 땐 굴뚝에 연기 나랴. Where there is smoke, there is fire.

좋은 약은 입에 쓰다. A good medicine tastes bitter.

습관
그는 매 주일 교회에 간다. He goes to church every Sunday.

그는 매일 아침 산책을 한다고 말했다. He said that he goes for a walk every morning.

이 문장에서 주절은 said 라는 과거를 표현했지만 현재 습관을 말함으로 종속절은 현재형을 써야 한다. 이 문장을 한글식으로 분석해 보자. 먼저 문장의 구조를 파악해야 한다. 본래 이 문장의 정확한 표현은 '그는 매일 아침 산책을 한다고 (그가) 말했다.'이다.

이 문장의 구조는 단문이 아니라 복문이다. 복문은 한 문장에 주어와 동사가 반드시 두 개씩 오기 때문에 문장이 길어진다. 주절에 주어+동사인 그는 말했다. He said 다음 복문을 연결하는 대표 접속사 that 이 종속절을 이어주면서 또다시 주어+동사, he+goes 가 왔다.

주어가 한글식 문장에서는 생략되었으나 종속절에 주어가 반드시 있기 마련이다. 주절의 주어와 종속절의 주어가 같기 때문에 역시 he 가 왔다. 주절의 주어와 종속절의 주어가 같으면 종속절의 주어는 한글식으로 '그가'라고 표현하지 않고 생략할 수 있다.
동사는 '~한다. goes'가 왔다. 영어는 동사가 가장 중요하기 때문에 동사를 먼저 잘 파악하는 능력이 필요하다. 동사를 분석해 보면 goes 는 goes for 라는 복합동사구이다. 여기에 복합동사가 온 이유는 전치사가 산책이란 단어와 함께 숙어로 묶여 있기 때문에 불가분의 관계로 이루어져 있다.

마지막 산책 for a walk 란 단어는 숙어로 구성되어 있기 때문에 통째로 왔다. for 는 동사 goes for 와 함께 쓰이지만 산책 for a walk 라는 숙어로 쓰인다.

　마지막으로 매일 아침 every morning 이라는 부사구가 왔다. 긴 문장을 해석할 때에는 항상 부사 또는 부사구를 잠시 생략하는 습관을 갖도록 한다. 그는 산책을 한다고 말했다. He said that he goes for a walk. 처럼 every morning 을 생략하면 문장이 단순해진다. 부사 또는 부사구는 문장의 핵심이 될 수 없기 때문에 언제나 생략할 수 있다. 하지만 긴 문장이 필요할 때에는 반드시 부사(구)가 있어야 한다. 전체 문장을 정리하면

그는 매일 아침 산책을 한다고 말했다.
He said that he goes for a walk every morning. 이 된다.

격언

신은 정직한 사람의 마음 속에 있다.
God is in an honest man's heart.
*신을 표현하는 다양한 표현들을 나열해 보아라.

로마는 하루 아침에 탄생되지 않았다.
Rome was not born in a day.

무릇 지킬만한 것보다 더욱 네 마음을 지키라. 생명의 근원이 이에서 난다.
Above all else, guard your heart, for it is the wellspring of life.

시간과 조건의 부사절

시간과 조건을 나타내는 부사절에도 현재를 사용한다.

•시간을 나타내는 부사절

나는 숙제가 다 끝나면 피아노를 칠 것이다.
When I finish my homework, I will play the piano.

이 문장을 한글식 표현으로 분석해 보자.
'나는 숙제가 다 끝나면'이란 문장은 I will finish my homework. 처럼 미래를 써야 하지만 때를 나타내는 부사절 when 이 시간을 나타내는 종속절의 부사절로 쓰이기 때문에 미래를 쓸 수 없고 현재만을 써야 한다.

내일 우리는 아들이 오면 파티를 열 것이다.
Tomorrow, we'll have a party when my son comes back.

•조건을 나타내는 부사절

내일 날씨가 좋으면 우리는 하이킹을 갈 것이다.
If it is nice tomorrow, we will go hiking.

조건을 나타내는 부사절일 경우에도 시간을 나타내는 부사절과 같이 현재만을 써야 한다.

그가 돌아와서 우리가 거짓말을 했다는 것을 알면 그는 화를 낼 것이다.
He will get angry if he comes back and finds out that we were lying.

조건을 나타내는 부사절인 동시에 왕래발착을 나타내는 동사가 함께 등장했다.

*시간과 조건의 부사절을 이끄는 단어들

When, before, after, if, as soon as, unless, by the time, until, once

나는 죽을 때까지 그녀를 사랑하리라. (시간)
I will love her till I die.

비가 그치자마자 나는 학교로 달려갈 것이다. (조건)
As soon as the rain stops, I will run to school.

과거시제(Past tense)

과거시제란 공손한 표현, 미래의 소원을 말할 때, 지나간 사건, 역사적 사실을 표현할 때 쓰는 시제를 말한다.

암기방식: 공·미·지·역 – 공손한 표현과 미래와 지나간 사건의 역사를 아시나용?

과거시제는 긴장감, 느슨한 느낌, 물러난 느낌, 소심한 느낌, 추측, 비현실적인, 공손한 모습 등을 표현해 준다. 따라서 가정법에서 과거시제를 사용하는 이유도 그 중 하나이다.

나는 비서가 있었으면 좋겠다. I wish I had a secretary. 에서
미래형을 안 쓰고 과거형을 쓰는 이유가 있다.

시제를 현실적인 개념에서 보거나 시간적인 개념으로 보는 것이 아니라 일반적으로 tense 적인 개념으로 봐야 하기 때문이다. 문장성분을 부드럽게 하기 위해서는 언제나 시간적인 개념이 아니라 일반적인 tense 개념으로 봐야 한다. 비서가 없는데 '난 비서를 원해'하면 일반적으로 너무 강해 보인다. 비서를 원하는 사람이 자신을 낮추고 부드럽게 또는 약간 부족하게 말하는 방식으로 표현하는 것이 과거시제의 특징이다.

공손한 표현

창문 좀 열어 주시겠습니까?

Would you open the window, please?

오늘 저녁에 찾아 뵐까 했는데요. 어떻게 생각하세요?

I thought I would come and see you this evening. What do your think?

제가 일본에 가는 동안 개를 좀 봐 주실래요?

I wondered if you'd look after my dog while I was away in Japan?

미래의 소원

나는 비서가 있었으면 좋겠다.

I wish I had a secretary.

나는 당신이 승마를 즐기기를 바랍니다.

I hope you will enjoy the riding.

*wish 와 hope 의 차이점을 설명하라.

지나간 사건

이 도시는 예전에 아름다운 곳이었다.

This town was once a beautiful place.

우리는 지난 주에 샌디에고에 갔었다.

We visited San Diego last week.

역사적 사실

시저는 루비콘 강을 건너 이태리로 들어갔다.

Caesar crossed the Rubicon and entered Italy.

그는 한국 전쟁이 1950년에 발발했다고 나에게 말했다.

He told me that the Korean War broke out in 1950.

이 문장에서 언뜻 보기에는 과거완료를 써야 하지만 역사적 사실을 말하고 있기 때문에 그냥 과거를 써야 한다.

현재완료 시제(Present Perfect Tense): have(has)+p.p.

현재완료란 과거부터 지금까지 무엇을 계속하고 있거나 해왔던 일들을 표현하는 방식이다. 대표적인 현재완료 시제는 계속, 경험, 결과, 완료 등이 있다.

현재완료 암기방식: 계속된 경험을 결과적으로 완료하고 말았다.

계속(for, how, long, since) since 는 과거 표현과 함께 사용한다.
나는 10년 전부터 지금까지 일을 하고 있다.
I have worked for the last 10 years (for 는 기간을 주로 말한다.)

한국에 얼마나 머물러 있나요?
How long have you stayed in Korea?

나는 어제부터 아팠어요.

I have been sick since yesterday.

(since 는 시작점을 주로 말하며 질문에 since 뒤에는 과거가 온다.)

경험(ever, never, once, before, how often, how many times)

나는 한국에 한 번 다녀 온 경험이 있다.

I have been in (to) Korea once. *have been to 는 경험에 쓰인다

나는 미국에서 야외 온천을 해 본적이 있다.

I have done outdoor hot springs in USA.

결과

그녀는 한국에 갔다. (그래서 지금 이곳에 없고 지금도 한국에 있다).

She has gone to Korea. has gone to 는 결과에 쓰인다.

나는 편지를 그녀에게 보냈다.

I have sent my letter to her.

완료(just, now, yet, already) yet 은 부정문에서 문장 끝부분에 나오며 just, already 는 have 다음에 나온다.

나는 숙제를 지금 막 끝냈다.

I have just finished my homework.

나는 저녁을 벌써 먹었어.

I have alredy had dinner.

수(number)

수는 단수와 복수가 있다. 집합명사는 단수로 쓰이며 군집명사는 복수로 쓰인다.

수 암기방식: 집·단·군·복 – 저 집단은 왜 군복을 입었을까?

집합명사가 집합체 전체를 하나로 간주될 때는 단수로 받고, 그 집합체를 이루는 개개의 구성원으로 간주될 때는 군집명사라하여 형태는 단수형이지만 복수로 받는다.

우리 반은 매우 크다. Our class is very large. 라는 예문에서
Our class 는 집합명사로 단수 취급한다.

하지만 우리 반 학생들은 모두 부지런하다. Our class are all diligent students. 라고 하면 우리 반 학생의 개개인을 표현하는 것으로 Our class 는 군집명사가 되어 복수 취급한다.

3인칭 단수 현재

3인칭 단수 현재란 주어가 she, he, it 등으로 시작하는 단수로써 현재시제를 나타내는 문장을 말한다.

그녀는 사과를 좋아한다. She likes apples.

그는 개를 싫어한다. He hates dogs.

이것은 사람을 닮았다. It looks like a person.

이러한 문장은 동사에 s 를 반드시 붙여야 한다. 이를 3인칭 단수 현재 문장이라고 한다.

관사(Article)

관사는 영문법에서 약 5%을 차지한다. 관사는 형용사의 일부로서 기업의 총수의 비서와 같다. 명사가 가는 곳에 비서처럼 따라다니며 필요할 때마다 명사를 보충해야 한다.

관사의 종류는 두 가지이다. 부정관사 a 와 정관사 the 만 있다.

부정관사 a 또는 an

부정관사란 셀 수 있는 보통명사 또는 집합명사 앞에만 온다. 이를 가산명사라고 한다.
부정관사 a 는 모음으로 시작되는 단어 a, e, i, o, u 앞에서 an 으로 바뀌게 된다.

모음 암기방식: 아·에·이·오·유 - 아a 에e 이리i 오시o 유u

우산	an umbrella
한 시간	an hour
동물	an animal
정직한 소녀	an honest girl

이것은 사과와 바나나이다. This is an apple and a banana.

*고유명사(이름 Lincoln), 추상명사(사랑 love), 물질명사(물 water)는 셀 수 없는 불가산명사이므로 a 또는 an 을 사용하지 않는다.

암기방식: 고·추·물은 불가산이다.

정관사 the

정관사란 일반적으로 모든 종류의 명사에 사용할 수 있으나 생략 또는 예외가 있다.
정관사 the 가 모음으로 시작되는 단어 a, e, i, o, u 앞에서는 the 를 '디'라고 읽어야 한다.

당신은 예루살렘과 온 유대와 사마리아와 땅 끝까지 이르러 내 증인이 될 것이다.

You will be my witnesses in Jerusalem, and in all Judea and Samaria, and to the ends of the Earth.

정직한 소년 the honest boy.

더 자세한 내용들은 관사편에서 다루게 될 것이다.

태(Voice)

태는 능동태(active voice)와 수동태(passive voice)가 있다. 수동태는 목적어를 취하는 3, 4, 5형식에만 가능하다. 이 중에 3형식 문장을 예를 들어보자.

그는 그 컴퓨터를 수리했다. He fixed the computer.

이 문장을 수동태로 바꾸려면 먼저 수동태 만드는 공식을 알아야 한다. 수동태를 만드는 기본 공식은 목적어 the computer 가 주어가 되고 동사는 반드시 be 동사가 첨가된 상태에서 과거분사형 동사 fixed 가 와야 하며, 그 다음 전치사 by 도 첨가되면서 주어가 목적격 him 으로 바꿔야 한다.

수동태 공식
주어+be과거+과거분사 p.p.+전치사 by, to.+목적격 명사(대)

그는 그 컴퓨터를 수리했다. 를 수동태로 바꾸면
컴퓨터는 그에 의해 수리되었다. The computer was fixed by him.

나는 의자를 만들었다. I made a chair 를 수동태로 바꾸면
의자는 나에 의해 만들어졌다. A chair was made by me.

구(Phrase)

구란 두 개의 단어 이상이 모여서 어떤 의미를 가지는 것을 말한다. 구에는 명사구, 형용사구, 부사구, 동사구가 있다.

명사구
끝의 해석이 명사로 끝나면 명사구이다.

아름다운 여자는 항상 친절한 행동을 한다.
A beautiful lady always acts with kindness.

'아름다운'이 '여자'를 수식하며 명사로 끝났다.

동사구
동사구는 4가지가 있다.
이중에 동사류에 속한 6가지 중 1번 동사와 3번 조동사구를 제외한 나머지가 여기에 속한다. 동사류를 다시 정리하면

- 1번. 동사
새가 둥지에서 날아 갔다. A bird flew to the nest

- 2번. 동사구 (동사+to 부정사)
그는 그녀를 보기를 원한다. He hope to see her.

- 3번. 조동사구(조동사+동사)
나는 곧 거기에 갈 거야. I will be there soon.

- 4번. 동사의 부사구(동사+to 부정사+부사구)
나는 공원에 가고 싶다. I want to go to the park.

- 5번. 복합동사구(동사+전치사〈to 부정사 제외〉)

저에게 집중해 주세요. Please focus on me.

- 6번. 종합동사구(be+형용사류+전치사류)

당신은 영어에 재능이 있다. You are talented at English.

이 중에 2. 4. 5. 6 번이 동사구에 속한다.

여기에 쓰인 talent 는 talented at/in/for 모두 같이 사용될 수 있지만 만일 in 을 쓸 경우 talent 라는 뜻은 특별한 지식을 말할 때 그는 수학에 재능이 뛰어나다. He is talented in mathematics. 처럼 쓰이고, 만일 for 를 쓸 경우 talent 라는 뜻은 일반적인 지식을 말할 때 그녀는 언어에 재능이 있다. She has a talent for languages. 처럼 쓰이고, 만일 at 을 쓸 경우 talent 라는 뜻은 in 과 for 를 대신할 수 있다.

절(Clause)

절이란 주어와 서술어가 들어있는 하나의 문장이 같은 구조로 연결되는 것을 말한다.
절은 명사절, 형용사절, 부사절이 있다.

명사절
주어와 서술어가 있는 두 개의 문장에서 주어, 목적어, 보어역할을 하는 것이 명사절이다

to 부정사(to-infinitive)

to 부정사란 한 가지 의미를 가지고 있는 동사가 명사, 형용사, 부사로 사용할 수 있도록 도와 주

는 기능을 말한다. 예를 들어 '공부하다 study'는 동사로 태어났기 때문에 '공부' 또는 '공부하는 것'이라는 명사나, '공부하는'의 형용사, '공부하기 위해'의 부사 등의 종류가 없다. 따라서 한 단어를 다양하게 활용할 수 있도록 to 부정사란 용법을 만들어 활용하도록 한 것이다.

부정사에는 3가지 용법

1. to 부정사의 명사적 용법: 주어, 목적어, 주격보어, 또는 목적격보어가 있다.

   to 부정사의 주격 용법
   영어를 배우는 것은 어렵다. To learn English is difficult.
   '영어를 배우는 것은 to learn English'가 to 부정사의 주어의 명사적 용법이다.

   to 부정사의 목적어 용법
   나는 야채 먹는 것을 싫어한다. I hate to eat vegetables.
   '야채를 먹는 것을 to eat vegetables'가 to 부정사의 목적어의 명사적용법이다.

   to 부정사의 주격보어 용법
   나의 취미는 책을 읽는 것이다. My hobby is to read books.
   '책을 읽는 것이다. is to read books'가 to 부정사의 주격보어의 명사적 용법이다.

   to 부정사의 목적격 보어 용법
   나는 그에게 외출을 허용했다. I allowed him to go out.
   '그에게 외출을 him to go out'이 to 부정사의 목적격 보어의 명사적 용법이다.

2. to 부정사의 형용사적용법: to 부정사의 형용사적 용법은 오직 명사 뒤에서 수식한다.

   to 부정사가 명사 뒤에서 수식하는 형용사적 용법.
   나에게 마실 것 좀 주세요. Please give me something to drink.

3. to 부정사의 부사적용법: 형용사, 부사, 동사, 문장 전체를 수식한다.

to 부정사의 형용사적 용법

영어는 공부하기 쉽다. English is easy to study. to study 가
형용사 easy 를 수식하고 있다.

to 부정사의 부사적 용법

나는 공부하기 위해 학교에 간다. I go to school to study. to study 가
동사 go to school 을 수식하고 있다.

to 부정사의 동사적 용법

나는 영어 공부를 하려고 일어났다. I got up to study English.
나는 영어를 공부하려고 to study English 가 to 부정사의 동사적 용법 문장이다.

to 부정사의 문장 전체 용법

영어를 공부하기 위해 나는 학교에 갔다. To study English, I went to school.
to study English 가 문장 전체를 수식하고 있다.

동명사(Gerund)

동명사란 동사가 명사화된 단어를 말한다. to 부정사처럼 주어, 목적어, 보어로 쓰인다.
to 부정사와 같은 성격을 가지고 있지만 동명사는 과거로부터 무엇을 해왔던 것에 관점이 있고 to 부정사는 앞으로 무엇을 할 것에 관점이 있다.

나는 춤추는 것을 좋아한다. I like dancing. 은 과거로 부터 춤을 추는 것을 알고 있기 때문에 지금 것을 좋아 한다는 뜻이 있고 만일 이를 to 부정사로 나는 춤추는 것을 좋아한다. I like to dance. 라고 하면 지금까지 춤추는 것을 몰랐지만 앞으로 춤추는 것을 좋아하게 될 것이라는 뉘앙스가 담겨 있는 문장이 된다.

부정대명사(infinite pronoun)

부정대명사란 명확히 정해진 것이 아니고 막연히 부정(不定)의 사람, 사물 및 수량 등을 나타내는 대명사를 말할 때 쓰인다.

대표적인 부정대명사들

one, no one, none, another, other, some, any, all, both, either, neither, nobody, somebody, anything, something 등이 있다.

분사(perfect)의 종류

분사는 크게 현재분사, 과거분사, 분사구문으로 나눌 수 있다.

현재분사 ing 는 진행형, 보어, 형용사역할을 한다. (진보형)
과거분사 ed(p.p.) 는 현재완료, 형용사, 수동태의 역할을 한다. (현형수)
분사구문 ing 는 조건, 연속동작, 이유, 시간 등의 종속절을 단순하게 바꾸기 위해 ing 를 사용하여 복문을 단문으로 표현하는 부사절을 말한다.

암기방식: 조·연·이·시 - 조연은 그 시간에 없었다.

*분사 3가지: 현재분사, 과거분사, 분사구문
 현재분사의 기능: 진행형, 보어, 형용사역할 (진보형)
 과거분사의 기능: 현재완료, 형용사, 수동태 (현형수)
 분사구문의 용도: 조건, 연속동작, 이유, 시간 (조연이시)

현재분사 ing

진행형의 현재분사
진행형 역할을 하는 ing
나는 지금 학교에 막 가려고 해. I am just going to school.

보어의 현재분사
보어 역할을 하는 ing
나의 취미는 기타를 치는 것이다. My hobby is playing the guitar.
'기타를 치는 것 playing the guitar 가 '~이다. is'의 상태를 나타내고 있기에 보어로 쓰였다.

형용사의 현재분사
현재분사는 생명체에 주로 쓰인다.
형용사 역할을 하는 ing
거실에서 잠자고 있는 아기를 보아라. Look at the sleeping baby in the living room.

현재분사 '잠자고 있는 sleeping'이 '아기 baby'를 수식하고 있기 때문에 형용사적 용법으로 쓰였다. 여기에 쓰인 living room 은 동명사이다. 동명사는 주로 무생물체 앞에 쓰이고 현재분사는 주로 생물체 앞에 쓰인다.

과거분사 ed/en

형용사역할의 과거분사
형용사역할의 과거분사 ed/en
저 깨진 창문을 보아라. Look at that broken window.

현재완료역할의 과거분사
현재완료역할의 과거분사 ed/en
난 오랫동안 그를 알고 있어. I have known him for a long time.

수동태역할의 과거분사

수동태역할의 과거분사 ed/en

우리 집은 작년에 페인트 했다. Our house was painted last year.

분사구문(participial construction)

분사구문이란 긴 복문을 단순하게 표현하는 방식을 말한다.

그는 점심식사 후 산책하러 나갔다.
After he finished lunch, he went out for a walk.
= Finishing lunch, he went out for a walk.

즉, '그는 점심식사 후 After he finished lunch'라는 부사절의 긴 복문을 단지 'finishing lunch'로 축소시켰다.

ing 의 4 가지 기능

ing 에는 4가지, 즉 현재분사, 분사구문, 진행형, 동명사 기능이 있다.

암기방식: 현·분·진·동 – 현재 분노가 진동하고 있다.

1. 현재분사 ing

차 안에서 자고 있는 아이를 보아라. Look at a sleeping baby in the car 처럼 현재분사 ing 는 생물체가 주로 온다. 현재분사는 형용사 기능을 한다.

2. 분사구문 ing

돈이 없기 때문에 차를 살 수가 없다. Since I have no money, I can't buy the car.

= Having no money, I can't buy the car. 처럼 문장에 큰 변화가 온다.
분사구문은 복잡한 문장을 단순하게 하는 기능을 한다.

즉, Since I 를 없애고 have 에 ing 를 첨가하여 having 으로 문장을 시작해야 한다.
분사구문은 수동태처럼 체계화된 공식이 따로 있기에 다음에 자세히 다루도록 하겠다.

3. 진행형 be ~ing
나는 학교에 갈 예정이다. I am going to school.
진행형 be ~ing 는 주로 보어기능을 한다.

4. 동명사 ing
주차장은 많은 차들로 가득 찼다. Parking lots are full of many cars. Parking lots 처럼 ~ing 뒤에 무생물이 주로 오면 동명사이다. 동명사는 명사기능을 한다.

이처럼 ing 의 4가지 기능은 각각 다른 기능을 하게 된다.

빈도부사의 위치

빈도부사란 횟수를 나타내는 단어로써 부사의 가족이다. 즉, 항상 always, 가끔 sometime, 아주 드물게 seldom, 자주 often 등 다양한 단어들이 있다. 빈도부사의 위치는 일반동사 앞에 오며 be 동사와 조동사 뒤에 온다.

빈도부사공식: 일·앞·비·조·뒤 - 일은 앞에서 하고 비조들은 뒤로 가세요.

일반 동사 앞에 오는 경우
그는 항상 늦는 경향이 있다. He always tends to be late.

일반 동사 tends 앞에 빈도부사 always 가 그 앞에 왔다. 하지만 always 가 빈도부사의 형식으로 쓰이지 않고 부사구로 쓰일 경우에는 문장 뒤에 와야 한다. 예를 들어 그는 항상 늦는 경향이 있다. He tends to be late all the time. 처럼 '항상 all the time'이 부사구 형식으로 오면 빈도부사가 아니기 때문에 문장 끝에 온다. 여기서 한 가지 참고해야 할 부분은 be동사이다. late 앞에 be 동사가 온 것은 to 부정사 다음엔 동사원형만 사용해야 하기 때문이다. '늦는 late'란 형용사가 보어로 쓰일 경우에는 혼자 쓸 수 없고 be 동사와 같이 써야 한다. to 부정사 다음에 late 를 보충하는 원형동사는 be 동사뿐이다. 하지만 사역동사에서는 같은 경향이라도 be 가 생략되는 경우가 있다. 예를 들어 그는 나를 행복하게 만들었다. He makes me happy. 처럼 happy 앞에 to be happy 를 쓰지 않아도 된다. 그 이유는 사역동사 makes 속에 to be 가 포함되어 있기 때문이다.

사역동사 다음에 오는 목적격 보어에 어떤 종류의 형용사가 오더라도 오직 원형 형용사만 와야 한다. 굳이 to be 를 첨가할 필요가 없다. 한글식 표현으로 분석해 보면 '나는 이미 행복하다.'라는 뜻이다. 하지만 to 부정사를 첨가하면 미래적인 뜻으로 변하는 현상이 나타난다. 동명사는 과거로부터 지금까지 행해왔던 모습을 표현하는 반면에 to 부정사는 미래에 행할 모습을 표현하는 경향이 있다. 따라서 이 문장에 to be 를 첨가하면 앞으로 행복하게 된다는 미래적인 표현이 되기 때문에 to be 를 굳이 첨가할 필요가 없는 것이다.

주어+조동사+빈도부사의 경우
문장에 조동사가 있는 빈도분사는 조동사 뒤에 온다.

나는 너를 항상 사랑할거야. I will always love you.

나는 그를 결코 이해할 수 없다. I can never understand him.

빈도부사와 현재완료
현재완료가 있는 빈도부사의 위치
현재완료에 빈도부사가 오면 일반적으로 be 동사 뒤 또는 조동사 뒤에 빈도부사가 오듯이 현재완료의 have 뒤에 온다. 다시 말해 have 동사를 조동사로 취급하여 have+빈도부사

+p.p. 형식을 취해야 한다.

나는 이미 숙제를 마쳤다. I have already finished my homework.

빈도부사의 긍정문과 부정문

빈도부사의 위치가 일반동사 앞에 오면 긍정적인 문장이 되지만 일반동사 뒤에 오면 부정적인 문장으로 바뀐다.

빈도부사가 일반동사 앞에 오는 긍정적인 경우

우리는 투자금 전부를 잃을 뻔했다.

We almost lost our entire investment.

하지만 잃지 않았다는 뜻이다.

빈도부사가 일반동사 뒤에 오는 부정적인 경우

우리는 투자금 거의 전부를 잃었다.

We lost almost our entire investment.

투자금을 거의 잃었다는 뜻이다.

빈도부사류

항상	100%	always
언제나	90-99%	usually
자주	75-90%	often
가끔	25-75%	sometimes
좀처럼	10-25%	seldom
아주 드물게	1-10%	rarely, barely
거의 않게	0%	never

관계 대명사(Relative Pronoun)

관계 대명사는 두 개의 문장을 하나로 연결할 때 쓰이는 대명사를 말한다.

관계 대명사가 사람일 경우

이 남자는 학생이었다. 이 남자는 여기에 왔다.

The man was a student. The man came here. 이라는 두 문장을 관계 대명사로 연결하면 여기에 온 남자는 학생이었다. The man who came here was a student.

사람

주격: who, that

목적격: whom(who), that

소유격: whose

관계 대명사가 사물일 경우

이것은 아름다운 집이다. 우리는 이 집에 산다.

This is a beautiful house. We live in the house. 라는 두 문장을 관계 대명사로 연결하면 이것은 우리가 살고 있는 아름다운 집이다.

This is a beautiful house (in) which we live (in).

사물

주격: which, that

목적격: which, that

소유격: whose

관계부사

where 또는 when 으로 연결되는 관계부사

나는 비가 오는 겨울에는 우울해 진다.

I get depressed during the winter because it rains.

관계대명사 what 과 that 의 차이점

관계대명사 what

관계대명사 what 은 '~가, ~하는 것'으로 해석된다. 이 관계대명사 what 은 특별한 의미가 없다. 다만 what 은 the thing that 을 줄인 축약형이다. 관계대명사 what 은 구체적인 대상을 서술적으로 이끄는 기능을 한다. 관계대명사 what 이 '~가, ~하는 것'으로 쓰이는 예문을 살펴보자.

내가 원하는 것은 집에 있는 것이다. What I want is to stay home.

이 문장에 쓰인 관계대명사를 형용사절이라하며 명사절의 주어라고 한다. '내가 원하는 I want'가 '~것 What'을 수식하고 있기 때문에 I want 는 형용사의 후방한정용법으로 쓰인다. 다시 말해 What 이라는 대명사를 I want 가 뒤에서 수식했다는 말이다. 이런 문장의 유형을 형용사절이라 한다.

여기서 말하는 what 은 the thing that 의 축약형이다. 따라서 이 문장을 The thing that I want is to stay home. 으로 대신할 수 있다. 'the thing that'이라는 단어가 '~하는 것(은)'이란 뜻으로 내가 원하는 것 the thing that I want . '그 것 the thing that' 이 what 을 대신하고 있다는 것을 확연히 알 수 있다.

내가 하고 싶은 것은 영화를 보러 가는 것이다.
What I want to do is to go to see a movie.

앞에서 살펴보았듯이 이 예문도 형용사절이라하며 명사절의 주어라고 한다. What 에 관련된 문법은 뒤에서 자세히 다루게 될 것이다.

관계대명사 that

관계대명사 that 은 '~것'으로 쓰이지만 특별한 의미는 없다. that 은 문장 속에서 단지 자연스럽게 서술하는 것에 쓰인다. that 은 who, whom, which 대신으로 사용할 수 있다.

그것이 내가 하고 싶은 말이야. That's what I want to say.

그것이 내가 원하는 거야. That's what I want.

이 소년이 여기에 온 바로 그 소년이다. This is the boy that came here.
= This is the boy who came here. 관계대명사 편에서 보다 자세히 다루게 될 것이다.

부사의 어순

문장이 오는 어순은 여러 방법이 있는데 그 중에 부사의 어순을 살펴보자. 부사가 연이어 올 때 문장의 어순은 장·방·시 또는 장·수·때 어순으로 온다. 즉 장소, 방법, 시간의 순서와 장소, 수단, 때의 순서로 오는 경우이다. 이 두 종류의 어순은 모두 부사 또는 부사구로 보면 된다. 예문을 하나 들어 보자.

그녀는 기차로 여기에 10시에 도착했다.

She arrived here by train at ten o'clock.

그는 시간 안에 버스를 타고 여기에 도착할 수 있을지도 모른다.

He may be able to arrive here by bus in time.
　　(종합동사구)　　　　(장소) (방법) (시간)

암기방식: 장·방·시, 장·수·때

강의 #2
복습

형용사 약 5%를 차지한다.
    전방한정용법, 후방한정용법, 서술적용법이 있다.

부사는 약 10%을 차지한다.
    부사의 4가지 기능: 형용사, 부사, 동사, 문장전체

전치사가 있는 명사는 90%가 부사구가 되며 나머지 10%는 형용사구가 된다.

접속사는 약 15%를 차지한다.

전치사는 약 5%를 차지한다.

감탄사는 약 5%를 차지한다.

관사는 약 5%를 차지한다.

시제는 3시제로 통합해도 된다.
    현재시제
    현재시제란 일반적인 사실, 불변의 진리와 속담, 습관, 격언은 항상 현재만 사용한다.
    사·진·속·습·격

과거시제

미래의 소원을 말할 때, 역사적 사실, 공손한 표현, 지나간 사건은 항상 과거시제를 쓴다.

공·미·지·역: 공손한 미래와 지나간 사건과 역사

현재완료 시제

계속, 경험, 결과, 완료 현재완료의 개념은 현재와 과거를 동시에 가지고 있는 문장이다.

수 number

단수와 복수가 있다.

관사 Article

부정관사 a 와 정관사 the

태 voice

태는 수동태와 능동태가 있다.

to 부정사의 3가지 용법

to 부정사의 명사적 용법: 주어, 목적어, 주격보어, 목적격보어

to 부정사의 형용사적용법: 명사 뒤에서 수식하는 것이 특징이다.

to 부정사의 부사적용법: 형용사, 부사, 동사, 문장 전체를 수식한다.

부정대명사

부정대명사란 명확히 정해진 것이 아니고 막연히 부정(不定)의 사람, 사물 및 수량 등을 나타내는 대명사를 말할 때 쓰인다.

대표적인 부정대명사들

one, none, another, other, some, any, all, both, either, neither, nobody, somebody, anything, something 등이 있다.

분사 perfect

분사는 크게 현재분사, 과거분사, 분사구문 이 세 가지로 나눌 수 있다.
현재분사 ing 와 과거분사 ed/ed 는 문장 속에서 형용사 역할을 한다.
분사구문은 시간, 이유, 조건, 연속동작 등을 나타내는 부사절 역할을 한다.

ing 의 4가지 기능

1. 동명사 ing – 수리(하는) 도구 fixing tools 처럼 ~ing 뒤에 무생물이 오면 동명사
2. 현재분사 ing – 자고 있는 아이 a sleeping baby 처럼 ~ing 뒤에 생물체가 오면 현재분사
3. 진행형 be ~ing – 나는 학교에 갈 예정이다. I am going to go to school.
4. 분사구문 ing – 돈이 없기 때문에 차를 살 수가 없다.

   Since I have no money, I can't buy the car.
   =Having no money, I can't buy the car.

구 Phrase

명사구, 형용사구, 부사구, 동사구가 있다.

절 Clause

명사절, 형용사절, 부사절이 있다. 동사절은 없다.

관계 대명사

사람

주격: who, that

목적격: whom (who), that

소유격: whose

사물

주격: which, that

목적격: which, that

소유격: whose

관계대명사 what 이 '~가, ~ 하는 것은'으로 쓰일 때
내가 원하는 것은 집에 있는 것이다. What I want is to stay home.
이 문장에 쓰인 관계대명사를 형용사절이라 하며 명사절의 주어라고 한다.

관계대명사 that 은 '~것은'으로 쓰일 때 that 은 who, whom, which 대신으로 사용
이 소년이 여기에 온 바로 그 소년이다. This is the boy who came here.
= This is the boy that came here.

부사의 어순

부사가 문장에서 쓰이는 어순은 장·방·시 또는 장·수·때 어순으로 온다.
그는 시간 안에 버스를 타고 여기에 도착할 수 있을지도 모른다.

He may be able to arrive here by bus in time.
   (종합동사구) (장소) (방법) (시간)

장·방·시, 장·수·때

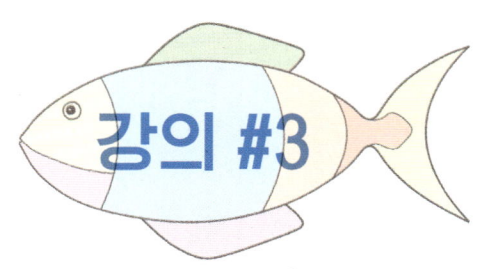

강의 #3에서는 동사와 관련된 문장들을 공부하게 될 것이다. 그 중에 일반동사, 지각동사, 준동사, 감각동사, 사역동사, be 동사를 다루고자 한다.

동사류

영어의 생명은 동사에 있다. 동사활용을 바르게 하면 영어는 약 40-60%까지 정복하게 된다. 동사를 잘 알면 영어에 자신감이 생긴다. 따라서 본 교재는 동사와 관련된 한글식 문장을 가장 중요하게 생각하므로 다양한 동사부터 다루고자 한다.

동사의 모든 것

동사는 완전자동, 불완전자동, 완전타동, 불완전타동, 일반 동사, 지각동사, 감각동사, do 동사, be 동사, 수여동사, 조동사, 사역동사 등 모두 12개가 있으며 to 부정사, 동명사, 현재분사, 과거분사도 동사에서 파생되었기 때문에 동사를 이해하는데 있어서 꼭 필요한 동사의 가족들이다. 동사의 가족들을 모두 합치면 16종류가 된다. 동사의 종류에 따라 그 다음 문장의 형태가 형성된다.

암기방식: 일반적으로 지각과 감각은 2개가 비슷하지만 수에 관계없이 조심해야 할 사이이다(8개). 나머지는 완전자동사(완자), 불완전자동사(불완자), 완전타동사(완타), 불완전타동사(불완타) 4개가 있으며 to 부정사, 동명사, 현재분사, 과거분사 합하면 모두 16종류가 있다.

만일 주어 다음 be 동사가 오면 주어의 상태나 존재만을 강조하는 1형식 또는 2형식 문형이 결정된다. be 동사의 약 95% 가 주어의 상태를 표현하는 2형식 문장이다. 나머지 5% 정도는 주어의 존재를 표현하는 1형식 문장이다. be 동사가 주어의 동작과 행위를 표현하는 경우는 없다. 오직 주어의 상태나 존재만을 보충해 준다.

이와 같이 각 동사의 유형에 따라 그 문장의 유형을 결정하는 권한을 가지고 있는 것이 동사이다. 따라서 동사는 기업의 인사부와 같아서 동사 다음에 어떤 종류의 문장이 와야 하는지 결정적인 선택을 동사가 하게 된다. 따라서 제일 먼저 생각해야 할 것은 동사의 유형에 따라 1~5형식이 결정된다. 예를 들어 완전자동사는 1형식을, be 동사는 1형식문장의 약 5% 정도, 2형식 문장은 약 95%정도 지배한다. 감각동사는 2형식을, 일반동사는 3형식을, 수여동사는 4형식을, 지각동사와 사역동사는 5형식이 온다.

동사는 수식을 받는 존재

동사가 부사나 형용사를 수식하는 것이 아니라 반대로 부사나 형용사가 동사를 수식해야 한다. 즉 동사는 무엇을 수식하는 것이 아니라 공주와 왕자처럼 수식을 받아야 하는 자리에 있다. 따라서 동사는 가장 중요한 자리에 놓여있기 때문에 부동적인 자리만을 고수하게 된다. 즉 '힘 있게 끝나다.'라는 표현은 strong finish 가 아니고 finish strong 처럼 항상 부사, 형용사, 명사, 대명사 등이 동사를 수식하게 된다.

자동사(intransitive verb)

완전자동사와 불완전자동사는 목적어가 필요 없으며 수동태를 만들지 않는다.

완전자동사

주어+동사(완전자동사) 1형식

태양은 동쪽에서 뜬다. The Sun rises in the East.

왜 새들은 이른 아침에 노래할까요? Why do birds sing early in the morning?

불완전자동사

주어+동사+보어(명사 또는 be+형용사) 2형식

나는 학생이다. I am a student.

그분은 선생입니까? Is he a teacher?
그녀는 아름답다. She is beautiful.

타동사(transitive verb)

완전타동사는 목적어가 필요하며 동사가 동작을 나타내는 경우 주어의 동작이 목적어에 직접적으로 전달된다. 따라서 동사와 목적어 사이에는 절대 전치사가 오면 안 된다.

완전타동사

주어+동사(타동사)+목적어 3형식
나는 바나나를 좋아한다. I like bananas.
그녀는 사과를 좋아한다. She likes apples.

불완전타동사

주어+동사+간접목적어+직접목적어 4형식
4형식의 특성은 생명체가 무생물체보다 앞에 온다. 영어는 언제나 강조하고 싶은 문장이 앞에 오는 경향이 있다. 영어는 생명의 소중함을 아는 듯 생명체를 먼저 강조하는 경우가 많이 있다.

나는 그녀에게 선물을 주었다. I gave her a gift.
아빠는 나에게 시계를 주셨다. Father gave me a watch.

동사류(상당어구) 6가지

동사에는 여섯 종류의 가족이 있다. 동사의 가족을 바르게 알게 되는 그 순간부터 영어가 보이기 시작할 것이다. 영어는 동사를 정복해야 비로소 영어공부가 흥미로워진다. 일반적으로 동사라고 하면 보통 완전자동사, 불완전자동사, 완전타동사, 수여동사, 불완전타동사 등을 말할 수 있는데 이는 1~5형식의 형틀을 만드는 기초가 된다.

1~5형식을 예문들을 통해 살펴보자.

1 형식
나는 일찍 일어난다. (완전자동) I get up early in the morning.

2 형식
그는 영어선생님이다. (불완전자동) He is an English teacher.

3 형식
그는 모든 종류의 스포츠를 좋아한다. (완전타동) He likes all kinds of sports.

4 형식
매주 그녀는 영어시간에 우리에게 커피를 가져왔다. (불완전타동)
Every week she brought us coffee during English class.

5 형식
그는 나를 그곳에 가게 했다. (불완전타동) He made me go there.

1~5형식 문형은 단순한 동사로 이루어 지지만 동사구부터는 한 동사 이상이 서로 연결되면서 구를 형성하게 된다. 1~5형식의 형틀은 문장의 형식을 만들어 준다. 하지만 동사류 6가지는 문장의 유형을 만드는데 기초 역할을 하게 되기 때문에 보다 신중하게 기억하고 있어야 한다.

동사류 6가지를 정리해 보자.

1. 동사
새가 둥지에서 날아 갔다. A bird flew to the nest.
언덕위에 집이 있다. There is a house on the hill.

2. 동사구(동사+to 부정사)

to 부정사를 다른 말로 동사원형, to 동사, 부정사라고 한다. 모두 같은 뜻이다.

나는 가고 싶다. I want to go.

그는 먹는 것을 좋아한다. He likes to eat.

3. 조동사구(조동사+원형동사)

조동사 다음에 오는 동사는 반드시 원형동사만 와야 한다.

나는 거기에 갈 것이다. I will go there.

여기에 쓰인 go 는 왕래발착동사의 하나이다. 왕래발착동사는 미래형을 포함하고 있기 때문에 굳이 will 을 쓸 필요가 없다. 그런데 이 예문에 will 이 온 것은 주어 '나는'의 의지를 표현하는 조동사이기 때문에 온 것이다.

그는 곧 올거야. He will come soon.

여기에 쓰인 come 은 왕래발착동사의 하나이다. 왕래발착동사는 미래형을 포함하고 있기 때문에 굳이 will 을 쓸 필요가 없는데 will 이 온 것은 주어 '그는 He'의 의지를 표현하는 조동사이기 때문에 온 것이다. 왕래발착동사 편에서 자세히 다루게 된 것이다.

4. 동사의 부사구(동사+to 부정사+부사구)

4번이 2번과 다른 점은 to 부정사 뒤에 부사구가 온다는 점이다.

나는 학교에 가고 싶다. I want to go to school.

그는 식당에서 먹는 것을 좋아한다. 그는 외식을 좋아한다. (의역)
He likes to eat at the restaurant.

5. 복합동사구(동사+전치사)

동사 뒤에 오는 전치사는 2가지가 있다.
일반적인 전치사가 오는 경우와 숙어로 이루어져 있는 경우이다.

일반적인 경우
나는 지금 집에 있다. I am at home now.

숙어의 경우
그는 나에게 사과했다. He apologized to me.

apologized to 는 숙어이기 때문에 반드시 apologized to 로 해야만 한다. 절대 다른 전치사가 올 수 없다. 반면에 일반적인 경우 I am at home now. 에서 at 대신 다른 전치사를 사용할 수 있다. 하지만 다른 전치사를 사용하면 다른 뜻으로 해석되기 때문에 전치사 선택을 잘 해야 한다. 예를 들어 I am in the home. 이라고 했을 때 '나 집안에서 꼼짝 않고 있어.'의 뜻이 된다.

6. 종합동사구(동사+형용사〈과거분사 또는 현재분사〉+전치사)

동사+형용사+전치사로 구성된 종합 동사구는 대부분 숙어처럼 형용사(과거분사와 현재분사)+전치사가 그룹을 형성하게 된다.

이러한 단체들을 재미있게 공부하는 방식을 연구해 놓았다. 복합동사구와 종합동사구 예문들이 계속 반복되면서 저절로 암기하는 공식을 따로 연구해 놓았기 때문에 한글식 암기 방법만 잘 따라 한다면 어려운 숙어들이 쉽게 이해될 것이다.

그녀는 영어를 잘 한다. She is good at English.
나는 영어를 잘 못한다. I am poor at English.

영어를 잘 못한다는 말은 겸손의 뜻으로 말할 수 있으나 사교장이나 비지니스를 할 때에는 가급적 삼가해야 한다. 잘못하면 자신을 낮추기 위한 겸손이 불이익을 초래할 수 있다.

일반 동사

일반 동사란 '먹다 eat, 마시다 drink, 잠자다 sleep, 원한다 want, 하다 do' 등 수없이 많이 있다. 이러한 일반 동사는 주어의 동작을 표현하는 일반적인 사실을 표현하게 된다. 일반 동사가 의문문으로 쓰이게 되면 일반 동사는 그 자리에 두고 조동사 do(does, did) 를 주어 앞에 보내면 된다.

나는 당신이 보고 싶다. I want to see you.
나는 어젯밤 수산나와 함께 커피를 마셨다. I had coffee with Susanna last night.

Do 동사

do 동사는 일반적인 사실을 말한다는 뜻으로 쓰이며 해석은 '~하다.'이다.
do 동사에는 현재형 do, does 와 과거형 did 가 있다.
do 는 1인칭과 2인칭 단수 또는 복수와 의문문에 쓰인다.
does 는 3인칭 단수와 의문문에 쓰인다.
did 는 인칭과 수에 관계없이 모든 과거에 쓰인다.

또한 do 동사는 3가지로 나뉜다.

1. 일반동사에 do 동사가 쓰이는 경우

그것은 내가 하고 싶은 것이 아니야. It's not that I want to do it. = I don't want to do it.

그는 지금 숙제를 하고 있다. He is doing his homework now.

2. do 동사가 조동사로 쓰이는 경우

마실 것 좀 드릴까요? Do you want something to drink?

그녀는 뭘 원하나요? What does she want?

그는 그녀를 좋아하나요? Does he like her?

일반동사 like 를 의문문으로 쓰기 위해 does 가 앞으로 와서 like 를 도와 주는 것을 조동사의 do 동사라 한다.

3. 대동사로 쓰이는 경우

대동사란 앞문장에 나온 동사의 반복을 피하기 위해 대신 사용한다는 뜻에서 대동사라 한다.

그가 당신을 사랑하는 것보다 내가 더 당신을 사랑해.
I love you more than he does.
love 라는 단어가 반복되는 것을 피하기 위해 love 대신 does를 사용했다.

그는 너무 말이 많아. 그래, 그는 말이 많아.
He talks too much. Yes, he does.

Do 동사의 활용법

현재로 쓰이면 '~하다.' 과거로 쓰이면 '~했었다.'

I(you, we, they) do.

He(she, it, this that) does.

does 는 3형식 단수 현재이기 때문에 does 로 변한 것이다. 과거는 모두 did 로 하면 된다.

do(does) 가 조동사로 오는 경우

의문문에서는 주어 앞에 온다.

일요일엔 뭘 할 겁니까? What will you do on Sundays?

뭐라고요? What did you say?

일요일에는 뭘 하냐고요? What do you do on Sundays? 라는 문장에서

What 뒤에 사용된 do 가 주어 you 앞에서 의문문의 조동사로 쓰였다.

부정문에서는 do not 과 does not 으로 쓰인다.

그들은 그녀를 싫어한다. They don't like her.

그는 그녀를 싫어한다. He doesn't like her.

do 동사가 과거문장의 의문문에 쓰이는 경우

어제 무엇을 했니? What did you do yesterday?

나 어제 누군가 만났어. I met someone yesterday.

do(does) 가 일반 동사로 사용된 의문문의 경우

do(does) 가 일반 동사가 사용되는 의문문에서는 조동사처럼 문장 앞에서 아무런 조건없이 문장을 도와 주는 역할을 하게 된다.

당신은 그것을 원합니까? Do you want it? 3형식

당신은 TV를 보는 것을 좋아하나요? Do you like watching (to watch) TV.

당신은 항상 일요일에 교회 갑니까? Do you always go to church on Sunday?

여기서 always 는 문장 앞에 또는 문장 뒤에 올 수 있다. 하지만 이와 같은 빈도부사는 일반 동사의 의문문에서는 주어 다음 당신은 항상 you always 처럼 온다.

일반동사가 오면 그 일반동사 앞에 오고 be 동사나 조동사가 오면 그 be 동사나 조동사 뒤에 온다.

do(does) 가 일반 동사의 빈도부사와 함께 의문문에 사용된 경우

당신은 종종 당신 부모님께 전화하시나요? Do you often call your parents?

당신은 가끔 택시를 타나요? Do you sometimes take a taxi?

일반 동사의 과거의 의문문에서는 인칭과 관계없이 did 를 쓴다.

당신 어제 그를 봤습니까? Did you see him yesterday?

당신은 트랜스포머라는 영화를 보셨습니까? Did you see the movie Transformer?

당신 그녀에게 사과했나요? Did you apologize to her?

강조할 때 쓰이는 do

do 동사는 문장을 강조할 때 쓰이는 경우가 있다.

나 당신을 정말 사랑해. I do love you.

do 가 평서문에서 일반 동사 앞에 오면 do 동사의 강조문장이 된다.

그는 정말 피곤해 보인다. He does look tired.

원형부정사(원형동사)

원형부정사란 to 부정사에서 본래의 동사로 돌아가는 것을 말한다. 즉, to 부정사에 있었던 시간 차에서 원형으로 돌아가 없애 버리겠다는 의미가 있다.

아무 때나 없애 버리는 것이 아니라 명백한 이유가 있을 경우에만 가능하다.

나는 그가 나와 함께 있기를 원한다. (직역) 나는 그와 함께하길 원해. (의역)

I want him to stay with me. 라고 하면 '그가 나와 함께 있기를 내가 원했다.'라는 뜻이 된다. 상대방의 의지와는 상관없이 내가 전적으로 원한 것이다. 따라서 그가 원하는 것이 아니기 때문에 그가 머물지 또는 떠날 지는 알 수 없는 일이다.

하지만 같은 말을 다르게 표현하여 나는 그를 내 곁에 머물 수 있도록 만들었다. (직역) I make him stay with me. 라고 하면 나는 그를 완전히 내 곁에 있도록 했기 때문에 더 이상 그가 갈 것인지 또는 안 갈 것인지에 대한 생각을 안 해도 된다. 이와 같이 to 부정사는 은연중에 미래적인 뉘앙스를 가지고 있다. 미래적인 뉘앙스를 담고 있는 to 부정사를 제거해 버리고 다시 원형동사를 사용하면 미래적인 막연한 추측과 생각들을 제거하게 된다. 사역동사, 지각동사, 왕래발착동사는 to 부정사를 원형동사로 돌아오게 하므로 불확실한 미래적인 요소들을 제거하기 때문에 원형동사만을 취해야 한다.

조동사가 생략된 원형동사

조동사가 생략된 원형동사란 기존에 있어야하는 조동사가 자동생략되면서 원형동사가 오는 문장을 말한다. 이런 유형의 문장은 앞에 오는 시제와 뒤에 오는 시제가 불합리한 모습처럼 보이지만 실상은 같은 시제의 문장이다. 조동사가 생략되는 문장의 특성은 5가지가 있다.

1. that 절을 유도한다.
2. 본동사 뒤에 ing 형이 온다.
3. to 부정사가 올 수 없다.
4. 본동사 뒤에 목적격(him, me, his)을 쓸 수 없다.
5. 3형식 문형이다. 5형식을 만들 수 없다.

조동사가 생략된 원형동사 다음에 오는 본동사들

청원하다(제안하다) propose, 바라다 desire, 강하게 요구하다 demand,
주장하다 insist, 명령하다 order(command), 필수적으로 요구하다 require,
제의하다(제안하다) suggest, 권면하다 advise. 9개

암기방식: 청원을 바라며 강하게 요구하는 주장은 명령에 의해
필수적으로 요구가 제의되기를 권면한다.

그는 내가 병원에 가야 한다고 주장했다. He suggested that I should go see a doctor. 이 문장은 that 과 should 가 있는 문장으로서 병원에 가야할 이유에 대한 당연성을 강조하는 뉘앙스가 있는 문장이다. 만일 이 문장이 He suggested (that) I go see a doctor. 와 같이 that 이 생략된 문장이라도 같은 의미를 가진다.

조동사가 생략된 원형동사의 시제

조동사가 생략된 원형동사는 문장의 유형에 따라 시제의 혼동이 올 수 있다. 본동사는 과거시제인데 원형동사는 현재시제처럼 느껴진다. 하지만 본동사가 과거이면 원형동사도 과거이고 본동사가 현재이면 원형동사도 현재를 써야 한다.

나는 그에게 약을 복용하도록 제안했다. I suggested (that) he (should) take the medicine. 이란 문장에서 본동사 suggested 는 과거형으로 쓰였는데 원형동사 take 는 현재형으로 쓰인 것처럼 느껴진다. 하지만 실상은 과거형이 쓰였다. should 라는 조동사가 과거시제이기 때문에 원형동사는 조동사의 법칙에 따라 원형이 쓰였지만 실상은 과거시제이다. 이런 유형의 문장은 to 부정사로 대치할 수 없다. 만일 이 문장을 나는 그에게 약을 복용하라고 제안했다. I suggested him to take the medicine. 으로 바꿔 쓴다면 문법적 이론에서 크게 벗어나게 된다. 왜냐하면 이런 유형의 동사들은 본동사 뒤에 to 부정사나 목적격을 쓸 수 없는 동사이기 때문이다. 하지만 that 절을 대신하여 본동사 뒤에 ing 형은 가능하다.

그는 내가 병원에 가야 한다고 주장했다. He suggested (that) I (should) go see a doctor. 라는 문장을 ing 형으로 고치면 그는 병원에 가야 한다고 주장했다. He suggested going see a doctor. 로 3형식 문장으로 고칠 수는 있어도 He suggested me to go see a doctor 라고 하여 5형식 문장으로는 고칠 수 없다. 따라서 ing 형은 3형식 문장만 가능하기 때문에 Are you suggesting something? 처럼 활용해야 한다.

정리

1. 조동사가 생략된 원형동사는 기존에 있어야한 조동사가 자동생략되면서 원형동사가 오는 문장을 말한다.

2. 조동사가 생략된 원형동사 다음에 오는 본동사들을 잘 파악해야 한다.
3. 조동사가 생략된 원형동사는 문장의 유형에 따라 시제의 혼동이 올 수 있다.
    본동사는 과거시제인데 원형동사는 현재처럼 느껴진다.
4. 이런 유형의 문장은 to 부정사로 대치할 수 없다.
5. that 절을 대신하여 본동사 뒤에 ing 형으로 대치시킬 수 있다.

동명사만을 목적어로 취하는 동사들

본동사 다음 동명사를 목적어로 취하는 동사들이 있다. 이 동명사들을 다 기억할 필요는 없다. 다만 동명사에 대한 지식을 조금만 이해하면 영어를 습득할 때 큰 도움이 될 것이다. 영어공부를 속성으로 하는 방법 중 하나는 to 부정사, 동명사, 현재분사, 과거분사가 본동사를 연결하는 중요한 열쇠가 될 수 있다는 것을 꼭 기억하는 일이다.

Ing 형은 현재분사, 분사구문, 진행형, 동명사(현분진동)가 있는데 현재분사는 진행형, 보어, 형용사역할을 하며(진보형), 분사구문은 복문을 단순하게 만들며 주로 문어체에 쓰이고 동명사는 명사의 기능으로 주격, 목적격, 보어격으로 쓰이다. 특히 동명사는 과거로부터 지금까지 지내온 현실을 내포하고 있으며, to 부정사는 미래 지향적인 경향으로 앞으로 할 것에 대한 미래적인 뜻이 강하게 내포되어 있다.

동명사 패턴pattern 1

연습하다 Practice, 참여시키다 involve, 위험하다 risk, 그만두다 quit, 피하다 avoid, 연기하다(실수나 사고로) delay, 놓치다(그립다) miss, 멈추다 stop, 끝내다 finish, ~해줄래요(~할래요) mind. 10개

동명사만을 취하는 동사들 암기방식 1: 연습에 참여하다가 위험에 처해도
그만 두거나 피하거나 연기하거나 놓치거나 멈추지 말고 끝까지 해줄래요.

그는 나의 질문에 답을 피하려고 애썼다. He tried to avoid answering my question. 이라는 문장 속에 '피하려고 avoid'란 동사 뒤에 '답을 answering'이 ing 문형으로 왔다. 여기에 쓰인 ing 는 동명사의 목적격 용법이다.

갑작기 모든 사람은 말을 중단했다. Suddenly, everybody stopped talking. 의 문장도 동명사의 목적격 용법으로 쓰인 동명사이다. 이렇게 동명사만을 유도하는 목적어를 to 부정사 용법으로 변경시킬 수 없다. 이를 to 부정사의 용법으로 바꾸기 위해 갑작기 모든 사람은 말을 중단했다. Suddenly, everybody stopped to talk. 으로 바뀐다면 논리적인 이론에서 어긋나는 문장이 된다.

to 부정사는 미래지향적인 뉘앙스가 강하기 때문에 앞으로 무엇을 할 것에 대해 언급할 때 쓰이고 동명사는 과거로부터 지금까지 무엇을 하고 있는 것에 대한 내용을 언급할 때 쓰인다. 문장의 내용은 '모든 사람은 말을 중단했다.'이다. 앞으로 말을 할 것에 대한 중단이 아니라 말을 하고 있는 상태에서 중단했다고 보는 것이 더 현실적이다. 따라서 to 부정사를 쓰면 현실성이 떨어지기 때문에 문장자체를 바꿀 수 없는 실정이다. 동명사만을 목적어로 취하는 동사들이나 to 부정사만을 목적어로 취하는 동사들은 굳이 외울 필요는 없지만 그 문장의 흐름에 따라 잘 파악해야 한다.

동명사 패턴 pattern 2

질문하다 ask, 재촉하다 urge, 즐기다 enjoy, ~을 그리다(상상하다) imagine,
더 좋아하다 prefer, 생각하다 consider, 연기하다(자연재해로) postpone,
부인하다 deny, 허락하다 admit. 9개

동명사만을 취하는 동사들 암기방식 2: 질문을 재촉하지 말고 즐겁게 상상하고 좋아하고 또 생각하면서 연기를 할건지 부인할건지 허락받아라.

그는 춤추는 것을 좋아한다. He enjoys dancing. 이라는 문장은 그전부터 춤에 관심이 있어 춤을 출 수 있기 때문에 춤추는 것을 좋아한다는 뜻이 담겨있다. 만일 춤을 잘 못 추는데 춤을 즐길 수 있는 문장을 만들고 싶다면 He enjoys dancing 이 아니라 He likes to dance. 로 표현해야 논리적이며 문법적인 문장이 될 수 있다. 춤에 대한 특별한 관심이 없었는데 이제부터라도 춤을 배우고 싶다는 미래지향적인 표현이 되는 것이다.

다른 나라에 가서 사는 것에 대해 생각해 본 적이 있습니까?
Have you ever considered living in another country?

지각동사

지각동사란 나의 의지와 상관없이 가만히 있는데도 무엇인가를 저절로 보이고, 들이고, 느껴지고, 냄새가 날 때 쓰는 동사를 말한다.

이런 지각동사는 진행형을 만들 수 없다. 진행형은 동작을 나타낼 수 있는 동사만 가능하다. 주로 5형식 문장에 쓰인다. 지각동사 뒤에는 반드시 목적어가 와야 하며 그 뒤에는 원형부정사만 가능하다. 수동태를 만들 수 있지만 지각동사가 수동태를 취하게 되면 원형동사가 아니라 to 부정사가 오게 된다.

대표적인 지각동사들

들다 hear, 보다 see, 무섭다 fear, 보다 view, 지켜보다 watch,
관찰하다 observe, 조롱하다 spot, 통보하다 notice. 8개

지각동사 암기방식: 듣고 보니 무서워 보고 또 보며 관찰했는데 자신을 조롱했다고 통보해 왔다.

*Spot 은 '알아보다.', '발견하다.'로 쓰이면 타동사가 되고, '(우습게)생각하다.'로 쓰이면 자동사가 된다.

지각동사 뒤에는 원형동사(원형부정사)가 와야 한다.

사역동사와 지각동사의 특징은 주로 5 형식 문장이 주를 이룬다. 해석은 '~이(가)', '~ 에게(사람)', '~를(사물)'의 형태를 취하게 된다. 지각동사의 특징은 무엇을 하고 있는 것을 보거나, 느끼거나, 듣는 것을 동시에 표현하고 싶어하는 속성을 가지고 있다.

예를 들어 누군가 무대 위에서 춤을 추고 있었는데 그 춤추는 모습을 본 사람이 있다면 그 춤추고 있는 순간을 눈으로 보고 마음으로 느끼고 있었다는 동시성이 있는 것이다. 어떤 모습을 동시적으로 표현하고자 할 때에는 목적격 보어 자리에 반드시 동사 원형이 와야 한다. 만일 동사 원형 대신 to 부정사가 목적격 보어자리에 온다면 틀린 문장이 된다. 왜냐하면 to 부정사의 속성은 과거에 무엇을 하고 있었던 것을 표현하는 것이 아니라 앞으로 무엇을 하고 싶은 것을 표현할 때 사용한다. to 부정사는 앞으로 가서 시간적인 개념이 일어날 일을 의미하기 때문에 시제가 지각동사와 어울릴 수 없는 동사이다. 그러므로 to 부정사를 생략하고 동사원형을 사용해야 하는 것이다.

나는 그가 무대 위에서 춤추는 것을 보았다. I saw him to dance on the stage. 에서 to 부정사 '춤추는 것 to dance'은 미래적인 뉘앙스를 담고 있다. to 부정사는 시제적인 입장에서 보면 언제나 미래를 표현하는 경향이 있다. 즉, '앞으로'라는 시간차를 동반하고 있어서 이곳에서는 시제가 같을 수 없기 때문에 to 부정사를 생략하고 I saw him dance on the stage. 로 해야 '무대 위에서 춤추는 것 dance'와 '보았다 saw'라는 것을 동시에 표현할 수 있다.

따라서 지각동사가 오면 지각동사가 의미하는 동사의 내용이 그 문장속에서 의미하는 전체 내용과 일치성이 있으며 또한 동시에 일어나고 있다는 것을 느낄 수 있다.
한 가지 예문을 더 들어 보자.

나는 그가 피아노 치는 것을 들었다. I heard him play the piano. 피아노를 치고 있었기 때문에 들을 수 있는 동시적 현상이므로 to 부정사가 생략되고 동사원형이 온 것이다.

지각동사의 수동태

지각동사의 수동태공식
지각동사 수동태는 be+p.p.+to 부정사+전치사+목적어(비피투전목)의 형식이다.

지각동사의 수동태 암기방식: 비피투전목
- 비겁하게 피하는 투쟁은 전쟁에서 목적을 이룰 수 없다.

일반동사의 수동태는 단지 be+p.p.+전치사+목적어(비피전목)의 형식에 비해 지각동사의 수동태는 to 부정사가 첨가된다.

나는 그가 무대 위에서 춤추는 것을 보았다. I saw him dance on the stage. 를 수동태로 바꾸면
그가 무대위에서 춤추는 것이 나에게 보였다. He was seen to dance on the stage by me.

나는 그녀가 방에서 나가는 것을 보았다. I saw her go out of the room. 를 수동태로 바꾸면
그녀가 방에서 나가는 것이 나에게 보여졌다.
She was seen to go out of the room by me.

정리
1. 지각동사는 진행형이 불가능하다.
2. 5형식 문장에 쓰인다.
3. 사역동사와 지각동사 뒤에 반드시 목적어만 온다.
4. 목적격 뒤에는 원형동사가 온다.
5. 수동태를 만들 수 있다.
   수동태가 오면 to 부정사가 와야 한다.

감각동사

감각 동사란 시각, 청각, 촉각, 후각, 미각 등을 표현하는 영어 단어들을 말한다. 이를 시·청·촉·후·미라 할 수 있는데 '시청 앞에 쭈꾸미 식당이 엄청 유명하다!'로 외우면 쉽게 기억할 수 있을 것이다. 감각동사 뒤에는 반드시 형용사가 와야 하며 수동태를 만들 수 없다. 주로 2형식 문장에 쓰인다. 2형식은 주어와 보어의 관계가 서로 같은 성질을 가지고 있기 때문에 하나의 느낌으로 성립되는 것이고 3형식은 주어와 목적어의 관계가 성립될 수 없는 다른 것을 설명하는 차이가 있다.

감각 동사들

보다 look, 느끼다 feel, 냄새 맡다 smell, 맛을 보다 taste, 소리가 나다 sound,
~들리다 listen, ~처럼 보인다 seem, 나타나다 appear. 8개

감각동사 암기방식: 보고, 느끼고, 냄새맡고, 맛을 보고 있는데 소리가 들려 가보니 누군가 천사처럼 나타났다.

감각동사들 look, feel, smell, taste, sound, listen, seem, appear 이런 단어들은 모두 상태를 나타내는 be 동사처럼 2형식에 속한다. 또한 이 단어들의 특징은 저절로 느껴지는 것이 아니라 내가 몸을 움직여서 무언가를 했을 때 느낄 수 있는 감각을 말한다. 주로 주어의 상태를 보충 설명하는 동사들이다. look은 저절로 보이는 것이 아니라 무엇인가를 보기위해 관심을 갖고 지켜봐야 하며, feel 은 무엇을 느끼기 위해 피부의 접촉이 있어야 하며, smell 은 무슨 냄새를 맡기 위해 코로 후각을 느껴야 하며, taste 는 무슨 맛을 느끼기 위해 음식물을 맛보며, listen 은 귀를 세우고 무엇인가를 듣기 위해 귀를 기울여야 한다.

감각동사를 그룹별로 살펴보자.

~처럼 보이다. look, seem, appear

그녀는 천사처럼 보였다. She looked like an angel.
그녀는 천사같다. She seems to be an angel.
그녀는 천사처럼 나타났다. She appeared like an angel.

~처럼 들리다. sound

그것은 감미롭게 들린다. It sounds sweet.

~같은 냄새가 나다. smell

저 음식 냄새가 좋다. That food smells good.

~같은 맛이 나다. taste

이것은 쓴맛이 난다. It tastes bitter.

~처럼 느껴지다. feel

나는 행복하다. I feel happy.

정리

1. 감각동사 뒤에는 반드시 형용사가 온다.
2. 수동태로 쓸 수 없다. (목적어가 없으므로 수동태가 될 수 없다)
3. 주로 2형식 문장에 많이 쓰인다. 감각동사는 be 동사처럼 주어의 상태를 보충하게 된다.

그밖에 원형동사가 오는 경우

왕래발착 동사와 조건과 시간절에는 반드시 동사 원형이 오며 미래를 내포하고 있다.

왕래발착동사들
go, come, arrive, depart, start, begin, reach, finish, leave, open, close, return

이러한 왕래발착동사들은 미래를 나타내는 부사 또는 부사구와 함께 현재시제로 쓰이지만 뜻은 미래를 나타낸다. 하지만 개인적인 일정에 사용되지 않고 공식적인 운송일정, 즉 출발과 도착시간, 날짜, 영화 상영시간 등을 표현할 때에는 미래시제를 나타내는 will 또는 be going to 와 같은 시제를 사용하지 않아도 미래가 포함된 시제로 사용된다(단 제외되는 경우는 있다).

왕래발착동사에 will 이 오는 경우

1. 시간을 나타내는 주절에 will 이 오는 경우
시간을 나타내는 부사절에는 현재시제를 써야 하지만 주절에는 미래 동사(조동사)를 써야 한다.

그가 돌아오면 나는 그에게 그것에 관해 얘기하겠다.
When he comes back, I will tell him about it.

'그가 돌아오면 When he comes back.'까지의 문장이 시간을 나타내는 부사절인데 종속절에 속해 있다. 따라서 현재시제를 썼고 그 다음에 오는 '그에게 그것에 관해 얘기하겠다. I will tell him about it.'까지의 문장이 주절이 되기 때문에 will 이 왔다.

내가 올 때까지 그녀는 거기에서 기다릴 것이다. She will wait there until I come.

2. 조건을 나타내는 주절에 will 이 오는 경우
조건을 나타내는 부사절에는 현재시제를 써야 하지만 주절에는 미래 동사(조동사)를 써야 한다.

내일 비가 오지 않는다면 나는 거기에 갈 것이다.

Unless it rains tomorrow, I will be there.

'내일 비가 오지 않는다면 Unless it rains tomorrow'까지의 문장이 조건을 나타내는 부사절로서 종속절에 속한다. 따라서 현재시제를 썼고 그 다음에 오는 '나는 거기에 갈 것이다. I will be there.'까지의 문장이 주절이 되기 때문에 will 이 왔다.

주님 뜻이 아니면 내가 멈춰서리다.
I will stop if it is not Your will. (대문자 Your 는 주님을 뜻한다)

3. 주어의 의지를 표현할 때
주어의 의지를 강조할 때 will 을 사용한다.

나는 가서 의사에게 진찰을 받을 거야. I will go and see a doctor.
왕래발착동사에 will 이 있는 문장은 말하는 이의 주관적인 생각을 강하게 가지고 있을 때 쓰인다.

나는 다음달에 한국에 돌아갈 거야. I will go back to Korea next month.
여기서도 주어의 의도적인 의지를 담고 있기 때문에 will 을 사용했다.

4. 단순한 미래를 표현할 때 will 이 오는 경우
주어의 의지와는 상관없이 단순한 미래 또는 미래에 대한 추측을 표현할 때 사용한다.

오늘 밤에 그는 한국에 도착할 거야. Tonight he will arrive in Korea.
내일 그녀는 LA에 도착할 거야. Tomorrow she will arrive in Los Angeles.

정리
왕래발착동사에 will 이 오는 경우
1. 시간을 나타내는 부사절일 때 주절에만 will 이 온다.
2. 조건을 나타내는 부사절일 때 주절에만 will 이 온다.

3. 주어의 의지를 표현할 때 will 이 온다.
4. 단순한 미래를 표현할 때 will 이 온다.

암기방식: 시·조·의·미
- 시조의미가 뭐죠? 응, 시조의미란 시간, 조건, 의지, 미래를 말하는 것이지.

그밖에 …

시간절 접속사들

when, whenever, while, after, as soon as, until, since

조건절 접속사들

if, in case, as long as, unless

이런 단어들이 종속절의 부사절로 쓰이면 미래를 쓸 수 없고 현재형만 써야 한다. 접속사 편에서 보다 자세히 다루고자 한다.

*원형 동사를 써야 하는 경우
지각동사, 사역동사, 왕래발착 동사, 조건과 시간나타내는 부사절 문장은
원형 동사를 써야 한다.

왕래발착동사에 will 을 쓸 수 없는 경우

1. 버스나 비행기의 공식적인 출발과 도착시간 등을 표현할 때 will 을 쓸 수 없다.

그의 비행기가 몇시에 도착합니까? What time does his plane arrive?

이 예문을 한글식으로 표현하면 '비행기가 몇시에 도착할 예정입니까?'란 뜻이 된다. 즉 미래를 표현하고 있지만 미래형을 쓰지 않아도 되는 문장이다. 이런 문장들은 주로 버스나 비행기의 공식적인 출발과 도착시간 등을 표현할 때 미래시제를 나타내는 will 또는 be going to 와 같은 시제를 사용하지 않아도 미래가 포함된 시제로 여겨진다. 이런 문장의 특징은 주어가 무생물체일 경우가 많다

버스는 8시에 출발한다(출발할 예정이다). The bus leaves at 8:00.

2. 주어가 확실히 정해진 미래를 객관적으로 느낄 때 will 을 쓸 수 없다.

여름 방학은 내일부터 시작할거야 / 시작할 예정이야.
Summer vacation begins tomorrow.

주어가 생물체가 아니기 때문에 자신의 의지를 강하게 나타내지 못하고 다만 객관적으로 주어 자신을 표현할 때 will 을 쓸 수 없다. 만일 말하는 이가 주관적인 생각을 강하게 가지고 있다면 같은 뜻이라도 영어는 'Summer vacation will begin tomorrow.'라고 써야 한다. 하지만 주어가 무생물체일 경우에는 의지를 나타낼 수 없기 때문에 will 을 쓸 수 없다. 주어가 생물체라도 강한 의지를 나타내지 않고 객관적인 미래를 표현할 때에는 그는 내일 아침 서울로 갈 거야. He goes to Seoul tomorrow morning. 으로 쓰면 되지만 주어의 의지를 굳이 표현하고 싶다면 그는 내일 아침 서울로 갈 거야. He will go to Seoul tomorrow morning. 으로 표현할 수 있다.

정리
왕래발착동사에 will 을 쓸 수 없는 경우
1. 버스나 비행기의 공식적인 출발과 도착시간 등을 표현할 때 will 을 쓸 수 없다
2. 주어가 확실히 정해진 미래를 객관적으로 느낄 때 will 을 쓸 수 없다.
3. 주어가 생물체라도 강한 의지를 나타내지 않고 객관적인 미래를 표현할 때 will 을 쓰지 않는다.

사역동사

(값을)부르다 bid, 만들다 make, 취하다 get, 가지다 have, 돕다 help, ~하게 하다 let, 6개

사역동사 암기방식: 비싸게 만들어 놓고 몰래 취하거나 가져가지 못하게 도와 주자.

사역동사란 누군가에게 어떤 행위를 하게 하는 의미를 가진 동사이다. 사역동사는 문장의 주체가 자기 스스로 행하지 않고 남에게 그 행동이나 동작을 하게 하는 동사이다. 예를 들면 make, have, let 과 같은 동사는 '누가 ~하게 하다.'는 뜻을 가진 동사를 말한다.<스마트 윤선생>에서 발췌

사역동사의 뜻

사역동사 make 는 '만들다'는 강한 표현이고, have 는 '가지다'라는 뜻으로 하고자 하는 것을 하게 하는 의미가 있고, let 은 '허용해 주는' 의미로 약간 부드러운 뜻을 담고 있다.

사역동사는 5형식에 주로 많이 사용된다. make, have, let 은 같이 사용할 수 있지만 조금씩 강조하는 뉘앙스가 다르다.

사역동사 make

나는 그를 내 곁에 있도록 만들었다. I made him stay with me.
억지로 내 곁에 있게 만들었다는 강한 표현이 된다.

사역동사 have

나는 그를 내 곁에 있도록 했다. I had him stay with me.
특별히 강요한 것이 아니라 그냥 내 곁에 있게 했다는 뜻이다. 사역동사는 항상 주어 다음 동사가 와야 하며 또한 주로 5형식을 만들기 때문에 원형동사만 허용된다. 이때 have 를 '가지고 있다.'로 해석하면 안 된다.

사역동사 let

나는 그를 내 곁에 있게 했다. I letted him stay with me.
그가 머물기 원해서 허락해 주었다는 뉘앙스가 있다.

원형부정사의 확실성

원형부정사의 확실성이란 to be 을 동반해야 할 동사들이 사역동사로 대치될 때 to be 가 생략되는 것을 뜻한다.

나는 그가 행복하기를 원한다. I want him to be happy.

이 문장을 사역동사로 바꾸면 to be 가 생략된다. be 동사의 뜻은 존재와 상태를 강조해 준다. 그런데 사역동사가 들어가면 나는 그를 행복하게 만들었다. I made him happy. 에서 make 라는 동사 자체가 상태를 강하게 보여주고 있기 때문에 굳이 be 동사를 또 다시 강요할 필요가 없어 to be 전부를 생략하게 된다. 따라서 사역동사가 있는 5형식 문장의 목적보어는 be to 없이 원형 동사 또는 be 동사 없이 형용사가 올 수 있다. 형용사는 혼자 쓸 수 없지만 사역동사 속에 be 동사가 숨어 있기 때문에 생략이 가능하다.

나의 엄마는 나를 의사로 만들었다.
My mom made me a doctor. 를 My mom made me to be a doctor. 라고 할 필요가 없다.

나는 그에게 (그의)방을 청소하도록 시킬 것이다. I will get him clean his room.

위층으로 이 상자 나르는 것을 도와 줄 수 있습니까?
Will you help me carry this box up stairs?

말하는 상대가 자신이기 때문에 '나를 me'란 말을 한글식에서 표현하지 않아도 영어표현에서는 당연히 'me'가 표현되야 한다

당신은 나를 행복하게 했다. You made me happy.
나는 양재사에게 이 옷을 수선하게 했다. I had the dressmaker alter this dress.
그녀가 그들에게 돈을 나누라고 했다. She bade them divide the money.

사역동사이기 때문에 5형식이 왔다. 그런데 물질명사 money 에 정관사 the 가 온 것은 나누어야

할 돈이 어떤 돈인지 서로 알고 있었다는 뜻으로 쓰인다. 5형식 문장의 특성은 주어+동사+목적어+목적보어 사이에 전치사가 낄 수 없다. 이 사이에 전치사가 들어오면 부사구가 되기 때문에 문형이 바뀌게 된다. 만일 부사가 온다면 항상 문장 끝에 오게 된다.

　　나는 당신들 모두가 1년 내에 영어를 유창하게 할 수 있도록 할 것이다.
　　I'll have you all speaking English fluently within a year.

　이 문장 속에 부사 '유창하게 fluently'와 부사구 '1년 내에 within a year'라는 문구는 각 단락 끝에 있다. 즉, '영어를 유창하게 할 수 있도록 speaking English fluently'처럼 목적격 보어 끝부분에 있으며 '1년 내에 within a year'도 문장 끝에 있다. 하지만 부사가 형용사를 수식하는 경우는 제외된다. 다시 말해 부사는 부사를 수식할 수 있고, 형용사 앞에서 수식할 수 있고, 동사를 수식할 수도 있고, 또는 독립된 문장에 올 수 있지만 단독으로 수식할 때에는 항상 단락 끝에 보충해 주는 역할만 해야 한다.

　따라서 1~5형식 문형에는 쓰일 수 없고 단지 보충 설명만 하는 freelance 와 같은 의미를 가지고 있다. 여기서 한글식 해석을 한번 해보자. 사역동사 앞에 조동사가 있으면 조동사가 먼저 온 다음 사역동사가 온다. 모든 조동사는 주어 다음 바로 와야 한다. 문장이 길기 때문에 부사 'fluently'와 부사구 'within a year'를 잠시 생략하자. 그 다음 주어+동사가 온 후 '당신들 모두 you all'이 온 이유는 5형식 문장이기 때문에 항상 주어가 원하는 목적격은 동사 다음에 와야 한다. 여기서 '당신들 모두 you all'은 한 단어처럼 취급하라.

　5형식 문장은 주어+동사+목적어+목적보어 형식으로 오니까 나머지 '영어를 할 수 있도록 speaking English' 즉, 목적보어가 오면 된다. 이제 남은 것은 잠시 생략했던 부사들을 다시 첨가하면 모든 문장이 완성된다. 부사는 대부분 문장 끝에 온다. '유창하게 fluently'란 단어는 부사인데 한글식 문장에서는 중간에 왔지만 영문장에서는 문단 끝에 왔다. 나머지 생략했던 부사구 '1년 내에 within a year'를 다시 복귀시키면

　　나는 당신들 모두가 1년 내에 영어를 유창하게 할 수 있도록 할 것이다.
　　I'll have you all speaking English fluently within a year

사역동사의 수동태

사역동사는 주로 5형식 문장에 많이 쓰인다. 사역동사가 수동적인 형태를 나타내면 be+과거분사(p.p.)+to 부정사+사물+전치사+사람(비피투사전사)순으로 오는 방식과 목적보어가 과거분사 ed 로 바뀌면서 직목+간목(과직간)의 경우가 있다.

사역동사의 수동태 be동사+사역동사의 과거분사형+to 부정사+사물+전치사+사람의 경우 (비피투사전사)

make 수동태 변화

make 의 수동태는 be made to 부정사로 바뀐다.
다만 능동태의 make 는 수동태 문장에서 변함없이 make 로 사용된다.

have or get 수동태 변화

have 와 get 의 수동태는 be asked to 부정사로 바뀐다. have 와 get 은 능동태에서 수동태로 변화 때 ask 로 바뀌는 경향이 있다. have 와 get 은 make 보다 강제성이 약하기 때문에 그와 비슷한 뜻을 갖고 있는 '요청받다. ask'로 표현할 수 있다. have 는 강제성이 없는 부탁의 의미와 같은 뜻을 가지고 있기 때문이다.

let 수동태 변화

let 의 수동태는 be allowed to 부정사로 바뀐다. let 은 능동태에서 수동태로 변화 때 '허락하다 allow'로 바뀌는 경향이 있다. let 은 have 보다 강제성이 더 약하며 허락과 같은 뜻을 가지고 있다. let 은 '~하는 것이 허용되다.'의 뜻이 있기 때문이다.

make 의 경우

그들은 나를 거기에 가도록 했다. They made me go there. 를 수동태로 바꾸면
나는 그들에 의해서 거기에 가게 되었다. I was made to go there (by them). 가 된다.
by them 은 생략해도 된다.

have or get 의 경우

그녀는 짐꾼에게 가방을 옮기게 했다. She had(got) the porter carry the bag. 을 수동태로 바꾸면

짐꾼은 그녀에 의해 가방을 옮겨야 했다. The porter was asked to carry the bag (by her). had 가 be asked to 로 바뀌게 된다.

let 의 경우

엄마는 내가 콘서트에 가는 것을 허락해 주었다.
Mom letted me go to the concert. 를 수동태로 바꾸면
나는 엄마로부터 콘서트에 가는 것을 허락받았다.
I was allowed to go to the concert (by Mom).
let이 be allowed to 로 바뀌게 된다.

사역동사 암기방식:
1. 비·피·투·사·전·사 – 비겁하게 피하지 말고 투사처럼 전사하라.
2. 과·직·간 – 과거에 직분이 간부였다.

목적보어가 과거분사 ed/en 로 바뀌면서 직목+간목의 경우(과직간)

사역동사의 수동태의 목적어가 주어로 쓰일 때에는 be+과거분사+to 부정사 순으로 왔지만 사역동사의 수동태의 주어를 바꾸지 않고 그냥 쓸 때에는 목적보어가 과거분사 ed/en 로 바뀌면서 직목+간목순으로 온다.

나는 그에게 내집을 짓게 했다. I had him build my house.

이 문장을 능동태 문장에서 목적어를 주어로 하여 수동태를 만들면 그는 나에 의해 나의 집을 지어야 했다. He was asked to build my house by me. 이 되지만 이 문장에서 주어 I 를 바꾸지 않고 그대로 수동태를 만든다면 나는 내 집을 짓도록 그에게 시켰다. I had my house built by him. 처럼 목적보어자리에 반드시 과거분사를 써야 한다.

나는 양재사에게 옷을 수선하게 했다. I had the dressmaker alter the dress.

이 문장을 수동태로 하면 나는 옷을 수선하도록 양재사에게 맡겼다. I had the dress altered by the dressmaker. 하지만 목적어를 주어로 바꾼 다음 수동태를 만들 때에는 양재사는 나에 의해 옷을 수선해야 했다. The dressmaker was asked to alter the dress(by me). 로 바뀌게 된다.

정리
사역동사의 목적어를 주어로 하여 수동태를 만들 경우 총정리

1. Be
2. 과거분사 (p.p.)
3. to 부정사
4. 전치사+목적어

사역동사의 주어를 바꾸지 않고 수동태를 만들 경우 총정리

1. be 동사 생략
2. 목적보어를 과거분사로
3. 사물(직목)+사람(간목)

사역동사가 ing 를 동반하는 경우

사역동사가 허락하다 allow, 승낙하다 permit 과 같은 단어의 의미를 표현하는 문장에서는 원형동사에 ing 를 써야 한다.

나는 네가 그것을 하는 것을 허락할 수 없다.
I can't have you doing that.

can't have 라는 뜻이 '허락할 수 없다.' 즉, can't allow 와 같은 뜻이다. 이와 같이 허락, 승인 등의 뜻을 담고 있는 의미가 오면 그 뒤에 오는 동사에 ing 가 와야 한다.

나는 당신들 모두가 1년 내에 영어를 유창하게 할 수 있도록 할 것이다.
I'll have you all speaking English fluently within a year.

이 문장은 '나는 당신들 모두가 1년 내에 영어를 유창하게 할 수 있도록 만들 것이다.'라는 뜻도 되지만 '만들다.' 대신에 '허락할 것이다.'라는 뜻으로 쓰인다. 따라서 사역동사 have 다음에 오는 원형동사에 ing 가 와서 speaking 이 된 것이다.

사역동사의 숙어와 발음

사역동사에 숙어로 묶어진 단어들이 많이 있다. 뜻은 이해가 되지만 발음이 안 되어 어려움을 겪게 된다. 사역동사와 관련된 숙어들을 정리하면서 발음 연습도 같이 해보자.

사역동사의 ~할 생각이다

I am going to have+사람+원형동사

I am going to have 를 '암고나헙'이라 발음하는데 '헙'은 '럽'에 가깝게 발음한다.

지불시킬, 돌보게 할 take care of
나는 보험회사에게 손해액을 지불시킬 생각이다.
I am going to have the insurance company take care of the damages.

~를 시키고 있는 중이다

I am having+사람+원형동사
I am having 은 '암해빈'으로 발음한다.

나는 지배인에게 체육관을 경영시키고 있는 중이다.
I am having the manager run the gym.

~하게 하다 Let's have+사람+원형동사

Let's have은 '레츠헙'으로 발음하는데 '헙'은 '럽'에 가깝게 발음한다.

벨 보이에게 짐을 운반시키다. Let's have the bell boy carry the baggage.
(미국에서는 주로 baggage, 유럽에서는 luggage)

준사역동사란?

준사역동사란 목적격보어 자리에 원형부정사 또는 'to 부정사' 모두 사용할 수 있는 것을 말한다. 다시 말해 준사역동사란 '~을 시키다.'의 뜻을 가지고 to 부정사 또는 원형동사를 목적보어로 취하는 형태를 말한다.

준사역동사의 구조
주어+준사역동사+목적어+to 부정사/원형동사

준사역동사들
강제로 강요하다 compel, 강요하다 force, 재촉하다 urge, 야기 시키다 cause,
금하다 forbid, 갖다 get, 설득하다 persuade, 권면하다 encourage,
가능하게 하다 enable, 돕다 help, 충고하다 advise, 승락하다 permit, 허락하다 allow.
13개

준사역동사 암기방식: 강제로 강요하며 재촉하거나 야기시키거나 금하지 말고 잘 갖도록 설득하고 권면하여 가능하면 돕도록 충고하고 승락을 허락하라.

준사역동사의 대표동사는 help 이다. 준사역동사들은 3형식과 5형식에 쓰일 수 있다.

help 가 3형식에 쓰이는 경우
나는 요리하는 것을 도왔다. I helped to cook. 에서
helped 의 동사 뒤에 요리하는 누구누구를 도왔다는 내용이 없다.
즉, help 뒤에 돕는 사람이 목적격으로 오지 않으면 3형식 문장에 쓰인다.
하지만 help 동사가 5형식으로 쓰이게 되면 반드시 사람 뒤에서 목적격 보어로 수식하게 된다.

help 가 5형식에 쓰이는 경우

나는 나의 엄마가 설거지 하는 것을 도왔다.

I helped my mom to wash the dishes. 또는 I helped my mom wash the dishes.

모두 가능하다. 준사역동사는 목적보어로 to 를 생략할 수도 있고 안 할 수도 있다. 이와 같이 사람이 목적격보어로 왔을 때 준사역동사는 목적격 보어로 to 부정사 또는 원형부정사(원형동사)가 온다.

나는 그에게 의자를 고치라고 시켰다.

I got him to fix the chair. = I got him fix the chair.

경찰은 그에게 그 집에서 나올 것을 강요했다.

The police officer forced him get out the house.

= The police officer forced him to get out the house.

경찰은 그에게 그 집에서 나올 것을 재촉했다.

The police officer urged him (to) get out the house.

경찰은 그에게 그 집에서 나올 것을 설득했다.

The police officer persuaded him (to) get out the house.

정리

1. 5형식에 주로 쓰인다.
2. 사역 동사 수동태는 사물이 먼저 오고 사람이 뒤에 온다.
3. 주어가 부동적인 형태이면 목적보어는 반드시 과거분사가 온다.
4. 능동태로 쓰이면 목적보어는 반드시 원형부정사가 온다.
    이 때는 사람이 먼저 오고 사물이 뒤에 온다.
5. 사역동사의 ing 는 allow, permit 과 같은 의미를 표현하는 문장에 사용된다.
6. 준사역동사는 3형식과 5형식에 사용된다. 5형식에 사용될 경우는
    목적격 보어 자리에 to 부정사 또는 원형부정사 모두 가능하다.

Be 동사

be 동사가 대표적으로 의미하는 뜻은 '~이다.'와 '~있다.'의 뜻으로 분리된다. 즉 '~있다.'의 be 동사는 존재를 뜻하며, '~이다.'의 be 동사는 주어의 상태를 표현해 준다.

존재를 표현하는 1형식의 be 동사
그들은 언덕에 있다. They are on the hill.

상태를 표현하는 2형식의 be 동사
그녀는 예쁘다. She is beautiful.

be 동사가 9가지
1형식(존재)에 쓰이는	be 동사,
2형식(상태)에 쓰이는	be 동사,
수동태에 쓰이는	be 동사.
현재진행(be+현재분사)에 쓰이는	be 동사,
현재완료에 쓰이는	be 동사,
명령문에 쓰이는	be 동사,
be to 용법에 쓰이는	be 동사,
미래형에 쓰이는	be 동사,
현실적인 존재의 상태에 쓰이는	be 동사 등 약 9가지 be 동사 용법이 있다.

be 동사 용법 암기방식: 수동태적인 존재와 상태는 현실적인 존재 앞에 진행되어 명령이 완료되기 전까지 미래적인 be to 용법을 고수한다.

1. 수동태에 쓰이는 be 동사
이 신문은 한 달에 4번 발행한다. This newspaper is published four times a month.
그 의사는 누구에게나 알려져 있었다. The doctor was known to everybody.

이 가게의 문은 정오에 열린다. The market door will open at noon.

2. 1형식에 쓰이는 be 동사 (존재)

중대한 문제가 있다. There is a serious problem.

나는 생각한다. 그러므로 존재한다.
I think, therefore I am. 데카르트의 말

사느냐 죽느냐 그것이 문제로다.
To be or not to be; that is the question. 세익스피어의 Hamlet 중에서.

3. 2형식에 쓰이는 be 동사 (상태)

그는 인심이 후하다. He is generous.

그녀는 직업여성입니다. She is a career (business) woman.

4. 현재완료에 쓰이는 be 동사

당신 생각을 하고 있었어. I have been thinking about you.

나는 당신을 계속 찾고 있었어. I have been looking for you.

한국에 가본 적이 있니? Have you ever been to Korea?

5. 현재진행형에 쓰이는 be 동사 (be+현재분사)

나는 지금 영어를 공부하고 있는 중이야. I am studying English now.

당신은 늘 내 트집만 잡는군요. You are always finding fault with me.

6. 명령문에 쓰이는 be 동사

그에게 너무 야비하게 굴지마! Don't be so mean to him!

조심해! Be careful!

빛이 있으라 하시매 빛이 있었고. Let there be light. And there was light.

7. 미래형에 쓰이는 be 동사

그는 위대한 작가가 될거야. He will be a great writer.

그는 승리할 것야. He is going to win.

8. be 동사 의문문

be 동사 의문문이란 be 동사를 주어 앞으로 보내는 문장을 말한다.
be 동사가 사용되는 의문문의 문장은 1형식, 2형식, 동사구, 진행형, 수동태,
복합 동사구(be+전치사), 종합동사구(be+형용사+전치사), it ~ to 용법, 존재의 유무를
확인할 때 등이 있다.

1) 1형식에서 be 동사가 의문문으로 사용되는 경우

당신은 태국에서 왔습니까? Are you from Thailand?

너 지금 집에 있니? Are you at home right now?

2) 2형식에서 be 동사가 의문문의 명사보어로 사용되는 경우

당신은 학생입니까? Are you a student?

그는 회사원입니까? Is he a company man (worker)?

그녀는 직업여성입니까? Is she a career (business) woman?

3) 2형식에서 be 동사가 의문문의 형용사보어로 사용되는 경우

그것 쉽습니까? Is it easy?

그것이 중요합니까? Is it important?

4) 2형식에서 be 동사가 의문문으로 무생물 주어(it)의 형용사보어로 사용되는 경우

여기서 멉니까? Is it far from here?

바깥날씨가 추운가요? Is it cold outside?

런던은 덥나요? Is it hot in London?

5) 복합 동사구에 be 동사가 의문문에 쓰이는 경우

그녀가 동생을 매일 돌봅니까? Is she taking care of her sister every day?

6) 종합 동사구에 be 동사가 의문문에 쓰이는 경우

당신 뭔가를 찾고 있나요? Are you looking for something?

그것이 이 경우와는 다른가요? Is it different from this case?

당신은 그와 친합니까? Are you close to him?

7) be 동사에 의문사가 오면 그 의문사만 일반의문문 앞에 쓰이는 경우

왜 그는 영어를 배우는 것에 관심이 있나요?

Why is he interested in learning English?

8) 수동태에 be 동사가 사용되는 의문문의 경우

당신은 서울에서 태어났나요? Were you born in Seoul?

당신은 그 소식에 놀랐나요? Were you surprised at the news?

당신은 오늘 오후에 누군가를 만나기로 되어 있나요?

Are you supposed to meet someone this afternoon?

9) It ~ to 용법에 be 동사가 의문문에 쓰이는 경우

영어를 배우는 것은 쉽지 않다.

To learn English is not easy. = It is not easy to learn English.

여기에서

영어를 배우는 것은 쉽지 않죠? Is to learn English not easy? 할 수 없기 때문에 it ~ to 용법을 사용하여 Is it not easy to learn English? 로 하는 것이다.

영어를 배우는 것이 쉽나요? Is it easy to learn English?

많은 책을 읽는 것이 중요한가요? Is it important to read many books?

10) 존재의 유무를 표현하는 1형식 용법의 be 동사

존재의 유무를 나타내는 유도부사 'There+be' 또는 'It+be' 등의 문형은
1형식 용법이다.

There is(are)+부사구
There 는 가주어로서 존재의 유무를 표현하는 부사이다.
해석은 '~에는 ~이 있다(없다).'

서울에는 한강이 있다. There is the Han River in Seoul. (1형식)
나의 가족은 5명이 있다. There are five people in my family.
(1형식)가주어 there, 진주어 five people. 군집명사 family 로 복수취급한다.

be to 용법의 특성

서술적 용법으로 쓰이는 be to 용법은 여러 가지의 뜻이 있다. be to 용법은 be 동사+to 부정사의 연합체로 명사적 용법을 나타내려는 의도가 아니라 형용사적 용법을 유도하려는 의도가 있다. be to 용법은 be 동사의 일종으로 모두 2형식 문형에 쓰이기 때문에 형용사적 용법이 올 수밖에 없다. 예정, 운명, 의도, 의무, 가능 등을 표현할 때 be to 용법을 사용하면 문장이 단순해 지며 명확한 의사전달을 하는데 도움이 된다.   하지만 원어민들은 be to 용법보다는 일반적인 용법을 더 선호하는 편이다.

be to 용법의 암기방식: 예정된 운명은 의도가 아닌 의무의 가능성이 높다.

1. 예정, ~하기로 되어 있다 be going to, ~할 것이다. will

그는 오늘 저녁에 여기에 도착할 예정이다.
He is going to arrive here this evening. 을 be to 용법으로 바꾸면
He is to arrive here this evening. = He will arrive here this evening.

2. 운명, ~할 운명이다. be destined to do

그는 전쟁에서 죽을 운명이었다.
He was destined to be killed during the war. 을 be to 용법으로 바꾸면
He was to be killed during the war.
'~할 운명이다. be destined to do'라는 문장이 be to 로 바뀌면서 같은 뜻을 전할 뿐 아니라 문장을 단순하게 하므로 더 쉽게 이해하도록 유도한다.

그는 다시는 고향으로 돌아올 수 없는 운명이었다. (직역)
그는 다시는 집을 볼 수 없는 운명이었다. (의역)
He was never destined to see his home again. 을 be to 용법으로 바꾸면
He was never to see his home again.

3. 의도, ~하려면 intend to 와 같은 뜻으로 if 절과 함께 가정법에 쓰인다.

당신이 성공하고 싶다면 열심히 일해야 한다.
If you intend to succeed, you must work hard. 를 be to 용법으로 바꾸면
If you are to succeed, you must work hard.
당신이 부자가 되려면 성실해야 한다.
If you intend to be rich, you have to be diligent. 을 be to 용법으로 바꾸면
If you are to be rich, you have to be diligent.

4. 의무, ~해야 한다. should, have to

우리는 교통법규를 지켜야 한다.
We should observe the traffic rules. 를 be to 용법으로 바꾸면
We are to observe the traffic rules.

be to 용법을 쓰는 이유는 강한 뜻이 담긴 내용을 보다 부드럽게 표현하는 기술이다. Should 는 강한 이미지가 있지만 be to 용법으로 대치하면 같은 뜻이라도 부드럽게 전달되는 효과가 있다.

우리는 부모님께 복종해야 한다.
We have to obey to our parents. 을 be to 용법으로 바꾸면
We are to obey to our parents. 처럼 전달되는 내용이 have to 보다 약하지만 뜻은 같다.

5. 가능, ~할 수 있다 can, to be 용법의 가능은 주로 수동태, 부정문, 의문문에 쓰인다.

공원에 아무도 보이지 않았다.
Nobody could be seen in the park. 를 be to 용법으로 바꾸면
Nobody was to be seen in the park.

그들 가운데 단 한 명도 여기서 찾을 수 없다.
Not one of them could be found here 를 be to 용법으로 바꾸면
Not one of them was (to be) found here.

일반 동사가 be 동사처럼 쓰이는 동사들

일반 동사인데 be 동사처럼 존재와 생태를 나타내는 경우가 있다. 이 동사들은 본래 동작과 행위를 취했던 동사였는데 be 동사처럼 존재와 상태를 나타내는데 쓰인다.

그는 제인으로부터 편지를 받았다.
He got a letter from Jane 하면 받았다 got 이 동작을 취하는 동사이지만
그는 나에게 화나 있다. He got angry with me. 라고 하면
got 이 행위를 취하는 동사가 아니라 be 동사처럼 화난 상태로 변하게 된다.

이렇게 일반 동사가 be 동사화 된 상태를 표현하는 2형식 문장에 쓰일 수 있다.

혜린은 나를 보고 웃었다.

Hyerin looked at me and smiled. 하면

looked 가 행위를 나타내는 정상적인 뜻으로 '보다'의 의미가 있지만

그 책은 재미있다. That book looks interesting. 의 뜻이지만
여기에 쓰인 looks 는 행위가 아니라 상태를 나타내는 2형식 문장에 쓰인다.

be 동사 정리
1형식(존재), 2형식(상태), 수동태, 현재진행(be+현재분사), 현재완료, 명령문, be to 용법, 미래형, 현실적인 존재의 상태

be 동사의 약 95%는 상태를 나타내며 약 5%는 존재를 나타낸다.
be 동사가 사용되는 의문문의 문장은 1형식, 2형식, 동사구, 진행형, 수동태, 복합 동사구(be+전치사), 종합동사구(be+형용사+전치사) be to 용법, it ~ to 용법, 존재의 유무를 나타내는 유도부사 There+be 또는 It+be 등의 문형은 1형식 용법이다.

be 동사 용법 암기방식: 수동태적인 존재와 상태는 현실적인 존재 앞에 진행되어
명령이 완료되기 전까지 미래적인 be to 용법을 고수한다.

동사구의 목적어
동사구의 목적어란 동사와 전치사 사이에 대명사가 오는 문장의 어순을 말한다. 다시 말해 put on, take off 등과 같은 동사+전치사 사이에 대명사가 와서 동사+대명사+전치사의 구조를 이루는 것을 말한다.

동사와 전치사가 숙어처럼 함께 오는 문장 사이에 대명사가 오는 경우
공식: 동사+대명사+전치사 (동·대·전)

포기해. Give it up.

그것을 벗어. Take it off.

하지만 동사와 전치사가 숙어처럼 같이 오는 동사구에 일반명사가 오면 그 일반명사는 동사구 뒤에 온다.

동사와 전치사가 숙어처럼 함께 오는 문장 사이에 일반명사가 오는 경우
공식: 동사+전치사+일반명사 (동·전·일)

계획을 포기해. Give up the plan.

코트를 입어라. Put on your coat. 하지만 Put your coat on 으로 써도 무방하다.

*강의 #3은 각 단락마다 복습과정이 충실하게 되어 있기 때문에 복습과정을 따로 정리하지 않았다.

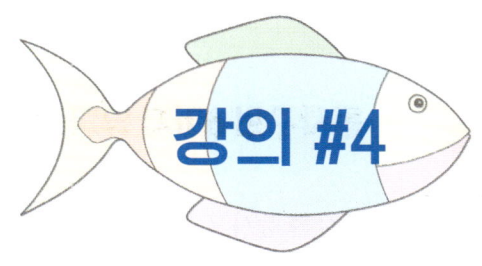

강의 #4에서는 1번 동사, 동사 6가지, 2번 동사, 수여동사를 다루고자 한다.

1번 동사

1번 동사라는 것은 짧은 동사를 말한다. 동사 뒤에 어떤 대상이 올 때 전치사가 올 것 같은데 오지 않는 동사를 1번 동사라고 칭한다. 이런 동사는 동사안에 전치사의 의미가 들어 있다고 가정 하면 된다.

나는 당신 클럽에 가입할 것을 약속한다. I promise to join your club. 이란 문장을 보면 '~클럽에'라는 단어의 '에'는 전치사가 필요한 것처럼 느끼게 한다. 따라서 '당신 클럽에 at(to) your club'이라고 써야 옳은 문장처럼 느낄 수 있으나 join 이란 단어 속에 '~에'라는 뜻이 포함되어 있다.
이런 동사를 1번 동사라고 한다. 이런 1번 동사는 promise to join 까지 동사구에 속하게 된다.

참석하다(~에 다니다) attend, ~에 영향을 끼치다(주다) affect, ~에게 말하다 tell 등은 그 동사속에 전치사의 의미가 이미 내포되어 있다.

1번 동사는 다음 강의에서 보다 구체적으로 다루게 될 것이다.

동사구의 6가지 유형들

동사는 동사, 동사구, 조동사구, 동사의 부사구, 복합동사구, 종합동사구 모두 6가지로 나눌 수 있다. 이제부터 동사와 동사구의 유형들을 구체적으로 다루고자 한다.

1. 동사(완전자동사, 불완전자동사, 완전타동사, 불완전타동사)

일반동사는 문장의 형태에 따라
완전자동사, 불완전자동사, 완전타동사, 불완전타동사로 나눌 수 있다.

자동사(intransitive verb)

완전자동사
주어(S)+동사(V) 1형식

태양은 동쪽에서 뜬다. The Sun rises in the East.
새들이 노래한다. Birds sing.
책상 위에 책이 있다. There is a book on the desk.

불완전자동사
주어(S)+동사(V)+보어(C), (명사나 be+형용사) 2형식

나는 학생이다. I am a student.
그 계약은 1년간 유효하다. The contract is good for one year.
그는 군인이 되었다. He became a soldier.

타동사(transitive verb)

완전타동사
주어(S)+동사(V)+목적어(O) 3형식

나는 바나나를 좋아한다. I like bananas.

나는 그의 질문에 답할 수 없다. I can't answer his question.

제인은 나를 도와주기로 약속했다. Jane promised to help me.

불완전타동사

주어(S)+동사(V)+간접목적어(I. O.)+직접목적어(D. O.) 4형식

나는 그녀에게 선물을 주었다. I gave her a gift.

학생들은 나에게 몇 가지 질문을 했다. The students asked me some questions.

제인은 나에게 엽서를 보냈다. Jane sent me a postcard.

불완전타동사의 목적격

주어(S)+동사(V)+목적어(O)+목적격 보어

5형식에 쓰이는 목적격 보어로는
과거분사, 원형동사, 현재분사, 명사, 형용사, to 부정사 모두 6개가 있다.

암기방식: 과거에 원형이라는 현명한 형사가 부산에 있었다.
*주격보어는 오직 명사와 형용사만 가능하다.

목적격 보어로 과거분사가 쓰이는 경우

나는 내 이름을 부르는 것을 들었다. I heard my name called.

나는 이것을 포장하기를 원한다. I'd like to have it wrapped.

have+목적어+과거분사의 형태는 두 가지로 나타난다. 하나는 주어의 의지가 담긴 사역의 뜻으로 쓰이고 다른 하나는 수동태의 뜻으로 쓰인다.

이 예문을 의역하면 '나는 이것을 포장시킬거야.'
즉, '난 이것을 포장할 거야.'의 뜻으로 쓰였기 때문에 have 는 사역동사로 쓰인다.

나는 이발을 하고 싶다. I want to have my hair cut.

이 예문을 의역하면 '머리를 깍아 주세요.' 이발사에게 머리를 깍아 달라고 시키는 뉘앙스가 있기 때문에 사역동사 have 가 쓰인다.

목적격 보어로 원형동사가 쓰이는 경우

나는 문을 밀어서 열었다. I pushed the door open.

나는 아이들을 웃게 만들었다. I made the children laugh.

목적격 보어에는 사역동사가 주로 온다.

목적격 보어로 현재분사가 쓰이는 경우

나는 그가 버스에서 내리는 것을 보았다. I saw him getting off the bus.

당신은 저 소녀가 홀에서 춤추는 것을 알고 있나요?
Do you know that girl dancing in the hall?

목적격 보어로 현재분사가 쓰일 때에는 주로 지각동사가 많이 온다.

목적격 보어로 명사가 쓰이는 경우

우리는 그를 대통령으로 선출했다. We elected him President.

그들은 그 소년을 팀이라 부른다. They call the boy Tim.

목적격 보어로 형용사가 쓰이는 경우

그는 나를 행복하게 해줬다. He made me happy.

나는 모든 것이 점심 때까지 준비되기를 원한다.
I want everything to be ready by noon.

ready 가 형용사이다.

목적격 보어로 to 부정사가 쓰이는 경우

그는 나에게 앉으라고 말했다. He told me to sit down.

억지로 나를 공부시키지 마세요! Don't force me to study!

2. 동사구(동사+to 부정사)

동사구란 일반동사 뒤에 to 부정사가 오는 경우를 말한다.

나는 먹고 싶다. I want to eat

여기서 want+to eat 를 동사구라 한다. 동사구 예문들을 더 살펴보자.

~가고 싶다, ~가기를 원하다 want+to 부정사

여기서 want 는 '~싶다'로 해석한다. want to 가 회화체에서 약자로 원나 wanna 로 쓰인다.
나는 가고 싶다. I want to go. 1형식이다.

~하기를 바란다(희망한다). hope+to 부정사

나는 보기를 원한다. I hope to see.

~하려고 했었다, ~하려고 시도했었다. (시도했는데 못했다는 뜻이다.) tried+to 부정사

나는 전화하려고 했었다. I tried to call.

3. 조동사구(조동사+원형동사)

조동사구란 조동사 다음 원형동사(일반동사)가 오는 것을 말한다. ~하고 싶다. ~가기를 원한다. would like to go(want to go). 여기서 would like 부분이 조동사구이다.

나는 쇼핑을 하고 싶다. (나는 쇼핑 가기를 원한다.) I would like to go shopping.

조동사 would 다음에 일반동사 like 가 동시에 연이어 오는 것을 조동사구라 한다. 짧은 조동사구의 문장 형태는 주로 1형식 문장을 이룬다. 1형식 문장은 논리적인 의미보다는 실제적인 의미를 더 크게 부여한다.

나는 거기에 갈 것이다. I'll go there.
조동사 will+원형동사 go = 조동사구

4. 동사의 부사구(동사+to 부정사+부사구)

동사의 부사구란 동사+to 부정사+부사구가 오는 문장을 말한다.

나는 거기에 가고 싶다. I want to go (to) there.
동사 want+to 부정사 to go+부사구 to there 를 동사의 부사구란 한다.

2번 동사구에서는 동사구 다음에 부사구가 없었지만 동사의 부사구에서는
동사구 다음에 부사가 있다.

그녀는 백화점에 가기를 원한다. She wants to go to the mall.

~갈 필요가 있다, ~할 필요가 있다. need+to 부정사+부사

나는 다음 주에 운전면허증을 딸 필요가 있다. I need to get a driver's license next week.
여기서 driver's 는 of 의 약자이다. 이를 license of driver 로 바꾸어 쓸 수 있다. get 은 수여동사로 많이 쓰인다

~갈 계획이다, ~할 계획이다. plan+to 부정사+부사구

나는 미국에 계신 조부모님을 이번 여름에 방문할 계획이다.
I plan to visit my grandparents in America this summer.
3형식. 장방시 이론의 문장이다.

5. 복합동사구 (2번 동사)

복합동사구는 다른 말로 2번 동사구라고 말할 수 있다. 2번 동사란 거의 본능적으로 뒤에 전치사가 따라오는 동사들을 말한다. 보다 look at 처럼 전치사가 숙어처럼 따라 온다. 하지만 동사 뒤에 어떤 대상이 없으면 at 과 같은 전치사는 따라 오지 않는다. '음악을 듣는다. Listen to music' 처럼 전치사가 동사 뒤에서 숙어처럼 따라 오는 동사를 2번 동사라 한다.

2번 동사들(암기하면 유익한 숙어들이다.)

사과하다. apologize to, 두 사람에게 사과하세요.

당신은 교수님께 사과했나요? Did you apologize to the professor?

집중하다. focus on. 온전히 집중하세요.

모두 저에게 집중해 주세요. Please focus on me all.

졸업하다. graduate from. 그람 졸업하이소.

나는 뉴욕대를 졸업했습니다. I graduated from New York Unversity.

~에 지원(신청)하다. apply for. 뽀르르 신청하세요.

그는 JL 창의력 협회에 지원서를 제출했다.

He applied for application to the JL creative association.

놀다, 할일 없이 시간을 때우다. hang out, hang around

그는 그의 친구들과 노는 것을 좋아한다. He likes to hang out with his friend. 1형식

발산하다. give off. 업되게 발산하세요.

썩은 달걀은 나쁜 냄새를 발산한다. Rotten eggs give off a bad smell.

대단히 유용한 of great use, very useful, 업그레이드를 하니 대단히 유용해 졌다.

이 사전은 때때로 대단히 유용하다. This dictionary is very useful sometimes.

계속해서 ~가다. continue to 부정사, 둘이는 계속 갔다.

나는 요즘 여전히 버스를 이용하고 있다.

I continue to use a bus these days. = I still use a bus these days.

To 숙어들

막 ~하려고 한다 be about to, ~에 가다 go to, 가는 경향이 있다 tend to,
가기를 망설이다 hesitate to, ~ 것을 실패했다 failed to, ~것을 좋아한다 like to,
가기를 싫어한다 hate to, 말하다 say to, talk to, speak to. 8개

이와 같은 숙어들을 to 투숙자 숙어라고 하자.
이 숙어들은 반드시 to 부정사가 함께 있어야 한다.

암기방식: 그는 막 가려는 경향이 있었는데 망설이다가 실패하자
좋은 것도 싫다며 말을 아꼈다.

막 가려고 한다. 막 ~하려고 한다.

be about to 부정사. 임박한 미래를 표현할 때 쓰인다.
will 과 be going to 보다 더 급박한 상황에 쓴다.

비행기가 막 이륙하려는 참이다. The plane is about to take off. 1형식
퇴근하다. leave my office.
나는 막 퇴근하려고 한다. I am about to leave my office. 1형식

~에 가다. go to 부정사

나는 그녀와 점심 먹으러 갈거야. I will go to lunch with her. = I will eat lunch with her.

가는 경향이 있다. tend to 부정사

그는 항상 늦는 경향이 있다. He tends to be late all the time. 1형식

여기서 be 가 오는 경우는 late 이라는 형용사가 왔기 때문이다. 형용사는 혼자 쓸 수 없다. 오직 보어와 명사를 앞뒤에서 꾸미는 것이 형용사의 사명이다. 그런데 형용사가 단독으로 쓰이고 싶을 때는 반드시 be 동사와 함께 쓰여야 한다. '늦다.'의 표현은 영어에 없기 때문에 형용사 '늦은'이 be 와 함께 쓰이면서 '늦은 be late'이라는 표현을 할 수밖에 없는 실

정이다. 이런 종류의 형용사들, 즉 beautiful, surprise, happy 등은 항상 be 와 함께 표현되어야 한다. 이러한 문장은 1형식이 되는 동시에 2형식도 될 수 있다. 그 이유는 형용사의 속성이기 때문이다. 예문에 쓰인 형용사 late 은 보어로 쓰일 수 있다. 보어도 서술어에 포함된다. 보어가 서술어에 포함되면 이런 형태의 문장은 1형식이 된다. be 동사는 2형식을 만들지만 be 동사가 존재의 입장을 나타내면 1형식이 된다.

영어는 언제나 현실적인 입장과 실제적인 입장 그리고 이론적인 입장과 논리적인 입장이 있기 마련이다. 현실적이고 실제적인 입장은 회화체나 독해에 주로 쓰일 수 있는 문장이지만, 이론적인 입장과 논리적인 입장은 문어체나 논문에 주로 쓰인다.

가기를 망설이다, 가기를 주저하다. hesitate to 부정사
그는 우리와 함께 가는 것을 망설인다. He hesitates to go with us. 1형식

하지 못했다, 가는 것을 실패했다(가고 싶었는데 못 갔다). failed to 부정사
맞추다, 만나다 meet
나는 그 마감 시간을 맞추지 못했다. I failed to meet the deadline.

가는 것을 좋아한다. like to 부정사
그는 항상 그녀와 같이 가는 것을 좋아한다. He always like to go with her.

가기를 싫어한다. hate to 부정사
그는 그의 잘못을 인정하는 것을 싫어한다. He hates to admit his mistakes. 3형식

말하다. say to 부정사, talk to, speak (to),
(tell 만 1번 동사이고 speak 는 때에 따라 1번 동사 또는 2번 동사로)
내가 그 사람하고 말해 볼게. Let me speak to him.
우린 두 시간 동안 얘기 했어. We talked for 2 hours.
그는 거기에 가라고 말했다. He said to go there.

6. 종합동사구(be+형용사류〈과거분사, 현재분사〉+전치사)

종합동사구란 be 동사 다음에 형용사로 쓰이는 과거분사 또는 현재분사가 온 후 전치사가 오는 것을 말한다. 종합동사구는 종류가 다양해서 공부하기가 매우 까다롭다. 공부하기가 어려울수록 쉬운 암기법을 연구해야 한다. 종합동사구들을 경상도과 at 과와 충청도과 with 로 분리해 보았다.

경상도과 6개

~은(는) ~을(를) 잘 못한다. be poor at, '잘 못하네 에'로 읽는다.

~에 놀라다. be surprised at, be frightened at, "놀랐서 에"

~에 실망하다. be disappointed at, "실망했서 에"

~은(는) ~을(를) 잘 한다. be good at, "잘 하네 에"

~에 즐거워하다. be pleased at, 를 "즐거웠서 에"~

~은(는)~에 재능이 있다. be talented at/in, "재능있네 에"

암기방식: 축구를 잘 못하는 것을 보고 놀랐어에, 실망할 뻔 했어에, 하지만 춤을 잘 추는 모습을 보고 즐거웠어에, 춤에 재능이 있네에, ㅋㅋㅋ

충청도과 5개

~에 만족하다. be satisfied with, be content with, 를 "만족했시 유"로 읽는다.

~에 질리다. be fed up with, "질렸시 유"

~에 지치다. be tired with(from), "지쳤시 유"

~에 싫증나다. be bored with, be tired of, "싫증 났시 유"

~은(는) ~과(와) 관련이 있다. be related with/to, "관련있시 유"

암기방식: (당신이 만들어준) 음식을 먹고 만족했지만유 좀 질리네유, 음식하느냐 지치고 싫증나지유? 혹시 요리와 직장이 관련있시유? ㅎㅎㅎ

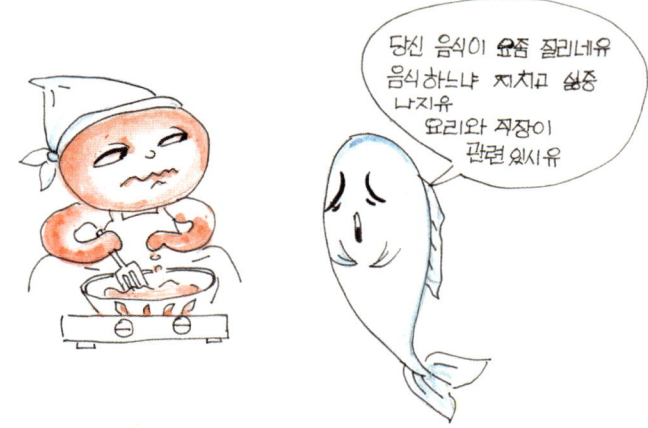

To 과 3개

~부터 매력을 느끼다. be attracted to 너무 매력을 느껴

~는~와 친하다. be close to, 너무 친해

~은 ~와(과)비슷하다. be similar to, 너무 비슷해

암기방식: 어머, 저 투수 매력있어. 류현진과 친한가? 둘이 비슷하네.

다양한 종합동사구

~는~으로 유명하다. be famous for, '유명해뻐려'로 읽는다.

~에 재미가 있다. be interested in, 재미있네.

~은(는)과(와) 다르다. be different from, '다르구멈'으로 읽는다.

~는 ~가 무셨다. be scared of, 무서워.

~는 ~이 걱정된다. be worried about, 걱정했서라우.

암기방식: 저 연예인 유명해뻐려. 연기가 재미있고 다르구멈. 그런데 너무 무서워서 걱정했서라우.

*종합동사구의 특징은 be동사+형용사〈과거분사, 현재분사〉+전치사가 있어야 한다는 점이다. 특히 be 동사가 반드시 존재한다. 대부분 2형식 문장에 쓰인다.

물고기 영어

여기에는 be+형용사(과거분사)+전치사까지 2형식으로 고착시켰다. 숙어는 완전히 고착화된 단어들로 구성되었으나 여기에서는 전치사가 상황에 따라 변할 수 있으므로 완전 고착화된 것은 아니지만 일반적으로 고착화된 것을 말한다. 즉, 비율적으로 고정되어 있는 것들이 많이 있다. be 동사 다음 형용사류가 오면 역시 2형식이다. 이때 종합동사구에 오는 형용사류는 오직 형용사, 형용사구, 현재분사 ing, 과거분사 ed/en 만 적용된다. 예를 들어 '~는 ~에' 관심이 있다.

be interested in+(명사류)

나는 영어를 배우는 것에 관심이 있다. I am interested in learning English.
2형식 또는 3형식이지만 2형식으로 고착화된 예문이다.

전치사 in 다음에 동명사 learning 이 온 것은 전치사 in 다음에 명사가 와야 하기 때문이다. 전치사 다음엔 반드시 명사만이 올 수 있다. 문제는 명사로 쓰이는 단어가 없을 때가 있다. 처음 영어 단어가 태어날 때 명사로 태어나지 않고 동사로 태어난 단어들이 있다.

한 가지 예를 들어 '배우다. learn'이라는 단어는 동사로 태어났다. 즉, '배우는 것 learning'이란 명사가 본래 없기 때문에 learn 이라는 단어를 명사화하기 위해 동명사 learning 과 to 부정사 to learn 이라는 단어들이 탄생하게 되었다. 이와 같이 동사의 변형으로 이루어진 동명사, to 부정사, 현재분사 ing, 과거분사 ed 등이 명사화 또는 형용사화 되어 각 문장에 따라 사용해야 하기 때문에 이러한 목적으로 만들어진 단어들이다. 이 중에 전치사가 오면 명사화된 동명사 밖에는 올 수 없다. 이를 전치사의 목적어라 한다. 위 문장을 형용사구로 만들고 싶으면

>나는 영어를 배우는 것에 매우 관심이 있다.
>I am very interested in learning English. 하면
>very interested 가 형용사구가 된다.

~는 ~이 걱정된다. be worried about

나는 나의 장래가 걱정된다. I am worried about my future.

2형식 또는 3형식이지만 2형식에 고착화된 예문이다.

~는 ~에 놀란다. be surprised at
나는 그 소식에 놀랐다. I was surprised at the news.

~는 ~에 만족한다. be satisfied with
그는 그의 직업에 만족한다. He is satisfied with his job.

~은 ~에 재능이 있다. be talented at/in
나의 딸은 음악에 재능이 있다. My daughter is talented at/in music.
일반적인 재능이 있을 경우 at 을, 매우 특별한 재능이 있을 경우 in 을 사용할 수 있다.

~는 ~를 잘 한다. be good at
나의 아빠는 요리를 잘 하신다. My dad is good at cooking.
전치사 at 이 있기 때문에 cook 이 오면 안 된다.

~는 ~를 잘 못한다. be poor at
나는 영어를 잘 못한다. I am poor at English.

~는 ~가 무서웠다. be scared of
나는 공포영화가 무서웠다. I was scared of horror movies.

~는 ~으로 유명하다. be famous for
한국은 IT산업으로 유명하다. Korea is famous for IT industry.
IT란 Information Technology 의 약자로 정보기술 산업, 즉 컴퓨터, 소프트웨어, 인터넷, 멀티미디어 등 정보화 수단에 필요한 유형 또는 무형기술을 뜻한다.

~은 ~와(과)비슷하다. be similar to
그것은 나의 상황과 비슷하다. It is similar to my situation.

~는 ~와 친하다. be close to
나는 그와 친하다. I am close to him.

~은(는) ~과(와) 관련이 있다. be related with/to
나의 직업은 영화산업과 관련이 있다. My job is related with/to the film industry.
related to 는 더 전문적인 지식을 표현할 때 쓴다.

~는 ~에 질렸다, 지쳤다. be tired of =에 싫증나다. be bored with
나는 피자에 질렸다. I was tired of pizza. =I was bored with pizza.

~은(는) ~과(와) 다르다. be different from
그것은 이 경우와는 다르다. It is different from this case.

~부터 매력을 느끼다. be attracted to
난 당신에게 매력을 느껴요. I am attracted to you.

*예문들이 반복되고 있다. 기본적인 예문들을 반복하면서 문장의 흐름을 자연스럽게 익혀야 한다.

1번 동사와 2번 동사들

동사로 구성된 숙어에 전치사가 없는 1번 동사류와 전치사가 포함되어 있는 2번 동사류가 있다. 천치사 있는 문장은 1형식, 2형식, 3-1형식 문장을 이루게 된다.

누군가를 짝사랑하다. have a crush on someone. 2번 동사
그는 영을 짝사랑했다. He had a crush on Young.

헤어지다. break up 2번 동사 - 결혼하지 않은 연인들이 사용
우리 헤어졌어. We broke up.

난 그 사람이랑 헤어졌어. I broke up with him. 내가 원해서 헤어진 경우

그는 나랑 헤어졌어. He broke up with me. 상대가 원해서 헤어진 경우

이혼하다. divorce. 1번 동사

나 그와 이혼했어. I divorced him. 내가 이혼을 원했을 때

그는 나랑 이혼했어. He divorced me. 상대가 이혼을 원했을 때

극복하다. get over. 2번 동사

난 그를 정말 못 잊겠어. I can't get over him.

연기하다. postpone(1번 동사), put off(2번 동사)

나는 출발을 연기했다.

I postponed my departure. 1번 동사

I put off my departure. 2번 동사

참다. endure(1번 동사), put up with(2번 동사)

나는 그의 무례함을 참을 수가 없다.

I can't endure his rudeness. 1번 동사

I can't put up with his rudeness. 2번 동사

고대하다. look forward to 2번 동사

우리는 너의 방문을 고대하고 있다. We are looking forward to your visit.

이해하다. make out 2번 동사

나는 그가 한 말을 이해할 수 없다. I can't make out what he said.

떠나가다. leave(1번 동사), go away(2번 동사)

그녀는 소녀의 모습으로 떠나갔으나 아주머니가 되어 돌아왔다.

She left as a girl and returned as a woman. 1번 동사

She went away as a girl and returned as a woman. 2번 동사

A를 떠나 B로 가다. leave A for B 1번 동사, 3-1형식
당신의 아버지는 언제 한국을 떠나 미국으로 갔습니까?
When did your father leave Korea for America?

수여동사

수여동사는 4형식을 유도하지만 전치사가 오면 3-1형식으로 변한다.
    나는 그에게 차를 사주었다. I bought him a car. 라는 4형식 문장에 전치사가 와서
    나는 차를 그에게 사주었다. I bought a car for him. 으로 바뀌면
    간목보다 직목을 강조하는 뉘앙스가 있기 때문에 순서가 바뀌면서 3-1형식으로 변한다.
    수여동사는 뒤에 오는 전치사의 변화에 따라 그룹별로 나눌 수 있다.

간접목적어 앞에 전치사 to 가 오는 경우
    가져오다 bring, 팔다 sell, 빌리다 lend, 건네주다 hand, 주다 give, 지불하다 pay,
    보내다 send, 거절/부인하다 deny. 8개

    수여동사의 전치사 to 암기방식: 물건을 가져다 팔고 빌려 주고 건네 주기도 했는데
    돈을 지불하지 않았다고 보낸 물건을 툭(to)치면서 거절해 버렸시유.

    나는 그에게 돈을 지불했다. I paid him the money. 3-1형식으로 하면
    나는 돈을 그에게 지불했다. I paid the money to him.

    나는 그에게 돈을 빌렸다. I lent him the money. 3-1형식으로 하면
    나는 돈을 그에게 빌렸다. I lent the money to him.

lent 는 borrow 보다 더 전문적인 용어로써 반드시 돌려줘야 하는 개념을 갖고 있다.

간접목적어 앞에 전치사 for 가 오는 경우

세우다 build, 사다 buy, 만든다 make, 명령하다 order, 받다 get. 5개

수여동사의 전치사 for 의 암기방식: 빌딩을 사서 아파트를 만들라고 명령했는데 뽀(for)뽀까지 하며 받아들였다.

나는 그에게 아파트를 사주었다. I bought him an apartment. 3-1형식으로 하면
나는 아파트를 그에게 사주었다. I bought an apartment for him.

나는 그녀로부터 시계를 받았다. I got her a watch. 3-1형식으로 하면
나는 시계를 그녀로부터 받았다. I got a watch for her.

전치사 on/in 이 오는 경우

주다(수여하다). bestow/award, bestow 는 무엇을 성취했을 때
상대를 존중하는 마음에서 수여한다는 뜻이 담겨 있다.
놀다 play, 부과하다(떠맡기다) impose, 증여하다(수여하다) confer on/upon
신분이 높은 사람이 다른 사람에게 호의를 베풀거나 상을 하사할 때 쓰인다. 4개

수여동사의 전치사 on/in 의 암기방식: 주고 와서 on in on 하며 놀았을 뿐인데 상을 떠맡듯이 수여받았다.

그들은 우승자에게 트로피를 주었다.
They bestowed/awarded the winner a trophy. 3-1형식으로 하면
그들은 트로피를 우승자에게 주었다.
They bestowed/awarded a trophy on/in the winner.

현재 영어는 bestow 보다 award 를 더 많이 사용한다.

그들은 그 물건에 과세를 부과시켰다. They imposed the article a tax. 3-1형식으로 하면
그들은 과세를 그 물건에 부과시켰다. They imposed a tax on the article.

교장선생님은 그 학생에게 우등상을 주었다.
The principal conferred the student honors. 3-1형식으로 하면
교장선생님은 우등상을 그 학생에게 주었다.
The principal conferred honors on/upon the student.

전치사 of 가 오는 경우

질문하다. ask
나는 그에게 한 가지 질문을 물어봤다. I asked him a question. 3-1형식으로 하면
나는 한 가지 질문을 그에게 물어봤다. I asked a question of him.

*수여동사는 강의 #9에서 구체적으로 다루게 될 것이다.

강의 #5에서는 구와 절, 왕래발착동사와 will, to 부정사, 현재분사 ing, 과거분사 ed/en, 분사구문들과 to 부정사를 다루고자 한다.

구(Phrase)

구란 두 개의 단어 이상이 모여서 어떤 의미를 가지는 것을 말한다.
구의 종류는 명사구, 형용사구, 부사구, 동사구가 있다.

명사구: 끝의 해석이 명사로 끝나면 명사구이다.
아름다운 여자는 항상 친절한 행동을 한다.
A beautiful lady always acts with kindness.
'아름다운 여자 a beautiful lady' '아름다운'이 '여자'를 수식하며 명사로 끝났다.

형용사: 끝의 해석이 형용사로 끝나면 형용사구이다.
이것은 매우 아름답다. It is very beautiful.
'매우 아름다운 very beautiful' '매우'가 '아름다운'을 수식하며 형용사로 끝났다.

부사구: 끝의 해석이 부사로 끝나면 부사구이다.

치타는 매우 빠르다. The cheetah is very fast.
'매우 빠르다. very fast' '매우'가 '빠른'을 수식하며 부사로 끝났다.

동사구: 동사구는 4 가지가 있다.

이중에 동사류에 속한 6가지 즉, 1동사, 2동사구, 3조동사구, 4동사의 부사구, 5복합동사구, 6종합동사구 중 1번 동사와 3번 조동사구를 제외한 나머지가 여기에 속한다.

2번. 동사구 (동사+ to 부정사)
그는 그녀를 보기를 희망한다. He hopes to see her.

4번. 동사의 부사구(동사+to 부정사+부사구)
나는 공원에 가고 싶다. I want to go to the park.

5번. 복합동사구(동사+전치사<to 부정사 제외>)
저에게 집중해 주세요. Please focus on me.

6번. 종합동사구(be+ 형용사류+전치사류)
이와같이 2. 4. 5. 6번이 동사구에 속한다.

당신은 영어에 재능이 있다. You are talented at English.
여기에 쓰인 talent은 talented at/in/for 모두 같이 사용될 수 있지만
만일 in 을 쓸 경우 talent 라는 뜻은 특별한 지식을 말할
그는 수학에 재능이 뛰어나다. He is talented in mathematics. 처럼 쓰이고,
만일 for 를 쓸 경우 talent 라는 뜻은 일반적인 지식을 말할 때,
그녀는 언어에 재능이 있다. She has a talent for languages. 처럼 쓰이고
만일 at 을 쓸 경우 talent 라는 뜻은 in 과 for 를 대신할 수 있다.

절(Clause)

절이란 앞에서 언급 했듯이 주어와 서술어가 들어있는 하나의 문장이 같은 구조로 연결되는 것을 말한다. 절은 명사절, 형용사절, 부사절이 있다.

명사절: 주어와 서술어가 있는 두 개의 문장에서 주어, 목적어, 보어역할을 하는 것이 명사절이다.

명사절의 주어역할
그녀가 선생이라는 것은 사실이다. That she is a teacher is true.

명사절의 목적어역할
나는 그녀가 선생이라는 것을 안다. I know that she is a teacher.

명사절의 보어역할
문제는 그가 학생이라는 것이다. The problem is that he is a student.

형용사절: 관계대명사를 이끌면서 앞에 있는 선행사를 수식해 주는 것이 형용사절이다. 즉, 관계대명사는 모두 형용사절이다.

네가 내 생일파티에서 만난 그 남자는 내 약혼자이다.
The man whom you met at my birthday party is my fiancé.

부사절: 부사절은 1-5형식을 만들 수 없다.
부사는 freelance 와 같아서 명사 또는 대명사를 제외하고 어디든지 가서 수식할 수 있는 기능이 있다. 따라서 주어 동사가 두 개 있는 문장에서 부사로 연결되는 절이 부사절이다. 예를 들어 as,

because, if 등으로 연결되는 주어 동사가 앞에 있는 절과 연결되면 부사가 이끄는 부사절이 된다.

내 강아지는 내가 가는 곳이라면 어디든지 나를 따라온다.
My dog follows me wherever I go.
나는 너를 사랑한다. 왜냐하면 너는 내 동생이기 때문이다.
I love you because you are my sister.
*동사에서 동사절이라는 것은 없다.

시간과 조건의 부사절
시간과 조건을 나타내는 부사절에도 현재를 사용한다.

시간을 나타내는 부사절
나는 숙제가 다 끝나면 피아노를 칠 것이다.
When I finish my homework, I will play the piano.

이 문장을 한글식 표현으로 분석해 보자.
'나는 숙제가 다 끝나면'이란 문장은 'I will finish my homework.'처럼 미래를 써야 하지만 때를 나타내는 부사절 when 이 시간을 나타내는 종속절의 부사절로 쓰이기 때문에 미래를 쓸 수 없고 현재만을 써야 한다.

내일 우리는 아들이 오면 파티를 열 것이다.
Tomorrow we'll have a party when my son comes back.

시간을 나타내는 종속절의 부사절이 앞에 올 때가 있는가 하면 뒤에 올 때가 있다.
먼저 앞 문장에 온 이유를 살펴보자.

나는 숙제가 다 끝나면 피아노를 칠 것이다.
When I finish my homework, I will play the piano. 이 문장을 한글식 이론으로 분석해

보면 숙제가 끝나야 피아노를 칠 수 있다는 한글식 논리적 이론이 성립 된다. 반면에

내일 우리는 아들이 오면 파티를 열 것이다.
Tomorrow we'll have a party when my son comes. 의 문장은 종속절의 부사절이 뒷문장에 왔다. 한글식 이론으로 분석해 보면 아들이 와야 파티를 열 수 있다는 한글식 논리적 이론이 성립되지 않는다. 하지만 한글식 이론으로 좀더 깊이 생각해 보면 부사절이 뒤에 올 수 밖에 없는 이유는 아들이 와야 파티를 여는 것은 사실이나 파티를 열기 위해서는 준비부터 시작해야 한다는 이론을 적용할 수도 있다. 아들이 올 것을 예비하여 미리 준비한다는 의미가 숨어 있기 때문에 '파티를 열 것이다.'라는 문장이 앞에 올 수 있다. 그러나 시간을 나타내는 종속절의 부사절이 문장 앞에 오든 또는 문장 뒤에 오든 큰 차이점은 없다.

조건을 나타내는 부사절

내일 날씨가 좋으면 우리는 하이킹을 갈 것이다.

If it is nice tomorrow, we will go hiking.

조건을 나타내는 부사절일 경우에도 시간을 나타내는 부사절과 같이 현재만을 써야 한다.

그가 돌아와서 우리가 거짓말을 했다는 것을 알면 그는 화를 낼 것이다.

He will get angry if he comes back and finds out that we were lying.

조건을 나타내는 부사절인 동시에 왕래발착을 나타내는 동사가 함께 등장했다.

*시간과 조건의 부사절을 이끄는 단어들

When, before, after, if, as soon as, unless, by the time, until, once

나는 죽을 때까지 그녀를 사랑하리라. (시간)

I will love her till I die.

비가 그치자마자 나는 학교로 달려갈 것이다. (조건)

As soon as the rain stops, I will run to school.

나는 다음 달에 한국에 돌아갈 거야.
I will go back to Korea next month.
여기서도 주어의 의도적인 의지를 담고 있기 때문에 will 을 사용했다.

go back 과 come back 의 차이점
I will go back to Korea next month. 와 I will come back to Korea next month. 의 차이점을 알아보자.

동사의 to 부정사와 to 부정사의 명사적 용법과 전치사 to 의 차이점

동사의 to 부정사

주어+동사 뒤에 오는 to 부정사는 서술어에 속한 동사류로써 주어+ 동사+to 부정사(to 동사)의 형식을 취하게 된다. 이는 동사어구의 제2번인 동사구에 속한다. 한 가지 조심해야 할 부분은 to 부정사가 주어+동사+목적어+to 부정사 순으로 오면 서술어가 될 수 없다. 오직 주어+동사+to 부정사 순으로 와야만 서술어(동사류)가 될 수 있다. 이런 문장은 2가지 유형의 형식을 이루게 된다.

나는 쇼핑하러 가고 싶다(나 쇼핑하고 싶어). I want to go shopping.
이 문장은 1형식이지만 이러한 문장이 '나는 쇼핑하는 것을 원한다.'라는 뜻으로 해석되면 3형식으로 바뀌게 된다. 왜냐하면 to go 가 서술어에 속하지만 to 부정사의 명사적 용법으로도 쓰일 수 있기 때문이다. 즉, to go shopping 은 목적격에 속한 명사구(주어, 목적어, 보어)로 쓰일 수 있다. 이런 형식으로 쓰인다면 3형식 문장이 될 수밖에 없다.

그러나 to 부정사는 본래 동사에서 유래되었기 때문에 만일 to 부정사가 서술어에 속하면 동사류가 된다. 따라서 이론적으로는 3형식으로도 사용될 수 있지만 1형식으로 취급하는 것이 더 현실적인 영어의 유형이다. 영어해석은 언제나 이론적인 해석과 현실적인 해석이 있다. 이론적인 해석은 I want 까지를 동사로 해석하여 3형식 문장으로 취급하는 것이고 현실적으로 해석하면 I want to go 까지를 동사로 해석하여 1형식 문장으로 취급한다. 하지만 1형식 문장이든 3형식 문장이든 원어민들에게는 그렇게 중요하지 않다. 다만 우리가 영어를 쉽게 해석하기 위해 형식화된 문형들을 이해하기 위한 공식에 불과하다. 서술어에 속하는 1형식이든, 목적격에 속하는 명사구의 3형식이든 용어나 설명이 중요한 것이 아니다. 이러한 용어나 설명들은 영어를 공부하는데 큰 도움이 되지 않는다. 다만 이해하기 위해 사용되는 것뿐이다.

to 부정사의 3가지 용법

1. to 부정사의 명사적 용법

to 부정사의 명사적 용법이란 to 부정사가 명사처럼 쓰이는 것을 말한다.
명사적 용법은 주어, 목적어, 보어 역할만 하게 된다는 것을 잊어서는 안 된다.

(1) to 부정사의 주어 역할
보는 것이 믿는 것이다. To see is to believe.
to see 가 주어이다.

내 생각엔 길을 건너는 것이 안전한 것 같다.
I think it's safe to cross the street.
여기에서 to cross the street 가 주어이다.
= To cross the street is safe I think.

(2) to 부정사의 목적어 역할
나는 선생님께 피아노 연주를 배우고 있다.
I am learning to play the piano with a teacher.
여기에서 to play the piano 가 목적어이다.

당신 스케이트를 어떻게 배웠습니까?
How did you learn to skate?

여기에서 to skate 가 목적어이다.

(3) to 부정사의 보어 역할

나의 목적은 영어 선생이 되는 것이다.

My goal is to become an English tracher.

나의 희망은 가장 사랑하는 사람과 결혼하는 것이다.

My hope is to marry loved one

(4) to 부정사의 목적격 보어 역할

의사 선생님은 나에게 담배를 끊으라고 권면했다.

The doctor advised me to stop smoking.

2. to 부정사의 형용사적 용법

to 부정사의 형용사적 용법이란 to 부정사가 형용사처럼 명사를 뒤에서 수식하는 것을 말한다. 일반형용사는 명사 앞에서 또는 뒤에서 수식할 수 있으며 서술적 용법으로도 쓰이지만 to 부정사의 형용사의 용법은 오직 명사 뒤에서 수식하는 특성이 있다.

마실 것 좀 드릴까요? Would you like something to drink?

나를 도와줄 친구가 없네요. I have no friend to help me.

명사 뒤에서 수식하는 용법은 to 부정사 외에 관계대명사 또는 과거분사가 있다.

관계대명사의 경우

이곳은 내가 살고 있는 집이다. This is the house in which I am living.

과거분사의 경우

나는 영어로 쓰인 이 메일을 받았습니다. I received an e-mail written in English.

written in English 처럼 과거분사가 한 그룹을 형성하게 되면 명사 뒤에서 수식한다. 부사구 없이 과거분사만 있는 경우에는 명사 앞에서 수식하는 경우가 자주 있다.

그녀는 낙엽을 밟으며 산책을 했다. She took a walk over the fallen leaves.
일반적으로 과거분사에 달린 식구가 없으면 명사 앞에서 수식하지만 과거분사에 달린 식구가 있으면 명사 뒤에서 수식하는 경향이 있다.
그는 식당에서 먹은 음식에 만족했다.
He was satisfied with the food eaten in the restaurant. eaten in the restaurant. 처럼 과거분사 eaten 뒤에 부사구가 있기 때문에 the food 라는 명사 뒤에서 수식하게 되었다.

정리
명사 뒤에서 수식하는 용법 3가지
1. to 부정사의 형용사적 용법
2. 관계대명사의 용법
3. 과거분사의 부사적 용법

3. to 부정사의 부사적 용법
to 부정사의 부사적 용법이란 to 부정사가 형용사, 부사, 동사, 문장전체(형부동문)를 수식하는 것을 말한다.

(1) to 부정사가 형용사를 수식하는 경우
이 문제는 해결하기가 너무 어렵다. This problem is too difficult to solve.
여기에서 to solve 라는 to 부정사가 형용사 difficult 를 수식하고 있기 때문에 to 부정사의 형용사의 용법이라 한다.

그는 학교에 가기에 너무 어리다. He is too young to go to school.

(2) to 부정사가 부사를 수식하는 경우
나는 영어를 공부하기 위해 일찍 일어났다. I got up early to study English.
여기에서 to study 라는 to 부정사가 부사 early 를 수식하고 있기 때문에 to 부정사의 부사적 용법이라 한다.

나는 매일 살을 빼기 위해 운동을 해왔다.

I have been working out every day to lose weight. (회화체)

= I have been working out every day in order to lose weight. (문어체)

(3) to 부정사가 동사를 수식하는 경우

나는 영어를 공부하기 위해 일어났다. I got up to study English.

여기에서 to study English 라는 to 부정사가 동사구 got up 을 수식하고 있기 때문에 to 부정사의 동사적 용법으로도 쓰인다.

나는 학교에 가려고 일어났다. I woke up to go to school.

그는 나를 만나기 위해 왔다.

He came to meet me. (회화체)

= He came in order to meet me. (문어체)

*get up 과 wake up 의 차이점을 설명하라.

(4) to 부정사가 문장전체를 수식하는 경우

영어를 공부하기 위해 나는 학교에 간다. To study English, I go to school.

여기에서 to study English 가 문장전체를 수식하고 있기 때문에 to 부정사의 문장전체를 말하지만 이를 to 부정사의 부사적 용법이라 한다.

아마도 그는 조만간(곧) 올 거야. Perhaps, he will come sooner or later.

Perhaps 가 문장 전체를 수식하고 있다.

전치사 to 란

전치사 to 란 to 다음 반드시 명사가 오는 것을 말한다. 즉, 명사 없이 전치사가 올 수 없다. 전치사가 올 수 없는 경우는 타동사가 있는 문장들이다. 타동사 뒤에는 전치사가 절대로 와서는 안 된다. 만일 타동사에 전치사가 온다면 타동사 뒤에 있던 명사는 부사가 되어 자동사처럼 여기게 된다. 타동사 뒤에 전치사가 오는 방식은 오직 주어+타동사(완전타동사 또는 불완전타동사)+명사+전치사 순으로 와야 한다. 즉 명사 뒤에 전치사나 전치사구가 올 수 있으나 타동사 뒤에 바로 전치사는 올 수 없다.

1형식과 2형식에는 완전자동사 또는 불완전 자동사이기 때문에 전치사가 와서 부사구를 형성하게 된다. 하지만 3, 4, 5형식 문장에서는 타동사나 수여동사가 오기 때문에 바로 뒤에 전치사가 와서는 안 된다.

*4형식에 전치사를 사용하면 3-1형식이 되며 5형식에 전치사가 오면 2형식으로 바뀐다.

전치사가 있는 명사와 없는 명사의 차이점

명사류에 속한 단어들은 동명사, to 부정사, 일반 명사가 있다. 이 3가지 명사류 앞에는 전치사가 절대로 올 수 없다는 것을 꼭 기억해야 한다.

그는 도로 위에서 차를 세웠다. He stopped the car on the road. 처럼 쓸 수는 있지만 He stopped on the car the road. 처럼 쓸 수는 없다.
stop 은 자동사 또는 타동사 모두 사용할 수 있다. 그러나 여기에 쓰인 stop 은 타동사로써 명사 the car 를 받을 수 있지만 전치사 on 다음 the car 는 절대로 받을 수 없다. 그러나 stop 이 자동사로 쓰일 때에는 그 뒤에 전치사가 올 수 있다.

그는 길가에 멈췄다. He stopped on the road. 처럼 stop 이 자동사로 쓰였기 때문에 뒤에 명사 없이 전치사 on 를 쓸 수 있다. the road 는 명사 이지만 전치사 on 이 첨가되면서 the road 라는 명사는 부사구로 좌천된다.

강의 #1에서 전치사+명사가 동사를 수식하면 부사구가 된다는 것을 배웠다. 만일 전치사+명사가 다른 명사를 수식하면 이는 형용사구가 된다는 것도 이미 강의 #1에서 배웠다.

자동사(Intransitive Verb)와 타동사(Transitive Verb)의 차이점

자동사와 타동사의 차이점을 바로 알아야 문장을 바로 읽고 쓸 수 있다. 자동사의 문장은 어떠한 뜻을 직접 전달하는 의미가 있고 타동사의 문장은 어떠한 뜻을 간접적으로 전달하는 의미가 숨어 있다. 먼저 자동사를 살펴 보자.

자동사

그는 멈췄다. He stopped.
그는 도로 위에서 멈췄다. He stopped on the road.

자동사는 주로 언제(when), 어디서(where), 왜(why)라는 질문이 성립되지 않는다. 혼자 변화하는 동사이기 때문에 자신이 행한 행동에 관하여 특별한 질문이 필요 없는 동사이다. '그는 멈췄다.'라는 문장에서 '그가 왜 멈췄는데'라는 의문이 성립될 수 없다. '그는 도로 위에서 멈췄다.'라고 하면 멈춘 이유가 여러 가지 있을 따름이다. 굳이 왜, 언제, 어디서라는 질문을 할 필요가 없다.

나는 걷는다. I walk.
'왜(why) 걷느냐?'라고 물을 수 없다. 나 자신 스스로가 걷고 싶고, 운동하고 싶고, 놀고 싶어서 걷는다는 다양한 이유가 성립되기 때문에 딱 한마디로 답할 수 없다.

그녀는 잔다. She sleeps.
어디서(where) 또는 왜(why)라고 물을 수 없다. 다음은 타동사를 살펴보자.

타동사

그는 차를 세웠다. He stopped the car.

자동사와 타동사의 차이는 동사 뒤에 전치사가 오느냐 아니면 명사가 온 뒤에 전치사가 오느냐에 따라 달라진다. 동사 뒤에 전치사가 오면 자동사로 생각하고 동사 뒤에 명사가 오면 타동사로 생각하라. 동사 뒤에 어떤 단어가 오느냐에 따라 자동사 또는 타동사가 될 수 있다.

타동사는 주로 누구를(whom), 무엇을(what), 어떻게(how)등의 질문들이 뒤따른다.

나는 그녀를 사랑한다. I love her.
나는 사랑한다. 라고 말했을 때 반드시 누구를 whom 이란 질문이 뒤따른다.
누구랑 얘기 할 때 느닷없이 '나 사랑해.'라고 말했다면 상대는 즉시 반응을 보일 것이다.

'누굴 사랑하는데' 또는 '그가 먹었어.'라고 말했을 때
반드시 무엇(what)이란 질문이 뒤따른다. 만일 사과를 먹었다면

난 사과를 먹었다. I ate an apple. 처럼 무엇을 먹었는지를 말해야 한다.

자동사가 타동사로 사용되는 경우

본래는 자동사이지만 동사 뒤에 명사가 와서 타동사가 되어 버린 경우이다.

타동사

나는 나의 개를 매일 걷게 한다. I walk my dog every day.
walk 은 본래 자동사이지만 이 예문에서는 '시키다.'라는 타동사로 쓰였다.

나는 나의 개를 문까지 달리게 했다. I ran my dog to the door.

ran 도 자동사이지만 이 예문에서는 '달리게 했다.'는 타동사로 쓰였다.

타동사와 자동사 분별방식

같은 동사라도 전치사를 쓸 수 있느냐 못 쓰느냐의 차이에 따라 타동사로도 쓸 수 있고 자동사로도 쓸 수 있다.

자동사의 경우
우리는 회의 장소에 도착했다.
We arrived at our meeting place. = We get to our meeting place. 1형식

타동사의 경우
우리는 회의 장소에 도착했다. We reached our meeting place. 3형식
한글식 표현으로는 같은 뜻으로 쓰이지만 영어식 표현에서는 자동사의 경우에서는 1형식으로 쓰였고 타동사의 경우에서는 3형식으로 쓰였다. 1-5형식이란 어떤 면에서는 같을 수도 있지만 또 다른 면에서는 뜻이 달라질 수도 있다. 1-5형식을 잘 분별하므로 유창하게 언어를 구상할 수 있느냐 없느냐의 차이는 조금씩 다르게 나타날 수 있다.
1형식이든 3형식이든 크게 중요하지는 않아도 때에 따라 뜻이 달라질 수 있기 때문에 조심할 필요는 있다.

뜻이 달라지는 1형식과 3형식의 차이

같은 뜻이지만 속에 숨어 있는 뉘앙스가 다른 자동사와 타동사의 차이점을 살펴보자.

자동사 leave from
나는 너를 보려고 집에서 나왔다. (1형식) I left from home to see you.

딴 데 들리지 않고 바로 너를 보려고 왔다는 뜻이 숨어 있다. leave from ~ to 를 쓰면 어딘가를 떠나 곧장 왔다는 의미가 있다. from ~ to 는 어디에서 어디까지 간다는 뜻이 정해져 있다. 그러니까 집에서 너를 보려고 곧장 왔다는 의미부여가 성립된다.

자동사 leave for

나는 뉴욕을 향해 떠났다. 1형식
I left for New York. leave for 는 어디를 향하여 단순히 '떠나다'는 의미가 있다.

타동사 leave

나는 너를 보려고 집에서 나왔다. 3형식
I left my home to see you. leave 뒤에 전치사 없이 명사류가 오면 딴 데 들렸다 너를 보려고 왔다는 뉘앙스가 있는 문장으로 변한다. 전치사 없이 leave 만 쓰면 그저 어딘가를 떠났다는 사실만을 의미한다. '집에서 나왔다.'라는 의미는 있지만 구체적으로 집을 나와 어디를 향해 갔는지는 알 수 없다.

그냥 집을 나온 것이다. 너를 보려 온 것은 사실이지만 from ~ to 처럼 집에서 나와 곧장 너를 보려고 왔다는 뜻은 성립되지 않는다. to see you 만 명확하게 표기되었을 뿐 집을 떠나 어디를 들렸다 왔는지 확실한 근거가 부족하다. 이처럼 자동사는 직접적인 의미를 전달하는 반면에 타동사는 간접적인 의미를 전달하는 뉘앙스가 있기 때문에 동사의 선택이 중요하다.

*자동사 leave from 은 의미 전달을 보다 직접적으로 표현하는 성격을 가지고 있다.
    - 1형식 문장
*타동사 leave 는 의미 전달을 간접적으로 표현하는 성격을 가지고 있다.
    - 3형식 문장

뜻이 달라질 수 있는 자동사와 타동사

자동사 'refer to 언급하다'와 타동사 'mention 언급하다'의 차이점

자동사 refer to 의 언급하다.
아무도 나에 대해 언급하지 않고 있었다. Nobody was referring to me. 2형식

타동사 mention 의 언급하다.
아무도 나를 언급하지 않았다. Nobody mentioned me. 3형식

자동사와 타동사의 문장은 이와 같이 뜻이 달라질 수 있다. 단순히 전치사가 오고 안 오고의 차이가 아니라 전체 내용이 달라질 수 있으므로 동사들을 잘 선택해야 한다. '나는 그를 잘 알고 있다.'와 '나는 그에 대하여 들은 바가 있어 알고 있다.'의 차이와 같다.

대표적인 타동사들

타동사 패턴 1

주다 give, 가지다 take, 먹다 eat, 마시다 drink, 좋아하다 like, 떠나다 leave. 6개

암기방식: 주지도 않았는데 가져다 먹고 마시며 좋아하더니 갑자기 떠나버렸다.

내 평안을 너희에게 주노라. My peace I give you.
귀하신 주님, 제 손을 잡아 주소서. Precious Lord, take my hand.

타동사 패턴 2

언급하다 mention, 기다리다 await, 도착하다 reach, 만지다 touch, 읽다 read,

쓰다 write, 팔다 sell. 7개

암기방식: 그가 언급하기를 기다리지 말고 도착하기 전에 만져보고 읽고 쓰다가 팔아버리라고 했다.

별말씀을요(천만예요). Don't mention it.

추가 지침을 기다려 주세요. Await further instructions.

한글식 표현에서 자동사처럼 느껴지는 타동사들

실제로는 타동사인데 한글식 표현으로는 자동사처럼 착각하게 만드는 타동사들이 있다.

타동사들이기 때문에 전치사가 오면 안 되는 경우

방으로 들어가다. enter the room 방에 들어 가는데 장애물이 없어야 한다.

모임에 참석하다. attend the meeting 모임에 참석하는데 지체해서는 안 된다.

계획에 대해 논의하다. discuss the plan 계획을 논의하는데 다른 것들이 끼어들면 안 된다.

그의 아버지와 닮았다. resemble his father 아버지와 밀접한 관계로 얼굴이 닮았다.

그녀의 어머니에게 복종하다. obey her mother 복종하는데 주저해서는 안 된다.

그녀와 결혼하다. marry her 결혼은 상대와 직접하는 것이다.

성에 접근하다. approach the castle 성에 가까이 접근했다.

타동사 패턴 3

들어가다 enter, 참석하다(시중들다) attend, 논의하다 discuss, 닮다 resemble, 복종하다 obey, 결혼하다 marry, 접근하다(도달하다) approach. 7개

타동사 암기방식: 방에 들어가 모임에 참석하여 계획을 논의한 후 아버지를 닮은 아들이 어머니의 말씀에 복종하는 의미에서 그녀와 결혼할 것을 약속한 후 성에 접근했다.

그는 방에 들어갔다. He entered the room.

그들은 모임에 참석할 거야. They will attend the meeting.

타동사 패턴 4

목적어 앞에 전치사가 필요 없는 동사 즉, 타동사들

나를 따르라 follow me, 너에게 보여줄께 show you, 너를 저주한다 insult you,

너를 핍박한다 persecute you, 내게 대답해 answer me, 그를 치료하다 heal him,

그는 그들을 보냈다 He sent them, 그는 너를 불렀다 He called you,

그에게 구하다 beg him. 9개

*타동사 패턴 4의 암기방식을 연구해 보라.

한글식 표현에서 타동사처럼 느껴지는 자동사들

자동사 뒤에는 전치사가 오는 것이 특징이다. 자동사 뒤에 전치사가 있으면 부사의 역할을 하게 되어 명사가 전치사와 함께 부사화 되어 1, 2 또는 3-1형식 문장이 된다. 이때 전치사 뒤에는 반드시 명사가 와야 한다. 하지만 동사 뒤에 부사가 오면 동사는 완전 자동사가 되어 1형식 문장이 된다.

자동사들이기 때문에 전치사가 와야 하는 경우

교수에게 사과하다. apologize to the professor
사과해야 하니까 사과할 것을 고민해야 한다.

우리의 곤란함을 증가시키다. add to our trouble
증가시키려면 더 어렵게 해야 한다.

사회생활을 방해하다. interfere with his social life
방해를 하기 위해 장애물을 설치해야 한다

계획을 설명하다. ccount for the plain

계획을 설명해야 하기 때문에 많은 시간이 걸린다.

그녀를 동정하다. sympathize with the girl
동정을 단순하게 표현하면 안 된다.

자동사 패턴 1

사과하다 apologize to, 증가하다 add to, 곤란하다 interfere with,
설명하다 account for, 동정을 구하다 sympathize with. 5개

암기방식: 교수님께 사과하지 않으면 곤란함이 증가되어 사회생활에 방해가 되니 잘 설명하여 동정을 구하라.

자동사 패턴 2

목적어 앞에 전치사 to 가 필요한 동사 즉 자동사들
너에게 말한다 say to you, 내게 가져와 bring to me, 내게로 오라 come to me,
갈릴리로 돌아오다 return to Galilee, 이집트로 피하다 escape to Egypt,
제임스에게 나타나다 appear to James. 6개

*자동사 패턴 2의 암기방식을 연구해 보아라.

분사

분사란 일반동사를 형용사처럼 사용하기 위해 만들어진 단어들을 말한다. 국문법에서는 분사라는 단어가 없지만 영어에서는 현재분사 ing 와 과거분사 ed/en 가 있다. 현재분사 ing 는 주로 진행형, 보어기능, 형용사 기능(진보형)을 하면서 능동태와 진행형에 쓰여 무엇을 유발시킬 때 쓰이고 과

거분사 ed/en 는 주로 현재완료, 형용사, 수동태(현형수)에 쓰여서 무엇인가 이미 된 것을 표현할 때 쓰인다. 현재분사 ing 와 과거분사 ed/en 는 기능적으로는 형용사에 속하지만 형태적(사실적)으로는 서술어에 속한다. 분사가 형용사 용법으로 현재 분사나 과거 분사로 쓰이는 것을 다른 표현으로 동형사라고도 한다.

현재분사

현재분사 ing 는 과거분사 ed/en 와 같이 기능적으로는 형용사에 속한다. 현재분사 ing 가 명사를 수식하지 않으면 서술적 용법으로 쓰이지만 명사를 수식할 때에는 형용사의 전방용법과 후방용법처럼 수식하게 되는데 주로 생물체의 명사를 수식하게 된다.

저기에서 춤추고 있는 소녀를 보라. Look at the girl dancing over there.
'girl dancing'처럼 무엇을 유발시키는 장면이 연상된다.

차 안에서 자고 있는 아이는 나의 딸이다.
The sleeping baby in the car is my daughter.

그림을 보고 있는 소년들은 나의 학생들이다.
The boys looking at the pictures are my students.

ing 의 분사 기능

현재분사의 형용사 용법은 서술적 용법으로 쓰이는 현재분사와 명사 앞에서 수식하는 현재분사와 명사 뒤에서 수식하는 현재분사가 있다. 분사의 기능은 진행형(동사활용), 보어, 형용사(진보형), 로 쓰인다.

진행형(동사활용 be-ing)의 서술적 용법
그는 다음 달에 미국에 갈 예정이다. He is going to the United States next month.
나는 먹고 있다. I am eating.

보어의 서술적 용법

그는 웃으면서 왔다. He came smiling.

그녀는 달려왔다. She came running.

그녀는 다리를 꼬고 앉아 있었다. She sat crossing her legs

명사 앞에서 수식하는 형용사 용법

달리는 개를 보아라. Look at the running dog.

구르는 돌에는 이끼가 끼지 않는다. A rolling stone gathers no moss.

명사 뒤에서 수식하는 형용사 용법

침대에서 자고 있는 아이를 보아라.

Look at the baby sleeping in bed.

명사 뒤에서 수식하는 형용사 용법은 관계대명사의 명사적 용법과 같다.

= Look at the baby who is sleeping in bed.

식탁 위에 있는 책은 티제이 것이다.

The book lying on the table is TJ's.

= The book which is lying on the table is TJ's.

과거분사 ed/en

형용사 용법에 쓰이는 과거분사 ed/en 는

현재완료, 형용사 용법, 수동태 용법, 전방한정 용법, 후방한정 용법, 서술적 용법 등이 있다.

암기방식: 현 형사는 수동적으로 전후를 서서 살피고 있다.

현재완료형에 쓰이는 과거분사 ed/en

나는 오랫동안 그를 알고 지내왔다. I have known him for a long time.

나는 올해 유럽에 두 번 갔다 왔다. I have been to Europe twice this year.

형용사로 쓰이는 과거분사 ed/en

그는 행복해 보였다. He looked like happy.
그는 만족했다. He felt satisfied.

수동태에 쓰이는 과거분사 ed/en

그녀는 모두에게서 사랑을 받았다. She was loved by everyone.
그 책들은 티제이에 의해 쓰여졌다. The books were written by TJ.

전방한정용법에 쓰이는 과거분사 ed/en

과거분사가 명사를 직접 수식할 때 이를 전방한정용법이라 한다.
즉, 한 단어일 때는 언제나 앞에서 수식한다.

부상당한 군인들은 병원으로 후송되었다.
The wounded soldiers were carried to the hospital.
'부상당한 군인 The wounded soldiers'처럼 한 단어이기 때문에
전방한정용법으로 쓰인다.

저 깨진 창문을 보세요. Look at that broken window.
'깨진 창문 broken window'처럼 과거분사는 이미 무엇이 된 것을 표현할 때
주로 쓰인다.

후방한정용법에 쓰이는 과거분사 ed/en

과거분사 앞에 토(어구)가 달린 문장이 있으면 후방한정용법이 된다.
두 단어 이상일 때에는 뒤에서 수식한다.

저 정비공이 수리한 차는 내 차이다.
The car repaired by that mechanic is mine
= The car (that was) repaired by that mechanic is mine.
이 문장처럼 과거분사 repaired 뒤에 by that mechanic 처럼 따라 오는 어구가 있으면

명사 the car 뒤에서 수식하는 후방한정용법이 된다.

또한 주격관계대명사 that+be 는 생략할 수 있기 때문에 that was 를 생략한다.

문장을 짧게 할수록 좋기 때문에 분사문장에서는 가급적 주격관계대명사는 생략한다.

티제이가 쓴 책은 재미있다.

The book written by TJ is interesting.

= The book (which was) written by TJ is interesting

서술적용법에 쓰이는 과거분사 ed/en

그녀는 미혼으로 남아있다. (직역) 그녀는 미혼이다. (의역)

She remains unmarried.

여기에서 unmarried 의 과거분사가 서술적 용법이다.

과거분사가 명사 앞 또는 뒤에서 수식하지 않고 문장을 서술하고 있다.

그는 그 사고로 다쳤다. He got injured in the accident.

당신은 근심스러운 듯 보였다. You looked worried.

실상은 형용사적 용법도 서술적 용법에 속한다.

분사구문

분사구문이란 복문으로 된 긴 문장을 단순하게 사용할 수 있도록 만든 문장을 말한다. 즉 복문은 주절과 종속절이 연결되는 문장을 말하는데 종속절이 부사절로 앞에 나올 때 긴 문장을 단순하게 만드는 방식으로 종속절에 있는 접속사를 삭제하고 종속절에 있는 주어 동사를 삭제하고 종속절에서 주어 다음에 오는 동사를 원형으로 고친 다음 ing 로 바꾸는 방식을 말한다. 분사구문이란 동시동작을 이끄는 부대상황의 문형의 한 종류이며 문어체에 주로 쓰인다.

우리는 도시에 살기 때문에 (우리는) 커피숍이 많다.

Because/Since we live in the city, we have many cafes. 라는 문장을

분사구문으로 만들어 보자.

종속절의 Because/Since 생략
주어 we 가 2개가 있으니까 1개 생략

동사가 live 이니까 그 동사에 ing 를 첨가하면 living 이 된다. 그러면

우리는 도시에 살고 있어서 커피숍이 많다.

Living in the city, we have many cafes. 처럼 복잡한 복문이 단순하게 변형된다.

이러한 문장을 분사구문이라 한다

분사구문을 만들 때 종속절의 접속사로 쓰이는 조건, 시간, 양보, 이유.
  조건 if,
  시간 when, while, after,
  양보 although, though, even though(비록 ~에도 불구하고),
  이유 because, since, as

암기방식: 조건 없이 시간을 양보한 것은 이유가 안 돼.

나는 그의 이름을 알고 있기 때문에 (나는) 그를 불렀다. (이유)

Since/Because I knew his name, I called him. = Knowing his name, I called him.

동사를 고칠 때에는 반드시 원형으로 바꾼 다음 ing 를 첨가해야 한다.

만일 knew 을 knewing 으로 하면 안 된다.

반드시 knowing 처럼 원형에서 바꿔야 한다.

나는 시간이 없었기 때문에 (나는) 달려야만 했다. (이유)

As I had no time, I had to run. = having no time, I had to run.

분사구문에서 종속절의 동사가 과거이고 주절의 동사가 현재일 경우

그는 그것을 암송했음에도 불구하고 (그는) 그것을 몰랐다. (양보)

Although he memorized it, he doesn't know it.

= Even though he memorized it, he doesn't know it.

이 문장은 종속절은 과거인데 주절이 현재이기 때문에 memorizing이라할 수 없다.
종속절이 과거일 경우에는 현재완료 시제 have 를 첨가하여 사용해야 한다. 따라서
그는 그것을 암송했음에도 불구하고 (그는) 그것을 몰랐다. 라는 문장은
Having memorized it, he doesn't know it. 이라고 해야 한다.
왜냐하면 암송한 것이 과거의 일인데 현재 그 암송한 것이 생각나지 않기 때문에
과거와 현재를 연결시킬 수 있는 현재완료문장을 활용해야 한다.

분사구문의 생략
분사구문 앞에 being 과 having been 은 생략해도 된다.
수동태 분사구문의 예문을 살펴보면서 알아보자.

수동태 분사구문은 종속절의 be 동사를 ing 로 바꿔야 한다. 예를 들어

내가 상 받았을 때 (나는) 행복했었다. 시간
When I was given the prize, I was happy. 의 문장은 수동태이기 때문에
be 동사에 ing를 첨가하여 being 으로 문장을 시작해야 한다.
따라서 '내가 상 받았을 때 나는 행복했었다.'는 문장을 수동태 분사구문으로 바꾸면
Being given the prize, I was happy. 가 된다.
하지만 being 은 생략할 수 있기 때문에 Given the prize, I was happy. 로 쓸 수 있다.

그것이 영어로 써 있었기 때문에 (그것은) 읽기가 어려웠다. (이유)
As it was written in English, it was hard to read.
= Being written in English, it was hard to read
= Written in English, it was hard to read.

내가 어제 일하고 있을 때 나는 배가 고팠다. (시간)
While I was working yesterday, I was hungry.
= Being working yesterday, I was hungry.
= Working yesterday, I was hungry.

as 의 분사구문의 경우

as 는 부사절을 이끄는 대표접속사로서 문장의 동등함을 표현하는 대표 부사절이기 때문에 상황에 따라 생략할 수도 있고 또한 생략해서는 안 되는 경유도 있다.

해석: '~가 ~하면서'
as I am 이 생략 되는 경우와 안 되는 경우
as 의 부대상황이 동시동작을 말할 때에는 생략할 수도 있고 안 할 수도 있다.

나는 취업을 준비하면서 요즘 영어를 배우고 있다.
I am learning English these days as I am preparing for getting a job.
이 문장처럼 as I am 을 생략하지 않아도 되고

나는 취업을 준비하면서 요즘 영어를 배우고 있다.
I am learning English these days preparing for getting a job. 처럼

as I am 를 생략해도 된다. 이와 같이 as 문장은 생략해도 되고 안 해도 되는데 만일 as 를 생략하게 될 경우엔 as 이하의 문장이 분사구문의 문장으로 변한다. 즉, as 를 생략하고 주어+동사를 생략한 후 다음 단어에 ing 를 첨가한다. 한 가지 예문을 더 들어 보자

나는 TV를 보면서 집에 있었다.
I stayed at home as I was watching TV. 를 분사구문으로 하면
나는 TV를 보면서 집에 있었다. I stayed at home watching TV. 처럼 분사구문으로 변화게 된다. 평범한 문장이 as I was 가 생략되면서 현재분사의 분사구문이 되는 것이다.

분사구문의 조건, 시간 등을 나타내는 부사절 역할이란

조건 if
머리를 써 시장에 내놓는다면 당신 사업은 성공할 거야.
If it is marketed cleverly, your business will be succeed
= Marketing cleverly, your business will be succeed.

시간 after

구직 면접에서 합격한 후 (나는) 집으로 돌아왔다.

After I had passed the job interview, I returned to my home.

= Having passed the job interview, I returned to my home.

강의 #6

강의 #6에서는 조동사류와 현재완료를 다루고자 한다.

영어는 주어 20%, 동사 60%, 목적어, 보어, 목적격보어 각10%, 나머지 부분은 약 10% 정도로 분리해 볼 수 있다. 이 중에 가장 중요한 부분은 동사류이다. 먼저 조동사부터 살펴보자.

조동사

조동사는 동사를 돕는 성격을 가지고 있다. 동사만 가지고서는 복잡한 영어를 다 표현할 수 없다. 조동사+동사를 첨가 함으로써 영어를 보다 깔끔하고 다양하게 표현할 수 있다. 동사류 6가지 중에 3번째가 이에 속한다.

will 과 be going to 의 차이점

will 의 뜻

will 은 사전에 계획 된 일이 아니다.
나는 부산에 갈거야. I will go to Busan.
부산에 갈 생각은 없었는데 갑자기 가고 싶어서 하는 말이다.

will 은 갑자기 일어난 사건에 주로 쓰인다.
문에 어떤 사람이 있네. 내가 가서 문을 열어 줄게.
There is somebody at the door. I'll go and open it.

will 은 강력한 의지와 함께 먼 미래를 포함한다.
나는 10년 후에 미국에 갈 거야.
I will go to the United States in 10 years.
10년 후에 가기 위해 많은 의지와 함께 먼 미래가 내포되어 있다.

will 은 단순한 미래를 표현할 때 쓰인다.
주어의 의지와는 상관없이 단순한 미래 또는 미래에 대한 추측을 표현할 때 사용할 수 있다.
오늘 밤에 나는 한국에 도착할 거야. Tonight, I will arrive in Korea.
왕래발착 동사에 미래를 표현할 필요가 없지만 주어의 의미에 따라 will 이 포함될 수 있다.

will 의 의문문
미래의 예정, '~할 예정인가요?'(직역) '~할 건가요?'(의역)
공식: will+주어+be+동사 ing (윌주비동ing)
당신 이번 토요일에 부산에 갈 예정인가요? Will you be going to Busan this Saturday?
당신 다음 달부터 영어를 배울 건가요? Will you be learning English next month?
= Are you going to learn English next month?
당신 이번 금요일에 영화를 볼 겁니까? Will you be seeing a movie this Friday?
= Are you going to see a movie this Friday?

will 의 특수 기능
will 은 아래 사람에게 부탁할 때 '~좀 해줄래'
돈 좀 빌려줄래? Will you borrow me some money?
창문 좀 닫아 줄래? Will you close the window?
아무도 미래에 일어날 일을 알 수 없다. No one knows what will happen in the future.

*In future 의 뜻은 '지금부터는'이라는 뜻으로 from now on 과 같은 뜻이고
In the future 의 뜻은 '미래의, 장래에'란 뜻이다.

would 은 윗사람이나 매우 친절하게 부탁할 때 '~좀 해주시겠습니까?'
오늘 밤 나에게 전화 좀 해 주실래요? Would you call me tonight?
소금 좀 건네 주실래요? Would you please pass me the salt?

going to 를 회화체에서는 '고나 gonna'로 읽는다.

be going to 는 현실에 하려고 하는 것 곧 가까운 미래에 주로 쓰인다.
나 그것을 하려고 해. I am going to do it. 라는 문장은
지금 나는 그것을 하고 있는 중이야 라는 뜻이 포함되어 있다.
나는 미국에 갈 예정이다.
I am going to the United Stated. = I am going to go the United Stated.
모두 가능하지만 굳이 go 를 안 써도 된다. 미국에 곧 갈 예정이라는
가까운 미래를 표현하고 있다.

be going to 는 사전에 계획한 일에 쓰인다.
나는 사과나무 좀 심으려고 한다. I am going to plant some apple trees.
사과나무를 심기 위해 오래 전부터 사전에 계획하고 있었다는 뜻이 내포되어 있다.

be going to 는 will 보다 더 강한 의미가 있다.
나는 거기에 곧 갈거야. I am going to there soon.

be going to 는 가까운 미래에 일어난 강한 의미가 담겨 있다.
친구 만나러 갈 거야. I'm going to see my friend. be going to 는 미래를 표현하는 것으로
진짜로 ~(무엇을) 하러 가는 것이기에 미래에 할 수 있는 가능성에 더 초점을 두고 있다.

be going to 의 과거

was/were going to 는 무엇을 하려고 했는데 못한 아쉬움이 담겨 있다.

'~하려고 했었다' was/were going to.

나는 어떤 것에 대해 얘기하려고 했었는데. (직역) 나도 그걸 말하려던 참이었어. (의역)
I was going to say something about that! 나는 어떤 것에 다해 얘기하려고 했었는데 실상은 하지 못했다는 뜻이다.

was/were going to 는 막 하려고 했는데 못한 아쉬움이 담겨 있다.

~마침 하려는 참이었는데 was/were going to

여기에 에어컨 켜져 있냐? Is the A.C (air-condition) on in here?

그렇지않아도 내가 켤려고 했는데 전원이 어디 있는지 못 찾겠어요.
I was going to turn it on, but I couldn't find where the power switch was.

be about to 부정사. 막 가려고 한다, 막 ~하려고 한다.

be about to 부정사는 임박한 미래를 표현할 때 쓰인다.

will 과 be going to 보다 더 급박한 상황에 쓴다.

비행기가 막 이륙하려는 참이다. The plane is about to take off. 1형식

퇴근하다 Leave my office. 나는 막 퇴근하려고 한다. I am abcut to leave my office. 1형식

조동사의 의문문

may 허락, ~해도 될까요?

제가 들어가도 될까요? May I come in?

제가 이 창문을 열어도 될까요? May I open this window?

must 강한 권유

must 는 반드시 하지 않으면 안 되는 강조를 나타낼 때 쓰인다.

~해야만 한다. 꼭 (반드시)가야한다, 꼭 ~해야 한다

당신은 반드시 그곳에 가야돼. You must go there.

나는 내일 내 동생을 꼭 돌봐야 한다. I must take care of my sister tomorrow.

나는 거기에 꼭 가야 한다. I must go there.

can, could 가능, ~할 수 있나요? (직역), ~해줄 수 있나요? (의역)

한국말 할 줄 아세요? Can you speak Korean?

제가 당신의 호텔을 예약할 수 있나요? Can I make a reservation at your hotel?

당신 어제 누구를 만난는지 말해 줄 수 있나요? Can you tell me who you met yesterday?

당신 저를 위해 이것을 해줄 수 있나요? Could you do this for me?

can 의 미래형은 will be able to

그 아이는 다음 달이 되면 걸을 수 있을 것이다.

The baby will be able to walk next month.

그 아이는 다음 달이 되면 말할 수 있을 것이다.

The baby will be able to speak next month.

can 의 현재완료는 have been able to

나는 아직까지도 청소를 다 끝낼 수가 없었다.

I have not been able to finish my cleaning yet.

나는 내 일을 끝낼 수 있을 것야. I have been able to finish my work.

should 는 강한 권유를 할 때

should 는 눈치 보는 의미로 주로 쓰이는 단어이다.

~하는 게 좋을까요? ~해야 할까요? (직역) ~가야 한다, ~하는 게 좋다. (의역)

제가 영어를 배우는 게 좋을까요? Should I learn English?

제가 그것을 먼저 처리할까요? Should I take care of it first?

제가 그에게 사과하는 게 좋을까요? Should I apologize to him?

너는 열심히 공부하는 게 좋다. You should study hard.

hard 가 여기서는 부사로 쓰였지만 '부지런한'으로 쓰이면 형용사가 된다.

너는 부모님께 복종하는 게 좋다. You should obey your parents.

have to 는 의무을 표현할 때

have to 동사는 미래적 의미를 담고 있다. to 부정사를 나타내기 때문에 시간적으로 '~해야 할 것'을 표현할 때 쓰인다. 즉, '앞으로 해야 할 것을 가지고 있다.'라는 의미가 숨어 있다. 또한 have to 의 의문문은 다른 조동사 의문문들과는 달리 have to 을 문장 앞으로 보내기가 애매하기 때문에 여기서는 일반 동사 취급해서 have to 대신 do 동사 또는 다른 조동사를 같이 사용하여 문장 앞으로 보내야 한다.

~해야만 하나요? ~해야 하나요? (직역) ~가야한다. ~해야 한다. (의역)
내가 영어를 배워야만 합니까? Do I have to learn English?

~참석하다. take part in
당신은 그 세미나에 참석해야 합니까? Do you have to take part in the seminar?
당신은 그것을 내일까지 끝내야 합니까? Do you have to finish it by tomorrow?

*have to+동사는 의무이기 때문에 윗사람이나 잘 모르는 사람에게 사용하기에 어려운 말이다. 따라서 잘 모르는 사람이나 윗사람에게 강한 권유를 표현하고자 한다면 should+동사로 표현하는 것이 have to+동사보다는 더 공손한 표현이다.

shall 은 상대방의 의향을 물을 때

~할까요? ~할래요?
춤출까요? Shall we dance?
우리 이 영화 볼까요? Shall we see this movie?
우리 점심에 뭘 좀 먹을까요? Shall we eat something for lunch?

*shall 이라는 단어는 원어민들이 잘 쓰지 않는 것 같지만 실상은 고급 식당이나 사교장 또는 지식층에서 여전히 사용하고 있는 단어이다.

outht to 의무

~를 해야 한다. must 보다 약한 뜻으로 쓰인다.

ought to 는 서약 같은 것을 할 때 쓰인다.

우리가 마땅히 해야 할 바를 알지 못하나. (직역) 우리가 마땅히 빌 바를 알지 못하나. (의역)
We do not know what we ought to pray for (롬 8:26).

might ~일 것 같다.

might는 may be 에서 왔다.

그는 아마도 아픈가봐. He may be sick.

그가 다 병에 걸렸네. He might be sick.

즉, 건강한 사람이 갑자기 병에 들었을 때 의아해 하는 모습에서 말할 때 쓴다.

would you like+(음식)명사류

~좀 드실래요? ~좀 드시겠어요? Do you want 와 같은 의미이다.

마실 것 좀 드실래요? Would you like something to drink?

to 부정사의 형용사의 용법은 명사 뒤에서 수식하는 것이 특징이다.

특히 something 과 같이 thing 으로 끝나는 명사 뒤에 to 부정사가 온다.

would you please+동사(매우 정중히 부탁할 때)

~좀 해주시겠어요?

그 문 좀 닫아 주시겠습니까? Would you please close the door?

please 가 부사이기 때문에 그 뒤에 동사가 바로 와야한다.

저를 좀 잠깐만 도와주시겠습니까? Would you please help me for a while?

불 좀 꺼 주시겠습니까? Would you please turn off the light?

조동사구와 동사구의 서술어

조동사구와 동사구의 서술어란 주어 다음에 오는 동사그룹을 말한다.

이들을 다른 표현으로 서술어라고 한다. 즉, 서술어는

조동사

동사구(동사+to 부정사)

조동사+원형동사

동사+to 부정사+부사구

복합동사구

종합동사구

이 모두가 서술어에 쓰인다. 동명사, to 부정사, 현재분사, 과거분사도 서술어 기능에 포함될 수 있다.

조동사구의 해석들

조동사와 일반동사가 동시에 오면서 조동사구를 이루는데 이러한 문장들은 조동사와 일반동사를 함께 묶어 해석해야 한다.

조동사구의 서술어

will+동사: ~갈 것이다, ~ㄹ 할 것이다

will+동사는 의지 미래라고 하며 또한 will+동사를 조동사구라고도 한다. 조동사 will 과 동사가 만나면서 조동사구를 이룬다. 예를 들어

나는 다음 달부터 영어를 공부할 것이다.
I will study English (for) next month. will study 이 조동사구이다.
나는 거기에 곧 갈 거야. I will be there soon.

can+동사: ~갈 수 있다, ~ㄹ 할 수 있다
can+동사는 가능을 나타낸다.
나는 중국어를 잘 말할 수 있다. I can speak Chinese well.
난 그것을 할 수 있다. I can do it.

could+동사: ~갈 수 있었다, ~를 할 수 있었다

could+동사는 과거의 기능에 쓰인다.

우리는 맛있는 많은 음식들을 즐길 수 있었다.
We could have enjoyed many wonderful meals.

그들은 그것을 할 수 있었다. They could do it.

may+일반동사

may+동사: '~갈지도 모른다.', '~할 지도 모른다.', '~가도 된다.', '~가도 좋다.', '~해도 된다.'
may+동사는 추측을 말할 때, 허락, 추측의 뜻으로도 쓰인다.

내 부모님은 다음 달에 미국에 갈지도 모른다.
My parents may go to America next month.

그래, 너 지금 TV봐도 좋아. OK, you may watch TV now.

had better+일반동사

had better+동사: '~가는 게 더 좋다.', '~가는 게 더 낫다.', '~하는 것이 더 낫다.'
had better+동사는 부드러운 권면을 나타낼 때 쓰인다.
had better 는 good 의 비교급에 속한다. 또한 had better 는 조동사이다.
비교하는 뉘앙스가 담긴 양자택일해야 하는 문장에 쓰인다.
당신은 영어를 배우는 것이 더 낫다. You'd better learn English.

유드 you'd 는 you had 의 약자이다.
영어를 안 배우는 것 보다 배우는 것이 더 낫다는 뜻이 포함되어 있다.
당신은 지금 가는 것이 더 낫다. You'd better go now.

will be able to+일반동사

will be able to+동사: '~갈 수 있을 것이다.', '~할 수 있을 것이다.'
will be able to+동사는 미래의 가능에 쓰인다.

당신은 언젠가 영어를 말할 수 있을 것이다. You will be able to speak English someday.
당신은 언젠가 그곳에 가게 될 거야. You will be able to go there sometime.

may be able to+일반동사

may be able to+동사의 해석: '~갈 수 있을 지도 모른다.', '~할 수 있을지도 모른다.'
may be able to+동사는 미래의 가능과 추측에 쓰인다
will be able to+동사 보다는 뉘앙스가 약하다.

그는 시간 안에 여기에 도착할 수 있을지도 모른다.
He may be able to arrive here in time.
문장이 오는 순서는 장·방·시 순으로 온다.
즉, 장소, 방법, 시간 순위로 오는 것이 일반적이다.

그는 정각에 거기에 도착할 수 있을지도 모른다. He may be able to arrive there on time.

* in time 은 '시간 안에', on time 은 '정각에'라는 뜻이다.

be supposed to+일반동사

be supposed to+동사: ~해야 하나요?' be supposed to+동사의 표현은
'해야 한다.'의 must 나 have to 보다 약간 부드러운 표현이다.

나는 어디에 앉아야 되나요? Where should I sit? 보다는
Where am I supposed to sit? 이라고 하는 것이 좋은 표현이다.
나는 어디서 그를 만나야 하나요? Where am I supposed to meet him?

must 와 have to 의 차이

must 와 have to 는 거의 같은 뜻이지만

must 는 매우 중요하고 긴박한 상태나 말하는 사람의 의지가 강하게 반영 될 때 쓰이고, have to 는 반복되는 습관적인 표현이나 외적인 원인에 의한 부득이한 경우에 사용한다.

너는 반드시 그곳에 가야 한다. You must to go there. = You have to go there.

당신 그것을 해야 돼. You must to do it. = You have to do it.

should 와 ought to 의 차이

should 와 ought to 는 타당한 행동이나 올바른 행동을 나타나는데 쓰인다.

너는 그가 말한 대로 해야 한다.
You should do as he says. = You ought to do as he says.

너는 미래를 위해 영어를 공부해야 돼.
You should study English for your future.
= You ought to study English for your future.
하지만 should 는 주관적인 의견을 나타나는데 쓰이고
ought to 는 개관적인 뜻, 즉 법규, 책무, 규정 등에 주로 쓰인다.

would 와 used to 의 차이

would 불규칙적인 과거 습관, '때때로 하곤 했다.'

나는 사탕을 한 때 좋아했었다. I would like candy.
would 는 추억에 잠겨 과거를 회상하는 느낌을 가지고 있다.

used to 는 규칙적인 과거 습관으로 '늘 하곤 했다.'

나는 사탕을 좋아했었다. I used to like candy. used to 는 규칙적인 과거 습관이고 would 는 불규칙적인 과거 습관으로 알고 있으나 실상은 모두 같은 뜻으로 사용해도 된다.

가정법에서 쓰이는 would 의 뜻

내가 만일 너라면 나는 서둘렀을 것이다. If I were you I would hurry up. 처럼 가정법에서는 항상 would 를 써야 한다. 왜냐 하면 불가능한 것을 가상해서 표현해야 하기 때문이다. 즉, 나는 상대의 당신이 결코 될 수 없다. 따라서 당신이 내가 된다는 것은 불가능한 일이다. 이처럼 불가능한 일을 표현할 때는 항상 would 를 써야 한다.
If ~ were 에 대해서는 가정법에서 따로 다룰 예정이다.

시간과 조건의 if 부사절에서는 항상 현재시제만 가능

시간과 조건을 나타내는 If 부사절속에서는 미래형이 포함되어 있기 때문에 현재시제를 써야한다.

당신이 나를 도와준다면 매우 기쁠 것이다. If you help me, I will be very grateful.
If 절에서는 미래가 포함되어 있기 때문에 will 을 쓰면 안 되고 주절에는 will 을 써도 된다.

would you mind 의 뜻

would you mind 로 묻는 질문의 대답은 99% no 라고 해야한다.
그러면 상대에게 긍정적인 표현으로 '~을 허락하다.'라는 뜻이다.

이 의자 가져가도 될까요? Would you mind if I take this chair?
예, 그렇게 하세요. No, you take 이라고 하든지 아니면 no problem 이라고 해야 한다.
no 라는 답변이 어려울 때 no problem 이라 하면 가장 적당한 대답이 될 수 있다.
또 다른 좋은 표현은 go ahead 라고 해도 무방하다. 원어민들은 yes 또는 no 와 상관없이 사용하지만 우리는 원어민이 아니기 때문에 올바른 영어를 알고 있어야 한다.

조동사구의 숙어들과 가정법적인 표현들

조동사구의 과거 추측

과거에 어떤 일들을 했을 것이라는 추측을 표현할 때 쓰는 표현들.

may have+~ed(p.p), ~ 했을지도 모른다. 아마~이었을 거야.
may have의 발음은 '메이럽' 이다. '메이 해브'라고 하지 말라.
'메이럽'은 have 의 h가 '협'에서 '럽'으로 변경되면서 발생하는 현상이다.
과거의 있었던 일을 약 50% 정도 추측해서 말할 때 사용한다.

내 생각엔 아마도 그녀가 열차를 놓쳤는지도 모른다.
I think she may have missed the train.

과거 추측의 부정
may not have+~ed(p.p.), ~하지 않았을지도 모른다. 아마~아닐지도 몰라.
may not have 의 발음은 '메이나럽'이다. '메이 낫 해브'라고 하지 말라.
not 의 t 가 have 와 결합되어 h 가 탈락되는 현상이다. may+have 처럼
조동사가 두 개가 올 경우에 부정어 not 은 첫 번째 조동사 뒤에 온다.

그는 부산으로 이사가지 않았을지도 모른다. He may not have moved to Busan.
그는 아마도 교사 회의에 참석하러 가지 않았을지도 몰라.
He may not have gone to a teacher's conference.

might have+~ed(p.p.), 아마 ~이었을 거야
might have 의 발음은 '마이럽'이다. '마이트 해브'라고 하지 말라.
might 의 t 가 have 와 결합하여 h 가 탈락 되면서 '럽 tav'으로 나타나는 현상이다.
과거의 있었던 일을 약 40%정도 추측해서 말할 때 사용하지만
may have ~ed(p.p)보다는 다소 약한 표현이다.

오늘 선생님이 결근했다. 그는 아마도 교사 회의에 참석하려 갔을 지도 몰라.
The teacher was absent today. He might have gone to a teacher's conference.

must have+~ed (p.p.), ~했음에 틀림없다. ~이었음에 틀림없다.
must have 의 발음은 '머스럽'이다. '머스트 해브'라고 하지 말라.

약 95% 확실성을 가지고 추측하는 표현이다.

나는 그것을 듣지 못했다. 내가 잠들었던 것이 틀림이 없다.
I didn't hear it. I must have been asleep.
been 이 온 이유는 have 가 현재완료형식으로 쓰이기 때문에 be 동사의 과거분사 been 이 온 것이다. asleep 은 형용사로써 be 동사를 동반해야 하는데 현재완료형 문장이 왔기 때문에 과거분사가 왔다.

탐은 지난번 시험에서 A를 받았다. 그는 열심히 공부한게 틀림없다.
Tom got an A on the last test. He must have studied hard.
과거분사 studied 가 온 이유도 현재완료형 문장을 이루기 때문에 have 다음 studied 가 와야 한다.

cannot have+~ed(p.p.), ~했을리가 없다.
cann't have의 발음은 '캔럽'이다. '캔트 해브'라고 하지 말라.
약 95% 확실성을 가지고 추측하는 표현이다.

당신은 그를 만났을리가 없다. 그는 그 시간에 여기에 있었다.
You can't have met him. He was here at that time.
당신은 그녀를 볼리가 없다. 그녀는 런던에 가 있다.
You can't have seen her. She has gone to London.

조동사구의 과거의 유감

조동사구의 과거의 유감이란 과거에 어떤 것을 했어야 했는데 하지 못했다는 유감을 표시할 때 쓰는 표현들을 말한다. 이를 가정법적인 표현이라고도 한다. 과거의 추측을 나타내는 가정법적 표현이란 (과거 사실의 반대) 과거에 어떤 기회가 있어서 만일 그 일들을 했었다면 할 수 있는 가능성 또는 능력을 발휘할 수 있었는데 그 기회를 놓치고 말았다는 아쉬움을 추측하며 표현할 때 쓰는 조동사구들을 말한다.

~했어야 했는데, should have+~ed(p.p.)

should have+~ed(p.p.)의 발음은 '슈럽'이다. '슈드 해브'라고 하지 말라.
should have+~ed(p.p.)는 과거에 하지 못한 일에 대해서 말하거나 과거의 충고나 도덕적 의무에 대해서 언급할 때 예전에 이루어져야 하지만 예상 밖에 이루어지지 않았던 경우에 사용한다.

나는 더 열심히 공부해야 했는데(열심히 공부하지 않았다). I should have studied harder.
당신 일찍 왔어야 했는데(일찍 오지 않았다). You should have come earlier.
그녀는 그를 보았어야 했는데(못 보았다). She should have seen him.

그들은 두 시간 전에 도착했어야 했는데(하지 못했다).
They should have arrived two hours ago.

당신은 그런 클럽에 가입해야 했었는데(가입하지 않았다).
You should have joined such a club.

~하지 말았어야 했는데, should not have+~ed(p.p.)

should not have+~ed(p.p.)의 발음은 '슈든럽'이다. '슈드 낫 해브'라고 하지 말라.

당신은 그런 클럽에 가입하지 말았어야 했어(하지 말았어야 했는데 가입했다).
You should not have joined such a club.

~했어야 했는데, ought to have+~ed(p.p.)

ought to have 의 발음은 '오럽'이다. '오트 투 해브'라고 하지 말라.
당신은 그것을 전에 끝냈어야 했다. You ought to have done it before.
당신은 그 전시회를 관람했어야 했다. You ought to have seen the exhibition.
나는 그에게 진실을 말했어야 했어. I ought to have told him the truth.

~하는 것이 나았을텐데, ~하고 싶었는데(못했다), would rather have+~ed(p.p.)

would rather have 의 발음은 '드레럽'이다. I would 의 약자는 I'd(아이 드)이다. 따라서 '아이 우드'가 아니라 '아이 드'로 시작하기 때문에 '드레럽'의 현상이 나타난다. '우드 레더 해브'라고 하지 말라.

나는 집에 머물러 있는 편이 더 나았을 텐데(집에 머물러 있지 못하고 나갔다).
I would rather have stayed at home.

우리는 버스를 타길 원했지만 탈 수 없었다.
We would have rather taken the bus, but we couldn't afford it.

나는 차라리 미국에서 태어났으면 좋았을 것을(미국에서 태어나지 못했다).
I would/I'd rather have been born in America.

~할 필요는 없었는데, need not have+~ed(p.p.)

needn't have 의 발음은 '니든럽'이다. '니드 낫 해브'라고 하지 말라.

그는 서두를 필요가 없었는데(서둘렀다). He need not have hurried.
당신은 그렇게 할 필요까지 없었는데(그렇게 했다). You need not have done so.
나는 그곳에 일찍 갈 필요가 없었는데(일찍 갔다). I need not have gone there so early.

~할 수 있었는데, ~할 수 있었을 거야, ~하지 그랬어, could have+~ed(p.p.)

could have의 발음은 '쿠럽'이다. '쿠드 해브'라고 하지 말라.

그는 집을 살 수 있었는데(결국은 사지 못했다는 뜻이다).
He could have bought the house.

우리 팀이 이길 수 있었는데(사실은 못 이겼다). (왜냐하면) 우리는 전략에서 실수를 했다.
Our team could have won, but we made a mistake in strategy.

나는 지난 밤에 나갈 수 있었는데 너무 피곤해서(나가지 못했다).

I could have gone out last night, but I was too tired.

공부를 좀 더 해서 더 나은 성적을 받지 그랬어(나은 성적을 받지 못했다).

You could have studied harder and gotten a better grade.

~했을리가 없다, couldn't have+~ed(p.p.)

couldn't have 의 발음은 '쿠든럽'이다. '쿠든트 해브'라고 하지 말라.

우리는 너의 도움 없이 성공하는 것은 불가능 일이었다.

We couldn't have succeeded without your help.
= We can't have succeeded without your help.

그가 그렇게 했을리가 없다. He couldn't have done it.

~했었을 거야, ~했을 텐데, would have+~ed (p.p.)

would have 의 발음은 '드럽'이다. '우드 해브'라고 하지 말라.

나는 당신과 함께 갔어야 했는데(그런데 함께 가지 않았어).

I would have gone with you.

나는 그녀의 행복을 위해 뭐든지 했어야 했는데(하지 못했다).

I would have done anything to make her happy.

과거에 어떤 일들을 반드시 했어야 했는데 하지 못한 일들을 후회하는 뜻이다.

현재완료 시제

계속

경험

결과

완료

현재완료 암기방식: 계속된 경험을 결과적으로 완료했다.

현재완료의 개념은 현재와 과거를 동시에 가지고 있는 문장이다. 예를 들어 '밥 먹었니? Did you eat?'하면 인사 차 물어 보는 개념을 가지고 있어서 상대가 가볍게 '응 먹었어. Yes, I ate'. 또는 '안 먹었어 No, I am not' 할 수 있다. 하지만 '밥 먹었니를 Have you eaten yet?'하면 만일 밥을 지금까지 (과거에) 안 먹었다면 '지금(현재) 먹으로 갈까?'라는 뜻이 된다.

그런데 상대가 나 먹었어. 'I have eaten.'으로 대답했다면 '밥 먹었기 때문에 나 너랑 지금 먹을 수 없다.'라는 뜻으로 전달된다. 따라서 현재완료는 have 현재 단어와 eaten 과거 단어가 같이 있기 때문에 현재와 과거를 동시에 표현할 수 있는 문장이다. 이것이 영어만이 가지고 있는 특성이다. 현재완료는 과거는 과거인데 현재랑 연관된 과거이다. 현재완료는 계속과 경험 용법이 가장 많이 쓰인다. 해석은 ~해 왔다(계속), ~해본 적이 있다(경험). 현재완료와 분사는 영문법에만 있고 조사는 국문법에만 있다.

현재완료의 중요성

과거로부터 지금까지 연속성이 있는 문장을 만드는 방법은 현재완료 밖에 없다. 예를 들어 '나는 샤프 공원에서 여우를 본 적이 있다(경험). I have seen a fox in Sharp Park.'라고 하면 지금도 그 숲에 가면 볼 수 있다는 뜻이 포함되지만 단순히 '나는 샤프 공원에서 여우를 한 번 보았다. I saw a fox in Sharp Park.'라고 하면 과거에 한 번 보았다는 말로 끝난다. 지금도 여우가 그 공원에 있는지 없는지 다시 가서 확인해 봐야 알 수 있다.

현재완료의 계속

계속 ~지금까지 해 오고 있다.
for 나 since 등과 함께 쓰인다.

나는 3년 동안 영어를 배워왔다. I have been learning English for 3 years.
지금도 영어를 배우고 있다. 3년 전부터 지금까지 영어를 배우고 있다.
그는 지난주부터 계속 아프다. He has been sick since last week.
been 은 주로 수동태 문장에 자주 등장한다. 아프니까 수동적 표현이 더 자연스럽다.

for 와 since 의 차이점
현재완료의 계속은 주로 for 와 since 를 사용하는데 for 는 정해진 기간에 주로 사용되고 since 는 주로 어느 막연한 시점에 사용된다.

for 의 정해진 기간
그녀는 서울에 산지 십 년이 되었다. She has lived in Seoul for ten years.
나는 13살까지 서울에 살았다. I have lived in Seoul for 13 years.

*for 는 딱 떨어지는 기간, 즉 10년, 13살처럼 정해진 기간을 말한다.

since 의 과거 어느 한 막연한 시점
나는 어릴 적에 서울에서 살았다. I have lived in Seoul since I was young.
그녀는 6시부터 이곳에 와 있었다. She has been here since six o'clock.
(여기서 been 은 존재를 말한다)

*since 는 막연한 시점, 즉 어릴 적, 6시처럼 어느 한 시점을 표현할 뿐이다.
지나간 시간을 정확하게 표현할 수 없을 때 사용한다.

현재완료의 경험

현재까지의 경험: ~해 본 적이 있다.

경험에는 ever, never, before, once, three times 등의 부사(구)와 함께 쓰인다.
현재완료형에서 before 는 현재완료의 경험에서 사용할 수 있지만
after 는 현재완료형에서 절대로 쓸 수 없다.

이전에 이 크레딧 카드를 사용한 적이 있니? Have you ever used this credit card before?
나는 전에 영국을 방문한 적이 있다. I have been to the UK before.
나는 전에 그를 만난 적이 있다. I have met him before.
나는 그것을 몇 번 본 적이 있다. I have seen it several times.

현재완료의 결과

~한 결과 지금도 ~하다.

그는 잉글랜드로 가버렸다. He has gone to England.
그래서 지금 그가 가고 없다는 결과적인 용법이다.
또한 지금도 잉글랜드에 있다는 뜻이 포함되어 있다.

나는 키를 잃어버렸다. I have lost my key. 그래서 지금도 없다.

현재완료의 완료

현재까지 동작의 완료: ~지금 막 ~끝났다.

완료는 just, already, yet, not 과 함께 쓸 수 있다.
나는 방금 숙제를 끝냈다. I have just finished my homework.

그들은 벌써 점심을 먹었다. They have already finished their lunch.
예상했던 시간보다 일찍 완료된 경우 already 와 완료형을 사용하여 표현한다.

그들은 아직 떠나지 않았다. They haven't left yet.
예상했던 시간보다 늦게 완료되는 경우 yet 과 완료형을 사용하여 표현한다.

현재완료 수동태

현재완료 수동태 공식: have(has)+been+~ed(p.p.) ~당해버렸다.

나는 접시를 깼다. I broke the dish. 을 수동태로 만들면
그 접시는 나로 인하여 깨졌다. The dish was broken by me. 가 되지만
이를 현재완료 수동태로 고치면
접시는 나로 인해 깨져버렸다. The dish has been broken by me. 가 된다.

몇몇 의자가 문옆에 놓여져 있다. Some chairs have been put by the door.

현재완료 수동태는 과거의 어떤 행동의 영향을 받았기 때문에 현재 그 결과에 의해 보여지는 현실의 모습을 표현할 수 있는 문장이다. 하지만 일반적인 현재형 수동태는 같은 뜻

을 가지고 있어도 그 의미는 크게 다를 수 있다. 일반적인 현재형 수동태의 예를 들자면 몇몇 의자가 문옆에 놓여져 있었다. Some chairs were put by the door. 처럼 한글식 표현으로는 같은 뜻을 나타내고 있으나 문장의 의미가 크게 다른다.

일반 수동태는 과거로부터 온 어떤 결과로 인하여 현실이 나타난 것이 아니라 자주 있는 일반적인 습관에 의해 그냥 현실적으로 놓여 있는 상태만을 표현한다. 하지만 현재완료 수동태는 어떤 원인이 있는 결과론적인 이론이 성립되어 과거의 어떤 원인으로 인하여 현재 결과가 나타난 현실을 표현하게 된다.

현재진행형 수동태와 현재완료진행형 수동태

현재진행형 수동태 공식: be+being+~ed(p.p.) ~당하는 중이다.

이 지역은 보안을 목적으로 비디오 촬영이 되고 있다.
This area is being video recorded for security purposes.

현재완료진행형 수동태

현재완료진행형 수동태 공식: have been+being+~ed(p.p.)
과거로부터 지금까지 ~하고 있는 중이다.

이 건물은 2년 전부터 지금까지 건축 중에 있다. (직역)
이 건물은 현재까지 2년간 건축 중에 있다. (의역)
This building has been being reconstructed for two years.
= This building has been under construction for 2 years.

현재완료시제는 until, now, for, since 등과 주로 쓰인다.

그는 1974년부터 이웃으로 살았다(지냈다). (계속)

He lived in the neighborhood since 1974. 로 쓸 수 없고

He has lived in the neighborhood since 1974. 로 써야한다.

*현재완료시제에 쓸 수 없는 단어들

just now, a few minute ago, when, ~years ago, last, a week age, after

단순 과거형과 현재완료시제의 차이점

단순 과거형
잔은 10년간 파리에 살았었다(하지만 지금은 아니다).

John lived in Paris for ten years.

현재완료시제
잔이 십 년 동안 파리에 살고 있으며 지금도 살고 있다. (계속)

John has lived in Paris for ten years. (10년 전부터 지금까지 줄곧 살고 있다).

현재과거완료가 필요한 이유

자신을 두 번 낮추고 싶을 때 사용할 수 있는 유일한 문법이 현재과거완료이다. 과거분사 다음엔 반드시 원형이 오기 때문에 한 문장에서 과거를 연이어 두 번 쓸 수 없지만 현재과거완료는 과거시제를 두 번 표현할 수 있다.

나는 그 것을 할 수 있다. I can do it. 하면 지금 당장할 수 있다는 뜻이지만 I could do it. 하면 긴장과 소심한 입장으로 바뀌게 되어 '나 할 수 있었는데' 또는 '나 할 수 있을 거야.' 로 자신을 낮추는 표현으로 바뀌게 된다(시제적인 개념에서).

하지만 과거에 있었던 일을 표현 할 때 '나는 그 당시에 그것을 할 수 있었을 거야.'라고 하고 싶을 때 I could did it 를 사용할 수 없다. 왜냐하면 과거 could 뒤에는 반드시 현재 원형이 와야 하기 때문에 did 를 쓸 수 없다. 그런데 과거를 두 번 표현하고 싶을 때 '나는 그 당시에 그것을 할 수 있었을 거야. I could have done it.'처럼 현재과거완료를 사용하여 표현할 수 있다. 다시 말해 could 와 done 의 두 개의 과거를 동시에 표현할 수 있는 문장은 오직 현재과거완료시제 밖에는 없다. 현재과거완료 문법에서간 사용할 수 있는 유일한 표현이다.

과거완료 시제

과거완료 시제는 과거에 시작해서 과거에 끝나는 시제를 말한다.
과거완료시제 공식: had+과거완료ed

그는 결혼하기 전에 대학을 졸업했다.
I had graduated from college before he got married.
영이가 학교에 도착했을 때 수업이 시작했다.
The class had already started when Young got to school.

현재시제와 과거시제의 차이점

영어의 현재시제는 뉘앙스가 너무 강하게 느껴질 때가 있다. 안 되는 일도 또는 어려운 일도 마치 쉽게 되는 것처럼 느껴지게 하는 영어문장의 힘이 있다. 하지만 성취하기 어려운 일이나 불가능한 일을 표현할 때는 현재시제를 피하는 것이 좋다.

예를 들어 만일 내가 복권에 당첨된다면 나는 스포츠카를 살 것이다. If I win the lottery, I will buy a sports car. 라고 했다고 하자. 복권에 당첨된다는 것은 쉬운 일이 아니다. 거의 불가능한 일이다. 이처럼 불가능한 일을 표현할 땐 절대로 현재시제 will 를 쓰면 안 된다.

이럴 땐 만일 내가 복권에 당첨된다면 나는 스포츠카를 살 것이다. If I won the lottery, I would buy a sports car. 처럼 과거시제로 표현해야 좋은 영어가 된다.
왜냐하면 불가능한 일을 표현할 때에는 항상 과거시제를 써야 하기 때문이다.
불가능한 일을 가능한 것처럼 표현하면 신용없는 사람으로 오해를 받을 수 있다.

한글식 느낌으로는 현재나 과거가 모두 같은 뜻을 담고 있지만 불가능해 보이는 일들을 표현할 때 쓰는 시재^{tense}는 낮추면 낮출수록 더 좋은 표현이 된다.
그렇다고 지나치게 과거를 두 번 낮추면 또 다른 뜻이 된다.

만약 그 당시에 복권을 샀었더라면 나는 스포츠카를 살 수 있었을 텐데.
If I had won the lottery, I would have bought a sports car. 처럼
복권을 사지 않았기 때문에 전혀 이룰 수 없는 또 다른 뜻이 된다.

하지만 자신을 낮추기 위해 과거시제를 사용한다는 것은 과거에 이루지 못한 일들을 현실적으로 한결 부드럽게 표현할 수 있는 좋은 문장이 될 수 있다.

강의 #7에서는 명사류, 형용사류를 다루고자 한다.

명사(Noun) 10%

명사류(상당어구)

명사류 또는 명사 상당어구란 명사기능을 하는 그룹을 말한다. 어떤 단어는 본래 명사가 아니라 동사였는데 명사로 신분을 바꾸어 명사화되면서 명사 계열에 소속된 무리들이 있다. 즉, 동명사, to 부정사는 동사에서 명사로 전환한 무리들이다. 이런 무리들을 합하여 명사류 또는 명사상당어구라고 칭한다.

명사의 종류 5가지

고유명사, 추상명사, 집합(군집)명사, 보통명사, 물질명사 (고추집보물)

- **고유명사**

고유명사는 첫글자를 대문자로 쓰며 복수형이나 정관사, 부정관사가 없다.

사람의 이름 Miso, 도시 Seoul, 지명 Bethehem, 요일 Santurday

고유명사가 보통명사로 변화는 경우

고유명사가 보통명사로 변할 수 있다. 만일 고유명사가 보통명사로 변할 때에는 정관사 또는 부정관사를 사용해야 한다.

~한 작품 - 피카소의 작품 한 점 a Picasso
~씨 부부 - 김씨 부부 the Kims
~라는 사람 - 이씨라는 사람 a Mr. Lee
~와 같은 사람 - 인디와 같은 사람 an Indy

암기방식: 피카소 작품을 구입한 김씨부부와 이씨라는 사람은 인디와 같이 잘 지낸다.

• 추상명사

추상명사는 부정관사나 복수형을 쓸 수 없다.
지식 knowledge, 친절 kindness, 젊은 youth, 성공 success

암기방식: 지식을 겸한 친절한 젊은이는 성공할 것이다.

추상명사가 보통명사로 변화는 경우

추상명사가 어떤 구체적인 경험, 기회, 행위(경기행위) 등에 쓰이면 부정관사나 복수형으로 쓰이면서 보통명사가 된다.

인디는 많은 역사의 지식을 가지고 있다. Indy has a lots of knowledge of history.

전치사 of+추상명사

전치사 of+추상명사는 형용사가 된다.

그녀는 천사와 같은 여자이다. She is an angel of a woman.
그것은 대단한 것이 아니다. It's of no consequence.
그는 세상일에 정통한 사람이다. He is a man of the world.

그는 약속을 지키는 사람이다. He is a man of his word.

그는 고의적으로 그 소녀의 발을 밟았다. He stepped on the girl's foot on purpose.

_정관사 the+형용사

정관사 the+형용사는 추상명사가 된다.

진 the true, 선 the good, 미 the beautiful

• 집합명사

집합명사는 단수를 나타내는 집합명사와 복수를 나타내는 군집명사로 나뉜다.

국민 nation, 위원회 committee, 대중 public, 가족 family

집합명사 암기방식: 국민 위원회에서 대중적인 가족을 원한다.

그의 가족은 대가족이다. His family is large. 하면 가족을 한 단위로 취급했지만

그의 가족은 모두 잘 있다. His family are all well. 이라고 하면

그 가족 개개인의 구성원을 나타내어 복수 취급한다.

_복수로만 취급하는 집합명사

경찰 police, 사람들 people, 소/가축 cattle, (경사났소)

_물질명사로 취급하는 집합명사들

집합명사를 물질명사처럼 취급한다.

의류 clothing, 가구 furniture, 기계류 machinery, 수화물 baggage, 우편물 mail

암기방식: 의류와 가구와 기계류가 수화물을 통해 우편으로 왔다.

당신이 가진 수화물/가방은 이것이 전부인가요?

Is this all the baggage you have?

_집합명사 people 의 다양한 의미

사람들 people, 국민 a people, 민족 the people

•보통명사

일반적으로 보통명사에는 정관사 the 와 부정관사 a 가 온다. 하지만 보통명사에 관사가 없는 경우도 있다.

금 gold, 은 silver 등은 항상 관사없이 단수 취급한다. 만일 사람 man 이라는 단어에 관사가 없으면 '인류', '인간'이란 뜻이 되고, 부정관사 a+man 은 평범한 사람을 말한다.

인간이란 죽기 마련이다. 인간은 죽을 운명이다. Man is mortal.
어떤 사람이 그를 찾아 왔다. A man came to him.

_보통명사가 추상적 의미로 바뀌는 경우

beggar 는 거지란 단어이지만 정관사 the 가 붙어 the beggar 가 되면 '거지근성'이란 추상명사로 바뀐다.

pen 은 글을 쓰는 하나의 도구인데 the pen 이 되면 '글'이 되고 sword 는 칼인데 the sword 는 '무력'이라는 추상명사로 바뀐다.

펜은 검보다 강하다.
The pen is stronger than the sword. = The pen is mightier than the sword.

_보통명사가 형용사적인 의미를 갖는 경우

~와 같은 a/the+보통명사+of a

그녀는 짐승 같은 남자와 결혼했다. She married a brute of a man.
그는 성 같은 집에 살고 있다. He lives in a castle of a house.

the+형용사

the+형용사는 복수명사가 된다.

부자들 the rich = rich people

노인 the old = old man

젊은 사람들 the young = young people

• 물질명사

물질명사에는 부정관사나 복수형에 쓸 수 없다.

커피 coffee, 잔 glass, 설탕 sugar, 우유 milk, 버터 butter, 가스 gas, 불 fire

물질 명사 암기방식: 커피 잔에 설탕과 우유와 버터를 섞어 가스 불에 올려놔라.

빵 한 덩이 a loaf of bread

종이 한 장 a sheet of paper

분필 한 개 a piece of chalk

설탕 두 스푼 two spoonfuls of sugar

쇠고기 세 파운드 three pounds of beef

가구 한 점 a piece of furniture

옥수수 한 알 a ear of corn (청교도들이 먹었던 다섯 알 옥수수 이야기)

커피 한잔 a cup of coffee 는 뜨거운 물을 담아야 하기 때문에 cup 을 사용해야 한다.

티 한잔 a cup of tea

우유 한잔 a glass of milk 차가운 우유나 물을 담을 때에는 glass 를 사용한다.

포도주 한잔 a glass of wine

물 한잔 a glass of water 이와 같이 형식을 갖추어 사용해야 하지만 회화체에서는 그냥 커피를 원하면 coffee please. 포도주를 원하면 I like wine. 이라 하면 된다.

_물질명사가 보통명사로 쓰일 때

물질명사가 보통명사로 쓰일 때는 관사나 복수를 사용한다.

이것은 아주 좋은 포도주이다. This is a very good wine.

그는 손에 유리잔을 들고 있다. He has a glass in his hand.

_물질명사에 관사가 쓰이는 경우

앞문장에서 언급한 내용을 반복할때

돈을 얼마나 가지고 있습니까? 당신은 이 핸드폰을 사려면 그 돈을 지불해야만 합니다.
How much money you have? You have to pay the money for this cellphone.

명사류의 3가지 기능

명사류의 모든 기능은 오직 주어, 목적어, 보어에 사용하기 위해 존재한다.
명사류의 주된 기능은 1)주어, 2)목적어, 3)보어를 만들어 준다.

명사류의 한글식 해석방법 6가지

한글 표현으로는
1. ~했음, 끝났음, 처럼 주로 동명사에 쓰인다.

2. ~것, 가는 것, 보는 것, 듣는 것처럼 주로 to 부정사의 명사적 용법에 쓰인다.

보는 것이 믿는 것이다. To see is to believe.
'것' 뒤에 오는 조사 '이'는 해당되지 않는다.
명사구의 주격과 보어로 '보는 것, 믿는 것'이 이에 행당 된다.

3. ~기, 가기, 서기, 보기, 처럼 쓰인다.

4. ~지, 만나는지, 갔는지, 처럼 쓰인다.

5. ~라고, 학생이라고, 처럼 쓰인다.
 나는 그가 시험에 합격하리라고 예상했다. I expected him to pass the test.

'시험에 합격하리라고'라는 명사구의 목적격 보어이다.

6. ~다고, 나는 그가 옳다고, 처럼 쓰인다.
나는 그가 정직하다고 믿었다. I believed him to be honest.
'정직하다고'라는 명사구의 목적격 보어이다. '~라고'와 '~다고'는 that 명사절을 이끄는 접속사에도 자주 쓰인다. 이와 같이 기본적으로 6가지 정도로 표현할 수 있다. 하지만 모든 한글식 표현은 다만 편의를 위한 것이지 꼭 이런 방식으로 표현되는 것은 아니다.

명사류 6가지

명사류에는

명사, 대명사, 명사구, 명사절, to 부정사의 명사적용법, 동명사 등이 있다.

1. 명사
2. 대명사
3. 명사구

명사구란 명사가 다른 단어들과 합쳐서 구를 형성하여 주어, 목적어, 보어역할을 할 때 명사와 같은 기능을 하게 되므로 이를 명사구라 칭한다. 다른 말로는 명사적 용법이라고 한다.

• 주어로 쓰이는 명사구

_주격 명사구 용법

그의 이야기는 흥미로웠다. His story was interesting.
His 와 story 가 결합하여 주격을 만들어 주격 명사구가 되었다. (주격 명사구)

나의 여친은 예쁘다. My girlfriend is pretty.
(주격 명사구) 의사가 되는 것은 어렵다. To be a doctor is difficult.
to 부정사의 to be 가 a doctor 와 결합하여 to 부정사의 주격 명사구가 되었다.

이 문장은 to 부정사의 명사적 용법이다. be 가 to 와 함께 쓰이면 미래 지향적인 뜻으로 '~이 되다.'의 뜻으로 해석된다.

_목적격 명사구 용법
그는 음악을 듣는 것을 좋아한다. He enjoys listening to music. (목적어의 명사구)
목적어로 쓰이는 명사구

나는 예쁜 소녀를 만났다. I met a pretty girl. (목적격 명사구)

*형용사가 명사구를 만드는 두 가지 방법
명사구를 만드는 형용사는 두 종류가 있다. 형용사가 명사 앞에서 꾸밀 때 '아름다운 숙녀 a beautiful lady' 또는 to 부정사가 명사 뒤에서 꾸밀 때 '숙제하는 것 homework to do'와 같이 두 종류가 있다. 즉 순수한 형용사는 명사를 앞에서 수식하는 성질이 있으나 to 부정사의 형용사적 용법처럼 형용사로 변형된 단어들은 명사 뒤에서 수식하는 성질을 가지고 있다.

• 보어로 쓰이는 명사구

_보어 명사구 용법
나의 바람은 유럽에 가는 것이다. My hope is to go to Europe. (보어의 명사구)
보는 것이 믿는 것이다. To see is to believe. (보어의 명사구)

4. 명사절

명사가 다른 단어들과 합쳐서 절을 형성하여 주어, 목적어, 보어역할을 할 때 명사와 같은 기능을 하게 되는데 이를 명사절이라 칭한다.
다른 말로는 명사적 용법이라고 한다.
절이란 한 문장 속에 주어+동사가 있으면 절이 형성된다.

그는 너를 사랑해. He loves you. 라는 문장에

그가 너를 사랑하는 것은 That he loves you. 라고 문장 앞에 that 을 첨가하면 문장을 이어주는 절이 된다. 이 절을 구성하고 있는 문장이 맨 앞에 쓰이면 주어의 명사절이 된다.

주어의 명사절

그가 너를 사랑하는 것은 사실이다. That he loves you is true. (주어의 명사절).
주어의 명사절에서 주어가 너무 길다. 이런 문장은 일반적으로 가주어 it 을 문장 앞에 첨가하여 It is true that he loves you. 로 문장의 순서를 바꾸는 것이 영어의 매력이다. 반드시 문장이 길어서 가주어를 쓴다는 개념보다는 중요한 단어 '사실'이라는 표현을 먼저 말하고 싶어하는 것이 원어민들의 사고방식이다.

목적어의 명사절

나는 그가 너를 사랑한다는 것을 안다. I know that he loves you. (목적어의 명사절)

보어의 명사절

중요한 것은 그가 너를 사랑한다는 것이다. The important thing is that he loves you.
(보어의 명사절)

명사절 that 의 생략

명사절의 that 절에서 목적어와 보어로 쓰이는 that 은 생략이 가능하다.

나는 그가 너를 사랑한다는 것을 안다. I know (　) he loves you.
(know 이하가 목적어의 명사절 that 의 생략)
중요한 것은 그가 너를 사랑한다는 것이다. The important thing is (　) he loves you.
(is 이하가 보어의 명사절 that 의 생략)

*하지만 주어의 명사절은 문장의 주인이 되기 때문에 생략할 수 없다.

5. to 부정사의 명사적 용법

to 부정사의 명사적 용법은 미래지향적인 성격을 가지고 있다. to 부정사의 to 를 대부분 '~것'으로 해석한다.

기능은 주어, 목적어, 주격보어, 목적격 보어로 쓰인다.

• to 부정사가 주어로 쓰이는 경우

_명사적 용법

실수는 사람의 일이요, 용서는 신의 일이다. To err is human, to forgive is divine.
자기 자신을 안다는 것은 어렵다. To know oneself is difficult.
사진을 찍는 것은 아주 재미있다. To take pictures is very fun.

* to 부정사 주어는 언제나 3인칭 단수로 취급한다.

to 부정사가 주어로 쓰일 때 주어의 문장이 길어지기 때문에 it 의 가주어를 주어에 쓰는 경우가 많다. 예를 들면

그를 설득해도 소용없다. To persuade him is useless.
it 가주어를 사용하면 It is useless to persuade him.

야구를 하는 것은 아주 재미있다. To play baseball is a lot of fun.
it 가주어를 사용하면 It is a lot of fun to play baseball. 처럼 된다.

• to 부정사가 목적어로 쓰이는 경우

_목적격 용법

나는 중국어를 배우는 것이 어렵다는 것을 알았다.
I found it difficult to learn Chinese. = It's difficult for me to learn Chinese.

5형식 문장에서 목적어로 to 부정사를 쓸 때 가목적어에 it 을 사용하는 경우

5형식 문장에서 목적어로 to 부정사가 쓰인 경우에는 가목적어 it 을 사용하는게 보통이다.

나는 중국어를 배우는 것이 어렵다는 것을 알았다. I found it difficult to learn Chinese. 여기에 첨가된 it 은 가목적격이다. 일반 문장에서 진주어가 길 경우 it 을 첨가하여 가주어를 만드는 방식과 같은 개념이다.

중국어를 배우는 것은 너무 어렵다. To learn Chinese is too difficult. 라는 to 부정사의 명사적 용법의 주격 문장의 주어를 쉽게 하기 위해 it 이라는 가주어를 사용하여 It is too difficult to learn Chinese. 처럼 하듯이 5형식 문장에서 진목적어(중국어를 배우는 것이 어렵다는 것을 difficult to learn Chineses)가 너무 길 경우에 가목적어 it 을 첨가하여 문장의 핵심부터 설명하려는 영어의 속성이 있다.

가주어 it 과 가목적어 it 을 첨가 하는 이유는 문장의 내용의 핵심을 먼저 전달하려는 뉘앙스가 있기 때문이다. 예문에서 '중국어를 배우는 것은 너무 어렵다.'에서 '너무 어렵다.'라는 표현을 강조하고 싶은 뉘앙스가 있을 때에는 '중국어 "보다" 어렵다.'를 앞 문장으로 보내기 위해 it 이라는 가주어를 사용하는 것이다. 같은 개념으로 목적어를 강조하고 싶어서 가목적어 it 을 먼저 보내어 '중국어 "보다" 어렵다.'를 먼저 문장 앞쪽으로 보내는 방식이다.

또 다른 이유는 5형식 문장 자체가 복문이기 때문이다. 본래 5형식의 원조는 복문이 단문으로 변한 것이다.

나는 발견했다. 중국어를 배운다는 것이 어렵다. I found that to learn Chinese is difficult. 라는 복문을 단순하게 하기 위해 대표접속사 that 을 생략하고 그 자리에 it 을 대신하여 나는 중국어를 배우는 것이 어렵다는 것을 알았다. I found it difficult to learn Chinese. 가 된 것이다.

그는 그 문제를 푸는 것이 쉽다는 것을 알게 될 것이다.

He will find it easy to solve the problem. (가목적어 it) (진주어 to solve the problem)

5 형식 문장은 다음 강의에서 보다 구체적으로 다루게 될 것이다.

to 부정사가 주격 보어로 쓰이는 경우

_주격 보어

내가 해야 할 일(것)은 당신을 돕는 일이다. What I must do is (to) help you.
내 소망은 세계를 여행하는 것이다. My wish is to travel around the world.
메리의 취미는 음악을 듣는 것이다. Mary's hobby is listening to music.
외국어를 배우는 가장 좋은 방법은 그 나라에서 사는 것이다.
The best way to learn a foreign language is to live in the country.
이와 같이 be 동사 뒤에 to 부정사가 오면 모두 주격보어가 된다.

to 부정사가 목적격 보어로 쓰인 경우

_목적격 보어

나는 그가 시험에 합격하리라고 예상했다. I expected him to pass the test.
배심원들은 그를 무죄로 판결했다. The jury found him to be innocence.
나는 그가 정직하다고 믿었다. I believed him to be honest.
목적격 '그가 him' 다음에 오는 모든 문장을 to 부정사의 목적격보어라고 한다.

to 부정사의 목적격보어는 두 가지 형태로 나타난다.
하나는 '나는 그가 정직하다고 믿었다. I believed him to be honest.'처럼 목적보어로 honest 와 같은 형용사가 오면 to 다음에 be 동사가 형용사 honest 를 보충하여 함께 사용하는 경우이다.

보어는 오직 명사와 형용사만 가능하기 때문에 형용사가 오면 보어로 쓰이는 형용사에 be

동사를 반드시 동반해야 한다. 따라서 to be honest 처럼 함께 사용해야 하는 것이고 다른 하나는 사역동사, 지각동사, 왕래발착동사가 있는 목적격보어에는 to be 가 생략되는 경우이다.

나는 그를 행복하게 했다. I made him happy. 처럼
사역동사 made 가 오면 to be 가 생략되는데 made 라는 사역동사 속에 to be 가 포함되어 있기 때문이다.

주격 보어의 to 부정사 생략

주격 보어에 to 부정사 대신 원형 부정사가 오면 to 를 생략하고 원형부정사만 쓸 수 있다. 다시 말해 to 부정사가 주격보어로 쓰일 때 to 부정사를 생략하고 원형부정사를 써도 무방하다는 뜻이다. 예를 들어

내가 해야 하는 것은 당신을 돕는 것이다. What I must do is (to) help you. 의 문장에서 to 를 생략하고 What I must do is help you. 처럼 쓸 수 있다.
원어민은 to 가 생략된 문장을 더 선호한다.

오직 한 가지 내가 해야할 일은 내 고객을 보호하는 일이다.
The only thing I have to do is to protect my client.
= The only thing I have to do is protect my client. 처럼
주격 보어에 쓰이는 모든 to 부정사는 원형부정사로 쓸 수 있다.

to 부정사가 동사/동사구의 목적어로 쓰이는 경우

to 부정사가 동사/동사구의 목적어로 쓰인다는 말은 일반 동사 뒤에 to 부정사가 바로 와서 그 to 부정사가 목적어로 쓰인다는 뜻이다. 동사구의 2번 동사+to 부정사가 이에 속한다. 목적어는 오직 명사나 대명사만 가능하다. to 부정사의 세 가지 기능 즉 명사적 기능, 형용사의 기능, 부사적 기능 중에 명사적 기능이 이에 해당된다. 명사적 기능을 하는 to 부정사는 주격, 목적격, 보어격이 될 수 있기 때문에 to 부정사가 동사구로 연결되면서 목적격을 이루게 된다.

to 부정사를 요구하는 동사들

시작하다 begin, 결정하다 decide, 기대하다 expect, 소망하다 hope,
출발하다 start, 원하다 want, 소원하다 wish, 계획하다 plan,
필요하다 need, 약속하다 promise, 노력하다 try, 좋아하다 like. 12개

to 부정사를 요구하는 동사들 암기방식:
경기가 시작될 때 결정적으로 기대하며 소망하는 것은 출발 전에 원하는 소원을 잘 계획하고 필요한 약속은 꼭 지킬 수 있도록 노력했으면 좋겠다.

to 부정사가 요구하는 동사들은 모두 동사/동사구의 목적어로 쓰일 수 있다. 즉, 이러한 동사들은 to 부정사가 동사 뒤에 연이어 바로 올 수 있다. 한글식 해석은 동사가 연이어 동사가 오는 것을 말한다.

나는 그렇게 생각하기 시작했다. I began to think so. 라는 문장에서
동사 began 다음 to think 이라는 to 부정사가 바로 왔다.

이러한 문장을 to 부정사의 동사/동사구의 목적어라고 한다.
이 문장을 한글식 해석으로 분석해 보면 '생각하기 시작했다.' 동사가 연이어 두 번 왔다.
즉, '생각하다.', '시작하다.'는 동사들이 연결되어 '생각하기 시작했다.'로 연결된다.

다시 말하면 한 문장 안에 동사의 기능을 하는 단어가 두 개가 있고 그밖에 다른 목적어나 부사구가 있다면 먼저 동사를 표현하는 단어들이 연이어 온 다음 목적어나 부사 또는 부사구가 뒤에 온다. 따라서 부사 '그렇게 so'가 문장 끝에 왔다. 예문들을 더 들자면

그들은 내 제안을 받아들이기로 결정했다. They decided to accept my offer.
한글식으로 문장을 고쳐보면 '그들은 내 제안을 받아들일 것을 결정했다.'로 고칠 수 있다.
역시 동사가 연이어 왔다.

'받아들이기로 결정했다. decided to accept'처럼

동사 decided 다음 to 부정사 to accept가 왔다.

나는 인도로 떠날 예정이다. I expect to leave for India.
다시 뵙게 되기를 바랍니다. I hope to see you again.
나는 호수에서 수영하는 것을 좋아한다. I like to swim in the lake.

나의 사진기는 수리를 필요로 한다. (직역) 나의 사진기는 수리되어야 한다. (의역)
My camera needs to be repaired.
이 문장은 수동태 형식을 취해야 하기 때문에 be+repaired 라는 과거분사가 왔다.
과거분사도 형용사에 속하기 때문에 be 동사를 동반해야 한다.

나는 유럽에 갈 계획이다. I am planning to go to Europe.
그녀는 나에게 그 책을 빌려주기로 약속했다.
She promised to lend me the book. = She promised to lend the book to me.
메리는 울기 시작했다. Mary started to cry.
나는 그를 설득하고 싶었지만 그럴 수 없었다. I wanted to persuade him, but I couldn't.

6. 동명사

동명사는 명사류에 속한 일종의 명사이다. 명사는 항상 주어, 목적어, 주격보어, 목적격보어의 기능을 한다. 동명사는 현재 용법이나 과거지향적인 용법에 주로 사용한다. 하지만 복수로 쓸 수 없으며 동사의 의미는 가질 수 있으나 기능적으로는 절대로 동사가 될 수 없다.

동명사의 주어 역할
_주격 용법
영어를 말하는 것은 매우 어렵다.
Speaking English is very difficult. = To speak English is very difficult.

영어를 쓰는 것은 더 어렵다.

Writing English is more difficult. = It is more difficult to write English.

수영은 좋은 스포츠이다.

Swimming is a good sport.

• 동명사의 목적어 역할

_목적격 용법

오후에 비가 내렸다.

It began raining in the afternoon. = It began to rain in the afternoon.

나는 야구하는 것을 좋아하지 않는다. I don't like playing baseball.

그들은 강에서 수영하는 것을 좋아한다. They are fond of swimming in the river.

동명사가 전치사의 목적어로 쓰였다. 수영이란 단어는 수영하다는 swim 에서 왔기 때문에 '수영하는 것'이라는 명사는 오직 동명사 swimming 과 to 부정사 to swin 밖에 없다. 전치사 뒤에는 명사를 써야 하기 때문에 수영하는 것을 표현하려면 to 부정사 대신 동명사인 swimming 외에는 다른 단어가 없다. 이 예문에서 to 부정사를 사용할 수 없는 이유는 of 이라는 전치사가 왔기 때문에 to 를 사용할 수 없다. 이러한 경우엔 전치사의 목적어로 동명사를 쓰게 된다.

동명사는 현재 행동하는 모습에 초점이 맞춰져 있다. 수영은 현재 동작을 하고 있는 모습이 연상된다. 문장에서 동작의 내용을 나타내는 명사는 동명사이다. 여기에 쓰인 are 는 be 동사 are 가 아니라 '좋아한다 like'의 뜻으로 쓰였다. 예문을 더 들어보자.

당신의 매우 빠른 응답에 감사드립니다. Thank you for your answering so promptly.

전치사의 목적어로 answering 이 사용 되었다.

• 동명사의 보어 역할

_보어 용법

오직 한 가지 그가 좋아하는 것은 TV 보는 것이다.

The only thing that he likes is watching TV.
= The only thing that he likes is to watch TV.
그의 취미는 우표수집이다. His hobby is collecting stamps.

주어를 만드는 명사류 5가지

1. 명사구의 명사적 용법
명사구의 명사적 용법은 대부분 숙어로 된 명사구로 구성되어 있다. 모두 통째로 암기하면 좋다.

그의 목표는 변호사가 되는 것이다.
His goal is to become a lawyer. (명사구주어) (서술어) (보어)

나의 친구들 중에 한 명은 영어를 잘 한다.
One of my friends is good at English. (명사구 주어)

나의 목표들 중에 하나는 영어를 잘 말하는 것이다.
One of my goals is to speak English well. (명사구 주어)

직면하다. be face with
그들 둘은 다 심각한 문제에 직면해 있다.
Both of them are faced with serious problem. (명사구 주어)

그들 중에 많은 이들이 영어를 배우는 것에 관심이 있다.
Many of them are interested in learning English. (명사구 주어)

2. 동명사의 명사적 용법
많은 책을 읽는 것은 당신에게 좋다.

<u>Reading many books</u> is good for you. (동명사구 주어)

*현대 영어는 주어로 to 부정사보다 동명사를 더 선호한다.
동명사 80%, to 부정사가 20%의 비율로 쓰인다.

3. to 부정사의 명사적 용법

흡연은 건강을 나쁘게 한다. (직역) 흡연은 건강을 해친다. (의역)
<u>To smoke</u> is bad for your health. (to 부정사의 명사적 주어)

*구 또는 절이 주어자리에 와서 주어 역할을 하게 되면 주어가 길어지기 때문에 이를 보완하기 위해 가주어 it 을 문장 앞에 두어 주어를 대신하는 경우가 많다.

흡연은 건강을 나쁘게 한다. (직역)
It is bad for the health to smoke. = <u>To smoke</u> is bad for your health.

4. 목적격의 명사절의 명사적 용법

나는 너를 곧 보기를 바란다.
I hope <u>that I will see you soon</u>.
목적격의 명사적 용법이다.

5. 대명사의 명사적 용법

나는 창가 쪽 좌석을 갖고 싶다.
<u>I</u> would like to have a window seat.
I 가 대명사의 명사적 용법이다.

명사적 용법 정리

    1) 명사구의 명사적 용법
    2) 동명사의 명사적 용법
    3) to 부정사의 명사적 용법

4) 목적격의 명사절의 명사적 용법
5) 대명사의 명사적 용법 등 모두 5가지 명사적 용법이 있다.

*동사를 '~하는 것'처럼 명사화하는 경우는 동명사와
to 부정사의 명사적 용법 밖에는 없다.

형용사(Adjective) (5%)

전방용법, 후방용법, 서술적 용법

암기방식: 전·후·서

형용사는 회사의 사령탑(명사, 대명사)을 보호하는 경호원Bobyguard 또는 경비요원Security guard과 같은 역할을 한다.

형용사의 기능
형용사는 명사, 대명사, 동사를 수식한다. 형용사가 부사를 수식하지 못한다. to 부정사의 형용사적 용법은 명사 뒤에서 수식하는 것이 특징이다.

형용사(상당어구=형용사류)
형용사는 명사와 보어를 보충해 주는 영양제 역할을 하는 품사이다. 형용사류의 기능은 보어를 만들어 주거나 명사를 앞이나 뒤에서 꾸며주며 동사와 함께 서술적으로 쓰인다. 형용사가 명사 앞에서 수식하는 것을 전방한정용법이라 칭하고 형용사가 명사 뒤에서 수식하는 것을 후방한정용법이라 칭했다.

형용사류는 독단적으로 쓰일 수 없다. 동사와 함께 쓰이면서 서술적 용법을 만들던지 명사를 앞과 뒤에서 수식하면서 그 명사와 함께 실질적인 기능을 하게 된다. 형용사가 보어로 쓰일 경우는 be 동사+형용사로 쓰이거나 사역동사 또는 감각동사+형용사로 쓰일 수 있다. 보어가 되는 문장은 오직 형용사와 명사뿐이다. 형용사가 사역동사, 감각동사, 지각동사, 왕래발착동사와 함께 쓰일 때는 be 동사 없이 오직 형용사만 쓰이고 그밖에 다른 동사들은 be+형용사와 함께 쓰이게 된다.

형용사 3가지 용법

전방한정용법, 후방한정용법, 서술적 용법(전후서)

형용사의 3가지 기능

1. 형용사는 be 동사와 함께 서술어를 형성하여 보어가 되든지 is beautiful
2. 명사 앞뒤에서 명사를 수식하여 형용사구 (또는 명사구)가 되든지 beautiful flower
3. 형용사구가 명사를 수식하면 이 형용사구는 명사절을 이루면서 주어나 목적어나 보어를 형성하게 된다.

형용사의 한글식 해석방법 5가지

1) ~ㄹ(볼 사람, 있어야 할)
난 나에게 영어를 가르쳐 줄 누군가를 필요로 한다. I need someone to teach me English.
'나에게 영어를 가르쳐 줄' ~ㄹ 로 끝나니까 형용사 가족이다.
2) ~의(그녀의)
3) ~지(어린아이에 지나지)
4) ~며 (낙엽을 밟으며)
5) ~ㄴ(예쁜, 만들어진)
나는 싱싱한 과일이 가득 찬 대나무바구니를 보았다.
I saw a bamboo basket filled with fresh fruit.

(명사를 꾸미는 형용사구) '싱싱한 과일이 가득 찬' ~ㄴ 으로 끝나니까 형용사구라는 것을 알 수 있다.

형용사의 한정적 용법과 서술적 용법

형용사의 한정적 용법은 형용사가 명사 바로 앞이나 또는 뒤에서 그 명사의 성질, 모양, 형태, 상태 (성모형상) 등을 한정해서 수식하는 것을 말한다. 형용사의 서술적용법은 형용사가 명사를 앞에서 수식하거나 또는 뒤에서 수식하는 것이 아니라 문장을 서술해 가는 것을 말한다.

그 아이는 귀엽게 자고 있다. The baby is sweetly asleep. 라는 예문은 형용사의 보어 서술적용법이다. 여기에 쓰인 asleep 는 명사를 꾸미는 것이 아니라 동사를 꾸미고 있다. 형용사가 동사를 수식하는 것을 형용사의 서술적용법이라 한다. 이 문장을 한정용법으로 바꾸려면 '그 자고 있는 아이는 귀엽다. The sleeping baby is cute.'로 해야 한다. asleep 이 sleeping 이란 현재분사로 바꾼 뒤 baby 를 수식하고 있다. 이를 고치지 않고 그냥 'The asleep baby is sweetly.'로 쓸 수 없다.

asleep 이라는 단어는 '자고 있는', '잠이 든'의 뜻으로 쓰이는 형용사가 분명하지만 명사 앞에서는 쓸 수 없는 형용사이다. 만일 asleep 를 명사 앞에 쓰고 싶다면 현재분사로 고쳐야 한다. 현재분사는 생물체를 수식하고 동명사는 무생물체를 수식하는 속성이 있기 때문에 asleep 가 baby 를 수식하려면 현재분사로 sleeping 으로 변신하여 bady 를 수식해야 한다. 이는 asleep 라는 단어의 특징이다. 영어는 이런 불규칙한 변화가 종종 있다. 또한 'The sleeping baby is sweetly.'라고 쓸 수 없다. sweetly 는 부사로서 서술적 용법으로 동사를 수식할 수 있지만 be 동사를 수식하는 보어로는 쓰일 수 없다. 보어는 오직 명사와 형용사만 가능하다. 부사는 동사를 수식할 수 있지만 be 동사는 제외된다.

형용사가 오직 명사 앞에서 수식하는 7가지 경우

형용사가 명사 앞에서 수식하는 전방한정용법

1) 비교급

2) (the) only 오직, 유일한, 단지

3) 최상급

4) mere ~에 불과한, 겨우, 지나지

5) (the) very 아주, 매우

6) ~en 으로 끝나는 물질 형용사

7) en/ed 과거분사형 형용사 등 7종류가 있다.

암기방식: 비교는 오직 최상에 불과한 것이지 아주 끝나는 과거분사가 아니다.

1) 비교급

그는 면도를 하다가 윗 입술을 베었다. He cut his upper lip while shaving.

나는 추운 날을 더 좋아한다. I prefer colder weather.

2) (the) only 오직, 유일한, 단지

당신은 방 안에 있었던 유일한 여자였습니다. You were the only woman in the room. the only 는 유일한, 단 하나밖에 없다는 뜻에 쓰인다.

나는 오늘 오직 한 번 휴식을 취했다. I took a break only once today.

only 는 단지 하나의 뜻이다. only 라는 단어가 one 에서 시작되었기 때문에 본래의 뜻은 하나, 겨우, 단지의 뜻을 가지고 있다.

3) 최상급

나의 맏딸을 만나본 적이 있습니까? Have you ever met my eldest daughter?

그는 우리 반에서 키가 가장 큰 학생이다. He is the tallest student in our class.

4) mere ~에 불과한, 겨우, 지나지, 단순한

놀랍게도 도둑은 어린아이에 지나지 않았다. To our surprise, the thief was a mere child. 문장속에 콤마(,)가 오는 이유는 앞 문장과 뒷 문장의 연관성이 동떨어진 느낌을 받을 때 온다. 즉, '놀랍게도'와 '도둑은…'의 문장이 서로 자연스럽게 연결되는 내용이 아니라 서로 상반대는 내용으로 전개해 가고 있기 때문에 두 문장 사이에 콤마가 오는 것이다.

그건 단순한 농담이 아니야. That is not a mere joke.

5) (the) very (아주, 매우)

그는 이 일에 아주 적합한 인물이었다. He was the very man for the job.

오늘 저녁은 3년 전의 저녁과 매우 비슷하다.

This evening is very similar to one three years ago.

'저녁 to one'이 '오늘 저녁 This evening'을 대신하고 있다.

6) 물질 형용사 -en 으로 끝나는 물질형용사들

물질명사 gold, wood, wool 등에 접미사 -en 을 붙이면 '~으로 된, ~만들어진'이라는 물질 형용사가 된다. golden(금으로 된), wooden(나무로 된), woolen(모직으로 된) 등이 그 대표적인 예이다. 모두 'ㄴ'으로 끝나니까 형용사라는 것을 알 수 있다.

그들은 길가에 나무로 된 집을 지었다.

They built a wooden house by the road. (-en 으로 끝나는 물질 형용사)

황금알을 낳는 거위를 죽이지 말라.

Do not kill the goose that lays the golden eggs

7) ed/en 로 된 과거분사형 형용사들

형용사 중에 불규칙 동사에 접미사 ~en/ed 를 붙인 이른바 과거분사형 형용사들이 있다.
tired(피곤하게 된), bored(지겹게 된), satisfied(만족한), fallen(떨어진), rotten(썩은)
그녀는 낙엽을 밟으며 산책을 했다. She took a walk over the fallen leaves.
en 으로 끝나는 과거분사형 형용사는 전방한정용법에 쓰인다. 하지만 일반적으로 과거분사에 달린 식구가 없으면 명사 앞에서 수식하지만 과거분사에 달린 식구가 있으면 명사 뒤에서 수식하는 경향이 있다는 것을 강의 #5에서 배웠다.

그는 식당에서 먹은 음식에 만족했다.
He was satisfied with the food eaten in the restaurant. eaten in the restaurant 처럼 과거분사 eaten 뒤에 부사구가 있기 때문에 the food 이라는 명사 뒤에서 수식하게 되는 것을 과거분사의 후방한정용법라 한다.

암기방식: 비교는 오직 최상에 불과한 것이지 아주 끝나는 과거분사가 아니다.

정리

형용사가 오직 명사 앞에서 수식하는 경우
한정적 용법에서 형용사가 명사를 직접 수식할 때,
비교급 only
최상급 mere, very
~en 으로 끝나는 물질 형용사
ed/en 과거분사형 형용사들

형용사가 명사 뒤에서 수식하는 경우 = 형용사가 명사 뒤에서 수식하는 후방한정용법

1) ~thing 으로 끝나는 대명사 뒤에 오는 경우
2) 서로 상반되는 형용사가 한 문장 속에 동시에 언급될 때 명사 뒤에 콤마(,) 와 함께 오는 경우
3) 형용사가 2개 이상 나열되면 명사 뒤에 콤마(,)를 찍고 그 두 개의 형용사가 명사 뒤에 오는 경우

4) 형용사가 형용사구를 이루며 명사를 수식 할 경우, 이때 콤마(,) 없이 사용된다.
5) to 부정사의 형용사적 용법이 명사 뒤에 오는 경우 등 5 종류가 있다.

암기방식: thing 은 서로 상반되는 형용사 2개가 형용사구를 이루며 to 부정사와 함께 간다.

1) ~thing 으로 끝나는 대명사 뒤에 오는 경우

something, anything, everything, nothing 등과 같이 대명사 뒤에 형용사가 오는 경우가 있다.

나는 뭔가 뜨거운 것을 마시고 싶다. I'd like to drink something hot. (형용사)

*~ing 뒤에 오는 형용사는 be 동사없이 단독으로 와야 한다.

잡지에 어떤 재미있는 것이 있나요?
Is there anything interesting in the magazine? (형용사)

2) 서로 상반되는 형용사가 한 문장 속에 동시에 언급될 경우

서로 상반되는 형용사가 한 문장 속에 동시에 언급될 때 명사 뒤에서 콤마(,)와 함께 오는 경우가 있다. 예를 들어 크고 작은 large and small, 높고 낮은 high and low, 같이 상반되는 형용사들은 명사 뒤에 콤마(,)와 함께 온다.

큰 마을에 크고 작은 집들이 많이 있다.
There are a lot of houses, large and small in a huge village.
모형 비행기는 높고 낮은 많은 언덕 위를 날아갔다.
The model airplane flew over many hills, high and low.

3) 형용사가 2개 이상 나열되어 명사 뒤에서 수식하는 경우

형용사가 2개 이상 그러니까 형용사가 한 문장 속에 3개가 연속으로 오면 명사 뒤에서 수식하게 된다. 가주어 it 의 용법이나 관계대명사용법처럼 영어는 명사 앞에 무엇인가를 장엄하게 설명하는 것을 싫어한다.

명사는 총수(이사진)들이기 때문에 자신들 앞에서 다른 직원들이 얼쩡거리는 것을 싫어한다. 필요한 안전요원(형용사)이나 비서(관사)같은 직원들만 앞에서 명사를 보호할 수 있다. 따라서 아름답고, 상냥하고, 가정적인 여자라는 긴 형용사 형식의 문장이 있다고 해보자. 이런 문장은 위문장과 같이 명사 뒤에 콤마(,)를 찍고 난 다음 형용사가 그 명사 뒤에 나열되어야 한다.

그녀는 아름답고, 상냥하고, 가정적인 여자이다.
She is a woman, beautiful, sweet and home-loving.

그는 무뚝뚝하고, 무례하고, 비사교적인 남자였다.
He was a man, blunt, rude and unsociable.

외떨어지고, 조용하고, 경치 좋은 한 섬에 어느 소녀가 살았다.
In an Island, solitary, still and scenic, there lived a girl.

4) 형용사가 형용사구를 이루며 명사를 수식하는 경우
형용사가 형용사구를 이루어 명사를 수식 할 때는 명사 뒤에서 수식한다. 이때 콤마는 생략된다.

나는 싱싱한 과일이 가득 찬 대나무바구니를 보았다.
I saw a bamboo basket <u>filled with fresh fruit</u>. (형용사구)

그는 읽기 힘든 책들을 많이 가지고 있었다.
He had many books (that were) <u>difficult to read</u>. (형용사구)
'읽기 힘든 책들을' ~ㄹ으로 끝나니까 형용사구라는 것을 알 수 있다.

5) to 부정사의 형용사적 용법이 (대)명사 뒤에 오는 경우

이 소설은 내가 읽기에는 너무 어려웠다. The novel was too difficult for me to read.

중국에서 가볼만한 제일 좋은 곳은 만리장성이다.
The best place to go in China is the Great Wall.
'The best place to go'가 to 부정사의 형용사적 용법이다.

형용사가 명사 뒤에서 수식하는 경우

(1) 형용사가 명사 뒤에서 수식하는 경우는 ~thing 으로 끝나는 대명사 뒤에 오는 경우

(2) 서로 상반되는 형용사가 한 문장 속에 동시에 언급될 때 명사 뒤에 콤마(,)와 함께 오는 경우

(3) 형용사가 2개 이상 나열되면 명사 뒤에서 수식하는 경우, 이런 문장도 위 문장과 같이 명사 뒤에 콤마(,)를 찍고 난 다음 형용사가 그 명사 뒤에 나열되어야 한다.

(4) 형용사가 형용사구를 이루며 명사를 수식할 때에 명사 뒤에서 수식한다. 이때 콤마는 생략된다.

(5) to 부정사의 형용사적 용법은 명사 뒤에 오는 경우

강의 #8

형용사의 서술적 용법과 형용사류 7가지, 부사류와 부사류 5가지를 다루고자 한다.

형용사의 서술적 용법

이 꽃은 아름답다. The flower is beautiful. (주격 보어)

형용사 '아름답다 be beautiful'이 주어를 서술적으로 설명하고 있다. 즉, '아름답다.'는 내용이 어떤 문장 앞에서 또는 뒤에서 무엇을 꾸며주는 것이 아니라 주어를 직접 서술하고 있는 것을 형용사의 서술적 용법이라 한다.

아이들은 끊임없는 주의가 요구된다. Children demand constant attention.

*demand 는 무엇을 강하게 요구할 때
*require 는 무엇을 필수적으로 요구할 때
*claim 은 자신의 권리를 요구할 때 쓸 수 있다.

이것은 실내 수영장이다. It is an indoor pool. 을 주격보어로 쓰려고 '수영장은 실내이다. The pool is indoor'라고 쓸 수 없다. indoor pool 은 실내수영장이라는 복합명사이다. 따로 분리해서 사용할 수 없기 때문에 indoor 만 독립적으로 쓸 수 없다.

엉망진창 total disaster
영화는 엉망진창이었다. The movie was a total disaster. total disaster 라는 문장에서 '엉망진창 total disaster'라는 단어를 따로 분리해서 쓸 수 없는 복합명사이다.

형용사가 서술적 용법으로만 쓰이는 경우
모두 a 로 시작하는 단어들이기 때문에 그냥 a 단어들이라고 칭하자.

1) 혼자인 alone
2) 무서워 하는 afraid
3) 비슷한 alike
4) 자고 있는 asleep
5) 아직 잠들지 않은, 깨어 있는 awake
6) 눈치 채고 있는 ~을 알고 있는 aware

이러한 단어들은 명사 앞이나 뒤에서 명사를 한정적으로 수식할 수 없는 단어들이다.

암기방식: 그녀는 혼자 있는 것이 무서워 비슷하게 누워 자려고 했으나 잠들지 못하고 자신이 깨어 있는 것을 알고 있었다.

그는 고독한 사람이었다. He was an alone man. 식으로 alone 이 명사 man 를 수식할 수 없다. 다만 'He was a man alone. = He was a lonely man.'처럼 써야 한다.

무서워 말라. Don't be afraid.
그녀는 화났다. She was upset. 처럼 사용해야 된다. 이런 형용사 단어들은 한정적 용법으로 명사를 앞 또는 뒤에서 수식하는 한정용법이 아니라 오직 서술적용법으로만 쓰인다.

그의 어린 딸은 개를 무서워하지 않는다. His young daughter is not afraid of dogs. 이라는 문장처럼 전치사 of 은 형용사 afraid 와 dog 를 연결하여 서술적으로 써야 한다. 이를 직접 afraid dog 로 절대 쓸 수 없다.

그 점에서 in that respect.
그들은 그 점에서 아주 비슷하다. They are very much alike in that respect.
그녀는 뜬 눈으로 밤을 샜다. She was wide awake all night.

내가 알기 전에 before I was aware
그는 내가 알아차리기 전에 방을 나갔다. (직역)
그는 내가 알지도 못하는 사이에 방을 나갔다. (의역)
He got out of the room before I was aware.

그녀는 혼자 있고 싶다고 했다. She said that she wanted to be alone.
혼자라는 형용사는 독립적으로 쓸 수 없기 때문에 be 동사를 동반한다.

형용사가 한정적 용법과 서술적 용법으로 쓰일 때 의미가 달라지는 경우

예를 들어 형용사 able 은 '그는 아주 유능한 교수였다. He was a very able professor.'식으로 한정 용법으로 쓰일 때는 그 뜻이 '유능한'으로 쓰인다. 그런데 '난 그걸 할 수 있다. I am able to do it.' 식으로 서술 용법으로 쓰일 때는 그 뜻이 '할 수 있는, 가능한'의 뜻이 된다.

이처럼 일부 형용사들의 경우 한정 용법으로 쓰일 때와 서술 용법으로 쓰일 때 그 뜻이 달라진다. able 외에 certain, late, present 등의 형용사가 그 대표적인 단어들이다.

certain 의 경우

한정 용법으로 쓰일 때 '어떤'의 뜻

난 은행에서 어떤 여자를 만났다. I met a certain woman in the bank.

어떤 사람은 그것에 동의하지 않았다. Certain people disagree with it.

서술 용법으로 쓰일 때 '확실한'의 뜻

나는 그가 무죄라는 걸 확신한다. I am certain of his being not guilty.

네가 정말 확실해? Are you certain?

late 의 경우

한정 용법으로 쓰일 때 '작고한, 고(故)'의 뜻

고인이 된 김 박사는 백만장자였다. The late Dr. Kim was a millionaire.

서술 용법으로 쓰일 때 '늦은'의 뜻

그녀는 회의에 늦었다. She was late to the meeting.

present 의 경우

한정 용법으로 쓰일 때 '현재의'의 뜻

그는 현 서울 시장이다. He is the present Mayor of Seoul.

서술 용법으로 쓰일 때 '참석한'의 뜻

많은 친구들이 그녀의 생일파티에 참석했다.

A lot of friends were present at her birthday party.

형용사가 목적격 보어로 쓰이는 경우

'엄마는 나를 행복하게 만들었다.'에서 'Mom made me happy.' 엄마가 나를 행복하게 만들었기에 happy 라는 형용사는 목적격 보어가 된다. 모든 형용사는 혼자 쓰일 수 없다고 했는데 이곳에 온 happy 는 혼자 목적격 me 뒤에 왔다. 목적격 보어로 쓰인 happy 는 사역동사 made 와 함께 쓰이는 바람에 be 동사를 동반하지 않았다. 사역동사 뒤에는 원형만 오게 되어 있기 때문에 굳이 to be happy 를 사용할 필요가 없는 것이다. 왜냐하면 사역동사 made 속에 be to 가 은연 중에 포함되어 있기 때문에 굳이 to be happy 를 반복할 필요가 없어 진 것이다. 또한 to be 가 첨부되면 미래 지향적인 뉘앙스가 있기 때문에 지금 행복할 것이 아니라 앞으로 행복해 질거야 라는 뜻이 될 수 있기 때문이다.

너는 왜 저 문을 열어놓았니? Why did you leave that door open?

이곳에서 open 이 목적격 보어로 쓰였다. open 역시 be 동사 없이 혼자 쓰였다. leave 라는 왕래 발착 동사가 쓰였기 때문에 원형 형용사가 왔다.

형용사류 7가지

1. 형용사
2. 형용사구
3. 형용사절
4. to 부정사의 형용사적용법
5. 전치사의 형용사적용법
6. 현재분사의 형용사적용법
7. 과거분사의 형용사적용법

1. 형용사

형용사가 한 단어로만 쓰이면 보통 명사 앞에 등장하여 명사를 꾸미지만 형용사구나 절로 오면 보통 명사 뒤에서 수식한다.

그녀는 매우 아름답다. She is very beautiful.

그녀는 세상에서 가장 아름답고 상냥하며 매력적인 여자이다.

She is a woman, the most beautiful, sweet and charming in the world.

2. 형용사구

난 나에게 영어를 가르쳐 줄 누군가를 필요로 한다.

I need someone to teach me English. 3형식

   (명사) (형용사구)

to teach me English 가 형용사구로써 someone 을 수식하고 있다. need 가 일반 동사이므로 그 뒤에는 목적어가 와야 하기 때문에 someone 이 왔고, teach 는 수여동사이므로 그 뒤에는 4형식 문장인 간목 직목 순서로 왔다. 여기에 쓰인 to 부정사 to teach 는 형용사적 용법으로 쓰였다. 따라서 형용사구가 명사를 수식하여 명사로 해석되니까 결국은 형용사적 명사구가 되어 3형식을 이루게 된다. 해석이 '나에게 영어를 가르쳐 줄'처럼 형용사로 끝나면 형용사구가 되고 해석이 명사로 끝나면 명사구가 되는 것이 일반적인 원칙이다. 형용사구란 명사를 앞 또는 뒤에서 꾸며주는 전치사가 있는 명사그룹을 말한다.

책상 위에 있는 책은 붉은 색이다. The book on the desk is red.
'책상 위에 있는 on the desk'가 '책은 The book'을 꾸미고 있다.
따라서 '책상 위에 있는 책은' 까지가 형용사구인데 주어 역할을 하고 있기 때문에
형용사구의 명사적 주어용법이다.

나에게 마실 물 좀 주세요. Give me some <u>water to drink</u>. (목적어의 형용사구)
to 부정사의 형용사적 용법은 명사 뒤에서 수식하는 것이 일반적이다.

3. 형용사절

주절에 언급한 명사 뒤에 관계대명사를 첨가한 후 종속절의 주어를 생략한 다음 동사가 있는 종속절이 그 주절에 언급한 명사를 꾸미게 될 때 이를 형용사절이라 한다. 모든 관계대명사는 형용

사 절이 된다.

나는 학생을 좋아한다(주절). 그 학생은 영어를 열심히 공부한다(종속절).
I like the student(주절). The student studies English hard(종속절).
종속절에서 반복된 그 학생 the student 를 관계대명사 who 로 바꾸면,

나는 영어를 열심히 공부하는 학생을 좋아한다.
I like the student who studies English hard.
　　　(선행사)　　　　　(형용사절)
'영어를 열심히 공부하는 studies English hard'가 선행사 '학생을 the student'를 수식하고 있다. 이를 형용사의 목적격 명사절이라 한다.

나는 빵을 좋아한다. 그 빵은 어머니가 만들었다.
I like the bread. The bread was made by mom. 의 문장이
나는 어머니가 만들어 준 빵을 좋아한다.
I like the bread that my mom made. 로 바뀌면서 형용사절이 된 것 뿐이다.

4. to 부정사의 형용사적용법
해석: ~할, ~하기에

형용사로 쓰이는 to 부정사는 미래의 의미를 갖게 된다. to 부정사가 미래의 의미로 형용사 역할을 할 때 명사 뒤에서 수식하게 된다. '해야 할 숙제 homework to do'처럼 숙제를 이미 한 것이 아니고 앞으로 해야 할 미래를 표현하고 있다. to 부정사가 뒤에서 수식하는 이유는 미래적 의미를 가지고 있기 때문에 모든 to 부정사의 형용사 용법은 명사 뒤에서 수식한다. 이를 to 부정사의 형용사 용법이라고 했던 것이다.

나는 읽어야 할 많은 책들을 가지고 있다. I have many books to read.
여기서 to read 가 books 을 꾸미고 있는 것 또한 앞으로 읽어야 할 책을 가지고 있기

때문에 미래를 의미하게 된다.

to 부정사의 형용사의 용법과 to 부정사의 부사의 용법을 구별하는 방식

'나는 사야 할 책이 있다. I have a book to buy.'는 to 부정사의 형용사적 용법이다. to buy 가 명사 a book 를 수식하고 있기 때문이다. 그런데 '나는 영어를 공부하기 위해 학교에 간다. I go to school to study English.'라는 문장도 to study English 가 명사 school 를 수식하고 있는데 이는 부사적 용법으로 쓰인다. 같은 명사를 수식하고 있는데 어떤 경우에는 형용사적 용법으로 다른 경우에는 부사적 용법으로 쓰였다. to 부정사의 용법은 수식하는 단어로만 형식을 구별하기가 쉽지 않다. 형용사적 용법과 부사적 용법을 구별하는 방법은 to 자리에 in order to 또는 so as to 로 대치하여 해석하는 방식이 있다. 예를 들어 '나는 영어공부를 하기 위해 학교에 간다. I go to school in order to study English.'라고 하면 자연스럽게 표현이 되지만 '나는 사야 할 책을 위해 가지고 있다. I have a book in order to buy.'라고 하면 표현이 자연스럽지 않기 때문에 to 부정사 buy 가 a book 이라는 명사를 수식하여 형용사 용법으로 쓰일 수밖에 없다는 것을 찾아 낼 수 있다. 하지만 to 부정사의 형용사의 용법이든 to 부정사의 부사적 용법이든 원어민들은 이런 한글식 용법들을 중요하게 여기지 않는다.

5. 전치사의 형용사적용법

전치사의 형용사적용법이란 전치사+명사가 하나의 전치사구를 형성한 다음 명사를 뒤에서 수식하는 것을 말한다. 이러한 전치사의 형용사적용법은 주로 후방한정용법으로 쓰인다. 전치사구는 부사적 용법과 형용사적 용법이 있다. 전치사 뒤에는 오직 명사류만 올 수 있다. 먼저 전치사의 부사적용법을 살펴보자.

전치사의 부사적 용법(부사의 부사구와 같은 것이다.)

나는 서울에 산다. I live in Seoul.
in Seoul 이 동사 live 를 수식하므로 전치사의 부사적용법이다.

그는 일을 쉽게 끝냈다. He finished the work with ease.
with ease 가 동사 finished 를 꾸미고 있다. 따라서 전치사의 부사적 용법이다.

전치사의 형용사적 용법

책상 위에 있는 책은 내 것이다. The book on the desk is mine.

on the desk 가 the book 을 수식하므로 전치사의 형용사적용법이다.

전치사의 형용사적용법은 주로 후방한정용법으로 쓰인다. 형용사의 형용사구와 같다.

잔은 돈이 많은 여자를 좋아한다. John likes girls with money.

전치사구의 형용사적 용법이다. 이 때 girl 앞에 관사가 없어야 한다.

'돈이 많은'이라는 형용사가 girl 을 꾸미고 있기 때문에 관사가 필요 없다.

*전치사의 부사적용법은 전치사구가 동사를 수식하는 것을 말하며,
전치사의 형용사적용법은 전치사구가 명사를 수식하는 것을 말한다.

6. 현재분사의 형용사적용법

형용사로 쓰이는 현재분사 ing 는 진행과 능동적인 의미를 갖고 있다. 이런 의미를 나타낼 때의 현재분사 ing 는 명사 앞에서 또는 뒤에서 수식하게 된다. '변하는 세상 changing world', '사진에 보이는 소년들은 The boy looking at the pictures' 이런 문장은 명사구를 만든다. 현재분사의 특징 중 하나는 현재분사 뒤에 오는 명사가 주로 생물체이다.

명사 앞에서 수식하는 형용사의 현재분사인 경우

대부분 명사 앞에서 수식하는 경우는 앞에서 수식하는 문장이 짧을 때 온다.

저쪽에서 춤추고 있는 소녀를 보아라. Look at the dancing girl over there. (현재분사)

차 안에서 자고 있는 아이는 내 딸이다. The sleeping baby in the car is my daughter.

명사 뒤에서 수식하는 형용사의 현재분사인 경우

대부분 명사 뒤에서 수식하는 경우는 뒤에 오는 문장이 길 때 온다.

사진에 보이는 소년들은 나의 학생들이다.

The boys looking at the pictures are my students.

이 문장은 who are 가 생략된 관계대명사의 형용사절이다.

이 문장을 관계대명사 문장으로 고치면

사진에 보이는 소년들은 나의 학생들이다.

The boys who are looking at the pictures are my students.

즉, 관계대명사의 주격 형용사적 용법은 who+be동사가 생략된다.

자세한 내용은 관계대명사 편에서 다루게 될 것이다.

7. 과거분사의 형용사적용법

형용사로 쓰이는 과거분사 ed/en 는 현재완료와 수동태에 주로 쓰인다. 이런 의미를 나타낼 때의 과거분사 ed/en 는 형용사처럼 명사 앞에서 수식하게 된다.

깨진 병 broken bottle.

명사 앞에서 수식하는 형용사의 과거분사인 경우

낙엽을 보아라. Look at the fallen leaves.

깨진 병을 빨리 치워라. Get rid of the broken bottle quickly.

명사 뒤에서 수식하는 형용사의 과거분사인 경우

나는 영어로 쓰여 진 편지를 받았다. I received the letter written in English.

대부분 명사 뒤에서 수식하는 경우는 뒤에 오는 문장이 길 때 온다.

정비원이 수리한 차는 내 동생 것이다.

The car repaired by the mechanic is my brother.

부대상황의 형용사구와 절

as 형용사란

as 는 유사한 사건이 절과 절로 앞 뒤 문장이 연결될 때 사용된다.

나는 배가 고파서 식당에 갔다. As I was hungry, I went to a restaurant.
배고픈 것과 식당에 가는 것은 매우 밀접한 관계가 있다.

as 형용사 as
동등한 입장을 표현할 때 as ~ as 를 쓴다.
나는 너만큼은 예쁘다. I am as beautiful as you.
나는 너만큼 많은 책을 읽었다. I read as many books as you.

부사(Adverb) 10%

부사의 기능은 형용사, 부사, 동사, 문장 전체를 수식하는 기능이 있다.

부사 암기방식: 형부동문- 형부! 동문들 왔시유.

부사(상당어구=부사류)

부사는 회사의 영업사원과 같다. 부사는 마치 freelance 와 같아서 1~5형식에 영향을 줄 수 없을 뿐 아니라 그 서열에 들어 가지 못한다. 부사는 뚜렷하게 어디에서 어디로 수식해야 하는 법이 없다. 필요에 따라 도와주는 도구에 불과하다.

부사는 형용사, 부사, 동사, 문장전체를 수식한다. 부사의 위치는 문장 앞 또는 뒤에, 동사 뒤, 형용사 앞에 올 수 있다. 하지만 동사 앞이나 뒤에 오면 문장의 뜻이 크게 달라질 수 있기 때문에 신중하게 파악해야 한다.

부사류의 기능

부사의 기능은 다음과 같이 4가지 기능이 있는데 그 중에 가장 기본적인 기능은 동사를 꾸미는 것이다. 부사는 절대로 명사를 꾸밀 수 없다는 것을 기억하라.

1) 부사가 형용사를 수식하는 경우
이 건물은 아주 높다. This building is very high.

2) 부사가 부사를 수식하는 경우
그는 무척 열심히 일했다. He worked very hard.

3) 부사가 동사를 수식하는 경우
그 건물은 완전히 붕괴되었다. The building was completely collapsed.

4) 부사가 문장전체를 수식하는 경우
다행스럽게도 그는 사고로 다치지 않았다. Fortunately, he didn't get hurt in an accident.

한글식 해석방법
~에(에게), ~게(빠르게), ~리(빨리), ~우(매우), ~히(속히) 등 수없이 많다.

부사의 한글식 표현과 위치

언제, 어떻게, 어디서, 왜, 시간개념, 한다면, 비록 ~일지라도, 위하여, ~도록, ~때문에 등은 부사 또는 부사구나 부사절을 유도한다. 부사의 어미에는 형용사 어미와 명사의 어미를 뺀 나머지 전부가 부사의 어미이다. 즉, ~에, 속히, 비록, 빠르게, 매우 등이 있다. 부사의 위치가 동사 앞에 오면 긍정적인 문장이 되지만 동사 뒤에 오면 부정적인 문장으로 바뀐다.

부사가 동사 앞에 오는 긍정적인 경우
우리는 투자금 전부를 잃을 뻔했다(하지만 잃지 않았다).
We almost lost our entire investment.

부사가 동사 뒤에 오는 부정적인 경우
우리는 투자금 거의 전부를 잃었다(거의 다 잃어 버렸다).
We lost almost our entire investment 가 된다.

부사류의 용도

부사류의 용도란 이유, 목적, 원인, 때, 시간, 비교, 양태 등등을 설명하기 위한 표현방식을 말한다. 양태란 어떤 처해진 상태를 말하는데 예를 들어 '그는 아픈데도 불구하고 학교에 등교했다.'라고 하면 아프다 등교 하다는 양면성과 동시성을 보여주고 있는 것을 양태라 말한다. 이렇게 다양한 용도 중에 가장 대표적인 용도로 쓰이는 것 중에 하나가 목적의 용도이다. 부사류는 부사, 부사구, 부사절, to 부정사의 부사적용법, 전치사구의 부사적용법 등 모두 다섯 가지가 있다.

부사류 5가지

1. 부사
2. 부사구
3. 부사절
4. to 부정사의 부사적용법
5. 전치사구의 부사적용법

1. 부사

그녀는 매우 아름답다. She is very beautiful.
very 라는 부사가 beautiful 이라는 형용사를 수식하고 있다.

최근에 하루하루가 매우 빠르게 간다.
Recently, the days pass so quickly. = Recently, the day by day pass so quickly.

2. 부사구

부사구는 동사 뒤에 나오는 문장이 동사를 직접 수식할 때, 부사/부사구를 수식할 때, 형용사를 수식할 때 모두 3가지 용도로 쓰인다.

_부사구가 동사를 수식하는 경우
나는 학교에 간다. I go to school.

to school 이 동사 go 를 수식하므로 전치사 to+school 이 하나의 부사구가 된다.

*I go to the school 이라고 하면 학교를 놀러 간다는 의미가 된다.
따라서 school, church, football 등에는 전치사가 있어서는 안 된다.

나는 두 시간 동안 일했다. I worked for two hours.
for two hours 가 worked 동사를 수식하므로 부사구이다.

_부사가 부사구를 이루는 경우
아침에 나는 공원에 갔다. In the morning, I went to the park.
morning 이라는 부사가 전치사 in 과 함께 In the morning 이라는 부사구를 이루고 있다.

_부사가 형용사를 수식하는 경우
나는 당신을 만나서 기쁩니다. I am glad to meet you.
to meet 이라는 to 부정사의 부사가 glad 라는 형용사를 수식하고 있기에 부사구가 된다. 이를 to 부정사의 형용사적 용법이라 칭한다.

3. 부사절
부사절이란 문장을 이어주는 접속사나 그에 해당하는 단어가 부사적인 의미를 가지고 있는 것을 말한다.

아버지가 아프기 때문에 나는 당신과 같이 갈 수 없습니다.
I can't go with you because my father is ill.
때문에 because 이하 문장이 부사절이다.

_조건을 나타내는 부사절
만일 if
만일 내 도움이 필요하면 전화 해. Call me if you need me.

~하지 않으면 unless

열심히 공부하지 않으면 시험을 통과할 수 없다.

You can't pass the test, unless you study hard.

~하는 한 as long as

당신이 오랫동안 내 차를 잘 관리하는 한 내 차를 사용할 수 있다.

You can use my car as long as you take good care of it.

만약의 경우 in case

당신이 뭘 사야 할지 모르니까 만약을 위해 돈 좀 가져가라.

Take some money, in case you need to buy something.

4. to 부정사의 부사적용법

to 부정사의 부사적용법의 해석: ~위하여, ~하도록, ~때문에, ~이므로, 등등이 있다.

'그는 자전거를 사기 위해 돈을 저축했다. He saved money to buy a bike.'라는 문장을 보면 '자전거를 사기 위해 to buy a bike'라는 문장을 삭제하고 '그는 돈을 저축했다. He saved money'라는 문장이 성립된다. 다만 구체적으로 돈을 저축한 것은 자전거를 사기 위한 것이라는 보충설명에 불과하다. 여기에 사용된 to 부정사는 부사구를 만드는 결정적인 역할을 하게 된다. 왜냐하면 to buy a bike 은 동사 saved 를 수식하기 때문이다. 따라서 to 부정사 이하의 문장은 to 부정사의 부사적용법이다. 이를 to 부정사의 부사적용법이라 한다. 특히 부사는 문장의 뼈대가 아니므로 부사가 없어도 문장의 뼈대는 고스란히 남아서 기본적인 문장의 의미를 전달하게 된다.

'이 문제는 해결하기가 너무 쉽다. This problem is too easy to solve.'라는 문장을 분석해 보자. '해결하기가 너무 쉽다 too easy to solve.'라는 to 부정사구가 is 라는 동사를 수식하고 있기 때문에 to 부정사의 부사적 용법이라는 것을 알 수 있다.

to 부정사의 부사적 용법은 조건, 목적, 원인, 결과 등을 나타낸다.

to 부정사의 부사적 용법 암기방식: 조건 없는 목적은 원인과 결과도 없다.

_조건을 나타내는 to 부정사의 부사적 용법: ~한다면

나는 당신과 함께 간다면 행복할 거야. I should be happy to go with you

공부를 열심히 하지 않는다면, 너는 입학시험에 실패할 거야.

Not to study hard, you'll fail the entrance exam.

= If you don't study hard, you'll fail the entrance exam.

_목적을 나타내는 to 부정사의 부사적 용법: ~하기 위해

나는 시험을 합격하기 위해 열심히 공부한다. I study hard to pass the exam.

그는 어제 나를 보기 위해 왔다. He came to see me yesterday.

_원인을 나타내는 to 부정사의 부사적 용법: ~해서 …하다

주로 감정을 나타내는 동사들 happy, glad, sorry, surprised, 등이 주로 온다.

그녀는 놀라운 소식을 들었다. She was surprised to hear the news.

우리는 그가 아프다는 소식에 놀랐다.

We were surprised to hear the news that he had been sick.

원인을 나타내는 to 부정사는 형용사 또는 부사를 수식하는 경우가 많다.

_원인을 나타내는 to 부정사가 형용사를 수식하는 경우

그는 학교에 가기에 너무 어리다.

He is too young to go to school. young 이 형용사이다.

_원인을 나타내는 to 부정사가 부사를 수식하는 경우

나는 박스를 옮기기에 충분한 힘이 있다.

I am strong enough to carry the box. enough 가 부사이다.

_결과를 나타내는 to 부정사의 부사적 용법: ~했다. 그 결과 …하다
나의 아버지는 90세까지 사셨다. My father lived to be 90 years old.
그는 용감한 군인으로 성장했다. He grew up to be a brave soldier.

5. 전치사구의 부사적용법

부사류의 기능은 1~5형식에 들지 못하며 항상 보조적인 기능만 한다. 그리고 문장 속에서 위치의 제한이 없다. 대부분 부사류는 문장 앞에 약 25%, 문장 중간에 약 25%, 문장 뒤에 약 50%가 온다.

전치사는 앞에 있는 동사와 전치사 뒤에 오는 명사의 영향을 받게 되어 있다. 따라서 어떤 종류의 동사가 문장 속에 등장하느냐에 따라서 전치사의 종류가 결정될 수 있다. 이러한 영향 때문에 전치사 뒤에 등장하는 명사도 전치사의 영향으로 인하여 어떤 종류의 단어가 와야 되는지 영향을 끼치게 된다.

명사 앞에 전치사가 있으면 부사적인 전치사구나 전치사 절이 된다. 예를 들어 in my room, for good health, in Seoul 의 예문처럼 모두 명사 앞에 전치사가 왔다. 이를 전치사의 부사적 용법이라 한다. 이렇게 명사 앞에 전치사가 오면 그 전치사는 부사어미에 속하게 된다. '나의 방 my room'하면 명사구 이지만 여기에 전치사 in 을 첨가하여 in my room 하면 부사구가 된다. 또는 '나를 위하여 for me', '나와 함께 with me'처럼 전치사+명사가 오면 모두 전치사의 부사어미가 되는 것이다. 전치사 뒤에는 무조건 명사류만 오지만 전치사+명사류는 부사구이다. 전치사 뒤에 오는 명사류는 전치사의 목적어라 하며 이를 전치사구의 부사적용법이라 칭한다.

나는 그와 함께 쇼핑을 갔다. I went shopping with him.
이 예문처럼 반드시 him 과 같이 전치사 with 뒤에는 목적격이 와야 한다.
즉, with his 또는 with he 가 올 수 없다.

미스 김이 토요일로 스케줄을 바꿨어요. Miss. Kim changed the schedule to Saturday.
그 고객은 가게에서 이것을 샀다. The customer bought this at the shop.

하지만 전치사구가 동사를 수식하지 않고 명사를 수식하면 전치사의 형용사 용법이 되므로 잘 구별해야 한다.

서울에 있는 건물은 내 부모님의 재산이다.
The building in Seoul is the property of my parents.
'서울에 있는 건물 the building in Seoul'은 전치사+명사로서 부사구로 쓰여야 하는데 in Seoul 이 명사 the building 을 수식하므로 전치사의 형용사 용법이 되었다.

_시간을 나타내는 부사절

~ 때까지 until
그는 숙제를 끝마칠 때까지 노는 것이 허락되지 않았다.
He was not allowed to play until he has done his homework.

~전 까지 before
그들은 나가 놀기 전까지 열심히 공부했다.
They studied hard before hanging out.

~ 했을 때 when
선생님이 시험지를 보여 주었을 때 학생들은 충격을 받았다.
When the teacher showed the test papers, the students were shocked.

~할 때, ~함에 따라 as
그녀가 우리에게 종이를 보여 주었을 때 우리는 충격을 받았다.
As she showed us our papers, we were shocked.

~하는 동안 while
그의 학생들을 기다리고 있는 동안에 김관장님은 메모를 하고 있었다.
While waiting for his students, Master Kim written note.

~동안, 죽 since

나는 지난 밤에 집에 들어 갈 때까지 아무것도 먹지 않았다.

I haven't eaten anything since I got home last night.

~한 후에 after

그들은 가수가 공연을 마친 후에야 극장을 떠났다.

They left the theater after the singer finished the performance.

_양태를 나타내는 부사절: although, though, even if, even though.

비록 ~ 하더라도 although

그는 비록 가난하지만 그래도 그는 행복하다.

Although he is poor, yet he is happy.

비록 ~ 일지라도 though

비록 문제가 매우 어렵지만 그래도 그것을 해결할 수 있는 방법이 분명이 있다.

Though the problem is very difficult, yet there must be some way to solve it.

독립된 부사와 부사구의 경우

부사는 단어 하나만으로도 어떤 부분들을 강조하게 된다. 부사는 형용사, 부사, 동사, 문장전체를 수식한다. 문장 앞에서 부사나 부사구가 전체문장을 수식하는 것을 독립된 부사 또는 부사구라 칭한다. 독립된 부사나 부사구가 문장 앞에 오면 콤마(,)를 찍어 주어야 한다.

_독립된 부사의 경우

특히 especially, in particular

특히 그는 영어를 잘 해요.

Especially, he is good at English. = He is good at English in particular.

사실은, 사실 actually, In fact, as a matter of fact

사실은 난 나의 직업에 만족하지 않는다. Actually, I am not satisfied with my job.

그래서 so
그래서 나는 요리를 잘 못한다. So, I am poor at cooking.

그럼에도 불구하고 nevertheless, =despite the fact that
그럼에도 불구하고 나는 고양이가 무서워요. Nevertheless, I am scared of a cat.

어쨌든 anyway, somehow
어쨌든 그는 우리와 함께 가기를 싫어한다.
Anyway, he does not like to go with us. = Anyway, he hates to go with us.

결국, 마침내 eventually, finally, after all
결국(마침내) 그는 그 시험에 합격했다. Eventually, he passed the exam.

놀랍게도 surprisingly
놀랍게도 그는 큰돈을 우리에게 기증하기로 약속했다
Surprisingly, he promised to donate a lot of money to us.

_독립된 부사구들의 경우
독립된 부사구는 한 단어 이상이 구성되어서 구를 형성하게 된다.
밑에 있는 내용들은 회화체의 필수암기문장들이다.
지금까지 배웠던 복합 동사구와 종합 동사구들이 주로 섞여 있다.

솔직히 말해서 frankly speaking
솔직히 말해서 나는 그를 보고 싶지 않다.

<u>Frankly speaking</u>, <u>I don't want to see him</u>.
　(부사구)　　　　(부사절) 여기서 do 는 조동사로 아무뜻 없이 쓰인다.

~에 따르면, ~에 의하면 according to+명사구
일기예보에 의하면 내일 비가 올 거예요.
According to the weather forecast, it's going to rain tomorrow.

아마도, 어쩌면 maybe = perhaps
아마도(어쩌면) 그는 그곳에 갈 수 없을 겁니다.
Maybe, he will not be able to go there.

무엇보다도, 모든 것 중에 가장 most of all, above all
무엇보다도 나는 당신의 건강이 걱정이 됩니다.
Most of all, I am worried about your health.

게다가 in addition
게다가 그녀는 모든 종류의 스포츠에 재능이 있다.
In addition, she is talented at/in all kinds of sports.

맨 먼저, 제일 먼저 first of all
맨 먼저 당신은 그녀에게 사과하는 것이 좋다.
First of all, you should apologize to her.

그리고 나서, 그런 다음 and then
그리고 나서(그런 다음) 우리는 전시회를 열 계획이다.
And then, we will plan to hold an exhibition.

~에도 불구하고 in spite of+명사류
그의 노력에도 불구하고 그는 그 회사에 입사하는 것에 실패했다.
In spite of his effort, he failed to enter the company.

그러한 점에서 in that sense, on that point
그러한 점에서 그것은 나의 상황과 비슷하다.

In that sense, it is similar to my situation.

마찬가지로, 마찬가지 점에서 in the same sense, likewise
마찬가지로 나의 직업은 당신의 사업과 관련이 있다.
In the same sense, my job is related with/to yours.
related with 는 나의 직업이 일반적으로 사업과 관련 있다는 표현을 하고자
할 때 쓰이고 related to 는 나의 직업이 특별히 사업과 관련 있다는 표현을
하고자 할 때 쓰인다.

그 결과 as a result
그 결과 난 마감시간을 맞추지 못했다. As a result, I failed to meet the deadline.

반면에 on the other hand
앞에서 부정적인 대화가 있다면 반면에 긍정적인 대화가 있어야 한다는 뜻이다.
반면에 그는 그의 직업에 만족한다.
On the other hand, he is satisfied with his job.

당신처럼, 당신과 마찬가지로, 당신같이 like+명사류
당신처럼 그도 공포영화를 무서워한다.
Like you, he is scared of horror movies too.

~덕분에, ~덕택에 because of your help, thanks to+명사류
당신의 도움 덕분에 나는 그것을 제 시간 안에 끝낼 수 있었다.
Because of your help, I was able to finish in time.

강의 #9에서는 수동태와 접속사를 다루고자 한다.

수동태는 대기업 밑에 있는 하청업체와 비슷한 성격을 가지고 있으며 접속사는 기업의 바이어 buyer와 비슷한 성격을 가지고 있다. 접속사는 전치사와 전치사, 구와 구, 절과 절을 연결하는 역할을 한다.

수동태 공부의 필요성

외국에 살면서 사고를 당하거나, 불이익을 당하거나, 타의로 인하여 고소를 당하는 사건으로 법적문제가 발생한다면 우선 수동태 문장을 사용할 수 있는 영어실력이 있어야 한다. 수동태를 바르게 사용하므로 자신이 처한 상황을 잘 대처할 뿐 아니라 불이익을 방지할 수도 있으며 또한 자신을 보호할 수 있는 좋은 도구가 될 수 있다. 국내에서 영어를 배우면 수동태의 필요성을 잘 못 느낀다. 수동태를 바르게 활용할 수 있는 법을 배우면 외국 여행 중에 또는 이민생활에 많은 도움이 될 수 있다.

태(voice)

태에는 능동태active voice와 수동태passive voice가 있다. 수동태는 목적어를 취하는 3, 4, 5형식에만 가능하다.

수동태 공식: 주어+be+p.p.+by(전치사)+목적어

수동태 암기방식: 주비피전목 – 주인은 비로서 피난 전에 목숨을 건졌다.

'나는 컴퓨터를 수리했다. (active voice) I repaired my computer.'를 수동태로 고쳐 보자.
수동태의 주어는 목적격으로 시작한다. 목적격 '컴퓨터 my computer'를 주어로 보내고 수동태는 be 동사가 있어야 한다. '수리했다'로 끝났으니까 be 의 과거동사 was 가 오고 본동사에 p.p. 가 와야 하니까 repaired 로 바꾸고 다음엔 전치사가 와야 하는데 컴퓨터가 자신의 의지가 있어 바뀐 것이 아니라 수동적, 즉 의지와 상관없이 행해졌기 때문에 억지로, 강제로, 물리적인 힘에 의해 반강제로 움직일 때 쓰는 전치사 by 가 오고 주어 I 가 끝으로 옮겨지면서 me 라는 목적격으로 바뀌면 '컴퓨터는 나에 의해 수리 당했다. (passive voice) My computer was repaired by me.'가 된다.

조동사가 있는 수동태 문장

그들은 그것을 할 수 있다. They can do it. 을 수동태로 하면
그것은 그들에 의해 할 수 있다. It can be done by them. 이 된다.
조동사가 있는 수동태는 be 동사의 과거나 과거분사가 오는 것이 아니라
be 동사의 원형인 be 가 와야 한다.

조동사가 있는 부정문 수동태 문장

나는 이 책을 읽을 수가 없다. I can't read this book. 을 수동태로 하면
이 책은 나에 의해 읽어질 수가 없다. (직역) 이 책은 내가 읽을 수 없다. (의역)
This book can't be read by me. 가 된다.

not 이 들어간 문장의 수동태 문장

나는 이 책을 쓰지 않았다. I did not write this book. 을 수동태로 하면
이 책은 나에 의해 쓰이지 않았다. (직역) 이 책은 내가 쓰지 않았다. (의역)
This book was not written by me. 가 된다. 조동사가 온 것이 아니라
do 동사가 왔다. do 동사도 일반동사처럼 be 동사의 과거형이 오면 된다.

수동태 의문문 문장

그가 그녀를 사랑했나요? Did he love her? 를 수동태 의문문으로 하면
그녀는 그에게 사랑을 받았나요? Was she loved by him? 평서문에 쓰인
do 동사 did 가 수동태문장에서는 생략된다.

의문사가 있는 의문문의 수동태 문장

왜 그가 창문을 깼나요? Why did he break the window? 을 의문사 의문문 수동태로 하면
창문이 어떻게 그에 의해 깨지게 되었나요?
Why was the window broken (by him)? 이 된다. by him 은 생략할 수 있다.

의문사가 주어로 쓰이는 의문문의 수동태 문장

누가 창문을 깼나요? Who broke the window? 를 의문사가 주어인 의문문 수동태로 하면
누구에 의해 창문이 깨지게 되었나요? By whom was the window broken? 가 된다.

현재완료 의문문 수동태

차사고를 당한 적이 있나요? Have you ever been in a car accident? (경험)
예, 저는 한 번 쓰레기 차에 사고를 당한 적이 있습니다. Yes, I've hit a garbage truck once.

4형식 문장의 수동태 변화

두 개의 목적어(간접목적어와 직접목적어)를 동시에 취하는 4형식의 문장의 경우에는 직접목적어를 주어로 취하는 경우와 간접목적어를 주어로 취하는 경우로 구별한다.

직접(무생물)목적어를 주어로 시작하는 수동태의 경우

아버지께서 나에게 시계를 주셨다. Father gave me a watch.
직목 a watch 를 수동태로 하면
시계는 나에게 아버지로부터 주어졌다. A watch was given to me by father. 가 된다.
능동태의 주어가 수동태에서는 끝에 온다.

여기서 me 앞에 to 가 오는 이유는 4형식 문장이 3-1형식으로 바꾸어 졌기 때문이다. 4형식 문장에서 직목이 주어로 쓰이면 간목 me 에 to 같은 전치사가 오면서 3-1 형식의 문장으로 변하게 된다.

간접(생물)목적어를 주어로 시작하는 수동태의 경우

나에게 시계가 아버지로부터 주어졌다. (직역)

나는 아버지로부터 시계를 받았다. (의역)

I was given a watch by father.

간목이 주어로 쓰일 경우에는 3-1형식의 문장으로 전환하게 된다.

직접목적어만 수동태를 만드는 동사들

4형식에서 직접 목적어만을 주어로 하는 수동태 동사들:

가지다 get, 사다 buy, 읽다 read, 쓰다 write, 팔다 sell, 만들다 make, 보내다 send. 7개

4형식에서 직접 목적어만을 주어로 하는 수동태 암기방식:

가지고 있는 것을 사서 읽고 쓰다가 다시 팔아 돈을 만들어 보내라.

이 동사들이 쓰인 4형식 문장을 수동태로 바꾸려면 오직 직접목적어(무생물)만 수동태로 만들 수 있다. 간접목적어는 절대로 수동태가 될 수 없다는 것을 꼭 기억해야 한다.

그녀는 나에게 새 카메라를 사 주었다. She bought me a new camera.'의 문장에서 직목을 주어로 하여 수동태로 하면 '새로운 카메라는 나에게 그녀가 사 준 것이다. A new camera was bought for me by her.'가 된다. 여기서 me 앞에 for 가 오는 이유는 4형식 문장이 3-1형식으로 바꾸어 졌기 때문이다. 4형식 문장에서 직목이 주어로 쓰이면 간목 me 앞에 for 같은 전치사가 오면서 3-1형식의 문장으로 변하게 된다.

이 문장에서 간목을 수동태를 만들고 싶다고 해서 'I was bought a new camera by her.'로 한다면 영어 해석이 이상하게 된다. 즉, '나는 그녀에 의해 새로운 카메라를 샀다.'라는

표현이 된다. 직접목적어를 주어로 했던 수동태는 '새로운 카메라를 그녀가 나에게 사주었다.'라고 자연스럽게 해석이 되지만 간접목적어를 주어로 한 수동태의 해석은 부자연스럽다. 따라서 수여동사에 쓰이는 7개의 동사들은 4형식 문형에서 직목만을 수동태로 사용할 수 있다.

4형식 문장이 3-1형식으로 바뀔 때

4형식 문장의 직접목적어(무생물)가 주어로 쓰이면 간접목적어 앞에 to 나 for 같은 전치사가 붙는다. 강의 #4에서 조금 다루었지만 보다 구체적으로 살펴보자.

4형식 문장에서 간목 앞에 to 가 쓰이는 동사들(3-1형식) 패턴 1.

지나가다 pass, 읽다 read, 쓰다 write, 가르치다 teach,
팔다 sell, 보내다 send, 주다 give. 7개

4형식 문장에서 간목 앞에 to 가 쓰이는 동사들 패턴 1 암기방식:
지나간 것은 읽지도, 쓰지도, 가르치지도, 팔지도 말고 보내 주어라.

그는 장문을 그녀에게 썼다. He wrote long letters to her.
'그녀에게 her'라는 간목 앞에 to 가 왔다. 3-1형식 문장을 4형식으로 하면 '그는 그녀에게 장문을 썼다. He wrote her long letters.'의 문장이 되는데 직목만을 수동태로 하면 '그 장문은 그녀에게 그에 의해 쓰여졌다. Long letters were written to he(by him).'이 된다.

인디는 꽃을 수산나에게 선사했다. Indy gave flowers to Susanna.
3-1형식 문장을 4형식으로 하면 '인디는 수산나에게 꽃을 선사했다. Indy gave Susanna flowers.'의 문장이 되는데 직목만을 수동태로 하면 '꽃은 수산나에게 인디로부터 선사되었다. The flowers were given to Susanna by Indy.'가 된다.

4형식 문장에서 간목 앞에 to 가 쓰이는 동사들(3-1형식) 패턴 2

보여주다 show, 빌리다 lend, 약속하다 promise, 빚지다 own,
지불하다 pay, 제공하다 offer, 건네주다 hand, 허락하다 allow, 말하다 tell. 9개

4형식 문장에서 간목 앞에 to 가 쓰이는 동사들 패턴 2 암기방식:
신분증을 보여주고 돈을 빌리면서 약속한 것은 빚진 것을 지불할 때
다른 것을 제공받아 건네주는 것을 허락해 주지 말라고 한 것이다.

나는 돈을 그에게 지불했다. I paid the money to him.
3-1형식 문장을 4형식으로 하면 '나는 그에게 돈을 지불했다. I paid him the money.'의 문장이 되는데 직목만을 수동태로 하면 '돈은 그에게 나로부터 지불받았다. The money was paid to him(by me).'

4형식 문장에서 간목 앞에 to가 쓰이는 동사들(3-1형식) 패턴 3

봉사하다 serve, (상을)인정하다 grant, 받다(상을)받다 award, 추천하다 recommend,
소망하다 wish, 붙이다 post, 작정하다 allot, 거절하다 deny, 던지다 throw. 9개

4형식 문장에서 간목 앞에 to 가 쓰이는 동사들 패턴 3암기방식:
봉사 상이 인정 받기로 추천되어 소망을 품고 게시판에 붙이려고 작정했는데
거절당하면서 내던져졌다.

나는 금메달을 그로부터 받았다. I awarded a gold medal to him.
3-1형식 문장을 4형식으로 하면 '나는 그로부터 금메달을 받았다. I awarded him a gold medal.'의 문장이 되는데 직목만을 수동태로 하면 '금메달은 나에게 그로부터 주어졌다(받았다). A gold medal was awarded to him by me.'

4형식 문장에서 간목 앞에 for가 쓰이는 동사들(3-1형식) 패턴 1

승리하다 win, 준비하다 prepare, 명령하다 order, 지키다 keep,
세우다 build, 갖다 get. 6개

4형식 문장에서 간목 앞에 for 가 쓰이는 동사들 패턴 1 암기방식:
승리를 위해 준비하되 명령은 지키며 세워 나가겠다.

빵 좀 저에게 주실래요? Please get some bread for me? 3-1형식 문장을 4형식으로 하면
저에게 빵 좀 주실래요? Please get me some bread?

4형식 문장에서 간목 앞에 for 가 쓰이는 동사들(3-1형식) 패턴 2

밀접하게 결합하다 knit, 자르다 cut, 선택하다 choose,
찾다 find, 고치다 fix, 살려두다 spare, 하다 do. 7개

4형식 문장에서 간목 앞에 for 가 쓰이는 동사들 패턴 2 암기방식:
주변에 밀접해 있는 것을 자르기로 선택하고 좋은 것은 찾아 고치고 살려주기로 했다.

그는 앉을 자리를 그녀를 위해 찾았다. He found a seat for her.
3-1형식 문장을 4형식으로 하면 '그는 그녀를 위해 앉을 자리를 찾았다. He found her a seat.'의 문장이 되는데 직목만을 수동태로 하면 '자리는 그녀를 위해 그로부터 찾아졌다. A seat was found for her(by him).'

부탁 좀 들어 주실래요? Would you do a favor for me?
3-1형식 문장을 4형식으로 하면 Would you do me a favor?

4형식 문장에서 간목 앞에 for 가 쓰이는 동사들(3-1형식) 패턴 3

절약하다 save, 음식을 하다 cook, 사다 buy, 만들다 make,
안전하게 하다 secure, 전화하다 call, 예약하다 reserve. 7개

4형식 문장에서 간목 앞에 for 가 쓰이는 동사들 패턴 3 암기방식:
돈을 절약하기 위해 음식은 사다 만들고 안전을 위해 방은 전화로 예약하자.

나는 점심을 엄마를 위해 준비했다. I have prepared lunch for my mom.

3-1형식 문장을 4형식으로 하면 '나는 엄마를 위해 점심을 준비했다. I have prepared my mom lunch.'의 문장이 되는데 직목만을 수동태로 하면 '점심은 엄마를 위해 내가 준비시켰다. Lunch has been prepared for my mom by me.'

4형식 문장에서 간목 앞에 to 또는 for 모두 쓸 수 있는 동사들(3-1형식)
가져오다 bring, 노래하다 sing, 놀다 play, 떠나다 leave. 4개

4형식 문장에서 간목 앞에 to 또는 for 모두 쓸 수 있는 동사들 암기방식:
돈을 주고 데려왔는데 노래하고 놀다가 모두 떠나버렸다.

그는 공을 나에게 가져왔다. He brought the ball to/for me.
3-1형식 문장을 4형식으로 하면 '그는 나에게 공을 가져왔다. He brought me the ball.'의 문장이 되는데 직목만을 수동태로 하면 '공은 나에게 그로 인하여 주어졌다. The ball was brought to/for me by him.'

그는 노래를 나에게 불러 주었다. He sang a song to/for me.
3-1형식 문장을 4형식으로 하면 '그는 나에게 노래를 불러 주었다. He sang me a song.'의 문장이 되는데 직목만을 수동태로 하면 '노래는 나를 위해 그가 불러 주었다. A song was song to/for me by him.'

5형식 문장의 수동태
5형식은 오직 목적어만을 수동태로 쓸 수 있다.
목적격보어는 수동태로 사용할 수 없다.

우리는 그를 잔이라고 부른다. We call him John. 을 수동태로 바꾸면
그는 잔이라고 우리에게 불리어 진다. He is called John(by us). by us 는 생략될 수 있다.

5형식 문장은 오직 목적어만을 문장 앞으로 끌어 내어 주어 역할을 할 수 있고
그 나머지 목적격 보어는 절대로 문장 앞의 주어로 와서 수동태를 만들 수 없다.

나는 그가 무대위에서 춤추는 것을 보았다.
I saw him dance on the stage. 를 수동태로 하면
그는 무대위에서 춤추는 것이 나에게 보여졌다.
He was seen to dance on the stage by me. 가 된다.

나는 그가 식당에서 먹는 것을 보았다. I saw him eat at the restaurant.
그는 식당에서 먹고 있는 것이 나에게 보여졌다. He was seen eating at the restaurant.
to 부정사 대신 현재분사 ing 를 써도 된다.

동사구의 수동태

동사구란 동사의 속성 2번에 속한 그룹을 말한다. 이러한 동사구 문장은 오직 목적어만 수동태로 바꿀 수 있다. 수동태로 만들어지는 동사구를 한 동사의 단어처럼 취급해야 한다. 예를 들어

나의 어머니는 아기를 돌본다. My mother takes care of the baby.
'~를 돌보다 takes care of'를 하나의 종합동사로 생각한 다음 목적어 '아기를 baby'를 주어로 끌어내어 수동태를 만들면 '아기는 나의 어머니에 의해 돌봄을 받는다. The baby is taken care of by my mother.'처럼 된다.

타동사가 자동사가 된 수동태

본래는 타동사인데 전치사를 동반하여 자동사로 바뀌면서 수동태를 만드는 타동사들이 있다. 이러한 동사구들은 자동으로 타동사가 자동사가 되면서 수동태 문장이 된다.

차가 ~을(를) 치다. run over~

그 자전거는 공을 쳤다. The bicycle ran over a ball.
ran 은 타동사인데 전치사 over 와 함께 쓰이면서 동사구를 형성하는 동시에 자동사로 변하면서 수동태 문장이 되었다. 부주의로 자전거가 공을 수동적으로 쳤기 때문에 전체 문장은 수동적 의미를 갖게 된다.

수동적 의미를 갖는 동사구들

~을(를) 부르러 보내다. send for~
당신은 선생님을 부르러 보내야 한다. (직역) 당신은 선생님을 불러야 한다. (의역)
You must send for a teacher.

~을(를) 수행하다. carry out~
그들은 계획을 수행했다. They carried out a plan.

~을(를) 돌보다. look after~
내 남동생이 그 아이를 돌보았다. My brother looked after the baby.

~을(를) 켜다. turn on~
불을 켭시다. Let's turn on the light.
불을 끄는게 어때요? Why don't you turn off the light?
그냥 불을 켜 놓으세요. Just leave the light on.

~을(를) 입다. put on~. put on 은 입는 동작을 말한다.
그는 자켓을 입었다. He put his jacket on.

~을(를) 입고 있다. wear. wear 는 입은 상태를 말한다.
그는 상의를 입고 있었다. He was wearing a coat.

~을(를) 벗다. take off~
그녀는 옷을 벗고 잠옷을 입었다. She took off her clothes and put on her pajamas.

~옷을 걸치다. slip on
그는 상의를 걸치고 나갔다. He slipped on his coat and went out.

주의해야 할 수동태 구문

수동태의 관용적 표현 중에는 by 가 아니라 at, with, in, to 등의 전치사가 사용되어 숙어처럼 쓰이는 표현들이 있다. 대부분 종합동사구처럼 구성된 숙어들은 자동으로 수동태 문장으로 쓰인다.

~에게 알려지다. be known to/by~
그 의사는 모든 사람들에게 알려져 있다. The doctor is known to/by everyone.

~에 흥미가 있다, ~에 관심이 있다. be interested in~
나는 음악에 흥미가 있다. I am interested in music.

~에 놀라다. be surprised at~
그녀는 그 소식을 듣고 놀랐다. She was surprised at the news.

~에 만족하다. be satisfied with~
나는 나의 성적에 만족했다. I was satisfied with my grade.

~으로 가득하다. be filled with~
그 컵은 우유로 가득 차 있다. The cup is filled with milk.

~에 기뻐하다. be pleased / at with~
그의 부모는 그의 편지에 기뻐했다. His parents were pleased at/with his letter.

~으로 덮여 있다. be covered with~
그 산은 눈으로 덮여있다. The mountain was covered with snow.

~으로 피곤하다. be tired of~ (~에 싫증나다) / be tired with~
그는 피자에 질렸다. He was tired of pizza.

~으로 혼잡하다, ~으로 가득하다. be crowded with~
시장은 사람들로 가득찼다. The market was crowded with people.

수동태로 쓸 수 없는 동사들

문장 속에 목적어를 가지고 있어도 다음 동사들은 수동태로 쓸 수 없다.

~를 만나다   meet
비용이 ~들다   cost
~를 닮다   resemble
~과 어울리다   become
~을 가지다   have

암기방식: 내가 만나서 비용을 지불한 후 닮고 잘 어울리는 것을 가져올게.

그녀는 인형을 가지고 있다. She has a doll. 을 수동태로 하면
인형은 그녀의 의해 가지고 있다. 인형은 그녀가 가지고 있다.
A doll is had(have-had-had) by her. 라고 하면 문장이 어색하다.
따라서 위에 나온 동사들은 목적어를 가지고 있더라도 수동터 구문을 만들 수가 없다.

접속사(Conjunction) 15~20%

접속사는 동사 다음으로 어려운 품사이다. 접속사를 잘 알면 문장을 멋지고 세련되게 말할 수 있다. 접속사는 기본적으로 암기해야 할 공식들이 많이 있다. 다른 품사에 비해 약간 까다로운 품사이기에 열심히 공부해야 한다. 등위접속사, 대등접속사, 상관접속사, 종속접속사 (등·대·상·종), 부사절 접속사들과 It ~ that 강조용법, It ~ for ~ to ~ 강조용법, 형용사절을 이끄는 접속사(관계대명사, 관계부사), 형용사적 관계대명사, what 의 의미, what 의 강조용법 등을 배우게 될 것이다.

접속사는 등위/대등접속사(and, or, but, yet, nor, so, for) 등과 상관접속사(both A and B, B as well as A) 등과 종속접속사 등이 있다. (등대상종) 접속사는 본사와 지사를 연결하는 다리 역할을 하는 것과 같은 기능을 가지고 있다. 접속사는 본사에 속한 지사장 정도되는 지위이다. 또는 바이

어^{Buyer} 와 로비스트^{Lobbyist}같은 역할을 한다.

접속사 암기방식: 등대상종-등대를 상종하지 말라.

등위접속사

등위/대등접속사란 and, or, but, yet, nor, so, for 등이 구와 구, 절과 절, 형용사와 형용사, 명사와 명사, 전치사구와 전치사구 등이 동등하게 앞과 뒤로 오는 것을 등위접속사라 한다. 즉, 앞문장과 뒷문장이 동일하게 같은 방식으로 형성되는 것을 말한다.

나는 사과를 먹고 그리고 바나나를 먹었다. = 나는 사과와 바나나를 먹었다.
I ate an apple and I ate a banana. = I ate an apple and a banana.

이 문장의 예문처럼 문장 앞에 왔던 단어 I ate 이 and 뒤에도 I ate 이 와야 하지만 and 라는 등위 접속사가 있기 때문에 같은 단어가 반복되면 무조건 같은 단어들은 생략한다. I ate 이 등위접속사 앞에 있기 때문에 등위접속사 뒤에는 올 필요가 없어진 것이다. 예를 더 들어보자.

이것은 이상하지만 이것은 진짜 이야기이다.
It is a strange but it is a true story. = It is a strange yet a true story. 라는 문장에서 '이것이 it is' 두 번 반복되기 때문에 생략해야 한다. 또한 but 과 yet 은 같은 의미로 쓰인다.

너는 거기를 걸어서 가니 아니면 버스를 타고 가니? (전치사와 전치사)
Do you go there on foot or (do you go there) by bus?
= Do you go there on foot or by bus? 처럼 반복되는 단어들은 생략한다.

등위접속사는 주절과 종속절이 원인과 결과처럼 서로 관계성이 성립되어야 한다.

비가 와서(왔기 때문에 그래서) 나는 비옷을 입었다.
It was raining, so I put on my raincoat.

일찍 일어나라 그러면 너는 기차를 탈 수 있을 것이다.
Get up early and you will catch the train.

그녀는 아픈 것이 틀림없다. 왜냐하면 그녀가 창백해 보이기 때문이다.
She must be ill for she looks pale.
for 라는 전치사는 등위접속사로 취급되어 '왜냐하면 because'란 뜻과 같이 취급한다.
이런 경우의 전치사 for 는 문장 앞에 절대 나올 수 없다.

나는 알지 못하기 때문에 (나는) 신경을 안 쓴다.
I do not know nor do I care.
nor 는 앞문장의 부정을 연속적으로 강조(반복)하기 위해 사용된다. nor 은 부정문 뒤에만 쓰인다. nor 뒤에는 의문문 어순으로 문장이 도취되어야 한다. nor do I care 처럼 항상 써야 한다. 도치구문은 나중에 자세하게 다루게 될 것이다.

상관접속사

상관접속사는 앞에 있는 문장과 뒤에 있는 문장이 서로 상관이 있다는 의미에서 상관접속사라 한다. 이런 문장은 앞문장에서 형용사를 쓰면 뒷문장도 반드시 형용사를 써야 하고 앞문장이 목적격이면 뒷문장도 목적격이 와야 한다. 기본적으로 상관접속사는 등위접속사 속성과 같다.

A와 B 둘 다 (A가 보스니까 너가 복수로 가라) - both A and B
이 문장은 언제나 복수 취급해야 한다.

너와 나는 둘 다 일을 해야만 한다. Both you and I have to do work. (복수 취급)
you and I 대신에 you and me 라고 해서는 안 된다.

만일 you and me have to do work. 라고 했을 때 you and 를 생략하고 me have to do work 라는 문장이 성립될 수 없기 때문이다. I 는 you and 이 없어도 I have to do work. 라는 문장이 자연스럽게 성립되기 때문에 사용할 수 있다.

B뿐만 아니라 A도 (너뿐 아니라 그를 단순하게 보내줘) - B as well as A
이 상관접속사는 A에 일치하는 수가 온다. 왜냐하면 문장이 반대로 오기 때문이다.

너뿐만 아니라 그도 일을 해야만 한다. He as well as you has to do work.

다른 문장과 달리 이 문장에서는 한글식 해석이 영문 해석과 반대로 써야 한다는 것을 기억해야 한다. 너뿐만 아니라 그도 He as well as you 로 바뀌면서 반대로 표현된다. as well as 는 등위접속사로도 쓰인다. (단수 취급)

A뿐 아니라 역시 B도(당신이 아니라 그를 단속해) - not only A but also B
이 상관접속사는 B에 일치하는 수가 온다.

너뿐만 아니라 그도 역시 일을 해야만 한다.
Not only you but also he has to do work. (단수 취급)

A 또는 B중(그 사람 또는 당신도 복습해) - either A or B
이 상관접속사는 B에 일치하는 수가 온다.

그 사람 또는 당신 중에 하나는 일을 해야 한다.
Either he or you have to do work. (복수 취급)

A도 아니고 B도 아니다(그도 아니고 당신도 복잡해) - neither A nor B
이 상관접속사는 B에 일치하는 수가 온다.

그 사람도 당신도 일 할 필요가 없다.
Neither he nor you have to do work. (복수 취급)

A가 아니라 B(A가 아니라 B를 단수로 해) - not A but B
이 상관접속사는 B에 일치하는 수가 온다.

그녀는 제임스가 아니라 TJ를 좋아한다.

She likes not James but TJ. (단수 취급)

A 때문이 아니라 B 때문에 - not because A but because B

나는 나가는 것이 싫기 때문에 집에 있는 것이 아니라 피곤하기 때문에 집에 있었다.

I stayed at home not because I did not like to go but because I was tired.

종속접속사

종속접속사란 종속절이 주절, 목적절, 보어절을 이어 주는 명사절을 이끄는 접속사와 형용사절을 이끄는 접속사 그리고 부사절을 이끄는 접속사가 있다. 접속사는 반듯이 한 문장 속에 동사가 두 개 이상이 왔을 때만 접속사의 기능을 할 수 있다. 만일 when 이라는 접속사를 쓰고자 하는데 한 문장에 동사가 하나 밖에 없으면 그 문장에 쓰인 when 은 접속사가 아니라 때를 나타내는 의문사가 된다.

언제 그곳에 갈거니? When are you going there? 라는 문장에 쓰인 when 은 접속사가 아니라 때를 나타내는 의문사 이다. 그런데 '나는 그가 언제 그곳에 갈지 몰라. I don't know when he is to go there.'라고 하면 여기에 쓰인 when 은 의문사가 아니라 부사절을 이끄는 접속사가 된다. 명사절을 이끄는 대표적인 접속사는 that 이지만 육하원칙(누가 who, 언제 when, 어디서 where, 무엇을 what, 어떻게 how, 왜 why)을 나타내는 의문사들과 if/whether 절을 이끄는 절과 그밖에 부사절을 이끄는 접속사 while, as, since, because, though 등이 있다.

주절과 종속절의 구성

주절: 주어+동사

종속절: 접속사 that+주어+동사

육하원칙(누가 who, 언제 when, 어디서 where, 무엇을 what, 어떻게 how, 왜 why)

whether/if, it+주어+동사

종속절에서 명사절을 이끄는 접속사

접속사가 이끄는 종속절이 주어, 목적어, 보어를 나타내면 그 절을 명사절이라 한다. 종속절에서 명사절을 이끄는 접속사는 주어, 목적어, 보어로 사용된다. 명사절을 이끄는 접속사는 오직 이 3가지 기능 뿐이다.

that 의 명사절

1. that 은 명사절을 이끄는 대표접속사이다.
관계대명사를 이끄는 형용사절의 대표접속사도 역시 that 이다.
부사절을 이끄는 대표접속사는 as 이다.
that 의 한글식 해석 : 명사류의 해석과 같이
~ㅁ, ~것, ~기, ~지, ~다고, ~라고
이 중에 '~것'이라는 표현이 가장 많이 쓰인다.

that 의 명사절 암기방식: 맛있는 것 거기 지금 가다 주고 오라고

*종속절의 특징은 주어 동사의 순서가 바뀌지 않지만 의문사는
주어 동사의 순서가 바뀐다.

접속사의 해석 원칙

명사절을 이끄는 접속사는 해석의 원칙이 있다. 부사절을 이끄는 접속사는 해석의 원칙이 없지만 명사절을 이끄는 접속사는 항상 종속절이 주절 뒤에 와야 한다.

해석 방법

1. 주절의 주어를 먼저 해석하고
2. 종속절의 주어를 두 번째로 해석하고
3. 종속절의 나머지를 세 번째로 해석하고
4. 네 번째로 주절에 남아 있는 부분을 해석해야 한다.

나는 당신이 열심히 공부하기를 원한다.

I want that you study hard. = I want you to study hard.

1) '나는 I'가 주절의 주어
2) '당신이 you'가 종속절의 주어
3) '열심히 공부하기를 study hard' 종속절의 나머지
4) '원한다 want'가 주절의 나머지이다.

이런 방식이 명사절을 이끄는 접속사 문장의 해석법이다. 명사절을 이끄는 접속사의 한글식 해석방법은 '나는 당신이' 즉, 두 개의 주어체가 연이어 오면 종속절이 온다는 것을 인식해야 한다. 다음엔 '당신이 열심히 공부하기를'에서 목적격으로 해석이 되니까 명사절이라는 것을 알 수 있다.

1. 명사절을 이끄는 주어 접속사 that

그녀가 아팠다는 것은 사실이었다.

That she was sick was true. (접속사 주어 명사절이 주절)

접속사가 주어로 쓰였기 때문에 주격 명사절이다.

That she was sick 까지가 진주어이기 때문에 가주어 it 를 문장 앞으로 하여

It ~ that+주어(s)+동사(v)용법으로 바꿀 수 있다.

그녀가 아팠다는 것은 사실이었다.

It was true that she was sick.
(가주어)   (진주어)

가주어 it 이 종속절이 되고 진주어 she 가 주절이 된다.

It ~ that 용법의 한글식 해석방법은 '그녀가 아팠다는 것은 that she was sick'부터 해석하고 '사실이었다. was true.'가 뒤에 온다.

It ~ that 용법이 필요한 주된 이유

그녀가 아팠다는 것은 사실이었다. That she was sick was true. 라는 문장에
That she was sick 까지가 주어절이다. 그 뒤에 was true 만 남는다.
그 남아 있는 단어들은 주어 없는 문장처럼 느껴진다.
자리가 비어있는 주어 자리에 무엇이든 와야 할 것만 같은 느낌이 든다.

만약 주어가 필요하여 빈자리를 채운다면 그 빈자리를 채우기 위해서는 어떠한 의미도 기능도 없는 단어가 와야 한다. 만일 어떤 의미나 기능을 표현하는 단어가 그 자리에 오면 문장 전체에서 의도하는 뜻이 빗나갈 수 있다. 따라서 그 자리를 채울 수 있는 가장 합당한 단어는 it 이다.

it 은 어떤 의미도 어떤 기능도 없이 빈자리를 채울 수 있는 유일한 단어이다. 이러한 문형의 구조를 It ~ that 용법이라 한다. 같은 방법으로 한 가지 예문을 보자.

그녀는 시험에 합격할 것이 분명하다. That she will pass the exam is certain.
주어가 너무 길기 때문에 가주어가 문장 앞에 오면
It is certain that she will pass the exam 이 된다.
(가주어)   (진주어)

It ~ that 용법을 선호하는 이유는 짧은 내용을 먼저 표현하고 싶어 하는 영어의 속성 때문이다.

2. 명사절을 이끄는 목적어 접속사 that

나는 너가 정직하다는 것을 믿는다. (직역) 나는 너가 정직하다고 믿는다. (의역)
I believe that you are honest.
(주절)   (종속절이 주절을 수식하는 목적격의 명사절)
이 문장은 주절이 짧으니까 가주어 it 이 필요 없다.
종속절이 2형식을 이루고 있지만 주절을 수식하는 목적어로 쓰이기 때문에
전체 문장은 3형식으로 쓰인다.

나는 당신이 옳다는 것을 안다. I know that you are right.

that 이하의 문장은 목적어절로서 타동사 know 를 꾸며주니까 목적격의 명사절이다. 여기서 right 도 혼자 쓸 수 없는 형용사이기 때문에 be 동사와 함께 와야 한다는 것을 기억해야 한다. 전체 문장은 3형식이지만 종속절에 들어 있는 문장은 2형식이다.

나는 당신이 그것을 다음 주까지 끝내기를 바란다.
I want that you finish it by next week. (전체 문장은 3형식)
(주절) (종속절의 목적어절 3형식)

나는 그가 교수가 되었다는 것을 들었다(직). 나는 그가 교수가 되었다고 들었다. (의역)
I heard that he became a professor. (전체 문장은 3형식)
         (목적어절 2형식)

나는 그가 무엇을 원하는지 모르겠다.
I don't know what he wants.
            (명사절의 목적어절)
여기에 쓰인 what 은 의문사가 아니라 육하원칙에 쓰이는 접속사 중에 하나이다.
따라서 문장의 주어 동사의 순서가 바뀌지 않는다.

나는 그가 그것을 어떻게 고쳤는지 잘 모르겠다.
I am not sure how he fixed it.
              (명사절의 목적어절)
여기에 쓰인 how 는 의문사가 아니라 육하원칙에 쓰이는 접속사 중에 하나이다.
따라서 문장의 주어 동사의 순서가 바뀌지 않는다.

3. 명사절을 이끄는 보어 접속사 that

그녀의 계획은 (그녀가) 이번 여름 방학에 유럽에 가는 것이다.
Her plan is that she is going to Europe this summer vacation.
'이다 is' 이후의 that 절은 모두 접속사의 보어절이다.

내가 말하고 싶은 것은 당신이 영어를 배울 필요가 있다는 것이다.
<u>What I want to say is</u> <u>that you need to learn English</u>. (전체 문장은 2형식)
(주절의 주어)　　　　(종속절의 보어절)
종속절은 보어절이지만 그 보어절 속에는 3형식이 들어 있다.

_종속절 that 이 to 부정사로 바뀌는 경우
'그녀는 아픈 것처럼 보인다. It seems that she is ill.'을 to 부정사의 부사적 용법으로 바꾸면 '그녀는 아픈 것처럼 보인다. She seems to be ill.'로 사용된다. 이를 구체적으로 분석해 보자. She 가 문장 앞으로 오면서 that 절의 의미가 상실하게 된 경우이다. that 뒤에는 주어가 있어야 하는데 she 가 주어가 되어 문장 앞으로 이동했기 때문에 that 의 기능이 사실상 상실하게 된 경우를 말한다. 이런 유형의 문장은 that 이 to 부정사로 변해서 that 대신 to be 가 온다. 앞문장이 현재이면 뒷 문장도 현재가 되어야 하기 때문에 동사 원형이 온다.

_종속절 that 대신 전치사가 오는 경우
'나는 그가 진실하다는 것을 확신한다. I am sure that he is honest.'라는 문장을 'I am sure of his being honest.'로 바꾸어 사용할 수 있다. that 대신 of his being 이 왔다. 문장 속에 being 이 삽입되면 특별한 뉘앙스가 발생한다. 그는 진실하지 않았는데 이는 한순간 진실하게 되었다는 뜻으로 변한다. 이 문장이 부정문으로 바뀌게 되면 if 나 whether로 바꿔줘야만 한다.

나는 그가 정직한지 아닌지 확실히 모르겠다. I am not sure if/whether he is honest.

_감정 형용사를 동반하는 형용사 뒤의 that 절
that 절 앞에 감정을 나타내는 형용사들 angry, sorry, fearful, anxious, afraid, happy 등이 오면 그 뒤에 that 절을 동반하는 종속절이 오는 경우가 있다.

암기방식: 화내서 미안해, 두려워하거나 걱정하거나 무서워말고 행복하게 살아.

특히 감정을 나타내는 형용사 뒤에 오는 that 절은 부사절이 되는 경우가 많다.

나는 나의 아내가 그녀에게 화를 낼까봐 무섭다.
I am afraid that my wife will be angry with her.
감정을 나타내는 형용사 afraid 가 왔기 때문에 그 뒤에 that 절을 동반하는 종속절이 왔다. 감정을 나타내는 형용사 뒤에 if/whether 의 접속사는 올 수 없다. 하지만 that 은 문장의 종류에 따라 생략할 수도 있다.

나는 엄마가 우리와 함께 오지 않아 미안함을 느꼈다.
I was sorry that mom couldn't come with us.
　　　　　(부사절)
= I was sorry mom couln't come with us.

내가 좋아하는 음악가가 옆집에 살아서 난 매우 놀랐다.
I was very surprised that my favorite musician lives next door. (to me)

타동사의 목적어로 that 절이 쓰이는 경우
타동사의 목적어란 타동사 뒤에 반드시 목적어가 와야 한다는 뜻이다.

나는 영어를 공부한다. I study English. 라고 하면 English 가 타동사의 목적어가 된다. 타동사의 목적어 자리에는 what 절, that 절, to 부정사, 대명사, 육하원칙의 의문사절, 명사, 동명사 등 7가지가 올 수 있다.

타동사의 목적어 암기방식: 무슨 일이든 절절매며 투정하지 말고 대신 육하원칙에 따라 명백하고 동일하게 말하라.

내가 주문했던 것을 받은 적이 없다.
I didn't get what I ordered. (종속절의 what 절)

디모데는 자신이 감기에 걸렸었다고 말했다.
Timothy said that he had a cold. (종속절의 that 절)

잔을 해외로 가는 것을 싫어한다.
John hates to go abroad. (to 부정사의 명사적용법 to go)

그녀는 그 편지를 읽지 않았다.
She didn't read it(a letter). (대명사 it)

그녀는 그가 왜 화났는지 몰랐다.
She didn't know why he was angry. (육하원칙의 하나인 why 절 why 이하)
캔디는 테니스 치는 것을 즐긴다. Candy enjoys playing tennis. (동명사 playing)

그는 편지를 썼다. He wrote a letter. (명사 a letter)

타동사의 목적어에 쓰이는 동사들
생각한다 think, 기대하다 expect, 소원을 이루다 hope, 말한다 say, 믿는다 believe, 안다 know. 6개
이런 동사들이 오면 그 뒤에 타동사의 목적어로 종속절의 that 절이 온다.

타동사의 목적어의 암기방식: 자신이 생각하고 기대하는 소원을 이루려면
말한 것을 믿고 자신을 잘 알아야 한다.

나는 그녀가 시험에 합격할 것이라고 생각한다.
I think that she will pass the test.

나는 그녀가 올 것을 안다.
I know that she will come.

의문(사) 접속사와 의문(사)의 의문문의 차이점

의문접속사

의문접속사란 육하원칙에 쓰이는 '누가 who, 언제 when, 어디서 where, 무엇을 what, 어떻게 how, 왜 why'라는 6가지를 말한다. 이런 종류의 의문접속사는 주어와 동사의 순서가 바뀌지 않는다는 것을 꼭 기억해야 한다. 또한 의문접속사란 주어와 동사가 반드시 두 개가 있어야 한다. 만일 문장속에 주어와 동사가 하나인데 6가지, '누가 who, 언제 when, 어디서 where, 무엇을 what, 어떻게 how, 왜 why'라는 단어가 온다면 이는 의문접속사가 아니라 그냥 의문사이다. 의문사는 주어와 동사의 순서가 바뀌게 된다.

*의문접속사는 주어와 동사의 순서가 바뀌지 않으며 주어와 동사가 반드시 한 문장속에 두 개씩 있어야 한다.

*의문사는 주어와 동사의 순서가 바뀌며 한 문장속에 주어와 동사가 하나씩 있다.

의문(사) 접속사 6가지(육하원칙)

의문(사) 접속사에는 6가지가 있다. 육하원칙인 '누가 who, 언제 when, 어디서 where, 무엇을 what, 어떻게 how, 왜 why'라고 하는 명사절을 이끄는 접속사로 주어+동사 순으로 사용된다.

의문접속사 6가지는 접속사 that 대신에 6가지 의문사가 접속사로 대신 쓰이는 것으로 이해하면 된다. 명사절을 이끄는 접속사 that 문장만 가지고는 다양한 문장의 뜻을 해석하기가 어렵다. 따라서 6가지 의문사가 접속사로 대신 쓰이면서 문장의 뜻을 6가지로 다양하게 표현할 수 있도록 만들어 준다. 6가지 의문사의 위치는 that 자리에 그대로 오면 된다.

부사절을 이끄는 의문접속사 when

나는 그가 언제 여기에 도착할지 모르겠다.
I don't know when he will arrive here.
(부사절)

do 는 일반 동사의 의문문을 만들 때 조동사의 기능을 하지만 특별한 뜻은 없다. when 은 부사절을 이끄는 접속사로 쓰였다. when 이 부사절로 쓰이는 이유는 시간을 확실하게 표현하기 위해 의문접속사로 쓰는 것이다.

부사절을 이끄는 의문접속사 where

당신이 나에게 어제 어디에 갔었는지 말해줄 수 있나요?
Can you tell me where you went yesterday?

전체 문장은 의문문으로 4형식을 이루고 있지만 여기에 쓰인 where 은 의문접속사로 부사절을 이끈다. where 가 부사절로 쓰이는 이유는 장소를 확실하게 표현하기 위해 의문접속사로 쓰는 것이다.

부사절을 이끄는 의문접속사 why

당신 나에게 왜 그 회사에 지원했는지 말해줄래요?
Can you tell me why you applied for that company?

의문문으로 4형식 문장에 why 가 의문접속사로 부사절을 이끈다. why 가 부사절로 쓰이는 이유는 의문을 확실하게 표현하기 위해 의문접속사로 쓰는 것이다.

강의 #10에서는 의문접속사 what, how, which 의 기능과 접속사 so ~ that 용법을 다루게 될 것이다. 주로 회화체에 쓰이는 문장들이다. 보다 올바른 영어를 구사하기 위해 반드시 필요한 내용이다. 포기하지 말고 끝까지 공부해야 한다.

의문접속사들

의문접속사 what, how, which 의 기능

의문접속사 중에 what 과 how 뒤에는 뭔가를 덧붙일 수 있다.
예를 들어 what 다음에 '어떤 종류의 음식 what kind of food'
또는 how 다음에 '몇살 how old'처럼 쓸 수 있다.

의문접속사 what 다음엔 명사류가 오면 어느, 무슨, 어떤으로 해석된다.
what 과 which 가 거의 같이 쓰이지만 which 는 더 구체적으로 표현할 때 많이 쓰인다.

의문접속사 how 다음에 형용사나 부사가 올 수 있고 이때 how 는 '얼마나'로 해석된다.

하지만 how 가 혼자 쓰이면 '어떻게'라고 해석해야 한다.

what 의 어떤 명사류가 올 경우

나는 그가 어떤 종류의 음식을 좋아하는지 모르겠다. 에서
I don't know what kind of food he likes.
　　　　　　(의문접속사의 명사류)

밑줄 친 what kind of food 가 의문접속사의 명사류이다. 이와 같이 의문접속사는 단독 what 으로도 쓰이지만 때론 명사류와 함께 쓰이면서 '어느, 무슨, 어떤'이란 뜻으로 쓰인다. 한 가지 조심해야 할 것은 '어느, 무슨, 어떤' 뜻으로 쓰이는 what 은 which 로 쓰면 안 된다. 예를 들어

나는 그가 어느 학교를 졸업했는지를 모르겠다.
I don't know what school he graduated from. 4형식
　　　　　　(의문접속사)

여기서 '어느 학교'라고 해서 which school 로 잘 못 쓸 수가 있는데 which 가 아니라 what 으로 써야 한다.

의문접속사 how+형용사나 부사가 올 경우

의문접속사 how+형용사가 오는 경우

나는 그녀가 몇 살인지 잘 모르겠다.
I don't know how old she is. (의문접속사의 형용사류)

how 다음 형용사 old 가 왔다. 이를 의문접속사의 형용사 용법이라 한다. 문장 끝에 is 가 온 이유는 첫째, how 가 의문접속사로써 두 개 이상 동사가 있어야 쓸 수 있는 접속사 역할을 해야 하기 때문이다. 둘째, 평서문에서 '나는 몇 살이다.'라고 할 때 I am 이라는 주어 다음 be 가 반드시 와야 하는 것처럼 당연히 나이를 물을 때나 보어동사를 필요로 하는

문장 속에서는 be 동사가 항상 같이 와야 하기 때문이다.

*how 가 접속사로 쓰였기 때문에 주어 동사의 순서가 바뀌지 않는다.
만일 how 가 의문문으로 쓰인다면 당연히 주어 동사 순서가 바꿔야 한다.

의문접속사 how+부사가 오는 경우
나는 거기까지 얼마나 걸릴지 모르겠다.
I am not sure how long it takes. (무생물 가주어)
how 다음 부사 long 이 왔다. 이를 의문접속사의 부사적 용법이라 한다.
여기에 쓰인 it 은 거리를 나타내는 가주어이다.
It 은 때, 시간, 거리, 일기 등을 나타낼 때 주로 쓰이며 특별한 의미를 가지고 있지 않다.

당신이 나에게 그것이 얼마인지 말해줄 수 있나요?
Can you tell me how much it is?
(주절 의문문)
how 다음 부사 much 가 왔다. 이를 의문접속사의 부사적용법이라 한다.
여기에서 it 은 그것이 라는 뜻을 가진다.

접속사 that 자리에 의문접속사 who 를 쓰는 경우
나는 어제 당신이 누구를 만났는지 안다. I know who(that) you met yesterday.
that 자리에 who 가 왔다. 여기에 쓰인 who 는 의문사나 관계대명사가 아니라 육하원칙에 쓰이는 의문접속사의 하나인 who 가 쓰이면서 목적어절을 이끄는 3형식 문형을 나타내고 있다. that 대신 who 를 쓰는 이유는 '누구를' 이란 단어를 강조하기 위한 것이다. '나는 당신이 누구를 만났는지 그 누구라는 사람을 분명히 나는 알고 있다.'는 기능적인 표현이다.

나는 당신이 누구인지 안다. I know who you are.
이 문장은 의문접속사로써 주어+동사의 순서가 바뀌지 않는다. 만일 이 문장이 의문사의 의문문이면 주어+동사의 순서가 반대로 와야 한다. 하지만 의문사의 접속사는 의문의 뜻은 가지고 있지만 기능이 접속사이기 때문에 순서는 그대로이다. who 가 부사절로 쓰이는 이유는 당신이 누구인지 확실하게 알고 있기 때문에 의문의 확실성을 표현하기 위해 의문접속사로 쓰는 것이다.

정리
*접속사는 절과 절, 구와 구를 연결하는 기능을 가지고 있다.
*관계대명사는 형용사절로써 명사나 대명사를 연결하여 명사절로 인도하는 기능을 가지고 있다.
*의문사는 문장이 의문문을 만드는 주된 역할을 하여 의문사를 만드는 기능을 하게 된다.

If/whether ~(or not) ~인지 아닌지, ~할 건지 안할 건지
whether 은 명사절을 이끄는 접속사로만 사용되지만 if 는 두 가지 기능 즉 명사절 용법과 부사적 용법 모두 가능하다.

if 가 '만일 ~인지 아닌지' 로 사용되면 whether ~ (or not) 과 같이 명사절을 이끄는 접속사로 사용되지만 if 가 '만일 누구누구가 뭐를 한다면', '~라면', '~일지라도'로 쓰이면 부사절을 이끄는 접속사가 된다.

명사절을 이끄는 접속사 whether
비가 올지 안 올지 확실하지 않다. Whether it will rain is not certain.
불확실성 문장으로 whether 는 명사절 용법으로 주어, 목적어, 보어에 사용될 수 있다.

명사절을 이끄는 접속사 if
명사절을 이끌며 '~인지 아닌지(whether)'의 뜻을 가진 if
나는 그녀가 올지 안 올지(를) 모른다. I don't know if she will come (or not).

or not 은 생략해도 된다. 여기에 쓰인 if 은 명사절을 이끄는 접속사로서 주어, 목적어, 보어역할을 하지만 오직 타동사의 목적어로만 사용된다.

부사절을 이끄는 접속사 if

부사절을 이끄는 접속사 if 에는 조건의 부사절을 이끌어 '(만일) ~라면(하면)'이라는 뜻과 가정의 부사절을 이끌어 '~일지라도'의 뜻을 가진 두 종류의 부사절이 있다.

조건의 부사절 '~라면'의 if

그 때 눈이 내리지 않았더라면 비행기는 취소되지 않았을 것이다.

If it doesn't snow then the plan would not be cancelled.

가정의 부사절 '~일지라도'의 if

내일 눈이 올지라도 우리는 갈 것이다. If it snows tomorrow then we will go.

내일 비가 올지라도 하이킹을 갈 것이다. If it rains tomorrow, we will go for a hike.

조건과 양보의 접속사

부사절 접속사 if 의 조건

해석: '만일 ~가 ~한다면', '만약 ~라면'

만일 내가 바쁘면 나는 거기에 갈수 없을 지도 모른다.

If I am busy, I may not be able to go there.

(부사절 접속사 if)

내일 날씨가 좋으면 우리는 수영하러 갈 것이다.

We'll go swimming if it is fine tomorrow.

당신이 피곤하면 우리는 집에 돌아가겠다.

If you are tired we will go back home.

그들이 우리를 돕는다면 우리는 그것을 더 빨리 끝낼 수 있을 것이다.

<u>If they help us</u> we will be able to finish it sooner.

명사절을 이끄는 접속사 if/whether 가 타동사의 목적어 자리에 오는 경우

질문하다 question, 궁금하다 wonder, 의심하다 doubt, 물어보다 ask,
잘 모른다 don't know 등의 타동사들이 오면 목적어 자리에는 if/whether 절이 온다.

암기방식: 문제가 궁금해서 의심나는 부분을 물어봤는데 잘 모른다고 하네유.

ask 의 경우

그는 나에게 내가 그와 함께 영화관에 갈 건지 안갈 건지(를) 물었다.
He asked if/whether I would go to the movie with him.
여기에서 한 가지 ask 가 '요청하다'는 뜻으로 쓰이면 반드시 if/whether 대신 that 절로 써야 한다.

그는 나에게 지금 즉시 이 소포를 보내달라고 요청했다.
He asked that I send this package right away.

wonder 의 경우

나는 내가 뭔가를 잘못했는지 안했는지 궁금하다.
I wonder if/whether I did something wrong (or not).
여기에서 한 가지 wonder 가 '놀라다'의 뜻으로 쓰이면 반드시 if/whether 대신 that 절로 써야 한다.

나는 당신이 몹시 다쳐서 놀랐다. I wonder that you are badly hurt.

whether ~(or not)의 용법은 well 로 고쳐 사용할 수 있다.

나는 그가 올지 안 올지(를) 잘 모르겠다.
I am not sure <u>whether he will come (or not)</u>.
　　　　　　(명사절의 목적절을 이끄는 접속사)

whether 이하가 목적절인데 이를 해석할 때 '올지 안 올지'라고 해석하면 이 문장이 명사절의 목적어인지 아닌지 잘 분별이 안 된다. 이를 한글식으로 '올지, 안 올지'를로 해석하면 명사절의 목적어라는 것을 보다 쉽게 이해할 수 있다. 'Whether he will come (or not).' 이 명사절의 목적절이 되는 것은 당연한 일인데 여기에 한 가지 문제가 있다.

목적어 앞에는 반드시 일반 동사가 와야 하는데 앞 문장이 'I am not sure.'라는 be 동사가 왔다. be 동사는 무조건 1형식 또는 2형이 된다. sure 라는 형용사가 보어로 쓰였으니까 'I am not sure.'는 2형식이다. 문제는 그 뒤에 오는 문장이 보어절이 와야 하는데 명사절을 이끄는 목적절이 왔다.

왜 이러한 현상이 나타나는 것일까? 이를 보다 자세히 이해하려면 'I am not sure.'와 같은 의미로 쓰일 수 있는 다른 단어를 찾아봐야 한다. '나는 잘 모르겠다. I am not sure.'를 다른 표현으로 'I don't know well.'로 고쳐 사용할 수 있다. 'I don't know well'이라는 문장은 be 동사 대신 know 라는 타동사를 사용했다. 여기에 쓰인 know 는 'I am not sure.'와 같은 뜻을 나타낸다. 이럴 땐 be 동사를 대신하여 well 로 사용할 수 있다.

영어는 문법적(이론적)인 것과 기능적(실제적)인 해석이 있다. 이 경우 'I am not sure.'를 이론적으로 해석하지 말고 실제적으로 해석하여 'I don't know well.'과 같이 일반 동사로 이해해야 한다. 그러면 뒤에 온 종속절 whether 이하가 명사절의 목적절로 바뀌면서 'I don't know whether he will come. (or not)'과 같은 기능적인 문장을 만들게 된다.

종속절에서 부사절을 이끄는 접속사

종속접속사를 대표하는 접속사는 that 이다. 이 that 은 주절과 종속절을 연결하는 기능을 하고 대등접속사(등위 접속사)는 전치사와 전치사, 구와 구, 절과 절을 연결하는 기능을 한다. 만일 대등접속사가 절과 절을 연결하는 문장이 있다면 서로 격이 같기 때문에 둘 다 주절로 쓰인다.

반면에 부사절은 부사류에 속하므로 주절을 도와주는 기능만 할 수 있다. 즉 부사절은 절대 주절이 될 수 없다. 오직 주절을 돕는 종속절 역할만 할 뿐이다. 부사절은 해석의 원칙이 정해져 있지 않다. 종속절을 먼저 해석하고 주절을 해석하든 주절을 해석하고 종속절을 해석하든 상관없이 따로따로 해석할 수 있다.

왜냐하면 주절의 문장 속에 동사는 보통 1개가 오지만 부사절은 한 문장 속에 동사의 기능을 할 수 있는 동명사나 to 부정사 같은 종류가 2개 또는 3개 이상도 올수 있기 때문에 반드시 따로따로 해석해야 한다. 부사절은 해석의 원칙이 없으며 위치의 제한도 없다. 부사절은 종속절이 먼저 오고 주절이 뒤에 와도 상관없다.

부사절을 이끄는 대표접속사는 as 이다. as 의 뜻은 because, when, since, if 의 뜻을 나타낼 수 있기 때문에 because, when, since, if 대신 as 를 사용해도 무방하다.
as 의 용도는 이유, 원인, 때, 조건, 목적, 양태(상태) 등을 나타낸다.

부사절을 이끄는 접속사 9개 그룹
목적, 결과, 시간, 이유, 조건, 양보, 비교, 장소,

암기방식: 목적의 결과를 위해 시간이 없다는 이유나 조건을 달거나 양보 등을 비교하거나 장소를 가리지 말라.

1. 목적을 나타내는 부사절 접속사
    so that, in order that

2. 결과를 나타내는 부사절 접속사
    so that, so ~형/부 that, such 형+명 that

3. 시간을 나타내는 부사절 접속사
    when, while, before, after, as soon as, since, till/until,

4. 이유를 나타내는 부사절 접속사

    because, as, since, now/now that, in that

5. 조건을 나타내는 부사절 접속사

    if, unless, in case, as long as…

6. 양보(양태)를 나타내는 부사절 접속사

    though, although, even though, even if…

8. 비교를 나타내는 부사절 접속사

    as, as ~ so

9. 장소을 나타내는 부사절 접속사

    where

접속사 부사절들

접속사 부사절은 다양한 종류가 있다. 하나하나 그 속성을 파악해 보자.

접속사 부사절 because 의 원인 또는 이유

해석: ~ 때문에, 왜냐하면, ~한 이유로, ~가 ~하기 때문에

한글식 해석: because 가 이유와 원인으로 쓰이면 뒷 문장에 주로 온다.

나는 오늘 오후에 바쁘기 때문에 갈 수 없다.

I can't go because I'm busy this afternoon. '바쁘기 때문에' 갈 수 없는 이유가 명백하다.

    (종속절의 접속사 부사절)

그녀는 최선을 다했기 때문에 성공했다. She succeeded because she did her best.
(종속절의 부사절 접속사)

그가 정직하지 않기 때문에 나는 그를 싫어한다. I don't like him because he is dishonest.
(종속절의 부사절 접속사)

뉴욕에는 볼만한 많은 것들이 있다. 왜냐하면 뉴욕은 큰 도시이기 때문이다.
There are many things to see in New York since it is a big city.
      (명사구의 주어)   (종속절의 부사절 접속사)
이 문장을 바꾸어 쓸 수 있는데 만일 종속절이 문장 앞에 오면 반드시 콤마(,)를 찍어야 한다.

왜냐하면 뉴욕은 큰 도시이기 때문에 뉴욕에는 볼만한 많은 것들이 있다.
Because New York is a big city, there are many things to see.

부사절 접속사 when 의 시간과 때

해석: ~가 ~할 때
한글식 해석: when 이 시간과 때로 쓰이면 앞 문장에 주로 온다.
when 은 명사절을 이끄는 접속사에도 사용되고 부사절에도 사용되는데
부사절에 사용될 경우는 때를 나타낼 때 사용한다.

when 이 때를 나타내는 부사절로 사용될 경우

나는 어렸을 때 가수가 되고 싶었다. When I was a child I wanted to be a singer.
(종속절의 부사절 접속사 when)

주절에 쓰인 be 는 become 의 뜻으로 '~되다.'의 뜻으로 쓰인다.
be 동사는 '있다, 이다, 되다.' 등의 뜻으로 쓰인다.

그녀가 소녀였을 때 그녀는 매우 영리했다. When she was a girl she was very smart.
(종속절의 부사절 접속사)

부사절 접속사 before 의 시간(때)

해석: ~가 ~하기 전에

한글식 해석: before 가 시간과 때로 쓰이면 뒷 문장에 주로 온다.

before 가 부사절을 나타내는 경우

내가 거기에 도착하기 전에 너에게 전화해 줄게.

I'll call you before I arrive there.
(종속절의 부사절 접속사 before)

조만 간에 It won't be long

조만 간에 다시 만나겠군요. It won't be long before/until we meet again.

부사절 접속사 after 의 시간(때)

해석: ~가 ~한 후에

한글식 해석: after 가 시간과 때로 쓰이면 앞 또는 뒷 문장에 온다.

after 가 부사절을 나타내는 경우

내가 일이 끝난 후에 너에게 전화할게.

I'll call you after I finish my work.
(종속절의 부사절 접속사 after)

그녀가 떠난 후에 잔이 도착했다. After she left, John arrived.

부사절 접속사 till/until 의 때

해석: ~할 때까지

한글식 해석: till 또는 until 이 시간을 나타내는 때로 쓰이면 뒷 문장에 주로 온다.

till/until 이 부사절을 나타내는 경우

내가 명령할 때까지 출발하지 마라. Do not start until I give the word.

(종속절의 부사절 접속사 till)

연주회가 끝날 때까지 나는 여기서 기다릴 것이다.

I will wait here until the concert is over.

(종속절의 부사절 접속사 until)

since 1

부사절 접속사 since

해석: ~한 이후로, ~부터 계속해서, 현재완료형에 주로 쓰이지만 과거의 막연한 기간을 표현할 때에도 쓰인다.

한글식 해석: since 가 ~한 이후 또는 ~부터 죽 등으로 쓰이면 뒷 문장에 주로 온다.

since 가 부사절을 나타내는 경우

현재완료형에 쓰일 때

나는 태어난 이후로 줄곧 서울에서 살았다.

I have lived in Seoul since I was born.

(종속절의부사절 접속사 since)

그가 죽은 후 10년이 지났다. Ten years have passed since he died.

since 2
부사절 접속사 since

해석: '~이므로, ~한 까닭에, ~이므로'라고 쓰이면 앞이나 뒤에 온다.
피곤해 보(이니)이므로 당신은 쉬는 것이 좋겠습니다.
Since you look tired you had better take a rest.
(종속절의 부사절 접속사 since)

다른 사람들의 도움을 기대할 수 없(으니)으므로 최선을 다합시다.
Let's do our best since the others can't help us.
= Let's do our best since we can not expect others to help us.

부사절 접속사 as soon as 의 시간(때)

해석: ~가~하자마자, ~한 이후로, ~부터 계속해서
한글식 해석: as soon as 가 시간과 때로 쓰이면 앞 문장에도 오지만 주로 뒷 문장에 온다.

as soon as 가 부사절을 나타내는 경우
결심하다, 결정하다. make up my mind.
내가 마음에 결정을 하자마자 너에게 알려줄게.
I'll let you know as soon as I make up my mind.
 (종속절의 부사절 접속사 as soon as)

그 소년은 나를 보자마자 달아났다. As soon as the boy saw me, he ran away.
한글식으로 문장을 해석할 때에는 사건의 순서별로 온다.
'그 소년이 나를 보았기 때문에 달아난 것이다.' 따라서 부사절이 문장 앞에 오게 된다.

그 소식을 듣자마자 그는 창백해졌다. As soon as he heard the news, he turned pale.

이 문장에서도 한글식으로 해석한다면 소식을 들은 것이 먼저이고 그 후에 창백해진 것이기 때문에 부사절이 문장 앞에 오게 된다.

부사절 접속사 now, now that

해석: ~이니까, ~인 이상

now 가 부사절을 나타내는 경우
당신이 그 말을 하니까 생각이 납니다. Now that you mention it, I do remember.
(부사절 접속사 now)
now 는 지금이라는 뜻이 있지만 여기서는 '~이니까'라는 부사절로 사용되었다.

부사절 접속사 unless 의 조건

해석: 만약 ~아니라면

비가 오지 않으면 나는 오늘 오후에 떠날 것이다.
I will leave this afternoon unless it rains.
(부사절 접속사 unless)

어떤 일을 추측하거나 가상하는 내용이 있는 문장이 뒤에 오는 경우가 있다. '비가 오지 않으면'이라는 내용은 단지 가상하고 있는 것이지 확실한 정보는 아니기 때문에 문장 뒤에 온다.

좀 더 빨리 걷지 않으면 당신은 버스를 놓칠 것이다.
You'll miss the bus unless you walk more quickly.

어떤 일을 예상하는 내용의 문장도 뒤에 오는 경우가 있다. '좀 더 빨리 걷지 않으면'이라는 내용이 버스를 놓칠지도 모른다는 예상을 하게 하기 때문에 문장 뒤에 온다. 하지만 어떤 문장을 강조하느냐에 따라 주절이 앞에 올 수도 있고 뒤에 올 수도 있다.

부사절 접속사 in case 조건

해석: ~의 경우를 생각하여, 만일 ~라면, ~경우를 대비하여

무슨 일이 생기면 나에게 전화하세요.
In case anything happens, give me a call.
(부사절 접속사 in case)

길을 잃을 경우에 대비해 그와 함께 나가세요.
Please go out with him, in case you lose your way.

부사절 접속사 although 양보

해석: 비록 ~이지만, ~일지라도

어리지만 그는 영리하다. Although he is young, he is wise.
(부사절 접속사 although)

겨우 10살이었지만 그녀는 여동생들을 돌보았다.
She took care of her sisters, although she was only ten.

부사절 접속사 however+형용사/부사+주어+동사의 양보 (형부주동)

= no matter how+형용사/부사+주어+동사

해석: 아무리 ~라도

아무리 부자라도 그런 것에 돈을 써서는 안 된다.
However rich a man may be, he should not spend money on such things.
= No matter how rich a man may be, he should not spend money on such things.
(부사절 접속사 however)

아이들이 아무리 나빠도 부모들은 그들을 사랑한다.
Parents love their children, however bad they are.

아무리 열심히 노력한다 하더라도 영어를 한 달에 습득할 수는 없다.
No matter how hard you may try, you can't master English in a month.
= However hard you may try, you can't master English in a month.

부사절 접속사 whatever+주어+동사의 양보

해석: 비록 ~라 하더라도

그 결과가 어떻게 될지라도 나는 진실을 말하겠다.
Whatever the consequence may be, I will tell the truth.
(부사절 접속사 whatever)

무슨 일이 있어도 나는 그것을 하겠다. Whatever happens, I'll do it.

부사절 접속사 whoever / whichever / wherever 양보

해석: whoever(누구라도), whichever(어느 것이라도), wherever(어디라도)는 양보의 뜻을 갖는다.

누가 와도 환영받을 것이다. <u>Whoever comes</u>, he will be welcome.
(부사절 접속사 whoever)

어느 것을 선택해도 만족할 것이다. <u>Whichever you choose</u>, you will be satisfied.
(부사절 접속사 whichever)

당신이 어디를 가든 나는 당신을 따라 가겠다. <u>Wherever you may go</u>, I will follow you.
(부사절 접속사 wherever)

목적/결과/양태/제한의 접속사

목적의 부사절을 이끄는 접속사

부사절 접속사 so that+주어+might/may/can/would ~

해석: ~하기 위하여, ~하도록, ~가~할 수 있도록

부사절 접속사 so that ~might/would

시험에 실패하지 않도록 우리는 열심히 공부했다.
We studied very hard <u>so that we might/would not fail the exam</u>.

부사절 접속사 so that ~ may

나는 당신이 영어를 잘 말할 수 있도록 (당신이) 열심히 공부하기를 원한다.
I want you to study hard so that you may/will speak English well.

부사절 접속사 so that ~can

우리가 그것을 볼 수 있도록 불을 켜주세요. Turn on the light so that we can see it.

*can 보다 may 를 쓰면 보다 부드럽게 전달된다. 하지만 might, may, can 의 예문들은 같은 뜻으로 쓰인다.

부사절 접속사 in order that+주어+may/can/could

= so that+주어+may/can/could

해석: ~하기 위하여, ~하도록

부사절 접속사 in order that ~may

그들이 당신 말을 이해하도록 분명하게 말하시오.
Speak clearly in order to be understood.
= Speak clearly so that they may understand you.
= Speak clearly so that they can understand you.
= Speak clearly so that they could understand you.
모두 같은 뜻으로 쓸 수 있다.

부사절 접속사 in order/so that ~ can

당신이 내 차를 쓸 수 있도록 당신에게 열쇠를 주겠다.

I'll give you the key in order that you can use my car.

= I'll give you the key so that you can use my car.

부사절 접속사 in order that ~ could

그는 시간안에 그곳에 도착할 수 있도록 일찍 출발했다.

He started early in order that he could get there in time.

*위의 may/can /~could 예문들은 모두 같은 뜻으로 쓸 수 있다.

부사절 접속사 in order to-

= so as to+동사원형 = so that 주어 may/might

해석: ~하기 위하여

부사절 접속사 so that ~may

나도 가서 그에게 경배할 생각이다. (나도 가서 그에게 경배하기 위하여)

In order to come and worship Him. =So as to come and worship Him.

부사절 접속사 so as to+동사

나는 의사가 되기 위해 의대를 다녔다.

So as to become doctor, I attended medical school.

부사절 접속사 so that 주어 may

해석: ~를 알게 하다.

인자가 땅에서 죄를 용서하는 권세를 가지고 있음을 너희에게 알게 하겠다.
So that you may know that the Son of Man has authority on Earth to forgive sins.

부사절 접속사 so ~ as to 동사원형

= enough to ~ so
= so that can

해석: ~매우 ~해서 ~하다.

그는 조심성이 없어서 기차를 잘못 탔다. He was so careless as to take the wrong train.

부사절 접속사 so that 주어+ will

해석: ~해서 ~할 것이다.

그들이 손으로 너를 떠받쳐서 너의 발이 돌에 부딪치지 않게 할 것이다.
They will lift you up in their hands, so that you will not strike your foot against a stone.

부사절 접속사 such+명사+that 상관 접속사

해석: 너무 ~명사 해서 that ~하다.
그는 너무 바보라서 그는 아주 터무니없는 실수를 했다.
He is such an idiot that he made an absurd mistake.

이 용법은 반드시 'such+a+형+명'의 원칙에 따라 문장이 나열돼야 한다. 감탄사 'what a 형+명'과 같은 형식이다. 한 가지 조심해야 할 것은 명사 대신 부사나 그밖에 다른 품사가 올 수 없다. 하지만 명사 앞에 형용사 대신 many/much 가 오면 many/much 앞에 so 를 써야 한다. 즉, 'so many/much+명+that'의 어순으로 문장이 이루어진다. 예를 들어 ~할 여력이 있다. can afford

부사절 접속사 so much+명사+that

그는 많은 돈이 있어서 고급 스포츠 자동차를 살 여력이 있다.
He has so much money that he can afford to buy luxury sports car.

부사절 접속사 so that 주어 might 상관 접속사의 특수용법

해석: ~하기 위해서 (목적)부사절
부사절 접속사 so that 주어 might

나는 좋은 자리를 얻기 위해 콘서트에 일찍 갔다.
I went to the concert early so that I might get a good seat.

so that 용법

so that 용법은 원인과 결과를 또는 무슨 동기 부여를 해서 하다는 이유가 성립되어 있다. 따라서 앞 문장이 무엇을 언급하느냐에 따라 so that 이 등장하게 된다.

부사절 접속사 so ~ that = such ~ that

해석: ~해서 ~하다
부사절 접속사 so ~ that

나는 너무 피곤해서 일찍 잠자리에 들었다.
I was so tired that I went to bed early.
= I was such tired that I went to bed early.

호수에 큰 풍랑이 일어나서 배가 물결에 막 뒤덮일 위험에 빠지게 되었다. (직역)
호수에 큰 풍랑이 일어나서 물결이 배를 막 뒤덮일 위험에 빠지게 되었다. (의역)
A furious storm came up on the lake, so that the waves swept over the boat. (마 8:24)

양태의 부사절을 이끄는 접속사

부사절 접속사 as ~, so

해석: ~와 마찬가지로, ~것처럼

부사절 접속사 as~, so (as 는 동급 문장이 온다. 즉, 앞에 언급한 문장과 뒤에 나오는 문장의 내용이 같은 의미 또는 같은 맥락을 이루어야 한다.)

지구가 태양의 주위를 도는 것과 마찬가지로 달은 지구의 주위를 돈다.
As the Earth moves around the Sun, so the Moon moves around the Earth.

음식이 몸의 영양이 되는 것처럼 책은 마음의 영양이 된다.
As food nourishes our body, so books nourish our mind.
= As food nourishes our body, because books nourish our mind.

접속사 as 1

해석: ~하는 대로

로마에서는 로마인들이 하는 대로 하라. 로마에서는 로마법을 따르라.
In Rome, do as the Romans do

부모님들이 너희를 사랑하듯 너희 부모님을 사랑하라.
Love your parents just as they love you.

좋을 대로 하십시오. Do as you like.
그것들을 있는 그대로 놔두세요. Leave them as they are.

접속사 as 2

접속사 as 가 부사절을 나타내는 경우
해석: ~이므로
부사절 접속사 as

그는 가난(해서)하므로 저 차를 살 수 없다. As he is poor, he can't buy that car.
어두워지고 있었으므로 우리는 집으로 돌아왔다.
As it was getting dark, we returned home.

내가 알기로는 그도 영어에 관심이 있다. <u>As I know</u>, he is interested in English too.

당신도 알다시피 난 영어를 잘 못한다. <u>As you know</u>, I'm poor at English.

내가 그것을 보기엔 그는 음악에 재능이 있다. (남이 나에게 의견을 물어볼 때)
<u>As I see it</u>, he is talented at/in music.

내가 기억하기론 그는 그녀와 친하지 않았다.
<u>As I remember</u>, he wasn't close to her.

내가 당신에게 말했다시피 나는 그곳에 가는 것에 관심 없어요.
<u>As I told you</u>, I am not interested in going there.

접속사 as 3

부사절 접속사 as+형용사/명사+as+주어+동사의 양보(형명에주동)
해석: 비록 ~이지만
부사절 접속사 as

그는 어리지만 아주 분별력이 있다. <u>Young as he is</u>, he has much sense.

그녀는 여자지만 용감했다. <u>Woman as she was</u>, she was brave.

접속사 as 4

접속사 not as(so) ~ as
해석: 만큼 ~하지 않다

이 책은 저 책만큼 재미있지 않다. This book is not as interesting as that one.

접속사 not so much A as B

= B rather than A

= less A than B

해석: A 이기 보다는 B 이다.

그는 선생이라기보다는 학자이다.

He is not so much a teacher as a scholar.

= He is a teacher rather than a scholar. = He is less a teacher than a scholar.

부사절 접속사 as far as 주어

해석: ~아는 한 ~하다.

이 문제에 관한 한은 내가 해결할 수 있다.

<u>As far as this problem is concerned</u>, I can solve it.

내가 아는 한 그는 정직한 사람이 아니다.

<u>As far as my knowledge goes</u>, he is not an honest man.

내가 아는 한 그는 그 일에 관계가 없다.

'<u>As far as I know</u>, he is not concerned in the affair.'를 'He is not concerned in the affair <u>so far as I know</u>.'라고 해도 상관없다. 부사절이 문장 앞에 오면 단지 콤마를 해주면 된다.

중요한 것은 문장 속에서 무엇을 강조하고 싶은지를 알아야 한다. 영어는 강조하고자 하는 문장을 앞쪽에 두는 성격을 가지고 있다.

부사절 접속사 as far as

갈 수 있는데까지 달려 봅시다. Let's run as far as we can.
나는 할 수 있는 한 그를 격려하겠다. I will encourage him as far as I can.

부사절 접속사 as/so long as

해석: ~하는 동안은, ~하는 이상은
부사절 접속사 as long as

내가 살아 있는 동안은 네 마음대로 하게 하겠다.
You shall have your own way as long as I live.
= As long as I live, you shall have you own way.

첫 번째 문장은 '네 마음대로 하게'하는 것을 강조 했다면 두 번째 문장에서는 '내가 살아 있는 동안'을 강조한 문장이다.

그 책을 언제까지든지 원하는 대로 가지고 있어도 좋다.
You may keep the book as long as you like.

원하는 만큼 이곳에 머물러 있어라.Stay here as long as you want to.

내가 살아 있는 동안 너를 잊지 않을 것이다. I will not forget you as long as I live.

부사절 접속사 as long as

너무 많이만 먹지 않는다면 좋아하는 것을 어떤 것이든 먹어도 좋다.

You may eat whatever you like, as long as you don't eat too much.

조용히만 있는다면 이곳에 있어도 좋다.
You may stay here as long as you keep quiet.

부사절 접속사 even though 의 양태(상태)

해석: ~는~함에도 불구하고
부사절 접속사 even though

나는 매우 아팠는데도 불구하고 그 곳에 나타났다.
Even though I was very sick, I showed up there.
show up 대신 come 을 사용해도 된다.

나는 매우 아팠는데도 불구하고 그 곳에 나타났다.
Even though I was very sick, I came.

부사절 접속사 even if 의 양태(상태)

해석: 비록~가(주어)~한다(서술어) 할지라도

비록 영어를 배우는 것이 쉽지 않다 하더라도 당신은 영어를 배우는 것이 좋다.
Even if it is not easy to learn English, you should learn English.
　　　　(가주어)　　　(주어)　　　　　(조동사구)

상관 접속사 특수용법 no sooner ~ than = as soon as

해석: ~하자마자 ~했다.

내가 집을 떠나자마자 비가 오기 시작했다.
I had no sooner left home than it began to rain.
　(반드시 과거완료)　　　　　　(반드시 과거)
= As soon as I had left home, it began to rain.
앞문장은 반드시 과거완료가 오면 뒷문장은 반드시 과거가 와야 한다. 집을 떠난 것이 비가 오기 시작한 것보다 먼저 일어났기 때문에 집을 떠나자마자가 비 오는 것보다 더 과거가 되어야 한다. '내가 집을 떠나자마자 비가 오기 시작했다.'의 도치용법.

No sooner had I left home than it began to rain. no sooner 란 부정문이 문장 앞으로 오면 도치용법이 되어 조동사가 주어 앞에 오는데 뒷 문장은 바뀌지 않는다.

같은 문장으로 no sooner ~ than 대신 hardly/scarcely ~ when/befor 도 같은 뜻이다.

내가 집을 떠나자마자 비가 오기 시작했다.
I had hardly left home when/before it began to rain.
= I had scarcely left home when/before it began to rain.

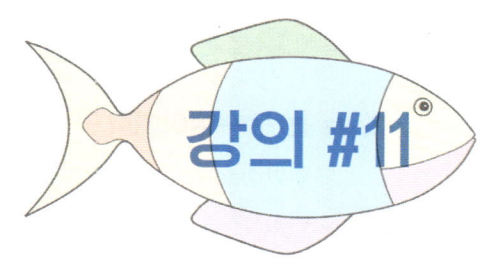

강의 #11에서는 접속사 because, as, since 의 차이와 while 과 during 과 for 의 차이점, It ~ that 강조용법, It be ~ that 강조용법, It ~ to 강조용법, It ~ for ~ to ~ 강조용법, 접속사 3, 형용사적 관계대명사, 접속사 what 과 that 의 차이점, 관계대명사, 관계부사 등을 다루게 될 것이다.

because, as, since, for 의 용법의 차이점

1. because 는 가장 강한 뜻의 직접적인 이유를 나타내는 종속접속사이다.

문장 앞에 쓰일 수가 있으나 일반적으로 주절 뒤에 쓰인다.

아파서 누워있기 때문에 그는 결석했다. He was absent <u>because he was ill in bed</u>.
(부사절)

아팠기 때문에 결석할 수 밖에 없다는 한글식 이론이 성립되는 유형의 문장이다.

2. as 는 부수적이거나 우연한 이유를 나타내는 종속접속사이다.

일반적으로 문장의 앞에 쓰인다.

날씨가 추워서 감기에 걸릴 뻔했다. <u>As it was cold</u>, I nearly caught cold.
(부사절)

날씨가 추우면 감기에 걸릴 수 밖에 없다는 원인과 결과론의 한글식 이론이 성립되는 유형의 문장이다.

3. since 는 상대가 뻔히 알만한 이유나 추론의 근거를 나타내는 종속접속사이다.

일반적으로 문장 앞에 쓰인다.

그녀가 아프기 때문에 그녀를 데려갈 수가 없다. <u>Since she is ill</u>, I can't take her.
(부사절)

아프기 때문에 갈 수 없다는 이론이 성립된다.

4. for 는 이유를 부가적으로 설명하는 등위접속사로서 항상 주절 뒤에서만 쓰인다.

구어체에서는 좀처럼 사용되지 않는다.

우리는 밖에 나갈 수 없다. 왜냐하면 비가 오고 있기 때문이다.
We can't go out <u>for it is raining</u>.
(부사절)

비가 오는 것이 먼저이기 때문에 앞 문장에 와야 하지만 이유를 나타내는 문장은 한글식 이론과는 상관없이 뒷 문장에 오게 된다.

while 과 during 과 for 의 차이점

while 과 during 은 둘 다 '~하는 동안'

접속사 while

while 은 종속접속사로서 주어+동사의 어순이 바뀌지 않는다. 행동과 동작에 중심이 있으며 어떤 사건이 일어나는 기간을 표현하고자 할 때에 쓰인다. '~하는 동안', 즉 어떤 동작이 계속적으로 지속되는 기간의 뜻을 표현할 때 주로 쓴다.

내가 영화 볼 때 나에게 말을 시키지 마세요.
Don't talk to me while I am watching the movie.
동작이 진행되는 도중에 즉 영화를 보고 있는 동안에 나에게 말을 걸지 말라는 뜻이다. 영화가 시작되는 시간이 중요한 것이 아니라 영화를 보고 있는 행동에 중점을 두고 있다. 영화가 시작되면 나에게 말을 시키지 말라는 while 은 행동에 중점을 두고 있다.

내가 어렸을 땐, 나는 자주 조부모님을 방문했다.
While/When I was a child, I often visited my grandparents.
while 이란 종속접속사는 행위적인 표현이 문장의 순위를 결정한다. 조부모님을 방문한 시기가 어릴적 행위를 표현해 주고 있다. 따라서 행위의 우선순위가 되기 때문에 '내가 어렸을 땐'이란 문장이 앞에 왔다.

너가 잠든 동안 나는 영어공부를 했다.
I study English while/when you asleep.
행위적인 내용이 문장 앞에 온다. '잠든 동안'이란 표현은 어떤 행위를 할 수 없는 표현이다. 따라서 '영어공부를 했다.'는 표현이 문장 앞에 온다.

during+명사

during 은 처음 시간의 시작과 끝에 중점을 둔다.

during 은 전치사로서 구를 이끄는 문장에는 쓰일 수 있지만 절을 만드는 문장에는 사용할 수 없다.

해석: ~시간 내에, ~무슨 기간에 주로 쓰인다.

during a day 나 during two weeks 처럼 a 관사나 two 라는 정해진 기간과 함께 사용할 수 없다. 여기서는 during the day, during the three months 라고 표현해야 한다. during 뒤엔 주로 이벤트처럼 처음에 시작하는 시간과 끝나는 시간이 있다.

영화 보는 동안 나에게 말을 시키지 마세요. Don't talk to me during the movie.
시간의 개념 즉 영화를 보고 있는 자신의 행위보다는 영화가 시작해서 끝날 때까지 말을 시키지 말라는 시간적 개념에 중점을 두고 있다.

나는 방학동안에 친구들을 만났다. I met my friends during the vacation.

for+전치사

for 는 전치사로 구를 이끄는 문장에는 쓰일 수 있지만 절을 만드는 문장에는 사용할 수 없다. 지속되는 기간을 나타내며 구체적인 숫자를 표현할 때 쓰인다. 3일, 1주일, 1달 등 숫자를 구체적으로 표현할 때 쓰인다. 하지만 for a day, for one hour 처럼 사용할 수는 있지만 for the day, for this weekend 처럼 the 관사나 this 가 시간개념을 나타내지는 못한다. 주로 ~시간, ~기간 이라는 계속의 의미가 강하다.

나는 서울에 10살 때부터 살고 있다. I have lived in Seuol for/since I was 10 years old.
for나 since 모두 사용할 수 있다.

이번 주말에 파티를 열거야. I am planning to have a party for this weekend.
여기서도 기간이나 시간을 언급하는 것이 아니다.

부사구의 전치사 용법이다. 참고로 for 는 단순한 전치사로 부사구를 유도한다.

It ~ that 강조용법

1. It ~ that 강조용법은 주로 2형식에 많이 쓰이며 가끔 3형식에도 쓰이는 경우

해석: ~가 ~하는 것은 ~하다.

여기에 쓰이는 that 은 명사절을 이끄는 대표적인 접속사이다. that 절은 목적절이나 보어절에 많이 쓰인다.

2. It ~ that 강조용법이 2형식 문장에 쓰이는 경우

It ~ that 강조용법에서 be 동사가 that 앞에 오는 문장은 보어절로 2형식이 된다.

예를 들어

그녀가 공원에서 어떤 남자를 만났다는 것은 사실이다.

That she met a man in the park is true. 에서 주어 That she met a man in the park 가 너무 길기 때문에 It ~that 강조용법으로 바꾸면 It is true that she met a man in the park. it 은 가주어 이고 that 은 진주어 인데 이런 문장으로 바뀌면 It is 뒤에 오는 내용들은 주격보어가 되어 형용사 역할을 하는 형용사절을 이룬다.

3. It ~ that 강조용법이 3형식 문장에 쓰이는 경우

It ~ that 강조용법에서 일반 동사가 that 앞에 오면 목적절이 되어 3형식이 된다.

또한 강조하고자 하는 부분이 it 다음에 반드시 오며 사람이 올 경우는 that 다음 주격 주어(you, she, he 등)가 와야 한다.

그녀가 아픈 것처럼 보인다. She seems to be ill. 의 2형식 문장이 It ~ that 강조용법으로 하면 It seems that she is ill. 처럼 3형식 문장으로 변하게 된다. 원어민들에게는 2형식 또는 3형식이 중요하지 않다. 다만 논문이나 학술에 필요한 문어체로 쓸 것인지 아니면 대화를 하기 위한 회화체로 쓸 것인지의 여부를 파악하는 것이 더 중요하다.

It ~ that 강조용법 정리

1) 한 문장 속에서 주어역할을 할 수 있는 두 개의 단어가 동시에 오는 경우

내가 어제 집에 오는 길에 만났던 그 여자는 메리였다.
The woman I met on my way home yesterday was Mary.
It was Mary that I met on my way home yesterday.
그 여자와 메리가 주어역할을 할 수 있기 때문에 It ~ that 강조용법을 쓸 수 있다.

2) 주로 2형식에 It ~ that 강조용법이 많이 쓰이고 3형식은 가끔 쓰인다.

그녀가 공원에서 그 남자를 만났다는 것은 사실이다.
That she met the guy at the park is true. 에서 주어 That she met the guy at the park 이 너무 길기 때문에 It ~ that 강조용법으로 바꾸면 It is true that she met the guy at the park.

3) 3형식에 It ~ that 강조 용법이 쓰이는 경우
그녀가 아픈 것처럼 보인다. She seems to be ill. 을 It ~ that 강조용법으로 하면 It seems that she is ill. 처럼 2형식 문장이 It ~ that 강조용법으로 바뀌면서 3형식 문장으로 변하게 된다.

의문문 it ~ that+주격 강조용법

우리가 영어를 배우는 것이 쉬운가요? Is it easy to learn English? 를 의문문의 it ~ that 강조용법으로 하면 Is it easy that we learn English? =Is it easy for us to learn English.
내가 책을 읽는 것은 중요한가요? Is it important that I read books?
종속절에 it ~that 강조용법에 쓰이는 의문문(it ~ to 강조용법과 같은 유형)

당신은 우리가 영어를 배우는 것이 필요하다고 생각해요?
Do you think that it is necessary that we learn English?

It ~ that ~ 강조용법의 의문사가 쓰이는 의문사

내가 많은 책을 읽는 것은 왜 중요합니까?
Why is it important that I read many books?
 (부사의문사)   (주어)

It ~ to ~ 강조용법+명사절이 의문사로 쓰이는 경우

사람들이 영어문법을 배울 필요가 있다는 것을 설명하는 것은 왜 어렵습니까?
Why is it difficult to explain that people need to learn English grammar?
       (주어)   (that은 명사절 '것'으로 해석)

모든 문장의 핵심은 동사와 관련되어 있다. 동사의 종류에 따라 그 다음에 올 문단이 결정된다. 이 예문에서 to explain 라는 to 부정사의 일반 동사가 오니까 당연히 그 뒤에는 목적어가 와야 한다. 따라서 명사절을 이끄는 명사구 that people 이 오는데 that people 은 절이 시작되는 주어 부분에 속한다.

문단을 연결하는 주어 부분은 새로운 문장이 시작되는 부분이기 때문에 반드시 원형동사가 와야 한다. 따라서 need 가 왔고 그 뒤에 또 동사로 연결되니까 need to learn 의 동사구를 형성하게 된다.

동사구에 온 learn 은 일반 동사이므로 또다시 목적어를 필요로 하니까 English grammar 가 올 수밖에 없다. 동사를 보면 다음 문단을 파악할 수 있는 능력을 키워야 한다. 이러한 것을 동사의 법칙이라 칭한다. 동사는 주어를 의식하면서 그 주어가 원하는 내용을 즉시 불러와야 한다.

가장 중요한 것은 그에게 진실을 말해주는 것이다.
The most important thing is to tell him the truth. 라는 문장에서 전체문장은 2형식이지만 to tell him the truth 는 4형식 문형을 표현하고 있다. 2형식 문장이 4형식 문장을 유도하는 것은 tell 이라는 수여동사가 있기 때문이다. 이와 같이 동사를 보면 그 다음에 어떤 종류의 문단이 오게 될지 즉시 파악할 수 있는 지각이 필요하다.

당신이 지금 무엇을 배우고 있는지를 설명하는 것이 왜 어렵습니까?
Why is it difficult to explain what you are learning now?

당신은 사람들이 영어문법을 배울 필요가 있다는 것을 설명하는 것이 왜 어렵다고 생각하세요?
Why do you think that it is difficult to explain that people need to learn English grammar?

It be ~ that 강조용법

It be ~ that 강조용법은 it ~ that 강조용법의 문장과 다른 패턴을 가지고 있다. 즉, 강조하고자 하는 단어가 어디에 위치하느냐에 따라 문장의 강조가 달라질 수 있다. 이러한 문장을 it be ~ that 강조용법이라 한다.

일반적인 문장을 강조하는 방법 중 하나는 do 라는 단어를 주로 사용 한다.
'나는 당신을 사랑해.'를 강조하고 싶으면 ' I do love you.'라고 한다.
이와 같이 윗 문장에 나온 내용을 강조하고 싶으면 do 조동사를 첨가하여
그 여자는 정말(강조)어떤 남자를 공원에서 만났다. She did meet a man in the park.
이라는 문장으로 바꾸어 강조 문법으로 만들 수 있다.
그런데 어느 내용을 강조할 것인지 그 문장 속에 있는 단어에 따라 문장의 순서가 바뀌게 된다. 만일 그녀를 강조하고 싶으면

어떤 남자를 공원에서 만났던 건 바로 그녀였다.

It was she who/ that met a man in the park. 이라는 It be ~ that 용법을 적용해야 한다. 왜냐하면 that 대신 who 로 대치할 수도 있기 때문이다. who 로 하면 문장의 뜻이 더 분명해진다.

예를 들어 그 남자를 강조하고 싶다면
그녀가 공원에서 만났던 건 바로 어떤 남자였다.
It was a man whom/that she met in the park.
that 대신 whom으로 대신하므로 어떤 남자라는 신분을 더 강조하게 된다.

같은 방법으로 공원을 강조하고 싶으면
그녀가 어떤 남자를 만났던 곳은 바로 공원이었다.
It was in the park where/that she met a man.
that 대신 where 로 대신하므로 공원이라는 장소를 더 뚜렷하게 설명하게 된다.

*관계대명사는 선행사를 강조하기 위한 용법이다. 하지만 It be ~ that 은 자신이 원하는 내용을 다양하게 설명할 수 있는 용법이기 때문에 더 유용하게 사용할 수 있다.

It ~ to 강조용법

It ~ to 강조용법 1

It ~ to 강조용법의 3가지 이유

1. It ~ to 강조용법은 It ~ that 강조용법과 다르다.
It ~ to 강조용법은 동명사나 to부정사와 같은 단어들이 앞 문장을 길게 만들 때 길게 만들어진 앞 문장을 단순하게 하기 위해 it 이란 가주어를 첨가하여 앞 문장을 단순하게 하는데 목적이 있다.

2. It ~ to 강조용법이란 일명 도치법이다.
주어가 너무 길 경우 가주어 it 을 주어 자리에 두고 진주어는 뒤쪽에 위치시킨다.

3. It ~ to 강조용법이란 '~하는 것은 ~하다'라는 뜻으로 '~하다'를 강조하기 위한 문법이다.
이 강조용법에서는 강조하는 부분이 사람이 오지 않는다. 사람을 제외한 다른 것을 강조하는 용법이다. 예문들을 들어 보자.

영어를 배우는 것은 쉽지 않다. To learn English is not easy. 라는 문장을
it ~ to 강조용법으로 바꾸면 It is not easy to learn English. 으로 변하게 된다.
　　　　　　　　　　　　　　(가주어)　　　　(진주어)

It ~ to 용법이 되면 진주어 to learn English 는 문장 뒤쪽으로 가게 되고 가주어 it 이 문장 앞에 오게 된다. 여기서 강조용법이라 하는 것은 무엇인가를 강조하기 위해 문장을 바꾼 것인데 그 강조하고자 하는 것이 not easy 라는 부분이다. to 부정사에서 시작했던 평범한 문장이 it 이라는 가주어가 주어 자리에 오면서 어느 한 부분을 강조하게 되는 것을 말한다. 원어민들은 평상시 It ~ to 강조용법을 더 많이 사용하고 있다. 그 이유 중 하나는 주어가 가급적 짧아야 하기 때문이다.

규칙적으로 운동하는 것은 중요하다. To exercise regularly is important. 를
It ~ to 강조용법으로 바꾸면
It is important to exercise regularly. 에서는 important를 강조하기 위한 문법으로 바뀐다.
(가주어)　　　　(진주어)

만나서 반갑습니다. It is nice to meet you 도 본래는 It ~ to 강조용법이다.
It is nice to meet you 는 문어체인데 회화체로는 그냥 nice to meet you 로 표현하는 것이다.

탄산수를 너무 많이 마시는 것은 어린아이들에게 좋지 않다.
To drink too much carbonated water is not good for children.
= It is not good for children to drink too much soda.

It ~ to 강조용법 2

It ~ to 강조용법과 that, why, what 절의 관계

문장을 길게 연결하는 방법 중 하나는 관계대명사나 접속사를 잘 활용하는 데 있다. 이 중에 접속사 that 을 연결하여 긴 문장을 만들어 보자.

그것을 설명하는 것은 매우 어렵다. To explain it is very difficult 를 강조용법으로 하면 It is very difficult to explain it. It is very difficult 까지의 문장을 보면 it 다음 be 동사가 왔기 때문에 그 뒤에 보어로 형용사 difficult 가 왔다. 하지만 그 형용사 뒤에 to 부정사로 연결된 일반 동사 explain 이 다시 왔다. 일반동사 뒤에는 반드시 목적어가 온다. 목적어로 쓰이는 것은 명사류와 대명사류 종류만 올 수 있다. to explain 도 일반 동사에서 온 부정사이기 때문에 그 뒤에 it 이라는 목적어로 대명사가 왔다. 명사류의 목적어는 명사, 대명사, to 부정사의 명사적용법, 동명사 등이 올 수 있다.

여기서 It 대신 명사류에 속한 that 절로 문장을 길게 만들어 보면
사람들이 영어문법을 배울 필요가 있다는 것을 설명하는 것은 매우 어렵다. It is very difficult to explain that people need to learn English grammar. 처럼 만들 수 있다. 이 문장도 It ~ to 강조용법이다. 다만 목적어 it 자리를 that 명사절로 연결한 것뿐이다. that 명사절이 왔기 때문에 주어 people+동사 need 로 다시 새로운 문장이 시작되는 것뿐이다. 따라서 need 동사 자리에는 원형동사가 왔다. that 은 명사절을 이끄는 의문 접속사이기 때문에 that 이하 문장은 절로 연결된 일반문장이다. 따라서 일반적으로 평범한 문장이 와야 한다.

It ~ to 강조용법의 정리

1) 사람을 제외한 다른 것을 강조하는 용법이다.
규칙적으로 운동하는 것은 중요하다. To exercise regularly is important. 를
It ~ to 강조용법으로 바꾸어 쓰면
It is important to exercise regularly
(가주어)   (진주어)

2) 앞 문장에 주어가 너무 길 경우
탄산수를 너무 많이 마시는 것은 어린아이들에게 좋지 않다.
To drink too much carbonated water is not good for children.
= It is not good for children to drink too much soda.

It ~ to 강조용법에 의문사가 쓰이는 경우

일본어를 배우는 것은 왜 쉽습니까?
Why is it easy to learn Japanese?
(부사의문사)   (주어)
많은 책을 읽는 것은 왜 중요합니까?
Why is it important to read many books?
(부사의문사)   (주어)

*It ~ that 과 It ~ to 강조용법의 Key point
It ~ that 강조용법은 it ~ to 강조용법에서 It ~ that 절로 바꾸어 쓸 수가 있으며 that 절(명사류 6가지)인지 아닌지 whether/if 또는 의문사 접속사 6가지(육하원칙) 등으로 자유롭게 바꾸어 쓸 수도 있다. It ~ that 강조용법은 주로 사람을 강조하는데 쓰이고, It ~ to 강조용법은 주로 사람을 제외한 다른 것을 강조할 때 쓰인다.

종속접속사의 it ~ to 강조용법에 의문사가 쓰이는 경우

당신은 영어를 배우는 것이 왜 쉽다고 생각해요?
Why do you think that it is easy to learn English?
　　　　(명사절을 이끄는 접속사)　　(주어)

It ~ to 강조용법에 의문사와 종속접속사의 it ~ to 강조용법에 의문사가 쓰이는 경우의 차이점을 구별해야 한다. It ~ to 강조용법에 의문사는 단문으로 구성된 문장이다. 즉, 주어+동사가 단 하나밖에 없다. 반면에 종속접속사의 it ~ to 강조용법에 의문사는 복문으로 구성된 문장으로 주어+동사가 두 개씩 있어야 한다. 이 때 주절에 있는 주어+동사의 순서가 절대로 바뀔 수 없다는 것을 꼭 기억해야 한다.

It ~ for ~ to ~ 강조용법

It ~ for ~ to ~ 강조용법은 It ~ that 강조용법이나 it ~ to 강조용법처럼 다양하지 못하고 오직 한 가지 방법밖에 없기 때문에 그 쓰이는 용도가 다양하지 못하다.

해석: ~가 ~하는 것은 ~하다.
여기에는 사람이 온다는 점이 It ~ to 강조용법과 다른 점이다.
즉, It ~ for ~ to ~ 강조용법에서는 for 다음 목적격주어가 와야 한다.

　　우리가 최선을 다하는 것은 중요하다.
　　It is important for us to do our best.
　　for 다음 목적격 주어 us 가 왔다.
하지만 It ~ that 용법은

　　우리가 최선을 다하는 것은 중요하다.

It is important that we are to do our best.
that 다음 주격주어 we 가 온다.

It ~ for ~ to ~ 강조용법과 It ~ that 강조용법의 차이점은
목적격주어가 오느냐 아니면 주격주어가 오느냐가 가장 큰 차이점이다.

그가 기회를 놓치는 것은 그에게 멍청한 짓이다.
It is silly for him to miss the chance.
it for to 용법은 for him 처럼 목적격주어가 오지만
그가 그 시험에 합격하는 것은 당연하다.
It is no wonder that he passed the test.
It ~ that용법은 주격주어가 온다.

의문문 It ~ for ~ to ~ 강조용법

우리가 영어를 배우는 것이 중요한가요? Is it important for us to learn English?
내가 많은 책을 읽는 것은 중요합니까? Is it important for me to read many books?

의문사 강조 용법들

It ~ for ~ to ~ 강조용법의 의문사가 쓰이는 경우

내가 많은 책을 읽는 것이 왜 중요하나요?
Why is it important for me to read many books?

종속접속사의 It ~ for ~ to ~ 강조용법의 의문사가 쓰이는 경우

당신은 영어를 배우는 것이 필요하다는 것을 언제 알았나요?
When did you know that it is necessary for you to learn English?
      (명사절의 종속 접속사)   (종속절의 주어)

It ~ for ~ to ~강조용법 의문사와 종속접속사의 It ~ for ~ to ~ 강조용법 의문사의 차이점도 It ~ to ~ 강조용법에 의문사와 종속접속사의 it ~ to 강조용법에 의문사의 용법과 같다.

형용사절을 이끄는 접속사 that

형용사적 관계대명사

형용사적 관계대명사란 형용사가 명사를 앞뒤에서 꾸미면서 that 과 함께 앞에 있는 선행사를 연결시켜주는 것을 말한다. 관계대명사를 다른 말로 형용사절이라고도 한다.

관계대명사의 해석: ~ㄴ 이다.

관계대명사가 이끄는 절은 형용사절이다. 형용사류는 독립적으로 쓰일 수 없다. 형용사류는 be 동사와 함께 서술어를 형성하든지 is beautiful, 아니면 명사 앞에서 명사를 수식하든지 beautiful flowers, 아니면 명사 뒤에서 woman, beauty, smart and wise 처럼 수식하게 된다. 형용사가 명사구나 명사절을 이루면서 주어나 목적어나 보어를 형성하게 된다. 형용사적 관계대명사절의 앞쪽에 명사 또는 명사구가 오면 그 명사를 선행사라 한다. 이 선행사(명사)와 함께 쓰이는 형용사적 관계대명사절은 명사절이 된다. 형용사구가 결국 명사(선행사)를 수식하면서 명사로 해석되니까 형용사구는 명사를 만나는 동시에 명사절로 바뀌게 되면서 주어로, 목적어로, 보어로 쓰인다.

형용사절을 이끄는 대표접속사는 that 이다. 즉, which, who 대신 that 를 사용해도 무방하다. 형용사적 관계대명사는 모두 that 으로 사용할 수 있다. that 은 대표적인 접속사이면서 형용사절을 이끄는 대표적인 관계대명사로도 사용된다.

*형용사류의 4가지 기능 총 정리
1. 형용사류는 be 동사와 함께 서술어를 형성하여 보어가 되든지 is beautiful
2. 명사 앞에서 명사를 수식하여 형용사구 (또는 명사구)가 되든지 beautiful flowers
3. 명사 뒤에서 명사를 수식하는 형용사구 (또는 명사구)
   woman, beauty, smark and wise 가 된다.
4. 형용사구가 명사를 수식하면 이 형용사구는 명사절로 바뀌게 되면서
   주어나 목적어나 보어를 형성하게 된다.

종속절 that 이 문장 앞에 오는 경우
that 은 접속사와 강조용법에 쓰일 뿐 아니라 문장 선두로 오는 경우가 있다.

내가 그녀를 사랑하는 것은(건) 사실이야. That I love her is true.
여기에 쓰인 that 문장은 사실상 주어 동사가 두 개씩 있다.
what 문장이 선두에 올 경우에는
내가 사랑하는 것은(건) 그녀가 아니라 돈이야. What I love is not her but money. 처럼
단문으로 구성되어 있다. 즉, 주어+동사가 하나만 있는 반면에
'내가 그녀를 사랑하는 것은(건) 사실이야. That I love her is true.'라는 문장은
절을 형성하므로 주어+동사가 두 개씩 들어 있다. 즉 이 문장은 It is true that I love her. 처럼 가주어 It 을 사용할 수 있는 문장이다.

What I love is not her but money. 의 문장에서 what 이 문장 앞에 온 이유는 '내가 사랑하는 것은 What I love'의 문장 다음 사랑하는 뚜렷한 대상인 '돈이야. the money'가 있기 때문에 what 이 문장 앞에 온 것이다. 하지만 that 이 문장 앞에 쓰이는 이유는 '내가 사랑하는 것은 What I love'처럼 뒷 문장에 뚜렷한 대상이 있기 때문에 사용한 것은 아니다.

that 이 문장 앞에 쓰인 이유는 단지 막연한 대상을 표현할 때 대표적으로 절을 이끄는 단

어로 쓰일 수 있다. 절을 형성하는 대표적인 접속사는 that 이기 때문이다. 이렇게 앞 문장에 주어+동사가 있고 뒷문장에도 주어+동사가 포함되어 있으면 앞 문장은 절을 이루게 된다. 왜냐하면 뒷 문장에 주어 동사가 또 오기 때문에 한 문장에서 두 개의 동사를 사용 할 수 없다.

따라서 that 절이 있는 문장은 주절이 되므로 주절 뒤에는 반드시 종속절이 있어야 한다. 그러므로 that 절이 있는 문장과 what 절이 있는 문장을 잘 구별해야 한다. that 절이 있는 문장은 that 절의 결과를 표현하는 문장이 오는 것이 아니라 단순히 앞절의 내용과 연관되는 종속절이 오는 것을 말한다.

반면에 what 이 있는 문장은 반드시 what 과 관련된 내용이 연결되는 문장이 뒤에 와야 한다. 하지만 한 가지 조심해야 할 부분은 what 이 육하원칙이 따라 접속사로 쓰이면 that 절과 같이 주어+동사의 형태를 취해야 하기 때문에 what 이 단순한 '것'의 대명사로 쓰이는지 아니면 접속사로 쓰이는지를 바르게 분석해야 한다.

what 의 용법

문장 앞에 what 을 써야 할 2가지 이유가 있다. 먼저 what 을 써야 할 특별한 이유를 알아보고 그 다음 what을 사용할 필요가 없는 경우를 살펴 보자.

문장 앞에 what 을 써야 할 특별한 이유가 있는 반면에 what 을 사용할 필요가 없는 경우가 있다. 어떤 경우에 써야할지 또는 써서는 안 되는지 알아보자.

문장 앞에 what 을 써야 할 특별한 이유 1
뒷 문장에 뚜렷한 대상이 있을 때 what 를 사용해야 한다.

내가 사랑하는 것은(건) 그녀가 아니라 돈이야. What I love is not her but money.

　이 문장에서 내가 사랑하는 대상 즉, 내가 사랑하는 '건'이라는 대상이 '돈'이라는 실체를 타내고 있다. 즉, '내가 사랑하는 것이 바로 그거야 그것은 돈이야'라는 뜻이다. 이와 같이 뒷 문장에 무엇인가의 뚜렷한 대상이 나타나면 what 이 문장 앞에 와서 what 을 형성한다. 따라서 '내가 사랑하는 건(것은) What I love'처럼 앞 문장을 what 으로 시작해야 한다.

　그런데 여기에 쓰인 타동사 love 는 반드시 목적격을 필요로 하는 동사이다.
　나는 그녀를 사랑한다. I love her. 처럼 love 동사 뒤에는 목적격이 와야 하는데 목적격 대신 'what'이라는 '것'이 목적격을 대신하고 있다.

　왜냐하면 여기에 쓰인 love 는 타동사의 기능으로 쓰인 것이 아니라 사랑이라는 추상적인 의미를 나타내는 단어로 쓰였기 때문이다. 따라서 '내가 사랑하는 것은 what I love'는 형용사적인 용법으로 선행사 what 을 꾸며주는 역할을 하게 된다.

문장 앞에 what 을 써야 할 특별한 이유 2

먼저 what 을 써야 할 특별한 이유 2를 살펴보자.
내가 말하고 싶은 것은 당신이 영어를 배울 필요가 있다는 것이다.
<u>What I want to say</u> is <u>that you need to learn English</u>. 2형식
(명사절의 주어)　　　　(명사절의 보어절)

　앞 문장에 쓰인 what 은 the thing that 대신 쓰인 것으로 무엇인가를 더 보충하거나 더 설명하고 싶을 때 쓰인다. 즉, '내가 말하고 싶은 것은 What I want to say'의 문장속에 what 이 의미하는 내용은 무엇인가를 말하고 싶거나 뭔가를 보충하고 싶다는 뉘앙스가 담겨 있다. 따라서 여기에 쓰인 what 은 '당신이 영어를 배울 필요가 있다는 것이다.'라는 문장을 설명하고 싶어서 that 대신에 what 을 쓰게 된 것이다. 이와 같이 뒷 문장을 부가적으로 설명하고 싶을 때 문장 앞에 등장하여 what 으로 시작하면서 뒤에 나올 문장의 뜻을 궁금하게 만든다. 뒷 문장에 뚜렷한 대상이 있을 때 what 를 쓰는 경우와 같은 의미를 갖고 있다.

문장 앞에 what 을 사용할 필요가 없는 경우

그녀를 사랑하는 것은(건) 내게 너무 힘들었어요. To love her is too hard for me.

이 문장에서 '그녀를 사랑하는 건'이라는 사랑의 대상이 뒷문장에 뚜렷이 나타나 있지 않다. '그녀를 사랑하는 건' 뒤에 나오는 대상은 추상적인 '내게 너무 힘들었어.'라는 문장만 있을 뿐이다. '그녀를 사랑하는 건', 즉 앞 문장에서 말하는 대상을 찾을 수 없다.

이럴 땐 앞 문장에 주어가 없기 때문에 '사랑하는 건' 그 자체가 본 주어의 역할을 하게 된다. 따라서 To love(Loving) her 가 주어가 돼야 한다. 사랑한다는 대상이 뒷 문장에 언급되어 있으면 what 을 써야 하지만 없을 때에는 to 부정사가 명사적 용법으로 주어로 쓰인다.

접속사 what 의 용법 4가지

접속사 what 의 용법 1

명사절 접속사 what 이란 what+주(S)+동(V)의 절이 있는 것을 말하는데 what+주어+동사를 명사절 what 의 용법이라고 한다. 명사절은 주어, 목적어, 보어, 전치사의 목적어가 될 수 있다.

예를 들어 '내가 아는 것 What I know'는 '내가 무엇을 아는지' 또는 '내가 알고 있는 그 무엇'으로 해석한다. 이것을 다른 말로 표현하면 '내가 아는 그 것 the thing that I know'는 'what I know' 와 같은 뜻인데 the thing 은 일반적으로 알고 있는 것을 말하고 what 은 이미 무엇을 오래전부터 알고 있는 것을 말할 때 사용한다.

명사절 접속사 what 의 용법은 앞 뒤 문장의 내용과 상관없이 명사절 접속사 what 의 용법에서만 사용된다. 이런 접속사의 명사절은 오직 4가지 용도, 즉 주어, 목적어, 보어, 전치사의 목적어절에만 쓰인다. 이를 다른 말로 접속사의 명사절 what 의 명사절 용법이라고 한다.

_ 명사절 접속사 what 이 주어로 쓰일 때

내가 알고 있는 것은 사실이야. What I know is true. (주어)

이 문장은 얼핏 보기에는

내가 사랑하는 것은(건) 그녀가 아니라 돈이야. What I love is not her but money. 라는 문장과 같아 보인다. 하지만 단순히 what 으로 시작하는 문장과 명사절 접속사의 what 은 그 기능 자체가 다르다. 단순한 what 의 문장은 the thing that I love 의 축소형인 what I love 의 뜻으로 그냥 '~것'이라는 의미가 있지만 같은 what 이라도 명사절 접속사의 what 은 문장의 절을 이끄는 기능을 가지고 있다. 이를 분별하는 방법은 가주어 It 의 문장을 통해 확인해 볼 수 있다.

내가 사랑하는 것은(건) 그녀가 아니라 돈이야.
What I love is not her but money. 라는 문장을 It is not her but money what I love 로 고쳐서 해석하면 '이것은 내가 사랑하는 것인데 그녀가 아니라 돈이다.'처럼 해석이 어색할 뿐 아니라 문법적으로도 어울리지 않는 반면에

내가 알고 있는 것은 사실이야. What I know is true. 라는 문장을 It is true what I know. 로 고쳐서 해석하면 '이것은 내가 알고 있는 사실이다.'처럼 해석이 매끄러울 뿐 아니라 문법적으로도 손색이 없다.

_ 명사절 접속사 what 이 목적어로 쓰일 때
내가 무엇을 알고 있는지 넌 알잖아. You know <u>what I know</u>.
(목적어)

_ 명사절 접속사 what 이 보어로 쓰일 때
이것이 내가 알고 있는 것이야. This is <u>what I know</u>.
(보어)

_ 전치사의 목적어절로 쓰일 때
내가 아는 것에 관하여 너에게 말할게. I will tell you about <u>what I know</u>.
(전치사의 목적어절)

전치사 다음에는 오직 목적격만 오게 되어 있다. what I know 는 about 을 수식하는 목적격인데 절로 구성된 목적격으로서 '내가 아는 것에'라는 절이 '관하여'라는 전치사를 수

식하고 있기 때문에 전치사의 목적격 절로 쓰일 수 있다. 명사절을 이끄는 접속사 what 은 이와 같이 주격, 목적격, 보어격, 전치사의 목적격의 4가지 유형으로 활용할 수 있다.

접속사 what 의 용법 2

_ 접속사 what 이 문장 중간에 오는 경우

접속사 what 이 문장 중간에 오는 경우는 앞 문장을 뺏을 때 완벽한 문장을 이루지 못하는 경우에 온다.

이것이 내가 그에게 말한 것이다. This is what I said to him.
이 문장에서 '이것이 this is'를 빼보자. '내가 그에게 말한 것이다 what I said to him.'이란 문장만 보면 내가 그에게 말을 했는데 무엇을 말했는지 아무런 내용이 없다. 앞문장의 내용을 빼고 말했을 때 의사 전달이 잘 될 수 없는 문장의 유형들은 접속사 what 이 문장 중간에 온다.
이것이 내가 그에게 원하는 것이야. This is what I want to him.
'This is'를 빼면 내가 그에게 원하는 것이 무엇인지 알 수 없기 때문에 what 이 문장 중간에 온다.

접속사 what 의 용법 3

누가 '무엇을 기록하다, 예언하다, 실행하다, 알리다, 말하다.'라는 뜻을 표현하려고 할 때 what 의 용법을 주로 쓴다. 의문사로 쓰일 때 what 은 '무엇'이라는 뜻이 있지만 접속사에서 쓰이는 what 은 '~하는 것', ' ~하는 일', '~할' 이란 뜻으로 많이 쓰인다. 또한 한글식 해석으로 주어체가 두 가지 즉 '이것은 당신(에게)이' 처럼 연이어 오면 what 의 용법을 쓰는 경우가 있다.

이것은 당신이 요셉에게 말해야 하는 것이다.
This is what you are to say to Joseph. (문어체)
This is what you should say to Joseph. (회화체)

이것이 네가 한국 사람들에게 말할 내용이다.

This is what you are to say to the Koreans(문어체).
This is what you should say to the Koreans(회화체).
이 문장은 한글식 주어체가 두 개, 즉 '이것이'와 '네가'라는 두 개의 주어체가 왔다.

접속사 what 의 용법 4

_ know+의문사의 접속사+부정사의 경우

know 다음에 to 부정사가 올 때는 반드시 그 사이에 의문사의 접속사가 있어야 한다.

난 어찌할 바를 모르겠군. I don't know what to do.
난 어디로 갈지 모르겠어. I don't know where to go.

접속사 what 의 용법 4가지 총 정리

1) 명사절 what 의 용법은 무엇을 알고 있다는 것을 강조하고 싶을 때 쓰이는데 명사절의 주어, 목적어, 보어, 전치사의 목적어에 쓰인다.

내가 알고 있는 것은 사실이야. What I know is true
                                    (주어)

2) what 이 문장 중간에 오는 경우는 완벽한 문장이 아닐 때 온다.

이것이 내가 그에게 말한 것이다. This is what I said to him.

3) '누가 무엇을 기록, 예언, 실행, 알림, 말하다'라고 했다는 뜻을 표현하려고 할 때 what 의 용법을 주로 쓴다. 이때 한글식 주어체가 두 가지 즉 '이것은 당신(에게)이' 처럼 주어체가 두 가지로 연이어 오면 what 의 용법을 쓴다.

이것은 당신이 요셉에게 말해야 하는 것이다.

This is what you are to say to Joseph.

이러한 유형의 문장들은 간목(요셉에게)이 문장 끝에 온다.

4) know+의문사의 접속사+부정사의 경우

know 다음에 to 부정사가 올 때는 반드시 그 사이에 의문사의 접속사가 있어야 한다.

난 어찌할 바를 모르겠군. I don't know what to do.

다양한 의문문과 의문사들

간접의문문 3가지

간접의문문에는 3가지 유형이 있다. 간접적으로 묻는 의문사에서는 뒷문장이 평서문(주어+동사)처럼 오는 유형과 뒷문장이 의문문(동사+주어)처럼 오는 유형 그리고 의문사가 주어로 쓰이는 간접의문문 등이 있다.

1. 뒷문장이 평서문처럼 오는 간접의문문

yes 또는 no 를 묻지 않는 간접의문문

의문사의 간접의문문의 내용이 yes 또는 no 라는 질문이 없는 문장에서는

의문문이라도 주어+동사의 순서가 바뀌지 않는다.

너는 이것이 무엇이라고 생각하느냐? What do you think it is?

이 문장은 yes 또는 no 라는 질문을 묻는 문장이 아니고 자신의 생각을 표현할 수 있도록 유도하는 문장이기 때문에 주어+동사의 어순이 바뀌지 않는다.

나는 그녀가 누군지 알고 있다. I know who she is.

2. 뒷문장이 의문문처럼 오는 간접의문문

yes 또는 no 를 묻는 간접의문문

의문사의 간접의문문의 내용이 yes 또는 no 라는 질문을 묻는 문장이 오면 주어+동사의 순서가 바뀌어 동사+주어 순으로 와야 한다.

너는 그녀가 누군지 알고 있는냐? Do you know who is she?
예, 알고 있어요. Yes, I know.
yes 또는 no 를 묻는 문장이기 때문에 동사+주어 순으로 왔다.

이것이 무엇인지 너는 알고 있니? Do you know what is it?
Yes, I know. yes 또는 no를 묻는 문장이기 때문에 동사+주어 순으로 왔다.

3. 의문사가 주어로 쓰이는 경우

의문문의 주어가 따로 없기 때문에 의문사가 주어가 되어
그 자체가 의문사 주어가 되어 문장의 선두가 된다.

누가 아나요? <u>Who</u> knows?
　　　　　(의문사 주어)

너의 선생님은 누구니? <u>Who</u> is your teacher?

무엇이 더 중요합니까? <u>What is more important</u>? 2형식
　　　　　　　(주어)　(보어)형용사구

무엇이 당신의 인생에 있어서 가장 중요합니까?
<u>What is the most important thing in your life?</u>
(주어)　　(보어)

어떤 학교가 더 좋을까요?

<u>What school</u> is better? Which school 로 바꾸어 써도 된다.
(주어)

당신은 어떤 학교가 더 좋다고 생각해요?
<u>Which school</u> do <u>you</u> think is better? 두 문장이 겹쳐진 문장이다.
(주어)　　　　　(주어)

Which school is better 와 do you think 가 혼합된 문장이다.
이런 문장은 의문사에 종종 있다.

어떤 것이 더 비싸다고 생각하세요? Which one do you think is more expensive?
(위와 같은 구조의 문장이다).

조동사구가 사용된 의문문에 의문사를 쓰는 경우
제가 어디에서 예약할 수 있나요? Where can I make a reservation?
제가 당신을 위해 무엇을 할 수 있죠? What can I do for you?

미래 진행형에 의문사를 쓰는 경우
당신은 언제 부산에 갈 예정이죠? When will you be going to Busan?
당신은 언제 그 영화를 볼 건가요? When will you be seeing the movie?

*의문접속사와 의문사 의문문을 위한 예화들을 나열해 놓았다. 주로 회화체로 구성되어 있기 때문에 발음 연습과 문장 연습을 위해 지속적인 반복이 요구 된다.

명사절을 이끄는 의문접속사 6가지(육하원칙)가 쓰이는 의문문
당신은 내가 어제 누구를 봤는지 아나요?
Do you know who I saw yesterday?

당신 그가 언제 여기에 도착하는지 모르세요?
Don't you know when he will arrive here?

당신 그녀가 몇 살인지 들었나요?
Did you hear how old she is?
　　　　(의문접속사)

당신은 그가 어느 학교를 졸업했는지 들었나요?
Did you hear that/what school he graduated from?

당신 내가 요즘 뭘 하고 있는지 알고 싶습니까?
Do you want to know what I am doing these days?

현재완료가 의문문으로 쓰이는 경우(현재완료 의문문)
당신은 그와 대화를 해본 적이 있나요? Have you talk with him? (경험)
당신은 전에 영어를 배워 본적이 있나요? Have you learned English before? (경험)
당신 3년간 영어를 배워왔나요? Have you learned English for 3years? (계속)

Have been to 장소가 의문문에 쓰이는 경우
~에 가본 적이 있다.

당신 중국에 가본 적이 있습니까? Have you been to China?

의문사가 필요한 의문문
　의문사 의문문이란 누가 who, 언제 when, 어디서 where, 무엇 what, 어떻게 how, 왜 why 등의 의문사가 의문문을 만든다는 뜻이다. 이런 종류의 문장들은 부사에서 유래되기 때문에 문장 속에서 주어나 목적어나 보어뿐 아니라 부사의 기능도 할 수 있다. 의문 접속사는 주어+동사의 순서가 바뀔 수 없지만 의문사 의문문은 주어+동사의 순서가 바뀐다.

be 동사가 쓰인 문장의 의문사 의문문의 경우

당신은 누구입니까? Who are you?

who 는 의문사이지만 품격은 보어가 된다. '당신은 누구이다.'와 같은 의미이다.

이것이 무엇입니까? What is this?

what 이 보어이다.

그것 얼마입니까? How much is it?

it 이 주어이고 how much 는 의문사이다.

그것은 무슨 종류의 음식입니까? What kind of food is it?

         (보어)의문사

그것이 왜 중요한가요? Why is it important?

      (부사) (주어) (보어)

why 는 의문사 부사이다(이유, 때, 양태,목적,원인, 등은 부사).

당신은 어디에서 왔나요? Where are you from? 1형식 (부사 의문사)

당신은 언제 졸업할 예정입니까?

When are you going to graduate?

graduate from으로 써야 하는데(2번 동사) from 이 생략된 것은 graduate 다음 대상이 없이 때문이다. 이럴 땐 from 이 생략된다.

당신은 언제 그를 만나기로 되어 있나요?

When are you supposed to meet him? (목적어)

의문사 진행형

당신 지금 뭘 하고 있어요? What are you doing now? (목적어 의문사)

당신 지금 뭘 찾고 있어요? What are you looking for now? (목적어 의문사)

의문사 수동태

당신 어디에서 태어났나요? Where were you born? (의문 부사)

당신 왜 놀랐나요? Why were you surprised?

surprise at 의 2번 동사인데 at 이 생략된 이유는 역시 놀랐다는 대상이 없기 때문에 생략된 것이다. 만일 이 문장에 왜 놀랐는지 그 이유가 뒤에 오면 at 이 와야 하는 종합동사구가 된다. 예를 들어 당신 왜 그 소식에 놀랐나요? Why were you surprised at the news? 라고 해야 한다.

일반 동사가 의문사에 쓰이는 경우

일반 동사의 의문사에서는 의문사 뒤에 do 동사가 첨가 된다. 특별한 뜻은 따로 없지만 do, does, did 등의 종류가 있다.

당신 무엇을 먹고 싶어요? What do you want to eat? (want to를 wanna로 읽어라)

당신은 어디에 가고 싶나요? Where do you want to go?

당신은 어떤 종류의 음식을 좋아하나요? What kind of food do you like?

의문사 목적어

그녀는 왜 그를 보기 싫어할까요? Why does she hate to see him?

당신은 언제 미국에 갈 계획입니까? When do you plan to go to America?

그는 일요일에 보통 뭘 하나요? What does he usually do on Sunday?

일반동사가 있는 의문사에 빈도부사의 위치는 평서문과 같이 주어 다음에 온다.
(일앞비조뒤)

당신은 얼마나 자주 당신 어머니께 전화하나요? How often do you call your mom?

의문사 의문문 문장에 빈도부사의 위치는 의문사 뒤에 바로 온다.

*일반동사에 오는 빈도부사와 의문문의 빈도부사의 차이점을 혼돈하지 말라. 일반동사가 있는 의문사 의문문의 빈도부사는 주어 뒤에 오지만 의문사 의문문의 빈도부사는 의문사 다음 바로 온다.

얼마나 자주 테니스를 하나요? How often do you play tennis?

한 달에 몇 번이나 교회 가세요? How many times do you go to church in a month?

일반 동사가 의문사에 과거로 쓰이는 경우

당신은 어느 학교를 졸업했습니까? What school did you graduate from?

어느 학교라는 질문의 대상이 등장하기 때문에 from 이 왔다.

당신 그를 언제 만났나요? When did you meet him?

당신 왜 거기에 갔었나요? Why did you go there?

당신 그것을 어떻게 고쳤어요? How did you fit it?

여기서부터 서울역까지는 얼마나 걸렸습니까?
How long did it take from here to Seoul station?

당신 누구랑 얘기했나요? Who did you talk with?

who 라는 대상이 왔기 때문에 with 가 온다.

4형식 문장에 의문사가 쓰이는 경우

미스터 김이 왜 당신에게 영어를 가르쳐줍니까? Why does Mr. Kim teach you English?

그가 언제 당신에게 그 돈을 빌려주었습니까? When did he lend you the money?

당신은 언제 그에게 그것을 말해 주었나요? When did you tell him that?

3-1형식이 의문사에 쓰이는 경우

그가 왜 그것을 당신에게 주었나요? Why did he give it to you?

당신은 언제 그것을 미스터 최에게서 들었나요? When did you hear that from Mr. Choi?

5형식이 의문사에 쓰이는 의문문

당신은 왜 내가 거기에 가기를 원합니까? Why do you want me to go there?

일반 동사 뒤에는 목적어, 부사, 보어가 필요에 의해서 올 수 있다.

여기서는 there 라는 부사가 왔다.

그가 당신에게 무엇을 하라고 권유(추천)했나요? What did he recommend you to do?
당신은 내가 어떤 종류의 직업을 갖기를 원하나요?
What kind of job do you want me to get?

명사절을 이끄는 종속접속사 that 이 쓰이는 의문문의 경우

당신은 왜 그가 옳다고 생각하나요? Why do you think that he is right?
당신은 어떻게 그가 변호사가 될 것을 알아요?
How do you know that he will become a lawyer?
　　　　　　　(접속사)
그는 왜 우리가 그것을 내일까지 끝내기를 원하나요?
Why does he want that we finish it by tomorrow? 3형식
　　　　　　(종속절의 목적어절)

문장 해석의 원리

나는 그가 우리가 찾고 있는 그 사람이 아니라는 것을 인정합니다. 왜냐하면 그는 이 일에 전혀 재능이 없기 때문이다. I admit that he is not the person whom we are looking for because he is not right for this job at all.

문장이 아무리 길어도 문장 속에는 반드시 주된 문장이 1개이다. 특별한 경우는 2개도 있지만 대개는 1개의 주된 문장이 들어 있다. 나머지는 부가적인 설명을 하는 부사구나 부사절로 긴 문장이 이루어진다. that 은 명사절로써 종속절을 이끌고 있으며 whom 는 형용사절로 보어절을 이끌고 있다. 따라서 주절을 설명한 뒤 종속절을 설명하고 그다음 형용사적인 보어절을 설명하게 된다. 그 나머지 부사절은 따로 마지막에 설명해야 한다.

만일 부사구나 부사절이 문장 앞에 왔더라도 부사류는 언제나 따로따로 설명할 수 밖에 없는 문장의 속성을 가지고 있다.

문장 끝에 전치사가 오는 경우

그가 관심 있는 분야는 무엇입니까? What is the field that he is interested in. 문장 끝에 전치사 in 이 남아 있을 수 밖에 없는 이유를 살펴보자. 대부분 전치사로 끝나는 문장은 평서문에 들어 있던 종합동사구에 있는 전치사들이다.

그가 관심 있는 분야는 무역이다. The field that he is interested in is trading. 은 평서문이다. 이 평서문이 의문문으로 바꾸면 그가 관심 있는 분야는 무엇입니까? What is the field that he is interested in. 으로 문장이 변화되면서 끝에 전치사가 남게 된다. 이런 문장의 구조는 종합동사구에서 찾아볼 수 있다.

다시 말해 의문문이나 관계대명사나 접속사로 문장이 바뀔 때 동사 이하의 문장이 옮겨지면 동사면 동사, 동사구면 동사구, 종합동사구이면 종합동사구 모두 함께 이동해야 한다. 한 예로 관심이 있다는 동사는 interest 인데 이 동사는 2번 동사로 interest in 또는 interest to 와 함께 쓰이는 동사구이다.

이럴 때 이 동사구는 언제나 함께 움직여야 한다. 따라서 평서문에서 앞에 있던 문장이 의문문으로 바뀌면서 interest in 의 예문처럼 끝에 남게 된다. 이런 종류의 동사구들은 함께 이동해야 하기 때문에 문형이 바뀌게 되면 문장 끝에 그냥 남아 있을 수 밖에 없다.

하지만 당신 왜 놀랐나요? Why were you surprised? 처럼 문장이 온다면 뒤에 전치사가 올 수 없다. surprise 는 전치사 at 를 동반하는 2번 동사인데 at 이 생략된 이유는 놀랐다는 대상이 없기 때문에 생략된 것이다. 만일 이 문장에 왜 놀랐는지 그 이유가 뒤에 오면 at 이 와야 하는 종합동사구가 된다.

나는 그 소식을 듣고 놀랐다. I was surprised at the news. 처럼 놀란 이유가 그 소식이라는 이유로 성립되면 surprised at 를 써야 한다. 전치사가 문장 끝에 오는 또 다른 문장의 유형은 장소나 사물을 나타내는 관계대명사 문장에서 찾아 볼 수 있다.

이 집이 바로 내가 사는 집이다. (나는 이 집에서 산다) This is the house in which I live.
= This is the house which I live in. 처럼 두 가지 유형으로 쓸 수 있는데 두 번째 유형을 취할 경우 전치사 in 은 문장 끝에 와야 한다.

강의 #12에서는 관계대명사, 관계부사를 다루고자 한다.

관계대명사(Relative Pronoun)

관계대명사는 복잡한 복문을 세련된 문장으로 바꾸어 쓰기 위해 만들어진 문법이다. 관계대명사는 두 문장을 하나로 연결하는 특징을 가지고 있다. 명사와 대명사는 사령탑의 보스^{Boss}와 같아서 그 앞에 다른 일반사원들이 얼쩡거리는 것을 싫어한다. 따라서 앞문장에서 강조하고 싶은 명사와 대명사를 먼저 언급한 다음 그 (대)명사에 대한 보충설명을 관계대명사와 더불어 하는 것이 문장의 특성이다.

관계대명사 용법이 필요한 또다른 이유는 궁금한 것을 먼저 말해야 하는 영어의 속성 때문이다. 명사 앞에 길게 수식하면 본 핵심이 약화되기 때문에 핵심부터 던지는 영어의 속성이 있다. 또한 문장이 지나치게 단조로우면 아이들처럼 말하게 된다. 단조로운 문장을 보다 효과적으로 표현하기 위해 관계대명사가 필요하다. 복잡한 문장을 단조롭게 표현하는 것이 아니라 세련되게 표현하기 위해서이다.

주격에 사람이 오면 who, 목적격에 whom, 소유격에 whose 가 온다. 주격에 동물이나 사물이 오면 which, 목적격에 which, 소유격에 whose/of which 가 온다. 사람이나 동물 모두 함께 쓸 수 있는 것은 that 이다. 하지만 정식 문장에서는 반드시 사람이면 who, 동물이나 사물이면 which 를 쓴다.

사람
주격 who/that – a Subject Pronoun
목적격 whom – an Object Pronoun
소유격 whose – a Possessive Pronoun

동물이나 사물
주격 which/that
목적격 which
소유격 whose/ of which

사람/동물 that

관계대명사가 필요한 3가지 이유
1) 명사의 전달을 보다 효과적으로 하기 위해
2) 복문을 단문으로 만들기 위해
3) 단조로운 문장을 세련되게 만들기 위해

관계대명사를 수식하는 3가지 종류
1. 관계대명사는 주어+동사 다음 수식을 받는(강조하고자 하는) 명사가 온 다음에 관계대명사와 관련된 문장이 뒤에 온다.

전 미스 캘리포니아 여자 a girl who is former Miss California. 라는 문장에서 수식을 받는 명사 a girl 과 who 다음 관계대명사와 관련된 문장 is former Miss California 가 온다는 뜻이다.

2. 주어+동사가 앞 문장에 없을 경우에는 강조하고자 하는 명사가 먼저 온다. 그 다음에 관계대명사와 관련된 문장이 온다.

  나를 친 소년 The boy who hit me

3. 명사 앞에 명사를 수식하는 문장이 온 후에 관계대명사가 오는 경우가 있다.
이때는 명사 앞에서 수식하는 문장이 먼저 온 후 관계대명사+ 명사가 온다.

  저 사람의 아이가 That's the man whose child.

모든 관계대명사는 형용사의 후방한정용법의 형용사 절이라고 말할 수 있다.

관계대명사의 한글식 문장의 순서는 주격, 목적격, 소유격 상관없이 위의 3가지 종류에 속한다. 단 계속적 용법은 적용되지 않는다. 복잡한 명사의 뜻을 보다 효과적으로 표현하기 위해 관계대명사 용법을 배워야 한다.

1. 주어+동사 다음 강조하고자 하는 명사가 오는 경우
관계대명사 주격 who

교제하다 be go out with(미혼들만 사용)
주어+동사 다음 강조하고자 하는 명사가 온 뒤 관계대명사와 관련된 문장이 뒤에 온다.

그는 전 미스 캘리포니아 여자와 교제하고 있다.
He is going out with a girl who is the former Miss California. '전 미스 캘리포니아'라는 긴 숙어가 '여자'라는 단어를 약화시킬 수 있다. 때문에 '그는 여자와 교제하고 있는데 그 여자는 전에 미스 캘리포니아였다.'라고 말하는 것이 원어민들의 표현이다.

2. 주어+동사가 앞 문장에 없을 경우에 강조하고자 하는 명사가 먼저 오는 경우

주어+동사가 앞 문장에 없을 경우에는 강조하고자 하는 명사가 먼저 온다. 그 다음에 관계대명사와 관련된 문장이 뒤에 온다.

나를 친 소년은 면허를 딴 뒤 다섯 번의 사고를 냈다.
The boy who hit me has been in five accident, since he got his license.
the boy 가 선행사이기 때문에 맨 앞에 주어+동사의 관계가 성립되지 않는다. 앞 문장에 주어+동사가 없이 명사가 먼저 등장하면 그 명사를 강조하기 위해 명사 뒤에서 관계대명사와 관련된 문장이 그 선행사를 수식하므로 주어를 강조하게 된다.

3. 관계대명사의 대상인 명사를 수식하는 문장이 온 뒤 명사가 오는 경우

관계대명사의 대상인 명사를 수식하는 문장이 앞에 온 후 그 뒤에 명사가 오는 경우가 있다. 그 다음에 관계대명사와 관련된 문장이 뒤에 온다.

저 사람의 아이가 행방불명되었다.
That's the man whose child went missing.
관계대명사의 대상인 명사 the man 앞에 That's 가 오면서 '저 사람의 That's the man'이라는 문장이 관계대명사 앞에 오면 '저 사람의 아이가 That's the man whose child'처럼 해석한다. 일반적인 관계대명사는 형용사의 후방한정용법처럼 선행사 뒤에서 수식하지만 관계대명사 앞에 수식하는 문장이 오면 형용사의 전방한정용법처럼 선행사를 직접 수식하게 된다.

단조로운 문장을 보다 효과적으로 표현하기 위한 관계대명사
지금부터 일반적인 관계대명사의 예문들을 살펴보면서 관계대명사의 속성들을 살펴보자.

나는 피자를 좋아해. 그 피자는 치즈가 많이 있다. I like pizza. It has a lot of cheese. 를 관계대명사로 바꾸면 나는 치즈가 많이 있는 피자를 좋아한다. I like pizza that has a lot of cheese. 가 된다. pizza 를 설명하기 위해 that 이라는 관계대명사가 치즈가 많이 있는 that has lot of cheese. 라는 문장과 함께 피자를 보충설명하고 있다.

원어민들은 어떤 것을 강조하거나 자신이 원하는 것을 먼저 말하는 관습이 있다.

도서관은 완벽했다. 그것은 어제 열었다. The library was perfect. It opened yesterday.
어제 열린 도서관은 완벽했다. The library which/that opened yesterday was perfect.
관계대명사 'which, whose, which'은 that 으로 바꿔 쓸 수 있다.

나는 남자를 만났다. 그는 부산에 산다.I met a man. He lives in Busan.
나는 부산에 사는 남자를 만났다. I met a man who/that lives in Busan.
그 남자는 슬프다. 그는 돈이 없다. The man is sad. He has no money.
돈이 없는 남자는 슬프다. The man who/that has no money is sad.
관계대명사의 동사는 선행사에 일치 시킨다
the man 선행사가 단수이면 who 뒤에 오는 동사 has 도 단수이다.

*관계대명사 'who, whose, whom'은 that 으로 바꿀 수 있다.
말할 때는 who 를, 글 쏠 때는 that 을 쓸 수 있다.

관계대명사 what 의 본 속성

관계대명사 what 의 본 속성은 the thing that 에서 유래한 것이다. 선행사의 속성은 앞에서 무엇을 수식하는 것보다 뒤에서 선행사를 수식하는 것을 더 원하며 복잡한 것보다 단순한 것을 더 좋아한다. 따라서 the thing that 의 복잡한 내용을 what 으로 단순하게 만들어 관계대명사 what 으로 사용하게 되었다. 여기에 사용된 what 은 '~가 ~하는 것'으로 해석하면 된다.

내가 원하는 것은 단지 집에 있는 것이다. What I want is to stay at home. 2형식
(관계대명사 주어절)

여기에 쓰인 What 은 관계대명사로서 '~가 ~하는 것'으로 쓰였다. 이 What I want 는 사실 the thing that I want 의 축소형이다. 이를 다시 설명하면 '내가 원하는'이란 표현은 that

I want 까지이며 '~것은'이란 단어는 사실 'the thing'이라는 단어가 따라 와야 되는 것이다. What 을 the thing that 으로 표현하면 문장이 길어지기 때문에 the thing that 을 축소시켜서 What 으로 대신 고착화 시킨 것이다. 앞 문장에 주어 동사가 포함되어 있으면 앞 문장은 절을 이루기 위해 종속절을 만들기 위해 What 을 사용하는 용법과 같다. What 은 관계대명사의 주어절 또는 종속절의 주어절로 쓰인다.

관계대명사 what 의 주격, 목적격, 보어격
관계대명사 what 은 that 으로 쓸 수 있으며 주격과 목적격 그리고 보어격으로 쓸 수 있다.
관계대명사 what/that 의 명사절 주어

　　　　내가 갖고 싶은 것은 이 피아노이다. What I want to get (have) is this piano.
　　　　　　　　　　　(관계대명사의 명사절의 주어)

　　　　내가 어제 샀던 책은 이것이다. The book that I bought yesterday is this.
　　　　　　　　　　(관계대명사의 명사절의 주어)

이와 같이 관계대명사 형용사절이 선행사(명사)를 수식하면 명사절이 되어 때론 주어절로 때론 목적어절로 때론 보어절로 쓰이게 된다. 형용사류는 독립적으로 사용할 수 없기 때문에 형용사(절)를 이루어서 세 가지(주·목·보) 기능을 하게 된다.

　　　　내가 가장 좋아하는 스포츠는 야구이다. The sports that I like most is baseball.
　　　　　　　　　　　(관계대명사의 명사절의 주어)

관계대명사 what/that 의 명사절의 목적어
　　　　나는 당신이 갖고 싶은 것을 알고 싶다. I want to know what you want to get.
　　　　　　　　　　　　　　(명사절의 목적어)

'당신이 갖고 싶은 것을'로 해석되니까 관계대명사의 목적어적 형용사절이다.

나는 그가 관심있어 하는 분야를 알고 싶다.

I want to know the field that he is interested in.

해석이 '~(을)를'로 설명되니까 목적절이라는 것을 알 수 있다. 문단 끝에 전치사 in 이 온 이유는 종합동사구로서 관심있는 분야를 알고 싶어하는 질문의 대상을 유도하고 있기 때문에 자연스럽게 전치사 in 이 올 수 있다.

관계대명사 what/that 의 명사절의 보어절

이것이 내가 갖고 싶은 것이다. This is what I want to get.
(명사류의 보어절)

명사류만이 주절, 목적절, 보어절을 만들 수 있다. 주어, 목적어, 보어는 명사의 기능이다. 주어+be 동사 뒤에 어떤 종류의 절이 오든지 무조건 보어절이 된다.

야구는 내가 가장 좋아하는 스포츠이다. Baseball is the sports that I like most.

이것이 내가 어제 샀던 그 책이다. This is the book that I bought yesterday.

the book 이하가 명사적인 보어절이 된다.

선행사가 사람이면 관계대명사 who 를 쓰는 경우

주어용법

그녀가 데이트하고 있는 그 사람은 미스터 조이다.

The man who she is dating is Mr. Cho.

(관계대명사적인 명사절 주어)

선행사가 사람이면 관계대명사 who 를 쓴다.

who 는 의문사도 되고 의문사 접속사도 되고 관계대명사도 된다는 것을 기억해야 한다.

선행사가 사물이면 that(which) 를 쓴다.

목적어 용법
나는 당신이 어제 누구를 만났는지 알고 있다.

I knew you who met someone yesterday.

　　　　(관계대명사적인 명사절 목적어)

보어용법
미스터 조는 그녀가 데이트하고 있는 그 사람이다.

Mr. Cho is the man who she is dating.

　　　　(관계대명사적인 명사절의 보어절)

선행사가 사물이면 관계대명사 that 을 쓰는 경우

주어용법
내가 먹고 싶은 음식은 회이다. The food that I want to eat is Sushi.

내가 보고 싶은 영화는 러브스토리이다. The movie that I want to see is a love story.

그가 관심 있는 분야는 무역이다. The field that he is interested in is trading.

소유격 관계대명사가 사물이면 whose 를 쓰는 경우

　소유격 관계대명사를 파악하는 방법은 앞 문장에 나온 명사가 뒤에 나오는 명사와 소유관계가 있느냐 없느냐에 따라 달라 질 수 있다. 만일 앞 문장에 나온 명사가 뒤에 오는 명사와 소유관계가 있다면 whose 를 사용해야 한다.

저 사람의 아이가 행방불명되었다. That's the man whose child is missing.
'저 사람의 아이가'라는 내용속에 저 사람과 아이가 서로 소유관계가 있음을 알 수 있다.
소유격 관계대명사 뒤에는 반드시 명사가 온다.
소유격 뒤에 명사가 있으면 소유격 관계대명사를 쓴다.

가엽게 여기다, 동정한다. feel sorry for

나는 화재로 집이 손실된 사람들을 동정한다.

I feel sorry for people whose houses were destroyed by the fire.

여기서 집과 사람들의 관계가 있음을 알게 된다.

사람들이 소유하고 있는 집이란 뜻이다. '그들의 집'이라고 할 수 있다.

집이 화재로 인하여 손실되었기 때문에 수동태 문장이 왔다.

중국은 한 나라이다. 그 나라의 역사는 오래되었다. China is a country. Its history is old.

중국은 역사가 긴 나라이다. China is a country whose history is old.

'중국 나라의 역사는 길다.' 처럼 역사와 나라가 소유관계를 가지고 있다.

그 책은 당신 것이다. 그 책의 겉장이 찢어졌다. The book is yours. Its cover is torn.

겉장이 찢어진 책은 당신 것이다. The book whose cover is torn is yours.

소유격 관계전치사 whose 를 쓰는 경우

소유격 관계전치사는 두 가지 문장의 형태가 있다. 명사 뒤에 전치가 오면서 소유격 관계대명사가 오는 형태와 명사 뒤에 소유격 관계대명사가 오고 문장 끝에 전치사가 오는 형태가 있다.

이 분이 내가 함께 일한다고 말한 어버지 바로 그 분이야. (직역)

이 분이 내가 함께 일한다고 말한 아버지 있지 그 아버지가 바로 이분이다. (의역)

This is the man with whose father I work.

= This is the man whose father I work with. 처럼

with 는 whose 앞에 또는 문장 끝으로 올 수 있다.

이 분이 내가 살고 있는 집에서 사는 바로 그 분이다. (직역)

나는 그 분이 살고 있는 집에서 그 분과 같이 살아. (의역)

This is the man in whose house I live. = This is the man whose house I live in.

whose 대신 which 를 써도 된다. '나는 그 사람의 집에서 살고 있다.'의 뜻이다.

~안에 in which

이 집이 바로 내가 사는 집이다. (나는 이 집에서 산다)

This is the house in which I live. = This is the house which I live in.

~위에 on which

이 의자가 내가 앉은 의자이다. (나는 이 의자에 앉는다)

This is the chair on which I sit. = This is the chair which I sit on.

목적격 관계전치사 whom 를 쓰는 경우

목적격 관계전치사는 소유격 관계전치사와 같은 형태를 취한다.

그 사람과 함께 with whom

이 분이 내가 함께 사는 바로 그 사람이다. (직역)

나는 그 사람과 함께 산다. (의역)

This is the man with whom I live. 또는 This is the man (whom) I live with.

with whom 은 생략할 수 없으나

whom 과 with 가 서로 떨어지면 whom 만 생략할 수 있다.

그 사람을 위해서 for whom

이 분이 내가 일하는 곳의 (주인) 남자야. (직역)

나는 이 남자를 위해 일하고 있다. (의역)

This is the man for whom I work. = This is the man whom I work for.

그 사람에 관하여 about whom

이 분이 바로 내가 책을 쓴 그 사람이다. (나는 이 사람에 관하여 책을 썼다)

This is the man about whom I wrote a book.

= This is the man whom I wrote a book about.

그 사람에게 to whom

이 분이 바로 내가 영어를 가르쳐준 그 사람이다.
(나는 이 분에게 영어를 가르쳐 주었다)
This is the man to whom I taught English.
= This is the man whom I taught English to.

관계대명사 that 의 용법

that 은 선행사에 관계없이 폭넓게 쓸 수 있는 관계대명사로써 who, whom 이나 which 대신으로 사용될 수 있다. 주격과 목적격이 같은 형태이며 소유격은 없다.

이 아이가 어제 여기에 온 그 소년이다.
This is the boy who came here yesterday. = This is the boy that came here yesterday.

나는 아주 재미있는 책을 한 권 가지고 있다.
I have a book which is very interesting. = I have a book that is very interesting.

관계대명사 that 이 전치사의 목적어인 경우에는 전치사를 that 앞에 놓을 수 없다.

이곳은 그녀가 살고 있는 집이다. This is the house that she lives in. 으로
사용할 수 있지만 This is the house in that she lives. 처럼 사용할 수 없다.

사람과 동물 두 가지가 선행사인 경우 that 사용

이쪽으로 오고 있는 소년과 그의 개를 보세요.
Look at the boy and his dog that are coming this way.

all, every, some, anyone, anything, no 등이 선행사인 경우 that 사용

암기방식: 모두(all) 모두(every) 어떤(some) 모든 것(anyone)은
아무 것(anything)도 아니다(no).

반짝이는 것이라고 모두 금은 아니다. All that glitters is not gold.

영어를 할 줄 아는 사람이 있습니까? Is there anyone that can speak English?

그는 우리가 알고 싶어했던 것을 아무 것도 말해주지 않았다.
He didn't say anything that we wanted to know.

내가 아는 모든 소년 소녀는 아이스크림을 좋아한다.
Every boy and girl that I know likes ice cream.

the only, the very, the same 등이 선행사에 포함되어 있는 경우 that 사용

암기방식: 단지/유일하게(the only) 아주/바로(the very) 같은(the same) 것만 있다.
= 단지 아주 같은 것만 있다.
= 유일하게 바로 같은 것만 있다.

이것이 그가 가지고 있는 유일한 영어 책이다.
This is the only English book that he has.

그는 내가 채용하고 싶어했던 바로 그 사람이다.
He is the very man that I have wanted to employ.

이것은 내가 어제 잃어버렸던 그 시계이다. This is the same watch that I lost yesterday.
내가 잃어버린 내 시계를 찾았을 때 사용할 수 있다.
이것은 내가 어제 잃어버렸던 것과 같은 시계이다.
This is the same watch as I lost.

내가 잃어버린 시계와 같은 것이지만 내것은 아니다는 뜻이다.

*일반적으로 the same ~ that 은 동일한 것을 나타내고
the same ~ as 는 같은 종류의 것을 나타낸다.

선행사가 형용사의 최상급이나 서수로 수식을 받는 경우 that 사용
최상급의 경우

그는 지금까지 생존했던 가장 위대한 배우이다.
He is the greatest actor that has ever lived.

서수의 경우
잔이 이곳에 제일 먼저 도착한 사람이었다.
John was the first person that arrived here.

*서수는 first, second, third….
*기수는 one, twe, three….

that 의 여러 가지 용법

that 은 지시대명사, 지시 형용사, 접속사, 관계대명사 등에 쓰인다.

1. 지시대명사

저것은 나의 가방이다. That is my bag.

2. 지시 형용사

저 가방은 나의 것이다. That bag is mine.

3. 접속사

나는 그것이 나의 가방이라고 생각한다. I think that it is my bag.

4. 관계대명사

이것은 내가 어제 산 가방이다. This is the bag that I bought yesterday.

관계대명사 생략이란?
관계대명사는 주격과 목적격은 때에 따라 생략이 가능하지만 소유격은 절대로 생략할 수 없다.

    주격은 때에 따라 생략이 가능함.   주격+동사

    목적격은 생략할 수 있음.   목적격+주어+동사

    소유격은 절대로 생략할 수 없음.   소유격+명사

주격 생략(관계대명사와 be 동사만 생략 가능)

관계대명사 뒤에 be 동사가 바로 나오면 관계대명사와 be 동사가 동시에 세트로 생략이 가능하다(who be).

동사 중에 오직 be 동사(is, are, was, were)와 관련된 동사구만 생략 가능하고 일반 동사가 오면 관계대명사와 동사는 생략할 수 없다.

be 동사구는
      현재분사구   (be+ing)

과거분사구	(be+en⟨ed⟩)
전치사구	(be+전치사=동사의 부사구)
명사구	(be+형용사+명사=복합동사구)
형용사구	(be+형용사+전치사=종합동사구) 등이 해당된다.

이러한 종류의 특징은 who+be 동사 형태를 취하게 된다.
who 가 주어를 대신하기 때문에 주어가 따로 오지 않고 be 동사구가 오는 것이다.

왜냐하면 주격관계대명사는 그 관계대명사 자체에 주어가 포함되어 있다.
예를 들어 앞에 있던 문장 가운데 하나를 다시 검토해 보면

나는 남자를 만났다. 그는 부산에 산다. I met a man. He lives in Busan.
이 문장은 단조로운 문장이다. 이를 관계대명사로 만들었을 때 '나는 부산에 사는 남자를 만났다.'에서 '그는 he' 대신에 'who'가 와서 'I met a man who lives in Busan.'이라는 관계대명사의 문장을 만든다.

이와 같이 who 는 he 를 대신하여 주어 자리에 오기 때문에 또 다른 주어가 올 필요가 없다. 관계대명사 용법에서 목적격과 소유격을 제외하고 주격은 항상 이와 같은 형태를 취하게 된다. 또 다른 이유 중 하나는 주어체가 하나일 경우에 주로 관계대명사가 주격 속에 주어가 포함된다. 다음 예문들은 모두 주격관계대명사로서 who be 동사가 생략 가능한 문장들이다.

여자랑 춤추고 있는 남자를 보아라.
Look at the man (who is) dancing with a girl. (현재분사구)
개에게 물린 남자를 보아라 Look at the man (who is) bitten by a dog. (과거분사구)
지붕위에 있는 남자를 보아라. Look at the man (who is) on the roof. (전치사구)
그는 가족을 부양하는 사람이다.
He is a person (who is) responsible for his family. (형용사구)

나는 유명한 작가 티제이가 쓴 책을 읽었다.
I read a book by TJ, (who is) a famous author.
(명사구), 콤마(,)가 있는 이유는 계속적 용법이기 때문이다.

목적격 관계대명사 생략 (whom/which)
목적격 관계대명사는 대부분 생략되는 경향이 많이 있다. 다만 어느 때에 목적격이 쓰이는지 알아야 생략할 수 있다.
목적격 관계대명사로 쓰이는 관계대명사는 whom, which 가 있다.

이것은 어제 산 차다. This is a car (which) I bought yesterday.
이 문장은 목적격 관계대명사이기 때문에 which 를 생략할 수 있는 문장이다. 전체 문장은 2형식으로 car 이하가 보어이지만 관계대명사 이하의 문장은 3형식으로 car 가 목적격이다. '이것은 차이다. This is a car.'의 문장만 보면 2형식이지만 그 뒤에 '내가 어제 샀다. which I bought yesterday.'라는 문장을 보면 3형식 문장이라는 것을 알 수 있다.

buy 라는 타동사는 반드시 목적격을 요구한다. 얼핏보기에는 1-5형식에 없는 잘못된 문장같이 보인다. 하지만 which 라는 관계대명사가 있기 때문에 그 앞에 선행사가 있다는 것을 암시해 주고 있다. 그 which 앞에는 '차 car'라는 명사가 있으므로 which 라는 관계대명사는 목적격 관계대명사라는 것을 증명해 준다. 이를 평서문으로 만들면 '내가 어제 차를 샀다. I bought a car yesterday.'라는 문장이 성립된다. 따라서 which I bought yesterday 의 문장은 a car 를 수식하기 위한 목적격 관계대명사절이라는 것을 입증할 수 있다. 이 문장의 목적격 관계대명사를 생략하면 '이것은 어제 산 차이다. This is a car I bought yesterday.'가 된다. 여기서 which 를 생략하지 않을 경우에는 which 대신 that, whom, who 으로 바꿔 쓸 수 있다.

그는 내가 사랑하는 사람이다. He is a person whom I love.
여기에 관계대명사 whom 이 온 이유는 '나는 그를 사랑한다.'로 말할 수 있기 때문에 목적격 관계대명사가 오는 것이다. 이 목적격 관계대명사를 생략하면
He is a person I love. 이 사람은(이) 내가 사랑하는 그 남자입니다. (직역)

나는 이 사람을 사랑합니다. (의역)

This is the man (whom) I love.

whom 을 생략하지 않을 경우에는 whom 대신 who 를 쓰는게 현대 영어이다.
또한 whom 대신에 that 을 써도 되고 생략 해도 된다.

돼지를 치던 사람들이 도망갔다. Those (whom are) tending the pigs ran off.
(그들이 돼지를 쳤다.)

관계대명사를 생략하면 안 되는 경우
관계대명사를 생략할 수 없는 케이스는 두 가지이다.

첫째, 전치사+소유격 관계대명사
둘째, 소유격 관계대명사 앞에 콤마(,)가 있는 경우이다. 이를 계속적 용법이라 한다.

1) 전치사 + 소유격 관계대명사
전치사 + 소유격 관계대명사는 생략할 수 없다.

이 집이 바로 내가 사는 집이다. (나는 이 집에서 산다)

This is the house in which I live.

전치사와 소유격 관계대명사가 같이 있으면 생략할 수 없지만

This is the house (which) I live in.

소유격 관계대명사와 전치사가 떨어져 있기 때문에
소유격 관계대명사는 생략할 수 있으나 in 은 생략할 수 없다.

이 사람이 내가 함께 사는 그 사람이다. (직역)

나는 그 사람과 함께 산다. (의역)

This is the man with whom I live.

전치사와 소유격 관계대명사가 같이 있으면 생략할 수 없지만

This is the man (whom) I live with.

소유격 관계대명사와 전치사가 떨어져 있으면
소유격 관계대명사는 생략할 수있으나 with 는 생략할 수 없다.

2) 소유격 관계대명사 앞에 콤마(,) 계속적 용법

그는 열쇠를 잃어버렸다. (그런데) 그 열쇠는 내것이었다.
He lost the key, which was my key.
= He lost the key. But that was my key. 로 바꿔쓸 수 있다.
한 가지 조심해야 할 부분은 계속적 용법에서 일반 문장으로 바꿀 때
콤마 대신 마침표를 해야 한다. 또는 마침표 없이
He lost the key but that was my key. 로 할 수 있다.

관계대명사 삽입절 생략

관계대명사 삽입절 생략이란 문장속에 불필요한 내용이 삽입되었을 때 불필요한 내용을 생략할 수 있는 문장의 구조를 말한다. 예를 들어

그녀는 (내가 생각하기에) 다정한 친구이다. She is my friend who (I think) is sweet.
이 문장에서 (내가 생각하기에)라는 문장은 굳이 삽입할 필요가 없다. 왜냐하면 그녀는 다정한 친구이다. She is my friend who is sweet. 이란 문장으로도 얼마든지 표현이 가능하기 때문이다. 하지만 내 생각엔 그녀는 다정한 친구이다. I think that she is my friend who is sweet. 라고 한다면 굳이 '내 생각엔 I think that'를 생략할 필요는 없다.

내가 생각하기에	I think 처럼
나는 추정하다	I suppose
나는 추측하다	I guess
나는 상상하다	I imagine
나는 확실(신)하다	I am sure
나는 믿는다	I believe 등은 모두 생략이 가능하다.

암기방식: 생각하기에 추정과 추측의 상상은 확실하게 믿을 수 없다.

(내가 확신하건데) 너를 도와줄 사람이 있다.

There are some people who (I am sure) will help you.

여기서 '(내가 확신하건데) I am sure.'는 문장속에 불필요한 문장이 될 수 있기 때문에 생략이 가능하다. 따라서 '너를 도와줄 사람이 있다. There are some people who will help you.'로 쓰는 영어가 더 좋은 문장이 될 수 있다.

그는 (내가 생각하기에) 옳은 일을 하고 있다.

He is doing who (I think) is right.

여기서도 I think 를 생략하면 who 는 동사 is 와 연결되니까 who is 가 주격이 된다.
주격은 무조건 관계대명사와 동사가 있으면 된다. 주격에서만 삽입절이 들어간다.
그는 옳은 일을 하고 있다. He is doing what is right.

사람주어가 없는 관계대명사절

사람주어가 없는 관계대명사절이란 관계대명사 그 자체가 주어로 사용되는 경우를 주격 관계대명사고 한다.

영어에 관심 있는 사람들. The people who are interested in English.

여기서 who 가 주어가 되면서 주격관계대명사로 쓰인다. who 다음에 다른 주어가 와야 하는데 이 문장에서는 who 다음 are 가 왔기 때문에 주어가 없는 문장이 되었다. 이런 문장은 who 가 주어가 되어 the people 를 수식하게 되는 주격관계대명사 역할을 하게 된다. 이를 사람주어가 없는 관계대명사절이라 한다.

나는 영어에 관심이 있는 사람들을 만나고 싶다.

I want to meet the people who are interested in English.

그 세미나에 참석했던 많은 사람들은 그 광경을 보았다.

Many people who took part in the seminar saw the scene.

나는 그 세미나에 참석했던 많은 사람들을 안다.
I know many people who took part in the seminar.

관계대명사가 주어로 쓰이는 what 의 경우

관계대명사가 주어로 쓰이는 경우는 주어의 대상이 특별이 없을 때 주로 쓰인다. 주어의 대상이 없고 단지 한글식 표현으로 '~것'으로 시작되면 그 '~것'이 주어가 되어 what 으로 시작되는 주어 문장이 된다. 예문들을 살펴보자.

중요한 것은 네가 최선을 다하는 것이다.
<u>What is important</u> (=the thing that is important) is that you try your best.
     (주어)

가장 중요한 것은 우리가 우리의 꿈을 이루는 것이다.
What is the most important is that we achieve our goal.
= the most important thing is that we achieve our goal.
놀라운 것은 그가 변호사가 되었다는 것이다.
What is surprising is that he became a lawyer.

관계대명사의 한정적용법과 계속적용법의 차이점

아래 예문들은 단조로운 문장을 관계대명사를 사용하므로 세련되게 만드는 문장들이다. 관계대명사의 한정적용법과 계속적용법의 차이점을 함께 살펴보자.

관계대명사의 한정적용법

그는 내게 화나게 만드는 어떤 말도 하지 않았다. (직역)
그는 내게 화날 어떤 말도 하지 않았다. (의역)
He didn't say anything which made me angry.
이 문장은 한정적용법이다.

관계대명사의 계속적용법

그는 내게 아무 말도 안했어, 그게 나를 화나게 만들어.

He didn't say anything, which made me angry.

계속적용법은 앞 문장부터 해석하며 콤마(,)가 필요하다. 관계대명사의 한정적용법과 계속적용법은 해석의 차이가 있다. 한정적용법에서는 '그는 내게 화날 어떤 말도 하지 않았다.'라고 했는데 계속적용법에서는 반대로 '그는 내게 아무 말도 안했어, 그게 나를 화나게 만들어.'라는 내용으로 서로 상반된다.

계속적용법은 관계대명사 대신 접속사(and)+대명사(it)로 바꿔 쓸 수 있다.

즉, 그는 어떤 말도 안했다. 그리고 그것이 나를 화나게 만들었다. (직역)

그는 어떤 말도 안했는데 그것이 '나를 화나게 만들었다. (의역)

He didn't say anything and it made me angry.'로 바꿀 수 있다.

이와 같이 관계대명사의 계속적용법은 접속사 and+대명사 it 으로 바꿀 수 있다. 즉, 관계대명사의 계속적용법을 접속사 and+대명사 it 의 등위 접속사로 바꿀 수 있는 4가지 방법이 있다.

1. 그런데   but
2. 비록 그럼에도 불구하고   though
3. 그리고   and
4. 무엇 때문에   for 등이 있다.

암기방식: 그런데 그럼에도 불구하고 무엇 때문에 가니.

1) but 으로 대치

그는 오고 싶었는데 올 수 없었다.

He wanted to come, which was impossible. 를 but 으로 대치하면

그는 오고 싶었다. 그러나 올 수 없었다. = He wanted to come but it was impossible.

위 문장은 세련미가 보이지만 다른 문장은 단조롭다.

초등 때 쓰는 문장과 고등 때 쓰는 문장의 차이가 있듯이 영어에도 같은 표현을 얼마나 세련되게 하느냐에 따라 그 사람의 인격과 대화의 품위가 달라 질 수 있다.

2) though 로 대치

내 차는 오래되었지만 결코 고장나지 않는다.

My car, which is old, never breaks down. 를 though 으로 대치하면

내 차는 오래 되었다. 그럼에도 불구하고 고장나지 않는다.

= My car, though it is old, never breaks down.

콤마와 콤마가 있는 것은 삽입절이기 때문이다.

3) and 로 대치

나는 아침을 건너뛰었는데 그것은 건강에 좋지 않다.

I skip breakfast, which is no good. 를 and (으)로 대치하면

나는 아침을 건너뛰었다. 그리고 아침을 건너뛰는 것은 건강에 안 좋다.

= I skip breakfast and it is no good.

4) for 로 대치

나는 똑똑한 그를 고용했다. I employed him, who is smart. 를 for 로 대치하면

나는 그가 똑똑하기 때문에 고용했다. I employed him, for/because he is smart.

관계대명사를 계속적용법에 사용할 수 없는 관계대명사는 that 과 what 이다.
하지만 who, whose, whom, which 등은 계속적 관계대명사에 사용할 수 있다.
관계대명사에서 콤마(,)가 앞 문장에 있으면 that, what 등으로 절대 바꿀 수 없으며 관계대명사를 생략할 수도 없다.

계속적 관계대명사 주격 who 를 but 으로 대신할 수 있는 경우

나는 그것을 제인에게 주었는데 (제인은 그것을) 잊어버렸다.

I gave it to Jane, who lost it.

나는 그것을 제인에게 주었다. 그런데 그녀는 그것을 잊어버렸다.

I gave it to Jane but she lost it.

계속적 관계대명사 소유격 whose 를 and 으로 대신 할 수 있는 경우

나는 산타를 만났는데 그의 썰매는 멋있었다. I met Santa, whose sled was cool.

나는 산타를 만났다. 그리고 그의 썰매는 멋졌다. I met Santa and his sled was cool.

관계대명사 that 절의 추상적인 의미

관계대명사 that 절의 추상적인 의미란 that+주어+동사, 즉 that 앞에 나온 문장을 자유롭게 생각할 수 있도록 꾸며진 한 문장의 형태를 말한다.

얘는 내가 사랑하는 여자야. This is the girl that I love.

이 문장에서 that 앞에 나온 the girl 은 '얘는 내가 사랑하는 여자야.' 대신 '애인이야, 그 여자야.'처럼 다양하게 사용할 수 있다. 하지만 that 대신에 This is the girl whom(who) I love. 하면 오직 한 가지 의미만 전달하게 되는 한계가 있다. whom 또는 who 는 오직 그녀로만 해석해야 한다. 즉 다른 뜻으로 추상하지 못하게 된다. whom 과 who 는 추상적인 다양한 생각을 제한하는 반면에 that 은 다양한 뜻으로 생각할 수 있다.

내가 너를 사랑하는 그 이유를 아니?

Do you know the reason that I love you?

이 문장은 다양한 추론이 가능하여 여러 가지로 해석이 가능하지만 that 대신에 'Do you know the reason why I love you?'로 대치하면 '내가 너를 왜 사랑하는지 그 이유를 알겠니?'라는 딱 떨어지는 문장이 되어 유동성이 없어진다. 이러한 뉘앙스가 있는 관계대명사 that 절은 추상적인 의미가 다양하게 나타날 수 있다.

관계대명사 what 의 다양한 표현들

소위 말하자면(이를테면)	so called = what's called
더 좋은 건	waht's better
더 안 좋은 건 = 설상가상으로	what's worse
게다가	what's more

a 와 b 의 관계는 c 와 d 의 관계와 같다.

A is to B what C is to D

공기와 사람들의 관계는 물과 물고기들과 같다.

Air is to us what water is to fish.

사람들의 관계에서 man 대신에 us 를 쓰는 것은

하나의 속담과 같은 문장의 속성을 가지고 있기 때문이다.

전부 what

네가 가지고 있는 돈 전부 내놔.

Give me what money you have. = Give me all the money that you have.

여기서 what 은 all 과 같은 뜻이다.

what 의 때문에

A 때문에 B 때문에

what with A and what with B

새로 태어난 아기 때문이기도 하고 일이 많기 때문이기도 해.

What with the new baby and what with overwork.

두 번째 온 what with 는 생략 가능하다.

What with the new baby and overwork.

관계부사(Relative Adverb)

관계부사는 기본적으로 관계대명사와 같은 속성을 가지고 있다. 하지만 접속사+부사 또는 부사구가 모여 부사절을 만들지만 선행사를 수식하는 형용사절로 둔갑하게 된다. 관계부사는 주로 장소, 때, 이유, 시간 등을 나타내는 부사절이지만 선행사를 수식하므로 모두 형용사절로 변하게 된다.

장소   where+주어+동사
때   when+주어+동사
이유   why+주어+동사

모든 관계부사 뒤에 반드시 주어+동사가 와야 한다.

이 곳은 나의 집이다. 나는 이 곳에서 태어났다.
This is my house. I was born here.
두 개의 복문을 단순하고 세련되게 만들기 위해 관계부사를 사용하여 만들어 보면 '이 곳은 내가 태어난 집이다. This is my house where I was born.'이라는 멋있는 문장이 탄생한다. where 라는 접속사가 등장하면서 here 를 흡수하는 동시에 절과 절을 연결하는 관계부사의 역할을 한 것이다.

*관계대명사는 모두 형용사절이지만 종속절속에서 대명사 역할을 한다.
반면에 관계부사는 형용사절이지만 종속절속에서 부사구 역할을 하는 차이점이 있다.

장소 where 의 관계부사

Where 가 the place where 를 같은 장소의 선행사로 취하는 경우
이 곳은 내가 야구를 했던 장소이다. This is the place where I used to play baseball.
이 문장은 전치사+which 로 바꿀 수 있다.
= This is the place at which I used to play baseball.
= This is the place which I used to play baseball at.

시간 when 의 관계부사

when 이 the time when 을 같은 시간의 선행사로 취하는 경우
나는 당신이 돌아올 시간에 일을 끝마칠 수 있을 것이다.
I will finish the work by the time (when) you return.

이유 why 의 관계부사

why 가 the reason why 를 같은 이유의 선행사로 취하는 경우

당신이 여기에 온 이유를 말해주세요. Tell me the reason why you came here.

이 문장은 전치사 in + which 로 바꿀 수 있다.

= Tell me the reason in which you came here.

방법 how 의 관계부사

how 는 the way 를 선행사로 취하는 경우와 관계부사 how 만 취하는 경우

이것이 그녀가 그 문제를 해결한 방법이다.

This is the way she solved the problem.

= This is how she solved the problem.

= This is the way in which she solved the problem.

= This is the way which she solved the problem in.

*http://www.npagoda.com/products/090000/090304/view?idx=949&rnum=32&_next_page=6&from=b2b&popup=y 에서 발췌한 내용을 편집함.

관계부사 when 이 생략되는 경우

the day 뒤에서 when 생략, 즉 선행사가 the day 일 경우

브라운 씨는 계약이 종결되는 날 미국으로 돌아갔다.

Mr. Brown went back to America on the day (when) his contract expired.

하지만 the days 처럼 복수가 오면 생략할 수 없다. the day 처럼 단수만 생략된다.

By the time, at the time, about the time, from the time 뒤에 오는 관계부사는 생략 된다.

암기방식: 이따 봐(by)에(at), 아보카도(about)를 가져 올(from)게.

이 차표는 발행일로부터 8일간 유효하다.
This ticket will be good for 8 days after it is issued.

the first time, the second time, the last time, the next time 뒤에 오는 when 도 생략된다.

암기방식: 첫 번째(first), 두 번째(second), 마지막(last)과 그 다음-(next)오세요.

처음에 내가 수산나를 만났을 때 나는 그녀와 사랑에 빠졌다.
The first time (when) I met Susanna I fell in love with her.

강의 #13에서는 부정관사와 정관사를 다루고자 한다.

관사 Article

관사에는 부정관사 a 와 an 이 있으며 정관사에는 the 가 있다. 관사는 명사의 비서와 같아서 반드시 명사 앞에 온다. 관사는 형용사의 일부로서 명사만을 수식한다. 명사 앞에 형용사가 있으면 그 형용사 앞에, 형용사 앞에 부사가 있으면 그 부사 앞으로 자리 이동을 하면서 명사만을 수식하는 특별한 의무를 가지고 있다. 부정관사 a/an 은 하나 one 이 변형된 형용사로써 셀 수 있는 일반명사에 주로 오는 반면에 정관사 the 는 that 이 변형된 지시형용사로써 단수 또는 복수형 명사 앞에 주로 온다.

부정관사(Indefinite Article)

부정관사의 a 와 an 의 차이점

부정관사 a :
부정관사 a 는 반드시 자음으로 시작되는 일반명사 앞에 온다.

카메라 a camera, 식탁 a table, 컴퓨터 a computer

부정관사 an

부정관사 an 은 모음으로 시작되는 단어와 단어의 철자가 자음으로 시작되지만 모음으로 발음되는 단어 앞에 온다.

모음으로 시작되는 단어
사과 an apple, 나이 an age, 오렌지 an orange. 노인 an old man

자음으로 시작되지만 모음 발음이 있는 단어
정직한 an honest, 한 시간 an hour

모음 암기방식: 아에이오유 – 아a/에e/이리i/오시o/유u

일반적인 부정관사의 위치

관사+명사	–	꽃 a flower
관사+형용사+명사	–	예쁜 꽃 a beautiful flower
관사+부사+형용사+명사	–	매우 예쁜 꽃 a very beautiful flower
부사+형용사+관사+명사	–	너무 어려운 책 too difficult a book
부사+관사+명사	–	매우 짧은 시간 such a short time

특별한 관사의 위치

관사는 반드시 명사 앞에 오지만 명사 앞에 형용사가 있다고 해서 반드시 형용사 앞에 오는 것은 아니다. 또한 문장이 부사+형용사+명사의 어순으로 온다고 해서 관사는 반드시 관사+부사+형용사+명사 순으로 오는 것도 아니다. 영어문법에는 언제나 예상할 수 없는 불규칙한 변수가 있다. 따라서 관사의 위치를 바르게 사용하여 올바른 영어를 습득해야 한다.

불규칙으로 오는 관사의 위치

형용사 뒤에 오는 부정관사 (a, an)의 위치

so, how, as, too 등의 부사가 있는 형용사 문장은 관사가 형용사 뒤에 와서 명사를 수식한다.

암기방식: 그래서(so) 어떻게(how) 에스(as)하고 통(too)쳤니?

이것은 너무 어려운 책이다. This is too difficult a book.
too 부사가 difficult 의 형용사를 수식한 후
부정관사 a 가 명사 book 을 수식하고 있다.

제인은 너만큼 영리한 여자야. Jane is as wise a girl as you are.
부사가 wise 의 형용사를 수식한 후 부정관사 a 가 girl 을 수식하고 있다.
= Jane is as wise as you.

부사 뒤에 오는 부정관사 (a, an)의 위치

such 또는 quite[kwaɪt] 과 같은 부사 뒤에 부정관사 a, an 이 온다.

그는 매우 짧은 시간에 그 일을 할 수 있다. He can do the work in such a short time.
그의 아버지는 꽤 훌륭한 음악가이다. His father is quite a good musician.

부정관사의 특수 용법

동일인물을 표현할 때에는 단수 취급
선생이자 시인이신 분이 모임에 참석했다.
A teacher and poet was present at the meeting.

서로 다른 인물을 표현할 때에는 복습 취급
한 선생님과 한 시인께서 모임에 참석하셨다.
A teacher and a poet were present at the meeting.

부정관사 a(an) 의 용법

부정관사 a(an) 가 쓰이는 경우

a(an) 라는 부정관사는 5가지로 표현될 수 있다.

1) a(an) 은 어떤, ~라도의 any 의 뜻이 있다.

      어떤 종류나 단체를 대표해서 말할 때 하나라는 개념을 가지고 있다.

2) a(an) 은 하나, 단 하루, 1년, 단 한번의 의미를 지닌 one 의 뜻이 있다.

      어떤 전체를 표현하고자 할 때 쓰인다.

3) a(an) 은 ~같은 the same 의 뜻이 있다.

      어떤 상태가 같을 때 또는 이것과 저것이 같다고 할 때의 개념을 가진다.

4) a(an) 은 어떤, ~이라는 a certain 의 뜻이 있다.

      뜻밖에 모르는 사람이 나타나거나 낯선 물건이 있을 때 쓰인다.

5) a(an) 은 ~마다, ~에 대하여 per 의 뜻이 있다.

      고정적으로 매번 행위가 반복될 때 쓰인다.

any, one, the same, a certain, per,

암기방식 : 어떤 것 하나라도 같은 것이 있다면 어떤 것이라도 때마다 주어라.

- **any**

a (an) 이 any 의 뜻으로 어떤 종류나 단체를 대표해서 하나의 개념을 말할 때 쓰인다.

우리가 알기로는 여우는 교활한 동물이다. As we know that a fox is a cunning animal. 여기에 쓰인 a fox 는 '한 여우'의 뜻으로 쓰인 것이 아니라 여우라는 동물의 종류를 대표하고 있다.

- **one**

a(an) 이 one 의 뜻으로 단 하루, 1년, 단 한번의 뜻으로 어떤 전체를 표현하고자 할 때 쓰인다.

로마는 하루 아침에 이루어 지지 않았다. Rome was not built in a day.
'a day'는 '하루'라는 뜻으로 쓰인 것이 아니라 '하루 아침에', 즉 단 번에 세워진 나라가 아니라 오랜 세월을 통해 세워진 나라라는 뜻을 내표하고 있다.

- **the same**

a(an) 이 the same 의 뜻으로 어떤 상태가 같을 때, 이것과 저것이 같다고 말할 때 쓰인다.

우리는 동갑내기이다. We are of an age.
'우리는 같은 나이'라는 뜻으로 the same 의 뉘앙스를 가진 부정 관사 a 의 뜻이다.

- **a certain**

a(an) 이 a certain 의 뜻으로 뜻밖에 모르는 사람이 나타나거나 낯선 물건이 있을 때 쓰인다.

나는 은행에서 어떤 남자를 만났다. I met a man in the bank.
'어떤 남자'를 표현하기 위해 a certain man 으로 쓰는 것이 아니라 a 라는 부정관사가 '어떤'이란 뜻을 가지고 있다.

나는 공원에서 샤론이라는 사람을 보았다. 그녀는 마을에서 매우 유명하다고 들었어.
I saw a Sharon at the park. I hear that she is very famous in the city.
a Sharon 은 '어떤 샤론'이 아니라 '~ 이라는'의 뜻으로 쓰인다

- **Per 는 고정적으로 매번 행위가 반복될 때**

나는 하루에 4시간씩 공부한다. I study four hours a day.
a day 가 '하루'의 뜻을 나타내는 것도 아니고 전체를 나타내는 시간의 뜻으로 쓰인 것도 아니라 per 라는 반복되는 행위를 표현할 때 쓰인다.

정관사(Definite Article)

정관사 the 는 that 이 변형된 지시형용사로써 단수 또는 복수형 명사 앞에 주로 온다.

정관사의 발음

일반 명사 앞에 the 는 '더'라 발음 하지만
 the 앞에 명사가 모음으로 시작되면 '디'로 발음한다.
예를 들어 달은 'the Moon 더 문'으로 발음 하지만
지구는 'the Earth 디 어쓰'로 발음한다.

정관사의 용법 패턴 1

강 - 한강 the Han river
바다 - 태평양 the Pacific Ocean
반도 - 한반도 the Korean Peninsula
산맥 - 로키 산맥 the Rocky Mountains
나라 - 한국 the Korea
배의 이름 - 메이플라워 호 the Mayflower
방향과 지역 - 동쪽 the east
사하라사막 the Sahara Desert
동식물 - 시베리아 호랑이 the Siberian Tiger
최상급 - 가장 큰 도시 the largest city
오직 하나 유일한 것 - 태양 the Sun, 달 the Moon
박물관 - the museum
신문과 잡지 - The Christian Vision News Paper, the Times

암기방식: 강, 바다, 반도, 산맥 등을 가지고 있는 나라들은 배를 타고 여러 방향의 지역들을 다니면서 동식물을 관찰한 뒤 최상급의 유일한 박물관을 만들어 신문과 잡지에 알리자.

정관사의 용법 패턴 2

1) 서로 알고 있는 것을 말할 때

창문 좀 열어주세요. Please open the window.
부탁하는 나도 알고 상대도 알고 있는 창문을 말할 때 쓰는 표현이다. 하지만 창문이 여러 개 있어 어떤 창문을 열어야 할지 모를 때에는 a window 로 표현해야 한다.

2) 앞에 나온 명사 뒤에 같은 명사가 다시 올 때

그는 나에게 책을 주었다. 그 책은 매우 재미있다.
He gave me a book, the book is very interesting.

3) 수식어로 한정될 때

책상 위에 있는 책은 나의 것이야. The book on the desk is mine.
'책상 위에 있는 on the desk'라는 형용사구가 '책을 the book'이라는 단어를 한정시켰기 때문에 '책'이라는 단어 앞에 정관사 the 를 사용해야 한다.

4) 대명사의 소유격 대신에 the 를 쓸 때

그는 나의 손을 잡았다. He caught me by the hand.
이 문장 the hand 대신 my hand 를 써야 하지만 전치사 사이에 대명사 소유격이 오면 my 대신 the 를 쓴다.

5) 서수 앞에서 사용될 때

제 1 - the first, 제 2 - the second, 제 3 - the third

6) 어떤 종류의 단체를 대표할 때

개는 유능한 동물이다. The dog is a useful animal.
= A dog is a useful animal. = Dogs are useful animal.
모두 가능하지만 The dog is a useful animal. 문장이 가장 적합하다.

7) 모든 단위를 설명할 때

야드 the yard, 더즌 the dozen, 파운드 by the pound,
이 천은 야드 단위로 판매한다. This cloth is sold by the yard.

수동태 문장이기 때문에 sell 대신 sold 가 왔다.

암기방식: 서로 잘 알고 있는 앞의 명사는 수식어로 한정하여 대명사의 소유격 대신에 서수로 정하여 어떤 종류의 단체든지 단위로 표시하게 하라.

정관사의 용법 패턴 3

1) 국민을 표현할 때

   영국 국민 the English, 한국인 the Korean

2) 시간의 변화를 표현할 때

   아침에 in the morning, 밝은 곳에서 in the light, 어두운 곳에서 in the dark

3) 계절

   봄 the spring, 여름 the summer, 가을 the fall, 겨울 the winter

4) 가족의 성씨를 표현할 때

   김씨 가문 the Kims, 케네디 가문 the Kennedys

5) 보통명사가 추상명사로 바뀔 때

   엄마 mother 라는 보통명사에 the 가 붙으며 모성애 the mother 가 된다.
   보통명사 애국자 patriot 에 the 가 붙어 애국심 the patriot
   가난 poor - 거지 근성 the beggar

   가난해지면 거지근성이 나온다. When one is poor, the beggar will come out.
   나는 속에서 애국심이 솟아나는 것을 느꼈다. I felt the patriot rise within myself.

6) the+형용사=명사

   가난한 poor은 형용사인데 the poor하면 가난한 사람들이라는 명사가 된다.

심령이 가난한 자는 복이 있나니(마 5:3). Blessed are the poor in spirit.
온유한 자는 복이 있나니(마 5:5). Blessed are the meek.

7) 고유명사 앞에 쓰일 때

고유명사 앞에는 부정관사 a 또는 an, 정관사 the 를 사용할 수 없지만 세상에 하나 밖에 없는 건물이나 공공건물 이름 앞에 정관사 the 를 사용 할 수 있다.

백악관 the White House

암기방식 : 국민들이 시간의 변화에 따라 계절이 바뀌고 성씨를 나타내는 추상명사는 형용사와 고유명사로 바뀐다.

관사 생략 패턴 1

1) 가족의 구성원을 표현할 때

아버지 father, 어머니 mother
아버지는 나에게 시계를 사주셨다. Father bought me a watch.

2) 상대를 부를 때

웨이터, 커피 한 잔 주세요. Waiter, please give me a cup of coffee.

3) 신분을 말할 때

우리는 그를 대통령으로 선출했다. We elected him president.
대통령이라는 신분

4) 대조를 할 때

칼과 포크 knife and fork
집과 호텔 house and hotel

5) 식사 때를 표현할 때

아침 breakfast, 점심 lunch, 저녁 dinner

나랑 점심 같이 하는 것 어때? How about lunch with me?

6) 건물, 즉 학교, 교회 등을 표현할 때

난 교회에 갈 거야. I go to church.

교회에 가는 목적은 예배 또는 정식 모임에 참석하기 위해 가는 것인데
개인적인 볼일이 있어 갈 때에는 the 를 사용할 수 있다.

난 그를 보기 위해 교회에 갈 거야. I will go to the church to see him.

7) 걷기 즉 수단을 나타낼 때

버스를 타고 by bus, 걸어서 on foot

나는 버스를 타고 여기에 왔다. I came here by bus.

8) 운동의 종류를 표현할 때

축구 soccer, 농구 basketball, 야구 baseball

그들은 축구를 좋아한다. They like playing soccer.

악기 이름 앞에는 the 를 사용하지만 모든 종류의 운동 앞에서는 사용하지 않는다.

9) 질병 등을 표현할 때

암 cancer, 두통 headache, 복통 stomachache

난 지금 머리가 너무 아프다. I have very strong headache now.

암기방식 : 가족끼리 상대의 신분을 대조하지 못하게 하고 식사 후
건물 안에서 걷기운동을 하며 질병을 예방하자.

*질병 앞에 관사가 생략되는 것은 분명한 사실이지만 그 질병을 특별히 강조하거나 그 질병으로 인하여 신체적으로 큰 변화가 없을 경우엔 사용할 수 있다.

그는 미스터 박의 장모님이 열병으로 앓아(침대에) 누운 것을 보았다.

He saw Mr. Park's mother-in-law lying in bed with a fever.
이 문장처럼 열병 앞에 부정관사 a 를 사용하므로 열병 fever 라는 질병을 강조할 뿐 아니라 신체적으로 큰 영향을 주는 것은 아니기 때문에 사용할 수 있다.

관사 생략 패턴 2

1) 대륙
   아시아 Asia, 아프리카 Africa, 유럽 Europe

2) 주지방 도시이름
   캘리포니아 California, 인천 Incheon

3) 섬과 산의 이름
   제주도 Jeju Island, 에베레스트 산 Everest Mountain
   만일 Mountain Everest 라고 하면 에베레스트 산맥을 말한다.

4) 거리, 공원, 다리
   종로가 Jongno Street, 남산 공원 Namsan Park, 금문교 Golden Bridge

5) 중요 건물기관의 이름과 호텔
   옥스포드 대학 Oxford University, 힐튼 호텔 Hilton Hotel

6) 식당, 은행, 회사의 이름
   맥도날 식당 McDonald's, 씨티 은행 City Bank, 회사이름 Samsung

암기방식 : 대륙과 주, 지방도시이름 그리고 섬과 산 또한 거리에 있는 공원과 다리와 중요 건물기관의 이름과 호텔, 식당, 은행, 회사이름을 부르지 말라.

*뜻이 달라지는 정관사 the

지금 몇 시입니까? Do you have the time?

내일 시간 좀 있습니까? Do you have time tomorrow? 데이트 신청할 때

동사구의 목적어

동사구의 목적어란 동사와 전치사 사이에 대명사가 오는 문장의 어순을 말한다. 다시 말해 put on, take off 등과 같은 동사+전치사 사이에 대명사가 와서 동사+대명사+전치사의 구조를 이루는 것을 동사구의 목적어라 한다.

동사와 전치사가 숙어처럼 함께 오는 문장 사이에 대명사가 오는 경우
공식: 동사+대명사+전치사

    포기해. give it up

    그것을 벗어. Take it off.

하지만 동사와 전치사가 숙어처럼 같이 오는 동사구에 일반명사가 오면 그 일반명사는 동사구 뒤에 온다.

동사와 전치사가 숙어처럼 함께 오는 문장 사이에 일반명사가 오는 경우
공식: 동사+전치사+일반명사

    계획을 포기해. Give up the plan.

    코트를 입어라. Put on your coat.

    하지만 Put your coat on 으로 써도 무방하다

특수동사의 공식
동사에도 공식이 있다. 다양한 공식을 알면 알수록 영어공부는 쉬어 진다.

수여동사와 부과(청과)동사들	on/in
결합동사와 공급동사	with
박탈동사와 제거동사	of
비난동사와 보상동사	for
방해동사와 금지동사	from+동명사
식별의 동사	from+명사
변화동사	into

3-1형식의 수여동사와 부과(청과)동사들   과제: 필수 암기 부분들

수여하다, 증여하다.	confer 4형식
~을 ~에 증여하다.	~ confer (목) on/in 3-1형식
주다, 수여하다.	bestow 4형식
~을(를) ~에게 주다.	~ bestow/award (목) on/in 3-1형식
~을 ~에게 기증하다.	~ grant to -1형식
부과하다, 떠맡기다.	Impose 4형식
~을(를) ~에게 부과하다.	impose (목) on 3-1형식
타격을 가하다, 벌 따위를 주다.	Inflict 4형식
~을(를) ~에게 가하다.	inflict (목) on 3-1형식

부과하다.　　　　　　　　　Put 4형식

~을(를) ~에 부과하다.　　　~ put (목) on 3-1형식

수여동사 또는 부과(청구)동사+목적어+on+명사

수여동사와 부과동사들이 4형식 문장에서 3형식으로 바뀌게 되는 경우가 있다.

수여동사나 부과동사 뒤에 전치사가 오면 4형식에 쓰이는 동사들이 3-1형식으로 바뀌게 된다. 이러한 문장들은 직목(사물)이 먼저 오고 간목(생물)이 뒤에 오는 것이 특징이다.

수여하다, 증여하다.　　　　confer

(신분이 높은 사람이 다른 사람에게 호의를 베풀거나 상을 하사할 때 주로 쓰인다)

교장선생님은 그 학생에게 우등상을 주었다. 4형식

The principal conferred the student honors
　　　　　　　　　　(간목)　　(직목)

~을 ~에 증여하다.　　　　~ confer (목) on/in

교장선생님은 우등상을 그 학생에게 주었다. 3-1형식

The principal conferred honors on the student.
　　　　　　　　　(직목)　(간목: 부사구)

대학교는 최고의 학위를 그에게 주었다. 3-1형식

The university conferred its highest degree on him

주다, 수여하다.　　　　　Bestow

(무엇을 성취했을 때 상대를 존중하는 마음에서 수여한다는 뜻이 담겨 있다).

그들은 우승자에게 트로피를 주었다. 4형식

They bestowed/awarded the winner a trophy.

~을(를) ~에게 주다.　　　~bestow (목) in/on/to

그들은 트로피를 우승자에게 주었다. 3-1형식

They bestowed a trophy to the winner.

부여하다. 승인(하사)하다.   grant
(공적으로 특별한 혜택을 부여 받는 뜻을 가지고 있다).
교회는 학생들에게 보조금을 주었다. 3형식 The church granted to the students

부과하다, 떠맡기다.   Impose
그들은 그 물건에 과세를 부과시켰다. 4형식
They imposed the article a tax. 4형식

~을(를) ~에게 부과하다.   impose (목) on
그들은 과세를 그 물건에 부과시켰다. 3-1형식
They imposed a tax on the article.

타격을 가하다, 벌 따위를 주다.   Inflict
그는 자기 친구에게 일격을 가했다. 4형식
He inflicted his friend a blow

~을(를) ~에게 가하다.   inflict (목) in/on/to
그는 일격을 자기 친구에게 가했다. 3-1형식
He inflicted a blow in/to his friend. a blow in 하면 일격을 가한 부분이 크게 반영된 의미가 있으며 a blow to 하면 일격을 가한 부분이 작게 반영되었다는 의미가 있다.

부과하다.   Put
그들은 담배에 중과세를 부과시켰다. 4형식
They put tobacco a heavy tax.

~을(를) ~에 부과하다.   put (목) on
그들은 중과세를 담배에 부과시켰다. 3-1형식
They put a heavy tax on tobacco.

결합동사와 공급동사 with

문장의 공식을 알면 영어가 쉬워진다. 결합동사, 공급동사는 영어어순이 같기 때문에 공식을 암기하면 유익하다. 결합동사와 공급동사에 with 를 쓰는 이유는 간목(생물체)과 직목(무생물체)의 관계가 밀접한 관계성을 가지고 있기 때문이다. 모두 3-1형식에 속한다. 일반적으로 3-1형식은 간목과 직목의 어순이 바뀌지만 결합과 공급동사들은 바뀌지 않는 것이 특징이다. 이러한 동사들은 밀접한 관계를 유지해야 하기 때문에 with 처럼 가까이 있어야 한다.

결합동사의 공식: 결합동사+목적어+with+명사

연상(연결)시키다.	connect+A with B
~과 결합시키다.	combine ~ with
~과 연결시키다.	unite ~ with
~과 ~을 반죽하다.	mix ~ with

우리는 자주 텍사스 사람을 카우보이와 연상시킨다.
We often connect Texan with cowboys.

그들은 같은 페이지에 만화와 광고를 결합시켰다.
They combined comics with add on the same page.

이 도로는 고속도로와 역을 연결시켰다.
This road united/connected the highway with the station.

그들은 밀가루와 우유를 반죽했다.
They mixed flour with milk.

공급동사의 공식: 공급동사+목적어+with+명사

공급동사의 특징은 4형식처럼 간목과 직목의 순서가 바뀌지 않는다.

공급하다.	provide
제공하다.	supply
바치다 ~에게 주다.	present
공급하다.	furnish
맡기다.	entrust
도와주다.	help

우리는 그들에게 음식을 제공했다. We provided them with food.
나는 그녀에게 학비를 제공하겠다. I'll supply her with her school expenses.
그들은 피난민에게 음식을 공급했다. They furnished the refugees with food.
나는 그에게 나의 모든 운명을 맡겼다. I entrusted him with my all fortunes.

박탈동사와 제거동사 of

박탈동사와 제거동사에 of 를 쓰는 이유는 무엇일까? 이를 암기하는 방법 중 하나는 박탈 또는 제거해야 하니까 떨어뜨리는 목적으로 of 를 쓴다고 여겨라. 모두 3-1형식에 속한다. 역시 결합동사와 공급동사처럼 간목 of 직목 순으로 온다.

박탈동사의 공식: 박탈동사+목적어+of+명사

빼앗다, 박탈하다.	rob
빼앗아 가다, 멀게 하다.	deprive [dipráiv]

강도가 내게서 지갑을 빼앗아 갔다.
A robber robbed me of my purse.=A robber stole my purse.

그들은 그 가족에게서 상속을 박탈했다.
They robbed the family of their inheritance [inˈherɪtəns].

사고는 그를 눈을 멀게 했다. (직역) 그는 사고로 실명했다. (의역)
An accident deprived him of his sight.

제거동사의 공식: 제거동사+목적어+of+명사

덜어주다, 구제(조)하다.　　　　**relieve**
청소하다.　　　　　　　　　　　**clean**
청소하니까 먼지 같은 것이 제거된다.

고치다, 치료하다.　　　　　　　**cure**
치료하니까 아픔 같은 것이 제거된다.

깨닫게 하다, 납득시키다.　　　　**convince**
깨닫거나 납득이 되니까 문제 같은 것이 제거된다.

설득시키다, 믿게 하다.　　　　　**persuade**
설득되거나 믿게 되니까 오해 같은 것이 제거된다. 역시 간목 of 직목 순으로 온다.

너는 메리의 가사를 덜어주어야 한다. You must relieve Mary of housework.
그들은 그의 나쁜 습관을 고쳐 주었다. They cured him of his bad habits.
그녀는 그에게 그의 실수를 깨닫게 했다. She convinced him of his error
그는 나에게 그의 성실함을 믿게 했다. He persuaded me of his sincerity [sinsérəti].

비난동사와 보상동사 for

비난과 보상동사는 책임전달을 위해 for를 사용한다. for 의 뉘앙스는 '누구를 행하여'란 뜻이 있기 때문에 못해서 비난 받아도 너 때문이요, 잘해서 보상받아도 너 때문이다는 의미가 있다. 역시 간목+for+직목 순으로 온다.

비난동사공식: 비난동사+목적어+for+명사

벌하다.   punish
탓하다, 비난하다.   blame
비난하다, 꾸짖다.   reproach [rɪ|proʊtʃ]

그들은 그가 부주의하다고 벌했다. They punished him for his carelessness [kɛərlisnis].
그가 직무태만이라고 너를 비난할 것이다. He'll blame you for neglecting your duty.

선생님은 주의력이 없다고 그를 비난했다.
The teacher reproached him for lack of attention.

그들은 그를 태만하다고 벌했다. They punished him for his negligence [ˈneɡlɪdʒəns].
그들은 죄 때문에 그를 벌했다. They punished him for his crime

보상동사의 공식: 보상동사+목적어+for+명사. 간목+for+직목 순으로 옴

칭찬하다, 숭배하다.   praise
감사하다.   thank

선생님은 나의 숙제에 대해 칭찬을 했다.
The teacher praised me for doing well on my homework.

당신의 친절에 감사합니다. Thank you for your kindness.

방해동사와 금지동사 from+동명사

방해와 금지는 '~부터'오기 때문에 from 을 사용한다. 암기 방법 중 하나는 방해를 금지시키기 위해 from 으로부터 막아야 한다. 역시 간목+from+직목 순으로 온다. 직목 자리에 동명사가 온

다는 것을 잊지 말라.

방해동사의 공식:방해동사+목적어+from+동명사

방해하다.　　　　　　　　　　　　**prevent**
방해하다, 방해가 되다.　　　　　　**hinder**

어머니의 병 때문에 나는 학교에 가지 못했다.
My mother's illness prevented me from going to school.

그들은 그가 그 계획을 실행하는 것을 방해했다.
They hindered him from carrying out the plan.

금지동사의 공식: 금지+목적어+from+동명사

금지하다.　　　　　　　　　　　　**prohibit**
억누르다, 억제하다, 제지하다.　　　**restrain [rɪ|streɪn]**
금하다.　　　　　　　　　　　　　**keep**

그녀는 두 눈에서 눈물이 나는 것을 막을 수 없었다.
She couldn't keeping the tears from her eyes.

나는 어린이들이 떠드는 것을 제지할 수 없었다.
I can't restrain children from making a noise.

식별의 동사 from+명사

식별동사도 방해와 금지 동사들처럼 ~부터 식별해야 하기 때문에 from 을 사용한다. 역시 간목+from+직목 순으로 온다.

식별동사의 공식: 식별의 동사+목적어+from+명사

*방해와 금지+목적어+from 뒤에는 동명사가 왔지만
 식별동사에서는 from 뒤에 명사가 와야 한다.

구별하다.   distinguish [dɪ|stɪŋgwɪʃ]
식별하다, 구별하다.   know ~ from
식별하다, 구별하다.   tell ~ from

언어로 인간은 동물과 구별된다. Speech distinguishes man from animal
어린이는 염소와 양을 식별하지 못한다. The child can't tell a goat from a sheep
선과 악을 구별하기란 쉽지 않다. It's not easy to know good from evil

서로 구별하다.   know one from the other, tell one from the other
그들은 매우 닮아서 (당신은) 거의 서로를 구별할 수가 없다.
They are so alike that you can't tell one from the other.
그 소년은 밀과 보리를 식별하지 못한다. The boy cannot tell wheat from barley ['bɑːrli].
이성으로 인간과 동물은 구별된다. Reason distinguishes man from animals.

변화동사 into

변화동사는 물체나 형체 또는 환경 등이 변화를 받기 때문에 into 를 사용한다.
역시 간목+into+직목 순으로 온다.

변화동사의 공식: 변화의 동사+목적어+into+명사

변화다.   A를 B로 변화시키다.Turn ~ into
~을 ~로 바꾸다.   change/convert ~ into
~을 옮기다.   put ~ into
~을 옮기다.   translate/changed ~ into

~을(를) ~으로 만들다.   **make ~ into**

열은 물을 수증기로 변화시킨다. Heat turns water into vapor.
그들은 황무지를 밀밭으로 바꾸었다. They changed the waste into a wheat field
너는 그 문장을 영어로 옮겨야 한다. You must put the sentence into English.
돈을 달러로 바꿀 수 있습니까? Can you change/convert my money into dollars?
그는 약속을 행동으로 옮겼다. He translated/changed promise into action.
우리는 우유로 치즈와 버터를 만든. We make milk into cheese and butter.

say, tell, talk, speak 의 차이점
tell 은 타동사이기에 반드시 목적격이 필요하다. tell 다음 전치사가 올 수 없다. Speak 는 1형식과 3형식 모두 가능하다. tell 과 speak 를 제외한 say, talk 는 모두 자동사이므로 그 뒤에 전치사가 온다. say 는 3-1형식 문장에 tell 과 speak 는 3, 4, 5형식에 필요하다. talk 는 자동사이다. 목적어는 취할 수 없지만 전치사 of, about, to , with 등과 함께 쓸 수 있다.

1. say

say(said, said)

say 는 3-1 형식으로 누가 말한 것을 서술하는 의미로 많이 쓰인다. say 는 말의 내용을 중요시하는 경향이 있다. '~내용을 말한다.'라는 의미로 상대가 누구인가가 중요한 것이 아니고 내용 전달에 중점을 둔다.

say 는 '말소리를 내다.'라는 뉘앙스가 있다. 듣는 사람이 주가 되는 것이 아니라 말하는 사람이 주가 되는 경우이다. 따라서 동사 say 뒤에 바로 목적어가 오는 것이 아니라 전치사가 온 다음 목적어가 온다. 즉, '누구에게 ~말하다.'라고 하면 반드시 to 가 와야 한다. 이 동사는 사람이 말한 것을 인용할 때 가장 많이 사용된다.

본인이 어떤 사건이나 현상에 대해 코멘트(언급)하고 싶을 때 많이 쓰인다.

'이것은 내 실수가 아니야.'라고 탐이 말했다. 'It's not my fault,' Tom said (said Tom).

사람이 아닌 것이 말할 때도 꼭 이 동사를 써야 한다.

게시판에 '화요일은 휴교'라고 나와 있다.
The notice says 'No class (school) on Tuesday.'

3시 30 분에 만납시다. Let's say half past 3 (three thirty).
yes 또는 no 을 물을 때에도 반드시 say yes 또는 say no 라고 해야 한다.
say to 는 어느 특정한 대상을 지칭할 때 주로 쓰인다.
화법에서는 say to 가 talk 로 바뀌는 경우가 있다 .

나에게 (그것에 대해) 말해. Say it to me.
예수님께서 그에게 말씀하셨다. 사탄아 물러가라!
Jesus said to him, away from me, Satan!

say 는 3 형식이므로 간목 없이 바로 that 절을 목적어로 취한다.
그는 당신을 좋아한다고 말했다. He said that he likes you.
'그는 당신을 좋아한다고 나에게 말했다.'로 할 때는 to 가 삽입된다.

He say to me that he likes you. to me 는 동사의 목적어가 되므로 여전히 3-1형식 문장이다. 하지만 He say me 라고는 할 수 없다.

say 의 숙어
~할 필요가 없다 (하지 말아야 한 것을 했을 때 후회하는 것)
shouldn't have+pp = need not have+pp

그는 그렇게 말할 필요가 없었는데.
He shouldn't have said it. = He need not have said it.

2. tell

tell (told, told)

tell 은 타동사이다. 팝송 텔미 tell me를 기억하라. tell 다음에 전치사가 올 수 없다. tell(told, told) 은 주어가 어떤 목적이 있는 대상에게 어떤 이야기를(두 번째 목적어가 되는) 들려주는 것이다. tell 은 누구에게 말을 했는지 말하는 행동 자체를 나타내는 단어이다. 내가 알고 있는 것을 '~에게 말해주다.' 또는 내가 모르는 사실을 상대방에게 알려달라는 뜻으로 한쪽에서 일반적으로 이야기, 지시, 부탁 등을 전하는 뜻으로 많이 쓰인다. tell 은 반드시 특정한 대상을 지칭하여 말하는 경우에 쓰인다.

너에게 뭣 좀 말해줄게. Let me tell you something.

나에게 진실을 말해줄 수 있겠니? Can you tell me the truth?

내가 캐나다에서 무슨 일이 있었는지 말해줄게 I'll tell you what happened in Canada

tell 은 반드시 간목이 오고 난 후 that 절을 직목으로 취하는 4형식 수여 동사이다.

또한 tell 은 3, 4, 5 형식 모두에 사용된다.

그는 당신을 좋아한다고 나에게 말했다. He tells me that he likes you.

tell 이 that 절 말고도 일반명사를 직목으로 취하여 4형식으로 쓴다.

그녀는 내게 그 소식을 말해주었다. She told me the news.

tell 이 3 형식에 쓰이는 경우

남자친구는 좀처럼 거짓말을 하지 않는다. My boyfriend seldom tells a lie.

내가 그것에 관한 이야기를 해 줄 수 있다. I can tell a story about it.

그는 날 웃기려고 농담을 했다. He told a joke to make me laugh.

tell 이 5 형식에 쓰이는 경우

tell 은 목적보어로 to 부정사를 취할 수 있다.

내 여자 친구는 나에게 담배를 끊으라고 했다. My girlfriend told me to stop smoking.

3. talk

talk(talked, talked) 는 주로 다른 누구와 얘기를 나누다는 뜻에서 많이 쓰인다.

talk 뒤에는 대게 to 나 with 을 사용한다.

대화하다는 뜻으로 say 나 tell 처럼 일반적으로 말하는 것이 아니고 상대의 의견도 생각하면서 서로 주고받으며 이야기하는 대화의 경우에 쓰인다.

너 누구랑 얘기 하고 있니? Who are you talking to?
도대체 무슨 얘기를 하고 있는 거야? What are you talking about?
우린 두 시간 동안 얘기했어. We talked for 2 hours.

4. speak

speak(spoke, spoken)는 일단 말을 내뱉는다는 포인트가 있다. 내 입에서 말이 나오는 것에 포인트가 있다. 따라서 다른 사람과 얘기를 한다고 할 때 보통 to 또는 with 와 함께 쓸 수 있지만 3형식에 쓰일 땐 전치사 없이 타동사로도 쓰인다. talk 는 서로 의견을 주고 받는 뉘앙스가 있고 speak 는 일방적으로 말한다는 느낌이 있다. 또한 언어를 '말하다' '연설하다.'라는 의미로 말하는 능력이나 행동자체에 의미를 둔다. 공식적이고 다소 격식을 갖춘(방송사 인터뷰) 상황에서 말할 때 주로 사용된다. 공개적으로 사람들에게 말을 하거나 어떤 방송사를 통해 자신의 의견을 말할 때 사용한다.

내가 그 사람하고 말해 볼게. Let me speak to him.
그녀는 학생들과 시험에 대하여 말했다. She spoke to her students about the exam.
당신 영어할 줄 아세요? Do you speak English?

강의 #14에서는 도치구문, 화법, 비교급과 부록 1편에서 3-1형식의 수여동사와 부과(청과)동사들, 수여동사에 쓰이는 의문문, 특수동사의 공식과 부록 2편에서 say, tell, talk, speak 의 차이점 등을 다루고자 한다.

도치구문(Inverted sentences)

도치구문이란 문장 속에서 가장 먼저 강조하고 싶은 말을 앞으로 보내는 문장의 구조를 말한다. 강조하고 싶다고 아무거나 앞으로 보내는 것이 아니다.

오직 보어, 목적어, 부정어, 부사(보목부부)를 강조하기 위해 문장의 앞과 뒤를 도치시키는 형태를 말한다.

도치구문에 부정어로 쓰이는 단어들을 먼저 알아 보자.

암기방법: 그녀를 보호하기 위해 목숨 걸고 부산에 갔는데 방금 부산을 떠나버렸다(보목부부).

부정어에 쓰이는 단어들

단지 이것뿐 아니라 역시 저것도	not only ~ but also
아니다	not
조금	little
거의	rarely
좀처럼	seldom
겨우 ~간신히	scarcely [skersli]

암기방식: 단지 이것뿐 아니라 조금 전에 본 것은 거의 좀처럼 볼 수 없는 겨우살이이다.

이러한 단어들을 부정빈도부사라 한다. 부정어가 부정을 유도하는 대상은 동사에게 한정되어 있다. 동사를 부정으로 유도하기 위해 부정어들이 앞으로 나와서 강하게 동사를 부인하도록 유인하는 것이다. 예를 들어

그는 좀처럼 뛰지 않는다. He seldom runs.

이 문장을 도치구문으로 바꾸면 Seldom does he run. 이 되는데 이 도치구문의 목적은 '달리다 run'의 동사를 부인하기 위해 '좀처럼 뛰지 않는다.'를 강조하기 위한 것이다. 주어 '그는 He'를 부인하기 위해 도치구문을 사용한 것이 아니라 오직 동사 '뛰다'라는 동사를 강하게 부인하기 위한 것이다. 도치구문에서 일반동사가 오면 부정어 다음 do 동사가 온 후 원형 일반동사를 사용해야 한다.

도치구문의 특성은 부정하고자 하는 부정어와 그 뒤에 따르는 be 동사, 조동사, do 동사만 문장 앞으로 보내고 그 나머지 주어와 본 동사들은 그대로 부정어 뒤에 따라오면 된다.

그런데 만일 부정어가 주어를 부인하기 위해서 도치구문을 구사한다면 이는 잘못된 생각이다. 주어를 강하게 부인하기 위해 도치구문을 만들 수 없다. 오직 보어, 목적어, 부정어, 부사(보·목·부·부)들을 부정하기 위해 도치구문을 사용하는 것이다.

아무런 소리도 들리지 않았다. Not a sound was audible.

이 문장은 부정어가 문장 앞에 있는 것은 사실이지만 부정하고자 하는 대상이 뚜렷이 없기 때문

에 도치구문을 만들 수 없다. 도치구문이란 부정하는 대상이 있을 때만 가능하다. 동사는 부정할 수 있는 대상이 있을 때 부정어와 함께 문장 전체를 강조할 수 있다.

나는 그를 거의 만나지 못했다. I rarely meet him.

이 문장을 도치구문으로 바꾸면 Rarely did I meet him. 동사 meet 은 him 을 만나지 못한 부정의 대상이 뚜렷하다. 이와같이 동사를 강하게 부정하고 싶을 땐 동사가 부정하고자 하는 대상이 있어야 한다.

부정문을 이끄는 3가지 동사들

부정문이 문장 앞으로 올 때 3가지 종류의 동사들이 함께 움직인다. 즉, be 동사, 조동사, do 동사들이 부정어와 함께 앞으로 움직이면서 도치를 만든다. 이러한 3가지 동사들은 부정을 표현하는 단어들과 함께 문장 앞으로 보내어 부정을 더욱 강조하고 싶을 때 사용된다.

부정어 도치의 공식 3가지

부정어가 문장 앞에 오면

1. 부정어+be 동사가 문장 앞으로 간다.
2. 부정어+조동사가 문장 앞으로 간다.
3. 부정어+일반동사가 문장 앞으로 간다.

일반동사는 부정어와 함께 앞으로 갈 수 없기 때문에 대신 do 동사를 부정어와 함께 앞으로 보낸다. 이때 사용되는 일반동사는 원형 일반동사만 가능하다. 부정어와 be 동사, 부정어와 조동사, 부정어와 do 동사를 문장 앞으로 보낸 뒤 주어와 본동사는 부정어 뒤에 그대로 따라 오면 된다.

암기방식: 부정한 비밀은 부정을 조절하고 부정의 일을 낳는다(부비, 부조, 부일).

1) 부정어+be 동사

그는 결코 어리석은 사람이 아니었다. 그리고 그는 어려운 문제를 풀었다. (직역)

그는 결코 어리석은 사람이 아니기에 어려운 문제를 풀 수 있었다. (의역)

He was never silly, and he solved the hard problem.

이 문장을 도치로 바꾸면 Never was he silly, and he solved the hard problem.

부정어와 be 동사가 문장 앞으로 오면서 도치구문을 만들었고 주어+동사가 온 후 그밖에 문장들은 그대로 따라 왔다.

2) 부정어+조동사

제인은 정시에 일을 마칠 수가 없었다. Jane could not finish the work on time.

이 문장을 도치로 바꾸면 Never could Jane finish the work on time.

도치구문에 조동사 could+not 대신 never 로 대치할 수 있다.

그 이유는 문장 전체를 강하게 부정하기 위한 것이다.

3) 부정어+일반동사

팀은 이렇게 큰 개를 본적이 없다. Tim never saw such a big dog.

이 문장을 도치로 바꾸면 Never did Tim see such a big dog.

일반동사 앞에 do 동사가 오면 일반동사는 반드시 본동사만 와야 한다

나는 그녀를 다시는 보지 않았다. I have never seen her again.

이 문장을 도치구문으로 바꾸면 Never again have I seen her.

도치구문의 현재완료 문장은 부정사만 앞으로 온 후 have+ p.p. 는 그대로 올 수 있다.

그녀는 오직 일요일에만 Tim을 만날 수 있다. She can see Tim only on Sunday.

이 문장을 도치구문으로 바꾸면 Only on Sunday can she see Tim.

도치구문은 반드시 부정문만 사용되는 것이 아니라 평서문에서도 보어, 목적어, 부사 등을 만들 수 있다. 예문에 쓰인 도치구문은 부사구를 강조하기 위한 문장이다. 즉, 일요일을 강조하고 있다.

보어를 도치구문으로 사용하는 경우

2형식 문장인 보어를 도치시킬 때 주어가 오직 명사일 경우에만 가능하다. 만일 주어가 대명사라면 도치구문을 만들 수 없다.

티제이는 매우 행복했다. TJ was very happy.

이 문장을 도치구문으로 바꾸면 Very happy was TJ. 라는 문장이 성립된다. 주어가 대명사가 아니라 고유명사이기 때문이다. 하지만 명사 대신 대명사를 사용한다면 도치구문을 만들 수 없다.

그는 매우 행복했다. He was very happy.

이 문장을 도치구문으로 바꾸기 위해 매우 행복했어 그는 Very happy was he. 로 한다면 온전한 문장이 될 수 없다. 즉, 대명사 '그는 he'가 주어가 되어 보어 happy 를 도치구문으로 유도할 수 없기 때문이다. 보어의 도치구문에서는 주어가 대명사일 경우 보어를 도치구문으로 강조할 수 없고 오직 명사만 가능하다.

목적어를 도치구문으로 사용하는 경우

목적어가 있는 문장 속에서 목적어를 강조하고 싶을 때 그 목적어를 문장 앞으로 끌어 내어 도치구문을 만들 수 있다. 만일 목적어를 강조하고 싶다면 오직 타동사가 있는 문장만이 가능하다.

그는 일주일도 못 되어 그 약속을 깼다. He broke that promise within a week.

이 문장을 도치구문으로 바꾸면

그 약속을 그가 일주일도 못 되어 깼다. That promise did he break within a week.

그는 집을 짓지 않았다. He did not build the house.

이 문장에서 목적어를 도치구문으로 바꾸면

그 집을 그가 지은 것은 아니다. Not the house did he build

목적어를 도치시킬 때 동사를 도치시키던 방법과 같이 일반동사가 있으면 do 동사를 앞으로 보내 도치구문을 도와야 한다. be 동사와 조동사도 같은 방법으로 목적어와 같이 움직여야 한다. 한

가지 조심해야 할 부분은 목적어가 대명사일 경우에는 도치를 시킬 수 없다.

그것을 지었다. He built it.
이 문장에서 목적어 it 을 도치시키려고 그것은 그가 세웠다. It does he built 라고 할 수 없다.
이러한 문장들은 긍정문이든 부정문이든 도치를 시킬 수 없는 문장들이다.

부사를 도치구문으로 사용하는 경우

일반동사일 경우의 부사구의 도치

한 키 큰 남자가 언덕 위에 서 있었다. A tall man stood on the hill.
이 문장의 부사구를 도치구문으로 바꾸면
그 언덕 위에 한 키 큰 남자가 서 있었다. On the hill stood a tall man.

문장이 1형식 또는 2형식의 자동사 도치구문은 일반동사라 할지라도 do 동사나 조동사를 동반하지 않고 부사구 자체가 직접 도치되어 문장 앞으로 온다. 그 다음 본동사가 앞으로 따라가서 부사구를 도와 도치구문을 완성시킨다.

또 하나의 변수는 자동사를 쓰는 1형식 또는 2형식 문형에서는 대명사도 도치구문으로 만들 수 있다.

그는 언덕 위에 서 있었다. He stood on the hill.
이 문장의 부사구를 도치구문으로 바꾸면
그 언덕 위에 그가 서 있었다. On the hill he stood. 라는 문장이 성립된다.
이 문장의 특성은 다른 도치구문들과는 달리 대명사를 사용할 뿐 아니라 동사의 변화도 없이 주어가 부사구의 도치와 함께 앞으로 나올 수 있다.

타동사일 경우의 부사구의 도치

타동사일 경우는 자동사와는 다르게 부사구를 문장 앞으로 도치시킬 때 do 동사가 와야 한다.

그는 그의 임무를 아주 훌륭하게 수행했다. He fulfilled the duty so well.
이 문장의 부사구를 도치구문으로 바꾸면
아주 훌륭하게 그는 그 임무를 수행했다. So well did he fulfill the duty.
이러한 종류의 문장은 be 동사, 조동사, 현재완료 have 동사가 부사구의 도치와 함께 문장 앞으로 따라 간다.

화법(narration)

화법이란 누군가가 한 말을 직접 전하기 위해 말한 내용을 그대로 전하는 방법이 있는가 하면 누군가가 한 말을 간접적으로 전하는 방법이 있다. 말을 직접 전하던 간접적으로 전하던 말한 장소나 방법 또는 시간 등이 다를 수 있으며 말한 사람과 전하는 사람이 서로 다를 수 있다.

만일 장소가 여기 here 였다면 저기 there 로 바뀔 수 있고, 시제도 현재 have to 라면 과거 had to 로 바뀔 수 있으며, 말하는 사람이 당신 you 를 내가 I 로 바꿀 수 있다.

정리
장소 here 가 저기 there 로
현재시제 have to 가 과거시제 had to 로
주어의 대상 당신이 you 가 내가 I 로 바뀐다.

평서문의 직접화법(Direct Narration)과 간접화법(Indirect Narration)

직접화법은 다른 사람이 말한 내용을 따옴표에 담아 그대로 전하는 방식을 말하고 간접화법은 따옴표 대신 접속사를 이용해 간접적으로 내용을 전하는 방식을 말한다. 예를 들어 직접화법으로 말할 때 그는 말했다, "저는 당신을 기다리겠습니다." He said, "I will wait for you."처럼 '그는 말했다. He said'에서 콤마가 있어야 하며 "I will wait for you."처럼 큰따옴표가 있어야 한다. 큰따옴표로 시작하는 문장은 콤마 다음에 시작하는 첫 단어는 반드시 대문자로 시작해야 한다.

간접화법으로 말하려면 그는 그가 나를 기다린다고 말했다. He said that he would wait for me. 처럼 콤마와 큰따옴표 대신 that 이 첨가되면서 현재 will이 과거 would 로 바뀌는 현상이 나타난다.

정리
콤마와 따옴표 대신 that으로 대치
주어 I 가 he 로
조동사 will 를 would 로 바꾼다.
you 가 me 로 바꾼다.
I 대문자가 he 소문자로 바꾼다.

직접화법 동사와 간접화법 동사

직접화법 동사 say 의 첫 번째 변화
그는 말했다. "그 소년은 매우 정직해." He said, "The boy is very honest."
쌍따옴표로 시작하는 문장이기 때문에 The 가 대문자로 시작했다.

간접화법 동사 say 의 첫 번째 변화
그는 그 소년이 매우 정직하다고 말했다. He said that the boy was very honest.
say 의 동사는 직접화법이나 간접화법에서 바뀌지 않고 같이 사용된다. 다만 직접화법에 있는 is 가 간접화법으로 바뀔 때 was 로 바뀐다.

정리
say 동사는 간접과 직접화법에서 모두 같이 쓰인다.
동사 is 가 was 로 바뀐다.

직접화법 동사 say 의 두 번째 변화
그녀는 말했다. "나는 지금 너무 바빠요." She said, "I'm so busy now."

간접화법 동사 say 의 두 번째 변화
그녀는 그녀가 그때 너무 바쁘다고 말했다.

She said that she was very busy at that time.

say 동사의 두 번째 변화는 I 가 she 로 바뀌며 동사 am 이 was 로 바뀌고 now 가 at that time 으로 바뀐다.

> #### 정리
> 주어 I 가 she로
> 동사 am 이 was 로
> 부사 now 가 at that time 으로 바뀐다.

직접화법 동사 say 의 세 번째 변화
그녀는 내게 말했다. 난 당신을 사랑합니다. She said to me, "I love you."

간접화법 동사 say 의 세 번째 변화
그녀는 그녀가 나를 사랑한다고 나에게 말했습니다. She told me that she loved me.

said to me, 가 told me that 으로 바뀌고 I 가 she 로 바뀌고 love 가 loved 로 바뀌고 you 가 me 로 바뀐다.

> #### 정리
> said to me 가 told me that 으로
> I 가 she 로
> love 가 loved 로(동사나 조동사가 반드시 과거로 와야 한다.)
> you 가 me 로 바뀐다.

여기서 said to me 가 told me that 으로 바뀌는 이유를 알아보자. say 라는 동사는 2번

동사처럼 say 다음 말하는 대상이 있으면 그 대상 앞에 to 를 붙여 say to 로 표현된다.

그는 내게 말을 한다. He says to me. 처럼 사용할 수 있다. 하지만 say 가 타동사로 쓰일 경우 목적어를 받을 수는 없지만 접속사 that 절과 연결되어 3형식 문장이 오면 주어+say 는 목적어를 포함하고 있는 종속절 전부를 받아 그는 그가 상을 탔다고 말했다. He said that he won the prize. 처럼 사용하면 잘못된 문장이 되고 만다. 왜냐하면 say 는 4형식 문장의 형태는 절대로 취할 수 없기 때문이다. 따라서 자신의 능력의 한계점을 잘 알고 있는 say 는 같은 가족인 tell 에게 양보하여 3형식 또는 4형식을 자유롭게 사용할 수 있도록 하기 위해 같은 표현이라도 그는 그가 상을 탔다고 나에게 말했다. 를 He told me that he won the prize. 로 고쳐 쓸 수 있도록 허용한 것이다.

그녀는 내게 말했다. "당신은 나의 친구야." She said to me, "You are my friend." 를
그녀는 내가 그녀의 친구라고 내게 말했다. She told me that I was her friend. 로
평서문의 간접화법으로 사용하게 되는 것이다.

의문사가 없는 일반 의문문의 직접화법과 간접화법

1. say to 는 의문문에서 ask 로 바뀐다.
2. 의문사가 없는 일반 의문문을 간접화법으로 바꿀 때
   that 대신 if 또는 whether 를 사용한다.
3. 평서문 어순에 따른다.

그는 나에게 말했다. "당신 이 펜을 좋아하나요?" He said to me, "Do you like this pen?"
이 문장을 간접화법의 의문문으로 하면
그는 나에게 그 펜을 좋아하는지 안 하는지를 물었다. He asked me if I liked that pen.
이 문장에서 asked 를 쓴 이유는 say 가 4형식에 쓸 수 없기 때문에 tell 처럼 4형식 문장을 활용할 수 있도록 ask 에게 양보 했기 때문이며 that 대신 if 가 온 것은 의문사가 없는 의문문이기 때문이다. 의문사가 없는 의문문은 that 대신 if/whether 로 대신할 수 있다. you 는 화법의 법칙에 따라 you 대신 I 를, this 대신 that 이 오게 된다. 이때 주어+동사의 어순이 바뀌지 않는다.

정리

said to 가 asked 로
that 이 if 로
you 가 I 로
this 가 that 으로 주어+동사의 어순이 바뀌지 않는다.

그는 내게 말했다. "미국에 가본 적 있나요?"
He said to me, "Have you ever been to America?"

그는 나에게 미국에 가본 적이 있는지 없는지 물었다.
He asked me if I had ever been to America.

의문사가 있는 의문문의 직접화법과 간접화법

1. 의문사 그 차제가 접속사가 되기 때문에 다른 접속사 that, if, whether 가 필요 없다.
2. 직접화법의 의문사 의문문의 동사+주어가 간접화법에서는 평서문처럼 뒤따라 온다.

그는 나에게 말했다. "당신 누구요?" He said to me, "Who are you?"
이 문장을 간접화법의 의문사 의문문으로 하면
그는 내가 누구냐고 물었다. He asked me who I was.

정리

said to 가 asked 로
의문사 자체가 의문문이 되어 who 만 오며
you 가 I 로
동사+주어 are + you 가 평서문처럼 주어+동사 I + was 로 바뀐다.

예문을 하나 더 살펴보자.

그는 내게 물었다. "당신 왜 나에게 고함을 쳤어요?"

He said to me, "Why did you shout at me?"를 간접화법의 의문사 의문문으로 하면

그는 내가 왜 그에게 고함을 쳤는지를 물었다. He asked me why I had shouted at him.

이 문장의 한 가지 특징은 직접화법에서 과거 said 와 과거 did 가 왔기 때문에 간접화법에서는 과거완료로 고쳐주어야 한다. 내게 물었던 시제보다 고함을 친 시제가 더 과거이다. 즉, 고함을 쳤기 때문에 물었다는 이론이 성립된다. 예문을 하나 더 살펴보자.

그녀는 내게 말했다. "당신 지난 밤에 공원에 갔었지?"

She said to me, "Did you go to the park last night?"

이 문장을 간접화법의 의문사 의문문으로 하면

그녀는 내가 그 전날 밤에 공원에 갔었는지(안 갔었는지) 물었다.

She asked me if I had gone to the park the night before. 로 바뀐다.

명령문 직접화법과 간접화법
명령문의 화법전환 방식은 크게 6가지가 있다.

1. 일반적인 명령문은 tell+목적어+to 부정사 형식
2. 부탁과 의뢰의 의미를 지닌 명령문은 ask(부탁)/beg(의뢰)+목적어+to 부정사
3. 충고의 의미를 지닌 명령문은 advise+that+주어+조동사+동사원형
4. 강한 명령의 의미를 지닌 명령문은 order/command+that+주어+조동사+동사원형
5. 제안과 제의의 의미를 지닌 명령문은 propose(제안)/suggest(제의)+that+주어+should
6. 부정 명령문 등이 있다.

1) 일반적인 명령문은 tell+목적어+to 부정사 형식

그는 말했다. "열심히 일해." He said, "Work hard."

이 문장을 일반적인 명령문 간접화법으로 바꾸면

그는 나에게 열심히 일하라고 말했다. He told me to work hard.

일반적인 명령문이기 때문에 said 가 told 로 바뀌면서 work 이 to work 으로 전환된다.

명령문의 특징은 주어가 없으므로 that+주어가 생략된다.

그는 나에게 말했다. "조심해라." He said to me, "Take care of yourself."
이 문장을 일반적인 명령문 간접화법으로 바꾸면
그는 조심하라고 나에게 말했다. He told me to take care of myself.

2) 부탁과 의뢰의 의미를 지닌 명령문은 ask(부탁)/beg(의뢰)+목적어+to 부정사 형식

그는 나에게 말했다. "라디오 좀 꺼라." He said to me, "Turn off your radio."
이 문장을 부탁의 명령문 간접화법으로 바꾸면
그는 라디오 좀 꺼달라고 나에게 말했다. He asked me to turn off my radio.

"제발, 위험한 일은 하지 마세요."라고 그의 아내는 말했다.
"Please, don't take any risks," said his wife.
이 문장을 의뢰의 명령문 간접화법으로 바꾸면
그의 아내는 그에게 위험한 일을 하지 말라고 애걸했다.
His wife begged him not to take any risks.
그녀는 나에게 말했다. "제발 도와 주세요." She said to me, "Please help me."
그녀는 나에게 도와달라고 부탁했다. She asked me to help me.

3) 충고의 의미를 지닌 명령문은 advise+목적어+to 부정사

의사는 나에게 말했다. "담배 피우지 마세요." The doctor said to me, "Do not smoke."
이 문장을 충고의 명령문 간접화법으로 바꾸면
의사는 담배를 피우지 말라고 나에게 조언했다.
The doctor advised that I should not to smoke.

그는 나에게 말했다. "너는 열심히 일해야 한다."
He said to me, "You had better work harder."
그는 내가 열심히 일해야 한다고 조언했다. He advised that I have to work harder.

4) 강한 명령의 의미를 지닌 명령문은 order/command+목적어+to 부정사

"조용히 해 알았니."라고 그는 말했다. "Be quiet, will you!" he said.

이 문장을 강한 명령의 간접화법으로 바꾸면

그는 우리에게 조용히 하라고 명했다. He ordered that we should be quiet.

그는 제인에게 말했다. "방 청소해." He said to Jane, "Clean up your room."

이 문장을 강한 명령의 간접화법으로 바꾸면

그는 방 청소하라고 그녀에게 명령했다.

He commanded that she should clean up her room.

5) 제안과 제의의 의미를 지닌 명령문은

propose(제안)/suggest(제의)+tha+주어+should

잔은 우리에게 말했다. "방과 후에 영화 보러 가자."

John said to us, "Let's go to the movies after school."

이 문장을 제안 명령의 간접화법으로 바꾸면

잔은 방과 후에 영화 보러 가자고 우리에게 제안했다.

John proposed that we (should) go to the movies after school.

그는 나에게 말했다. "교회 가자." He said to me, "Let's go to church."

이 문장을 제의 명령의 간접화법으로 바꾸면

그는 교회에 가자고 나에게 제안했다. He suggested that I should go to church.

6) 부정 명령문

그는 나에게 말했다. "그것을 무서워하지 말라." He said to me, "Don't be afraid of it."

이 문장을 부정 명령문 간접화법으로 하면

그는 내게 그것을 무서워하지 말라고 했다. He told me not to be afraid of it.

부정 명령문은 일반 명령문처럼 said to 대신에 told 로 바꾸면 된다.

그녀는 아이들에게 말했다. "빨리 뛰지 말아라."
She said to the children, "Don't run so fast."
그녀는 아이들에게 그렇게 빨리 뛰지 말라고 말했다.
She told the children not to run so fast.

감탄문 화법
감탄문 화법전환에는 외치다 shout, 소리치다 cry out, 고함치다 exclaim 등이 있다.

그는 말했다. "그녀는 아주 예쁘구나!" He said, "What a pretty girl she is!"
이 문장을 감탄문 간접화법으로 바꾸면
그는 그 여자가 아주 예쁜 소녀라고 소리쳤다.
He cried out that she was a very pretty girl.
일반 간접화법과 같은 어순으로 바꾸면 된다.

그는 말했다. "아주 좋은 날이구나!" He said, "What a wonderful day it is!"
그는 아주 좋은 날이라고 말했다.
He said that it was a very wonderful day.
= He said what a wonderful day it was.

그녀는 말했다. "난 얼마나 행복한가!" She said, "How happy I am!"
그녀는 그녀가 얼마나 행복한지 외쳤다. She exclaimed how happy she was.

기원문의 화법
기원의 의미가 있는 직접화법과 간접화법

그는 말했다. "우리에게 하나님의 축복을." He said, "God bless us."
그는 우리에게 하나님의 축복을 기원했다. He prayed that God might bless us.
간접화법에서는 bless 앞에 might 가 첨가된다.

그는 말했다. 하나님, 우리를 도와주세요." He said, "Lord, help us."

그는 우리에게 하나님의 도움을 기도했다. He prayed that Lord might help us.

그는 그녀에게 말했다. "행복한 삶이 되거라!" He said to her, "May you have a happy life!"

그는 행복한 삶이 되라고 그녀에게 소원을 빌어 주었다.

He wished that she might have a happy life.

중문과 복문의 화법

중문직접화법과 간접화법

중문화법에는 등위접속사 and, but or, yet 등과 함께 동반하면서 평서문 화법전환처럼 어순이 온다.

그는 말했다. "난 떠나지만 곧 돌아 올 거야."

He said, "I am leaving, but I will come back soon."

이 문장을 간접화법으로 하면

그는 말하기를 그가 떠나지만 곧 돌아 온다고 했다.

He said that he was leaving, but that he would come back soon.

그는 말했다. "나는 가서 책을 가져 올 거야." He said, "I will go and I will pick up a book."

그는 그가 가서 책을 가져 온다고 말했다.

He said that he would go and that he would pick up the book.

복문직접화법과 간접화법

그녀는 나에게 말했다. "당신은 비가 그치면 갈 수 있어."

He said to me, "You can go when the rain stops."

이 문장을 간접화법으로 하면

그는 내가 비가 그치면 갈 수 있다고 나에게 말했다.

He told me that I could go when the rain stopped.

그는 말했다. "비가 그칠 때까지 여기서 기다리자."

He said, "Let's wait here until the rain stops."

그는 비가 그칠 때까지 거기서 기다리자고 우리에게 제안했다.

He suggested that we should wait there until the rain stopped.

동사시제가 바뀌지 않는 화법

1. 동사가 현재 또는 미래시제일 경우

미소는 말했다. "나는 파티에 올 수 있어." Miso says, "I can come to the party."

현재와 미래시제가 포함된 왕래발착동사를 간접화법으로 바꾸면

미소는 파티에 올 수 있다고 말했다. Miso says that she can come to the party.

2. 인용문이 시간과 조건의 부사절을 나타내는 경우

그는 말했다. "나는 깨진 컵을 주울 때 (손을) 베였다.

He said, "I cut myself when I picked up the broken glass."

그는 말하기를 그가 깨진 컵을 주울 때 (손을)베였다고 했다.

He said that he had cut himself when he picked up the broken glass.

3. 불변의 진리와 습관적 사실의 경우

우리 선생님은 말씀하셨다. "지구는 둥글다."

Our teacher said, "The Earth is round."

이 문장을 불변의 진리의 간접화법으로 바꾸면

우리 선생님은 지구는 둥글다고 하셨다. Our teacher said that the Earth is round.

그는 말했다. "나는 매일 산책을 한다." He said, "I take a walk every morning."

이 문장을 습관적 사실의 간접화법으로 바꾸면

그는 그가 매일 산책을 한다고 말했다. He said that he takes a walk every morning.

비교급(Comparative)과 최상급(Superlative)

비교급과 최상급이란 형용사 또는 부사를 서로 비교하여 상대보다 우월하거나 아니면 월등하다는 것을 서로 비교하여 표현하는 용법을 말한다. 비교급에는 규칙 변화와 불규칙 변화가 있다.

규칙 변화

'빠르다'의 원급 fast
'빠르다'의 비교급은 fast 에 er를 첨가하면 faster.
'빠르다'의 최상급은 fast 에 est 를 첨가하면 fastest.
이러한 변화를 규칙변화의 비교급이라 한다.

'빠르다 fast'라는 형용사를 원급 형용사라고 한다면 '더 빠른 faster'란 형용사를 비교급이라 한다. 이보다 더 빠른 표현을 하고 싶다면 최상급 "'가장 빠른 fastest'란 표현을 하면 된다. 예를 들어

자전거는 빠르다, 차는 더 빠르다. 하지만 비행기는 가장 빠르다.
The bicycle is fast, the car is faster, but the airplane is the fastest.

불규칙 변화

'좋은'의 형용사 원급 good 과 부사 well
'좋은'의 형용사와 부사 비교급은 better
'좋은'의 형용사와 부사 최상급은 best

'많은'의 형용사 원급 many 와 much
'많은'의 형용사 비교급은 more
'많은'의 형용사 최상급은 most

'나쁜'의 형용사 원급 bad

'나쁜'의 형용사 비교급은 worse

'나쁜'의 형용사 최상급은 worst

'적다'의 형용사 원급 little

'적다'의 형용사 비교급은 less/lesser

'적다'의 형용사 least

비교급 공식

단어가 1-2음절이면 -er+than 를 첨가하면 'A가 B보다 더 ~하다.' 뜻이 되고 단어가 3음절 이상이면 more 형용사/부사+than 으로 한다.

*음절이란 단어 속에 있는 모음의 수를 계산하는 것으로 단어 속의 모음이 2개 있으면 2음절이 된다. '예쁜 pretty[priti]'이란 단어 속에 모음은 오직 두 개이다. 3음절은 단어 속에 모음이 3개 있을 때, 즉 '중요하다 important[impo:rtent]'라는 단어 속에 모음이 3개 있다. '임·포·턴·트' 처럼 4음절 같이 소리 나지만 소리를 기준으로 하지 않고 모음을 기준으로 음절을 계산한다.

겨울은 좋은 계절이다. 하지만 가을은 겨울보다 더 좋은 계절이다.

Winter is a good season, but fall is a better.

미소는 테니스를 잘한다. 하지만 팀은 미소보다 테니스를 더 잘한다.

그런데 제임스는 반에서 테니스를 가장 잘한다.

Miso plays tennis well, but Tim plays better than Miso,

then James is the best tennis player in his class.

그는 전보다 더 행복하다. He is happier than before.

그는 그의 아버지보다 더 크다. He is taller than his father.

그녀는 그녀의 여동생보다 더 아름답다. She is more beautiful than her sister.

나는 나의 형보다 더 유창하게 영어를 할 수 있다.
I can speak English more fluently than my brother.

일반적으로 비교급엔 우등비교, 절대비교, 열등비교, 동일인의 성질비교, the 비교급, 동등비교급 등 7종류의 비교급이 있다.

암기방법: 비교적 우등생들은 절대적으로 열등의식이나 동일한 성질을 비교하거나 동등하게 여기지도 않는다.

우등비교/강조 비교급

문장 속에서 비교급을 강조하고 싶을 때는 even, far, much, still, a lot 등을 비교급 앞에 두어 '더욱/훨씬 ~하다.'라고 강조한다.

암기방법: 비롯(even) 더(much) 멀리(far) 가더라도 여전히(still) 더 많이(a lot) 가야 한다.

그녀는 평소보다도 훨씬 더 영리하게 행동했다. She was more clever than usual.
그것은 내가 생각했던 것보다 훨씬 나빴다. It was much worse than I thought.
저것이 더욱 더 좋다. That's still better.

절대비교

절대비교란 상대적으로 비교하는 대상 없이 비교급을 쓰는 것을 말한다.
그들은 상류 계급이다. They are the higher classes.
그는 고등 교육을 받았다. He studied higher education.

열등비교

열등비교란 A 와 B 를 비교했을 때 A 가 B 보다 못한다는 열등의식을 표현하는 문장이다.

A 는 B 보다 덜 ~하다, A ~ less+원급 ~+than+B, ~하지 않는 ~보다

미소는 캔디보다 강하지 않다. Miso is less strong than Candy.
= Miso is not so [as] strong as Candy. = Miso is weaker than Candy.

이 차는 저 차보다 덜 비싸다. This car is not as expensive as that one. 같은 뜻으로
이 차는 저 차보다 아주 비싸지 않다. This car is not as expensive as that one.
이를 비교급으로 하면
저 차는 이 차보다 좀 더 비싸다. That car is more expensive than this one.

the 비교급
일반적으로 비교급 앞에는 정관사 the를 붙이지 않는 것이 원칙인데
두 개를 비교하면서 어느 한 쪽이 더 좋고 나쁜 것을 비교할 때 the 를 첨가한다.

이 두 가방 중에 이것이 더 무겁다. This is the heavier of these two bags.
이 컴퓨터가 (다른) 두 개의 컴퓨터보다 더 좋다. This computer is the better of the two.

of A and B, 또는 of the two 의 비교급 앞에 정관사 the 를 사용한다.
팀은 (다른) 두 사람보다 크다. Tim is the taller of the two.

부사 최상급 앞에 정관사 the 를 붙이는 경우
부사의 최상급 앞에는 the 를 붙이지 않는 것이 원칙인데 실제영어에서는 부사의 최상급에도 종종 the 를 붙여 강조용법에 쓰인다.

나는 사계절 중에 봄을 가장 좋아한다.
I like spring the best of the four seasons.

엄마는 우리 모든 가족 중에 운전을 가장 안전하게 한다.

Mother drives (the) most carefully of all my family.
= Mother is the most careful driver of all in my family.

원인 또는 이유를 나타내는 부사구/부사절에 정관사 the 를 사용한다.
그는 그의 선생이 그를 칭찬해주었기 때문에 최선을 다해 일했다.
He worked the hardest because his teacher praised him.

형용사 최상급 앞에 정관사 the 를 붙이는 경우
서울은 한국에서 가장 큰 도시이다. Seoul is the biggest city in Korea.
서울은 세계에서 가장 큰 도시 중의 하나이다.
Seoul is one of the largest cities in the world.

그녀는 반에서 가장 큰 소녀이다.
She is the tallest girl in her class. =She is taller than any other girl in her class.

동일인 성질 비교
동일인 성질 비교란 사람이 주어일 경우 그 주어인 사람과 다른 인물을 비교할 때 또는 동일인의 성질을 비교할 때 음절과 관계없이 er+원급+than 또는 more+원급+than 으로 표현한다.

주어와 다른 인물을 비교할 때
그는 그의 동생보다 더 똑똑하다. He is cleverer than his younger brother.
주어의 인물과 다른 인물을 비교할 때 쓴다.

주어와 같은 성질을 비교할 때
그는 지혜가 있기보다는 영특하다. He is more clever than wise.
주어의 인물이 같을 때 쓴다.

동등 비교급
주어와 다른 인물을 동등하게 여기는 표현이다.

as ~ as 너만큼 ~하다.
그녀는 나만큼 영어를 잘 한다. She speaks English as fluently as I do.
나는 그만큼 나이 들지 않았다. I am not as old as him.

원급이 최상급을 표현하는 경우
원급이지만 최상급을 표현할 수 있는 방법은 꼭 비교급이나 최상급뿐 아니라 숙어로 이루어진 방식도 있다.

as+원급~+as ever+과거 v~, 지금껏~한 (어느 누구)에게 못지 않게 ~한
그는 누구 못지 않게 첼로 연주가로 살아 왔다.

He is as good a cellist as ever lived.

어느 [명사] 못지 않게 ~한, as+원급 형용사+as any+단수 명사
그는 반에서 누구에게도 뒤떨어지지 않을 만큼 부지런하다.

He is as diligent as any boy in his class.

no+명사+~as+원급 A+as, ~어떠한[명사]도 ~만큼 A 한 것은 없다.
추석보다 더 중요한 공휴일은 한국에 없다.

No holiday is as important as Chuseok in Korea.

= Chuseok is the most important holiday in Korea.

nothing is so+원급+as+, ~만큼 ~한 것은 없다, ~이 가장 ~하다.
시간보다 더 귀중한 것은 없다. Nothing is so precious as time.

the 생략
최상급에 the 를 생략하는 경우

소유격 앞에 the 생략
그는 나의 친한 친구다. He is my best friend.

최상급의 형용사가 단독으로 보어로 쓰일 때 the 을 생략할 수도 있고 안할 수도 있다.
여름은 가장 더운 계절이다. Summer is (the) hottest season.

이 방법이 가장 단순하며 가장 쉽다. This method is (the) simplest and easiest.

부사 최상급 앞에 정관사 the 금지의 경우
팀은 그의 반에서 가장 빨리 달린다. Tim runs fastest in his class.

그는 언제나 사무실에서 가장 힘들게 일한다. He always works hardest in the office.

비교급 관용적 표현
많으면 많을 수록 좋다. The more, the better.

가능한 한 천천히 말하세요. Speak as slowly as you can.

빠르면 빠를수록 더 좋다. The sooner, the better.

그는 죽은거나 마찬가지다. He is as good as dead.

A is no more B than C is D
A 가 B 가 아닌 것은 C 가 D 가 아닌 것과 같다.

말이 물고기가 아닌 것과 마찬가지로 고래도 물고기가 아니다.

A whale is no more a fish than a horse is.

= A whale is not a fish any more than a horse is.

= Just as a horse is not a fish, a whale is not a fish.

A is no more B than C is D

C 가 D 가 아니듯이, A 는 B 가 아니다.

고래가 물고기가 아니듯이, 말도 물고기가 아니다.
A whale is no more a fish than a horse is (no more a fish).
= A is not B any more than C is.
= A is not B, just as C is not D.

네가 미치지 않은 것처럼 그도 미친 사람은 아니다.
He is no more mad than you are. = He is not mad any more than you are.
그는 너만큼 화나지 않았다. He is not angrier than you.
그는 안 미쳤고, 너도 미치지 않았다.
He is no more mad than you are (no more mad).

A is no less B than C is D

C 가 D 인 것과 마찬가지로 A 가 B 이다. (양자긍정)

네가 죄가 있는 것과 마찬가지로, 그도 죄가 있다.
He is no less guilty as you are. = He is as guilty as you are.

no less a person than ~, 다름 아닌 바로 ~인

그는 다른 사람이 아닌 바로 대통령 자신이었다.
He was no less a person than the president.

not/no ~more than ⋯, 이상은 ~이 아니다.

= not~less than ⋯, ~보다 덜 ~하지 않다, ~에 못지 않게 ~하다.

빛은 신선한 공기 못지 않게 건강에 필요하다.
Light is no less necessary than fresh air is to health.
= Light is not less necessary than fresh air is to health.

no more than = only, 겨우, 단지
그는 겨우 만원 밖에 없다. He has no more than 10,000 won.

no less than = as many as = as much as, ~만큼이나
그는 만원이나 갖고 있다. He has no less than 10,000 won.
기껏해야 not more than = at most
적어도 not less than = at least

비교급 중에 사람 먼저 동식물 다음 (중요한 것이 먼저)
사람이 양보다 얼마나 더 귀하냐?
How much more valuable is a man than a sheep. (마 12:12)

제2편
걸어서 어순 속으로

영어 공부의 순서

제1단계

모든 사람들은 세상에 태어나는 그 순간부터 그 나라말을 들으면서 성장한다. 그 이유는 사람의 신체적인 구조는 말하는 것보다 듣는 것이 더 발달되어 있기 때문이다. 영어를 공부하는 방식도 이와 비슷하다. 처음부터 영문법을 중심으로 영어를 배우는 것보다 회화를 중심으로 영어를 듣고 배우는 것이 더 효과적이다. 영어는 문법부터 공부하는 것이 아니라 단순한 회화를 듣고 말하는 것부터 시작해야 한다.

일부 사람들은 문법부터 배우고 난 다음 말을 하려고 하지만 이것은 잘못된 생각이다. 영어공부는 단순한 말을 듣고 따라하면서 회화를 많이 익히는 방식이 가장 쉽게 영어를 습득하는 길이다. 회화를 배울 때에는 자신이 가장 좋아하는 문장을 암기하는 방식을 택해야 한다. 암기는 억지로 외우는 것이 아니라 여러번 같은 문장을 반복하는 것이 더 효과적이다. 한 단어를 외우는 칼로리 소비량과 한 문장을 외울 때 소비되는 칼로리 소비량이 같기 때문에 가급적이면 문장 전체를 외우는 것이 좋다.

제2단계

회화체 문장을 외우는 방식은 가게에서 사온 생선을 집에서 요리하는 것과 같다. 이러한 생선을 요리해 먹는 것은 일시적인 맛은 있지만 신선함과 감칠맛이 떨어진다. 어느 정도 영어를 공부하다 보면 영어를 더 유창하게 하고 싶은 마음이 생긴다. 이 마음을 충족시킬 수 있는 해결책은 영문법을 배우는 길이다. 기초영문법을 알면 물고기를 직접 잡아 요리하는 것과 같이 더 유익하고 효과적인 방법이 될 수 있다.

제3단계

회화도 되고 문법도 어느 정도는 되지만 갈수록 영어공부가 힘들게 느껴질 때가 있다. 그 이유는 문법의 한계와 회화의 다양성을 넘지 못한 일반적인 현상이다. 이를 극복하는 방법이 영어어순이론 학습방식이다. 다시 말해 한글식 육하원칙을 영어식 육하원칙으로 바꾸는 작업을 해야 한다. 모든 영어어순을 한글식 학습방식으로 고치는 연습을 계속하다 보면 마치 구구단을 암기하듯이 저절로 영어를 구사할 수 있게 된다.

문장이 오는 순서만 알면 영어를 정복할 수 있기 때문에 한글식 방식으로 문장을 계속 연습하다 보면 자신도 모르는 사이에 영어 어순을 나열할 수 있는 능력이 생긴다. 따라서 영어어순을 한글식 방식으로 바꾸는 연습을 많이 하면 할수록 좋다고 필자는 말하고 싶다.

하지만 한글식 영어 어순이 영어의 전부는 될 수 없다. 만일 한글식 어순으로 이해하려고 해도 잘 이해되지 않는 부분들이 있다면 동사의 이론을 적용해야 한다. 동사의 이론이란 16가지의 동사류의 속성을 파악하는 방식을 말한다. 동사를 보면 그 다음에 올 어순이 보이기 때문이다.

be 동사류가 오면 1형식, 감각동사는 2형식, 일반동사는 3형식, 수여동사는 4형식, 지각과 사역동사는 5형식 문장이 오는 것처럼 기본적인 어순을 파악할 수 있는 핵심요소는 동사류에 있다. 하지만 이러한 동사의 이론도 한계가 있기 때문에 문법적 이론을 적용하는 훈련을 해야 한다.

문법적 이론이란 영문법 전부를 파악한 후, 한글식 이론 또는 동사 이론에서 이해할 수 없는 부분들을 문법적 이론으로 풀어 가는 방식을 말한다. 문법적 이론은 다른 이론들 보다 방대하며 어렵다. 하지만 이 3가지 이론 즉 한글식 이론, 동사 이론, 문법적 이론을 잘 활용하면 영어 어순을 파악하는 핵심요소가 될 수 있다. 이를 다시 정리하면 다음과 같다.

모든 영어 어순은 크게 3가지로 분석해 볼 수 있다.

1. 한글식 이론
2. 동사 이론
3. 문법적 이론

이 세가지 이론 중에 문법적 이론이 가장 중요하다.

첫째: 한글식 이론

금을 찾아 in quest of gold

한글식 이론이란 영어를 쓰거나 말할 때 먼저 한글식으로 문장을 분석하는 방식을 말한다.

예를 들어 '나는 금을 찾아 서부에 갔다.'라는 문장에서 가장 먼저 한글식으로 전체 문장을 분석해 보면 주어 I+동사 went 는 항상 기본적으로 나열하고, 다음으로 '서부에'를 먼저 선택해야 할지 아니면 '금을 찾다.'를 선택해야 할지 선택의 기로에서 한글식 이론을 순간적으로 적용시켜야 한다.

'금을 찾아 서부에'라는 문장을 한글식 사고 방식으로 분석해 보면 금을 찾기 위해서는 서부에 가야 한다는 논리적인 사고 방식이 성립된다. 즉, '서부에 가지 않으면 금을 찾을 수 없다.'는 이론이다. 따라서 '서부에 west'가 먼저 와야 한다는 합리적인 생각을 가져야 한다. 그 다음 끝부분에 '금을 찾아 in quest of gold'를 붙이면 나는 금을 찾아 서부에 갔다. I went west in quest of gold. 의 문장이 완성된다. in quest of gold 가 문장 끝에 올 수 밖에 없는 또다른 이유는 '금을 찾아'라는 문구는 부사구로 되어 있기 때문이기도 하다.

장·방·시 이론

장·방·시 이론이란 장소, 방법, 시간(장·방·시) 또는 장소, 수단, 때(장·수·때)의 순서를 영어로 나열하는 방식을 말한다.

그는 아마도 여기에 올 때 자기 차로 정해진 시간에 올지도 모른다.
He may come here by his car on time.

이 문장에서 주어 He, 동사 may come, 장소 here, 방법/수단 by his car, 시간 on time 의 순서대로 온다. 왕래발착 동사는 미래를 포함하고 있기 때문에 미래를 나타내는 단어를 쓰지 않는다. 따라서 미래형 문장이지만 미래가 포함되어 있기에 그냥 그는 아마도 여기에 올 때 자기 차로 정해진 시간에 올지도 모른다. He may come here by his car on time. 처럼 표현하게 된다.

시간(때)를 동반한 사역동사

아기를 돌보는 baby-sit

시간과 관련된 문장은 항상 장·방·시 원칙을 적용하고 사역동사와 관련된 문장은 항상 5형식문장을 떠올린다.

나는 여동생에게 이번 토요일에 아기를 돌보게 할 생각이다.
I am going to have my sister baby-sit this Saturday.

동사가 진행형+사역동사이기 때문에 동사구가 왔다.
나는 돌보게 할 생각이다. I am going to have '아임 고나브'로 발음한다.

5형식 문장으로 목적어 여동생에게 my sister+목적보어 아기를 돌보게 baby-sit 의 형식이다. 나머지는 때를 나타내는 부사구 '이번 토요일 this Saturday'가 오면 문장이 완성된다. 한글식어순 영어학습방식으로 해석하면 '나는 ~할 생각이다. 여동생에게 아기를 돌보게 이번 토요일'의 어순으로 정리하면 된다.

나는 여동생에게 이번 토요일에 아기를 돌보게 할 생각이다.
I am going to have my sister baby-sit this Saturday.

사건의 때와 시간 때

지진 earthquake
흔들리다 shake

사건의 때와 시간의 때가 동시에 오면 사건의 때가 문장 앞에 온다. 사건발생이 시간보다 더 중요하기 때문이다. 한 문장 안에서 어느 것이 가장 중요한지 또는 무엇을 먼저 강조하고 싶은지의 여부에 따라 문장 앞에 올 수도 있고 문장 뒤에 올 수도 있다.

우리는 오늘아침 지진이 일어났을 때 집이 흔들리는 것을 느꼈다.
We felt our house shake during the earthquake this morning.

주어는 '우리는 we', 동사는 '느꼈다 felt'인데 이 동사는 지각동사와 감각동사 모두 사용할 수 있는 동사이다. 만일 feel 동사가 문장 속에 지각동사로 쓰이면 5형식이 와야 하며, 감각동사로 사용되면 2형식이 된다. 전체문장을 살펴보면 지각동사인지 감각동사인지를 파악할 수 있다.

예문의 주절을 보면 '나는 집이 흔들리는 것을 느꼈다.'라는 문장은 목적보어를 동반한 5형식으로 feel동사는 지각동사로 쓰였다. 만일 주어+feel 동사 뒤에 형용사나 전치사가 왔다면 2형식이 되어 감각동사가 되었을 것이다. 하지만 이 문장에서는 주절은 목적보어를 동반한 5형식 문장이다. 전체 문장을 한글식 어순에 따라 논리적으로 분석해 보면 '지진이 일어 났기 때문에 집이 흔들렸다.'는 이론이 적용돼야 한다. 집이 흔들렸던 근본적 원인은 지진이 발생되었기 때문이란 뜻이다. 그런데 영어 어순은 이와 정반대로 집이 흔들리는 것을 느낀 다음 지진이 일어났다. felt our house shake during the earthquake. 로 표현되어 있다. 집이 흔들린 다음 지진이 일어났다는 느낌을 준다. 따라서 한글식 어순에 따른 논리적 이론과 반대된다.

한글식 어순으로 전체 문장을 해결할 수 없다는 한계점을 단적으로 보여 주고 있는 예문이다. 따라서 이번에는 문법적 이론을 적용해 보자. 이 문장은 어느 일정한 때를 나타내는 복문의 형태를 취하고 있다. 즉 주절과 종속절로 연결된 문형의 성격을 가지고 있다. 종속절을 연결하는 부사절은 이유, 원인, 때, 양도(양보), 조건, 등이 있다. 이런 부사절은 주절을 연결하는 종속절이 된다. 한글식 어순의 논리적 이론이 성립될 수 없었던 이유가 여기에 있다. 모든 영어 어순은 한글식 이론보다 문법적 이론이 더 우선되어야 한다. 그래서 한글식 이론, 동사 이론, 문법적 이론 중에 문법적 이론이 가장 중요하다고 설명할 수 있다.

'오늘 아침 this morning'과 '지진이 일어났을 때 during the earthquake'라는 시간의 때와 사건의 때의 어순을 바르게 나열해 보자. 영어는 한글과 반대되는 경향이 있다. 이럴때 중요한 내용을 선별하는 분별력이 있어야 한다. 오늘 아침과 지진 중 어느 것이 더 중요한가? 당연히 지진이 더 중요하다.
이와 같이 사건의 때와 시간의 때가 동시에 오면 사건의 때를 선택해야 한다. 문장 핵심은 지진발생을 강조하고 지진에 초점을 두어 문장 앞으로 끌어내고 싶었지만 문법적 구조에 따라 종속절에 포함하여 주절에 밀려날 수 밖에 없는 주절과 종속절의 문장 구조이다. 이런 문장의 유형들은 한글식 이론보다 문법적 이론의 우선권이 있다. 이를 정리하면

우리는 오늘 아침 지진이 일어났을 때 집이 흔들리는 것을 느꼈다.
We felt our house shake during the earthquake this morning.

수와 기간의 순서

체육관 gym
특별한 문장이 아니면 항상 장·방·시를 기억하라.

나는 일주일에 5 일은 체육관에 간다. I go to the gym five days a week.

지난 밤에 집에 도착하는데 나는 3시간 걸렸다. (특별한 주어가 없는 문장이다.)
It took me three hours to get home last night.

첫 문장에 특별한 주어가 보이지 않거나 또는 날씨, 때, 시간 등으로 시작되는 문장은 it 을 주어로 한다. 예문에서는 앞문장에 특별한 주어가 없으므로 it 을 사용했다.

이 문장은 얼듯 보기에는 장·방·시 문장처럼 느껴 진다. 장소 home, 시간 three hours 또는 기간 last night 과 같은 문단들이 있기 때문에 장소가 온 다음 시간이나 기간이 와야 할 것처럼 보이지만 실상은 그렇지 않다. to get home 과 last night 은 부사구로 연결된 부족품이다. 부사구는 1-5형식에 들어갈 수 없는 집단이다. Freelance 와 같아서 언제든지 필요에 따라 움직일 수 밖에 없는 존재이다.

문장이 길거나 복잡할 때 언제나 부사와 관련된 부분들을 잠시 생략하는 습관을 가져야 한다. 이 문장 속에 있는 부사구는 '집에 도착하는데 to get home'과 '지난 밤에 last night' 두 종류의 부

사구가 있다. 불필요한 문단들을 제거한 후 핵심 부분들을 보면 '나는 3시간 걸렸다. It took me three hours.'만 남는다. 그리고 나서 잠시 생략한 부사구를 분석해 보면 '집에 도착하는데'도 부사구이며 '지난 밤에'도 부사구인데 'to get home'은 장소를 나타내고 'last night'란 부사구는 기간을 표현해 주고 있다. 장·방·시 원리에 따라 장소가 앞에 오고 시간은 뒤에 왔다. 한 문장이 장·방·시로 연결된 문장이라면 당연히 장소, 방법, 시간의 순으로 와야 하며 같은 부사구일 경우에도 장·방·시 원리에 따라 오는 것이 순리적이다.

한 가지 참고해야할 것은 일반적으로 짧은 문장이 긴 문장보다 앞에 올 수 있지만 장·방·시 이론이 먼저 성립되야 한다. 이를 정리하면

지난 밤에 집에 도착하는데 나는 3시간 걸렸다.
It took me three hours to get home last night. 으로 완성된다.

작은 장소, 큰 장소의 원칙
작은 장소는 앞에, 큰 장소는 뒤에 오는 것이 영어의 일반적인 원칙이다. 예문을 살펴보자.

나는 텍사스 오스틴에 살고 있다. I am living in Austin Texas.

이 문장이 한국적인 정서에서는 언제나 텍사스 오스틴으로 장소를 반대로 표현하는 습관이 있다. 누가 나에게 어디에 살고 계십니까? Where do you live? 라고 묻는다면 나는 서울 강남에 삽니다. I live in Seoul Gangnam. 라고 답하게 되는데 이는 큰 잘못이다.
한글식 사고방식은 언제나 '서울 강남' 처럼 인식되어 자연스럽게 표현할 수 있지만 영어식 표현은 반드시 'I live in Gangnam Seoul.'이라고 표현해야 한다. 영어는 언제나 작은 장소 큰 장소 어순으로 온다. 회화체 문장이 나온김에 회화문법을 하나 더 살펴보자.

누가 나에게 당신(은) 어디에 사십니까? Where do you live? 라고 묻는다면 그 질문자는 나를 전혀 모르는 사람이어야 한다. 만일 서로 잘 알고 있는 사람이 나에게 당신 지금 어디에 살아요? Where do you live now? 라고 질문했다면 영어를 잘 모르는 사람이 영어를 잘 아는 것처럼 흉내

내는 꼴이 되고 만다. 만일 상대가 나를 잘 알고 지내던 사이였다면 당신 지금 어디에 살아요? 라는 말을 Where are you living now? 라고 해야 한다. 그 전부터 가깝게 지내던 사람이 어느 날 우연히 만나 안부를 물을 때 사용할 수 있는 표현이다. 즉, 전에 어디에 살고 있었는지 알고 있었지만 한동안 만나지 못해 궁금했던 차에 물어볼 수 있는 질문이다.

장소는 문장 끝에

문장 속에 장소를 나타내는 표현들은 문장 끝에 온다. 영어는 언제나 장·방·시 순서로 오는 경향이 있다. 방법이나 시간이 동반되지 않고 장소를 표현하는 문장이 단독으로 올 경우에는 반드시 끝부분에 자리한다.

나는 학교에 간다. I go to school. 에서 학교라는 단어가 끝에 왔다.
그는 여기에 올지도 모른다. He may come here. 조동사구 다음 장소가 왔다.

하지만 강조 용법(도치구문)은 제외된다. 장소를 강조하고자 하는 특별한 상황이 닥치면 어쩔 수 없이 문장 앞에 와야 한다.

내가 이집트에서 나의 아들을 불러냈다. Out of Egypt I called my son.
장소가 문장 앞에 오는 경우는 장소를 강조하기 위해 도치구문을 사용한다.
(강의 #14 도치구문 참조)

장소와 때의 문장 구조

일반적으로 장소가 온 다음 때(시간)가 오는 것을 장방시 이론이다.

나는 내일 아침 LA로 떠날 것이다. I leave for LA tomorrow morning.

왕래 발착동사 leave 의 특성은 미래형을 동반하지 않는다. 한글식 표현에는 '떠날 것이다.'라는 미래지향적인 표현이 담겨있지만 will 과 함께 사용할 필요가 없다. leave 동사는 2번 동사이다. 2번 동사에 사용된 for 는 목적지를 향하여 떠난다는 뉘앙스가 담긴 전치사이다. 때문에 leave for 다음 바로 목적지의 대상이 등장해야 한다. 따라서 Los Angeles(LA)가 동사 뒤에 바로 왔다. 나머지 '내일 아침 tomorrow morning'은 때를 나타내는 부사구이기 때문에 문장 끝에 오는 것이다. 이와 같은 유형의 문장을 한 번 더 살펴보자.

예수님께서는 헤롯왕 때 유대 베들레헴에서 태어나셨다.
Jesus was born in Bethlehem in Judea during the time of King Herod.

주어는 '예수님 Jesus' 동사는 수동태 동사로써 '태어나셨다 was born'이다. 주어가 사람이라도 주어의 의지대로 행할 수 없을 때에 수동태 문장이 온다. 그 다음 작은 장소 큰 장소 순위의 원칙에 따라 '유대 베들레헴에서 in Bethlehem in Judea'가 왔고, 나머지 문장은 때를 나타내는 문장으로 '헤롯왕 때 during the time of King Herod'가 끝에 왔다.

장·방·시의 순서의 원칙에 따라 적용되었다. '헤롯왕 때'의 내용이 문장 끝에 온 또 다른 이유는 부사구로 구성되어 있기 때문이며 문장이 길기 때문이다. 긴 문장은 늘 짧은 문장에 밀려 뒤로 물러나는 영어의 성격이 있다. 모든 영문장은 한글식 영어어순으로 빠르게 사고할 수 있는 능력이 있어야 한다. 문장을 빠르게 습득하는 비결은 문장의 내용을 분석할 때 주어+동사 다음 장·방·시를 즉각적으로 적용할 수 있는 능력이 있어야 한다. 헤롯왕 때와 유대 베들레헴과 같은 문장이 나타난다면 제일 먼저 장.방.시 이론을 적용해 보라.

예수님은 헤롯왕 때 유대 베들레헴에서 태어나셨다.
Jesus was born in Bethlehem in Judea during the time of King Herod.

장소와 수단(방법)의 문장 구조

제안하다 suggest
다른 길 another root

장소와 수단이 동시에 오면 장소가 먼저 오고 수단은 뒤에 오는 영어의 습성이 있다.

단 예외가 있다는 것을 염두해 두어야 한다.

그는 우리에게 기차를 타고 그곳에 가자고 제안했다.

주어+동사 다음에 가장 먼저 오는 단어는 무엇인가?
1. 그는 기차를 타자고 제안했다. He suggested by train
2. 그는 우리에게 제안했다. He suggested we
3. 그는 그곳에 제안했다. He suggested there
4. 그는 가자고 제안했다. He suggested go

이 중에 가장 잘 어울리는 문맥은 2번과 4번이다.
그 이유를 살펴보자.

그는 우리에게 기차를 타고 그 곳에 가자고 제안했다.
He suggested (that) we (should) go there by train.

주어 '그는 He'+동사는 '제안했다 suggested'라는 동사가 왔다. suggest 란 동사는 3형식에만 쓰이는 특성이 있어서 조동사와 that 이 생략할 수 있기 때문에 본동사 뒤에 ing 문형 또는 원형동사가 올 수 있다(강의 #3 참고). 한글식 표현으로는 틀림없이 5형식처럼 느껴지지만 3형식에서 벗어날 수 없는 구조를 갖고 있다. 3형식 문장을 전제로 동사가 요구하는 단어는 (that) we 와 go(ing) 이다.

이 문장은 동사원형 문형에서 ing 문형으로 바꿀 수 있다. 5형식이 될 수 없기 때문에 오해의 요지가 있는 '우리에게'를 삭제하고 ing 형으로 고치면 그는 가자고 제안했다. He suggested going 이 된다. 나머지 부분은 장소 '그곳에 there'와 수단 '기차를 타고 by train'을 나타내는 단어인데 모두 부사 또는 부사구이다.

부사는 1~5형식에 참가할 수 없는 영업사원이다. 프리랜스와 같은 말단사원이기 때문에 중요한 회의에는 참석할 수 없다. 따라서 부사류를 생략해도 문장의 변화는 일어나지 않는다. 하지만 영업사원의 노고를 취하는 마음으로 장소나 수단을 첨부한다면 일반적으로 문장 끝에 오게 된다.

그는 그곳에 기차를 타고 가자고 제안했다.
He suggested going there by train. 또는
그는 우리에게 기차를 타고 그곳에 가자고 제안했다.
He suggested (that) we (should) go there by train.

이와같은 유형의 문장을 하나 더 살펴보자.

'그들은 다른 길로 조국에 돌아갔다.'

이 문장은 위와 같은 유형의 문장이기 때문에 순수한 한글식 표현으로 어순을 찾아 보자. 주어는 '그들은 They' 동사는 '돌아갔다 returned' 나머지 '다른 길로 조국에'란 표현은 모두 전치사가 붙어 있는 것처럼 보인다. 이 때 고민할 필요 없이 장·방·시 이론을 빠르게 응용해 보라. '다른 길로'는 방법(수단)을 나타내고, '조국에'는 목적을 나타내므로 바로 목적이 오고 수단이 뒤에 오는 원리가 성립된다.

그들은 다른 길로 조국에 돌아갔다.
They returned their country by another roote.

질병과 때(기간)의 문장

질병과 때(기간)를 나타내는 문장이 오면 질병이 앞에 온다. 질병의 시작점을 기준으로 질병의 기간을 추측해 볼 수 있기 때문이다.

암 cancer
다가 오다 come up
뒤에서 hehind

열두 해 동안 암으로 앓은 여자가 의사 앞으로 다가왔다.

A woman who had been cancer for twelve years came up before the doctor.

주어가 긴 문장이다. 주어구문에 현재과거완료시제와 형용사절이 포함되어 있다. '여자가 a woman'이 주어인데 후방한정용법의 형용사절로 명사 앞에 있는 문장을 깨끗하게 처리했다.

형용사절이 길게 나열된 이유는 현재과거완료시제 중에 계속적 용법이 포함되어 있기 때문이다. 현재과거완료의 특성은 과거 어느 시점부터 지금까지 계속 이어지고 있는 동작이나 사건을 표현할 때 쓰인다. 암에 시달리고 있는 여자는 의사를 만나기 전부터 12년 이상 질병에 시달리고 있었기 때문에 현재과거완료시제가 잘 어울린다.

여기서 한글식 이론의 입장에서 강조하고 싶은 것은 12년이란 기간이 아니라 암에 관한 환자의 고통이다. 질병이 있었기 때문에 12년이란 기간을 소비했다는 이론이 성립된다. 문법적 이론으로는 질병이 기간보다 중요하므로 병의 증세에 대한 정보를 앞으로 보내고 기간에 대한 정보는 주어의 문맥 끝으로 보냈다.

주어는 후방한정용법을 포함한 현재과거완료형과 부사구를 동반한 때를 나타내는 기간까지 포함하고 있다. 한 문장의 주어를 표현하기 위해 3가지 문법이 동시에 사용되고 있다. 영어가 어렵게 느껴지는 이유가 여기에 있다. 하지만 한글식영어어순 학습방식에서 언급한 기본 문법만 공부해도 이 정도는 이해될 수 있다. 주어류를 정리하면

열두 해 동안 암으로 앓은 여자가

A woman who had been cancer for twelve years

동사는 '다가 왔다 came up' 2번 동사에 속한 자동사이다. 뒤에 오는 문맥은 전치사를 동반한 명사만 올 수 있다. '앞으로 before'라는 단어는 부사처럼 느껴지지만 부사가 아니라 전치사이다. 전치사의 목적어의 원칙에 따라 명사 '의사 the doctor'는 전치사 '앞으로 before'라는 전치사 뒤에 와서 before the doctor 의 문장이 된다. 정리하면

열두 해 동안 암으로 앓은 여자가 의사 앞으로 다가왔다.

A woman who had been cancer for twelve years came up before the doctor.

*암의 종류

유방암 breast [brest] cancer

위암 stomach [ˈstʌmək] cancer

대장암 colon [ˈkoʊlən] cance

췌장암 pancreatic [ˈpæŋkriəs] cancer

간암 liver cancer

자궁암 uerine [júːtərin] cancer

문장 속에 질병이 언급되면 문장 끝에

종	servant
중풍	paralyzed [pǽrəlàiz]
장모	mother-in-law
열병	fever
망령든	senile [ˈsiːnaɪl]
치매	alzheimer's [alzɑjmɛrˈs]
호흡 곤란의 천식종류	dementia [dɪˈmenʃə]

각종 질병은 대부분 문장 끝에 언급되는 경우가 많이 있다.

내 할머니가 중풍으로 집에 누워 있다. My grandmother lies at home paralyzed.

*질명 앞에는 관사가 생략되지만 그 질병을 강조하는 경향이 있을 땐 사용할 수 있다.
(강의 #13 참조)

그는 미스터 박의 장모님이 열병으로 앓아(침대에) 누운 것을 보았다.

He saw Mr. Park's mother-in-law lying in bed with a fever.

그는 망령든 노인이다. He is an old man in his senile.
친구의 삼촌은 호흡 장애인이다. Uncle of frend is dementia.
그는 치매로 오랫동안 고생하고 있다. He has been suffering Alzheimer's for long time.

* 치매 Alzheimer's 와 Dementia 의 차이점
Alzheimer's 는 뇌의 손상으로 기억력 손실 또는 부자연스러운 행동을 자신도 모르게 하는 것을 말하며 Dementia 는 호흡장애로 인하여 호흡곤란이나 천식 또는 복합적인 증세로 기억상실과 치매현상, 파킨슨 질환, 우울증까지 나타낼 수 있는 종합적인 질병이다.
Alzheimer's 는 항상 대문자로 시작하고 dementia 는 소문자로 시작한다.
dementia 의 질환이 깊어지면 Alzheimer's 증상이 된다.
참고로 일반 한영사전에는 치매 Alzheimer's 가 dementia 로 기록되어 있기 때문에 많은 혼돈을 초래하고 있다.

Youtube - https://www.youtube.com/watch?v=RT907zjpZUM 을 참고 하면
Alzheimer's와 dementia를 확실하게 이해할 수 있을 것이다.

직역과 의역의 내용이 달라지는 경우

표현하다 express
내가 당신을 얼마나 사랑하는지 제가 표현하기가 어려워요(직역).
It's hard for me to express how much I love you.

이 문장은 to 부정사의 형용사적 용법이다. 주로 문어체에 쓰이는 문장은
to 부정사의 형용사적 용법이 효과적이지만 회화체에서는 복잡한 느낌이 들기 때문에
이를 단순하게 표현하기 위하여

내가 당신을 얼마나 사랑하는지 잘 표현을 못하겠어요. (의역)
I can't express how much I love you. 라고 의역을 할 필요가 있다.

회화체는 회화체에 걸맞는 표현을 써야 하며
문어체는 문어체에 걸맞는 표현을 쓰는 것이 좋다.

둘째: 동사 이론

동사 이론이란 동사를 우선순위에 두고 동사의 속성을 파악하는 방식을 말한다. 즉, 동사가 자동사인지, 타동사인지, 사역동사인지 아니면 지각동사인지의 여부를 파악하여 그 뒤에 어떤 종류의 문장이 올 수 있는지의 여부를 찾아내는 이론이다. 만일 사역동사나 지각동사가 오면 3형식 또는 5형식 문장이 될 것이고 타동사가 오면 반드시 목적어가 온다는 동사 이론을 순간적으로 적용해 보는 것이다.

주어와 동사의 관계

동사는 주어의 눈치를 보면서 자신이 가장 좋아하는 단어를 먼저 찾아야 한다. 동사와 가장 가까이 연결된 단어가 무엇인지 알면 영어는 술술 풀리게 된다. 동사는 왜 자신이 원하는 단어를 좋아할까? 그 이유는 문장의 핵심을 가장 먼저 전하고 싶은 주어의 특성 때문이다. 원어민들은 연역법을 좋아하며 핵심부터 던지는 습성이 있기 때문에 본동사 다음 핵심을 먼저 던지고 싶어한다.

이 모든 것을 all these things,
비유로 in parables

그는 이 모든 것을 비유로 무리에게 말했다.

주어는 '그는 He' 동사는 '말했다 spoke'이다.
그렇다면 무엇을 말한 것일까? 말했다는 내용과 가장 가깝게 느껴지는 문단을 찾아보자.

1. 이 모든 것을   all these things
2. 비유로   in parables
3. 무리에게   to the crowd

정답은 '이 모든 것을 all these things'이다.

그는 이 모든 것을 비유로 무리에게 말했다.

He spoke all these things to the crowd in parables.

한국적인 개념으로는 '무리에게' 말씀한 것으로 느껴지지만
문단의 핵심은 '이 모든 것을'이 먼저 등장한다.
왜 이런 현상이 일어나는지 3가지 방식으로 접근해 보자.

1. 한글식 이론의 분석

한글식으로 분석하려면 가장 먼저 합리적인 사고 방식에 의해 체계적인 한글식 이론이 성립되야 한다. '그는 He'+'말했다 spoke' 다음엔 '무리에게 to the crowd'라는 문단이 오는 것이 한글식 이론처럼 느껴진다. 그가 말을 했다면 듣는 대상이 있어야 한다는 개념이다. 한글식 개념의 문법 이론으로 분석해 보아도 역시 4형식 문장으로 여겨진다.
주어+동사+간목+직목의 어순으로 구성되야 하기 때문에 '무리에게'라는 문단이 와야 하는 것 같은 느낌을 준다. 그런데 왜 이러한 논리가 성립되지 안은 것인가?
그 이유를 동사의 이론에서 살펴 보자.

2. 동사 이론의 분석

동사 이론은 주어+동사 다음에 가장 강조하고 싶은 단어를 찾는 방식이다. 만일 동사 뒤에 '이 모든 것을 all these things'보다 '무리들에게 to the crowd'로 초점이 맞쳐졌다면 주어와 동사가 뜻하는 바를 이루지 못하게 된다. 주어인 '그가' 강조하고 싶은 것은 '말했다'이지 '무리들에게'가 아니기 때문이다. 주어는 문장의 사령탑이다. 주어가 원하는 것을 인사부인 동사가 주어의 바람을 알고 그에 합당한 내용물을 찾아 와야 한다.

따라서 주어와 동사는 서로 밀접한 관계를 유지해야 하기 때문에 그 다음에 적당한 단어가 필요하다. 만일 주어가 무리를 강조한다면 이 문장의 내용은 '말했다' 보다 '무리들에게'를 더 강조하는 꼴이 되고 만다. 영어는 언제나 주어에 관련된 동사가 강조하고자 하는 단어가 제일 먼저 온다는 것을 잊지 말아야 한다.

3. 문법적 이론의 분석

이 문장의 구조는 4형식처럼 보이지만 사실은 3-1형식이다. speak 는 전치사를 요구하는 동사이다. 따라서 4형식으로

그는 무리에게 이 모든 것을 비유로 말했다.
He spoke to the crowd all these things in parables. 처럼 할 수 있다.
하지만 주어가 강조하고 싶은 것은 '무리에게'가 아니라 '이 모든 것을' 더 강조하고 싶어 했기 때문에 3-1형식의 구조를 택한 것이다. 영어는 언제나 주어가 강조하고 싶은 문단을 앞으로 끌어 오고자 하는 변수가 있기 때문에 주어와 동사가 무엇을 강조하고자 하는지를 잘 알아야 한다.

일반적으로 3-1형식의 구조는 직목+간목으로 이루어진다. 이런 관점에서 보면 주어+동사 다음에 올 단어는 '이 모든 것을 all these things'이 오는 것이 맞다. 그 밖에 다음에 올 문단들은 모두 '무리에게'와 '비유로'라는 부사구로 구성되어 있기 때문에 문장 끝에 오는 것이 당연하다. 수단과 방법은 문장 끝에 오는 속성이 있기 때문에 여기서 '비유로 in parables'로 쓰인 단어는 방법의 한 종류로서 문장 끝에 와야 한다.

그는 이 모든 것을 비유로 무리에게 말했다.
He spoke all these things to the crowd in parables.

*speak 란 동사는 자동사와 타동사 모두 가능하다. 만일 speak 가 자동사로서 '말하다'로 쓰면 전치사가 와야 하고 speak 가 타동사로 '(언어)를 말한다.'로 쓰면 전치사가 올 수 없다.

동사 우선순위

동사가 완전 자동사인지 타동사인지 동사가 원하는 것에 따라 뒷 문장이 결정된다. 또한 동사 뒤에 복잡한 것보다는 단순한 것이 먼저 온다.

그들은 사과를 따서 (그것들을) 먹기 시작했다.
주어는 '그들은 They', 동사는 '시작했다 began'이다. 그렇다면 무엇을 시작한 것인가? 동사 다음에 올 단어는 무엇인지 알아보자.

1. 먹기 eat
2. 그것들을 them
3. 사과를 some apples
4. 따서 to pick

정답은 '따서 to pick'이다.

그들은 사과를 따서 (그것들을) 먹기 시작했다.
They began to pick some apples and eat them.

이 문장은 영어식 문장의 논리와 한글식 문장의 논리가 성립되는 문장이다. 먼저 동사와 가장 가까운 단어는 '따서 to pick'이다. 먹기 위해서는 사과를 따야 먹을 수 있는 합리적 사고방식이 성립된다. 그 다음 단어는 당연히 '사과를 some apples'가 올 수 밖에 없다. to pick 은 타동사가 변형된 To-부정사이다. 타동사 다음엔 반드시 목적어가 와야 하기 때문에 사과가 오는 것은 당연하다.

그들은 사과를 땄다 They picked some apples. 로 문장을 고쳐보면
더 쉽게 이해할 수 있을 것이다.

to pick 이 오는 또 다른 이유는 문장 속에 나타난 동사의 가족들 때문이다. 이 문장 속에 동사의 가족들이 3개가 있다. '따서 to pick, 먹기 eat, 시작했다 began' 등이다. 동사의 원리를 보면 동사는 동사구의 법칙에 따라 서로 묶어주는 성질을 가지고 있다. 다만 어떤 동사구가 본 동사 다음 바로 올 수 있는지 즉시 파악해야 한다. 한글식 문맥으로 보면 '먹기 시작했다. began to eat'처럼 느껴지지만 논리적 원리가 맞지 않기 때문에 '따기 시작했다 began to pick'의 동사구가 성립된 것이다. '시작했다 began+따다 pick'와 같이 동사가 동시에 연이어 오면 동사구가 되어 to 부정사의 동사의 속성에 따라 타동사의 목적어인 사과가 자연스럽게 따라 오게 된다. 지금까지 이론적인 문

장을 정리하면 '그들은 사과를 따기 시작했다. They began to pick some apples.'라는 결과가 온다.

그밖에 남은 부분을 살펴보면 '그리고 그것들을 먹는다. and eat them'으로 변형시켜 볼 수 있다. 'and'라는 단어는 등위(대등)접속사이다. 대등접속사의 속성은 반드시 앞문장과 뒷문장의 구조가 같아야 한다. 따라서 앞문이 타동사+목적어(to pick some apples)로 구성되었고 '그리고 and' 다음 뒷문장도 타동사+목적어(eat them)형태로 구성되어야 한다. 앞 문장이 동사+목적어가 왔으니까 뒷문장도 동사+목적어가 올 수 밖에 없는 구조를 가지고 있다. 지금까지 분석한 문장을 정리하면

그들은 사과를 따서 (그것들을) 먹기 시작했다.
They began to pick some apples and eat them.

주어 다음 동사의 목적을 찾아라

~에게 가다 go out of

영어는 주어가 행하는 동작이나 행위, 또는 주어의 상태나 존재(be)를 파악해야 한다.

그는 호수 위를 걸어서 그들에게 갔다.

동사 뒤에 올 단어는 무엇일까?

1. 그들에게   to them
2. 호수 위를   on the lake
3. 걸어서   walking

정답은 'to them'이다.

그는 호수 위를 걸어서 그들에게 갔다. He went out of to them walking on the lake. 라는 예문을 분석해 보자.

주어는 그는 'He' 동사는 '갔다 went out of'이다. 그러면 그는 누구에게 간걸까? 갔다 'went out of' 동사의 특별한 의미속에 다음에 올 단어가 결정된다. 그가 간 곳은 '호수 위'나 '걸어서'가 아니라 '그들에게' 간 것이다. 그가 간 근본적인 목적이 사물 또는 수단에 있는 것이 아니라 사람에게 초점이 맞춰 있다. 이와 같이 동사를 보면 다음에 어떤 단어가 올 것인지 파악을 할 수 있을 뿐만 아니라 추측해 볼 수 있다.

동사가 원하는 것은 '그들에게' 초점이 맞춰져 있다. 그 다음은 '걸어서'라는 수단이 와야 한다. 수단은 시간이란 단어가 없으면 문장 끝에 오는 경향이 있지만 진행형 ing 가 오면 현실을 나타내는 문장이 되기 때문에 장소, 방법(수단), 시간(때) 즉, 장·방·시나 장·수·때의 순서가 반대로 되어 방법(수단)+장소로 순서가 바뀌게 된다.

또한 walking 이란 단어는 동사의 가족이기 때문에 장소인 '호수 위를 on the lake'보다 먼저 올 수 밖에 없다. 따라서 '걸어서'라는 수단이 장소보다 앞에 온다. 수단이 장소보다 앞에 온 또 다른 이유는 '호수 위를 on the lake'이라는 부사구이기 때문이다. 부사구는 언제나 문장 끝에 오는 속성이 있다.

그는 호수 위를 걸어서 그들에게 갔다. He went out of to them walking on the lake.

동사구의 to 부정사
to 부정사가 명사 앞에서 수식하는 경우는 두 단어가 동사구로 연결되었을 때만 가능하다.

나는 시험이 끝나서 개운하다. I am relieved to finish the test

한글식 해석에 동사가 연이어 있으며 동사구가 성립된다. 즉, '끝나서 개운하다.'라는 두 개의 동사 가족이 연이어 오면 동사+동사가족으로 연결해야 한다. 동사 '개운하다 relieved'는 본동사로써 당연히 주어 다음에 와야 한다. '끝나서 to finish'는 '끝나다 finish'의 변형으로 동사에서 온 to 부정사이다. 이와 같이 한 문장에서 동사나 동사 출신이 오면 서로 같은 집안끼리 나란히 연결해서 표현하는 문법의 특성이 있다. be 동사가 온 이유는 수동태이기 때문이다. 하지만 나는 읽을 책을 가지고 있다. I have books to read 는 동사가 붙어 있는 것이 아니라 따로 떨어져 있다. 한 문장 속에 동사가 두 개 있다고 해서 항상 붙여 사용하는 것은 아니다. 앞에 나온 예문은 동사+동사가족으로 연이어 연결되어 있었으나 이 문장은 '읽을'의 동사와 '가지고 있다.'의 동사가 서로 떨어져 있다.

이 문장은 '읽을 책을' 즉 책을 수식하는 형용사가 앞에 등장하여 '읽을 책'이라고 표현했다. 동사구를 연결시킬 수 없는 이유는 to 부정사의 형용사적 용법의 문장이기 때문에 한 문장에 동사가 두 개 있어도 서로 붙을 수 없는 또 다른 형태이다. 그런데 나는 영어를 공부하기로 결심했다. I decided to study English. 라는 문장은 '영어를'이라는 단어 앞에 수식하는 문구가 없기 때문에 본동사 '결심했다. decided'와 동사구인 to 부정사 '공부하기로 to study'를 연결시키는데 아무런 장애가 없기 때문에 자연스럽게 동사구가 형성된다. 이와같이 각 문장마다 독특한 특성들을 잘 파악한 다음 문장을 분석하는 능력과 쓰는 기능과 말하는 기술이 있어야 한다.

동사 선택의 중요성

긴문장을 만들 때 어떤 종류의 동사를 사용하느냐에 따라 미래지향적인 문장, 현재 진행 중인 문장, 과거의 습관과 현실 지향적인 문장이 될 수 있다. 다음 예문을 통해 어떤 종류의 문장인지 알아 보자.

자기 위에 lighting on Him

그는 하나님의 영이 비둘기 같이 내려와 자기 위에 오는 것을 보셨다.
He saw the Spirit of God descending like a dove and lighting on Him

가장 먼저 한글식 사고방식으로 분석해보자. 주어는 '그 He'가 동사는 '보았다 saw'이다. 동사 saw 가 원하는 것은 무엇인가? 이 문장을 한글식 영어어순 방식으로 고치면 그는 보셨다 하나님의 영이 내려와 비둘기 같이 그리고 자기 위에 오는 것을 으로 분석 할 수 있다. 그렇다면 동사가 원하는 것은 '하나님의 영이 the Spirit of God'이다.

하나님의 영을 보았는데 그 영은 마치 비둘기 같이 내려왔다는 것이다. '하나님의 영이 the Spirit of God'까지 이해가 된다면 다음 '비둘기같이 내려와 descending like a dove'라는 내용을 살펴보자.

문장에는 복문과 단문이 있다. 긴 복문으로 구성된 문장과 긴 단문으로 구성된 문장이 있을 수 있다. 만일 긴 단문으로 구성된 문장이 있다면 그 속에는 문장을 연결하는 키가 있다. 그 키는 동사 출신인 to 부정사나 동명사, 과거분사, 현재분사들이다. '비둘기같이 내려와 descending like a dove'에서 descending 이라는 단어는 동사의 변형에서 온 현재분사 출신이다. 현재분사는 현재 진행 중인 문장에, 동명사는 과거의 습관과 현실 지향적인 문장에 to 부정사는 미래지향적인 문장에 쓰인다.

여기서 '내려와 descending'이란 표현을 현실에 알맞게 표현하려면 to 부정사나 동명사 대신 현재분사가 더 잘 어울린다. 문장의 전체 내용을 보면 미래지향적인 내용이 아니며 과거의 습관이나 현실 지향적인 표현이 아니라 현재 진행 중에 있는 모습을 표현하고 있다. 나머지 부분은 등위(대등)접속사로 앞 문장과 같은 패턴에 따라 '자기 위에 오는 것을 and lighting on Him.'이라는 현재분사 형식을 취했다. 이를 정리하면

그는 하나님의 영이 비둘기같이 내려와 자기 위에 오는 것을 보셨다.
He saw the Spirit of God descending like a dove and lighting on Him.

동사와 관련된 단어 우선 순위

문장 속에서 뉘앙스가 멀게 느껴지는 문장의 내용이 있더라도 동사와 관련된 단어라면 그 동사 뒤에 오게 된다.

해명하다	give account
심판 날	Day of Judgment
온갖 쓸데없는 말	every careless word

사람들은 심판 날에 자기가 말한 온갖 쓸데없는 말을 해명해야 할 것이다.
Men will have to give account on the Day of Judgmentfor every careless word they have spoken.

이 문장은 조동사구와 동사구가 같이 온 매우 독특한 문장이다. have to 는 조동사 이지만 미래형이나 또는 의문형에 쓰일 때에는 일반동사화되어 다른 조동사를 첨가할 수 있는 속성을 가지고 있다. (강의 #6참조)

따라서 주어 '사람들은 Men+동사' '해명해야 할 것이다. will have to give account'까지인데 조동사구 will have to 와 동사구 give account 의 결합 동사체이다. 그런데 이 동사구가 강조하는 것은 무엇일까? 문장에서 강조하려는 의도를 찾아야 동사가 원하는 문맥을 이어 갈 수 있다. 문장이 어렵게 느껴질 때는 언제나 3가지 이론 즉 한글식 이론, 동사 이론, 문법적 이론을 적용해야 한다.

동사 다음에 올 문맥이 무엇인지 이 3가지를 종합해서 분석해 보자. 동사 다음에 올 문맥이 만일 '자기가 말한 온갖 쓸데없는 말을 해명해야 할' 문장으로 온다면 자기가 말한 온갖 쓸데없는 말을 해명해야 할 대상을 찾아야 돼는 딜레마에 빠지게 된다. 해명해야 할 대상이 보이지 않기 때문이다. 누구에게 또는 언제 해명한단 말인가? 문맥의 흐름이 논리적으로 성립되지 않는 문장이다.

만일 동사 다음에 올 문맥이 '심판 날에'가 온다면 자기가 말한 온갖 쓸데없는 말을 해명할 이유가 생긴다. 그 대상이 심판 날이기 때문이다. 심판 날이 오면 그 심판 날에 자기가 말한 온갖 쓸데없는 말을 해명해야 한다는 논리적 이론이 성립된다. 한국식 사고방식으로는 '자기가 말한 온갖 쓸데없는 말을 every careless word they have spoken'이 먼저 와야 할 것처럼 보이지만 논리와 문법 또는 동사의 속성을 종합해 보면 심판날이 와야 자기가 한 말에 대해 해명을 하게 된다는 문맥이 성립된다.

동사 다음 심판 날이 먼저 온 것은 심판 날을 강조하기 위함이다. 즉, 이 문장의 핵심은 심판을 말하려는 의도가 들어 있다. 문장의 핵심은 심판을 강조하기 위해 동사구 뒤에 바로 와서 경각심을 심어주고 말에 대한 조심성을 경고하려는 의도가 숨어 있는 것이다.

이 문장의 또다른 특징은 현재완료형이다. 현재완료형을 자연스럽게 삽입하여 이미 자신들이 말한 결과적 사실을 부인하지 못하도록 유도하고 있다. 현재완료형은 계속, 경험, 결과, 완료 등이 있다. 이 중에 결과의 문법을 삽입하여 이미 자신들이 쓸데없는 말을 한 것에 대한 결과를 부인할 수 없도록 만들고 있다. 영어는 완벽한 논리에 의해 문장을 성립시키려는 의도가 다분히 들어 있다.

사람들은 심판 날에 자기가 말한 온갖 쓸데없는 말을 해명해야 할 것이다.
Men will have to give account on the Day of Judgmentfor every careless word they have spoken.

동명사의 속성

경고하다, 일러주다	warn
피하다	flee
징벌	wrath

누가 너희에게 닥쳐올 징벌을 피하라고 일러주더냐?
Who warned you to flee from the coming wrath?

의문문이기 때문에 주어는 '누가 who' 동사는 '일러주더냐 warned'이지만 '경고했느냐'와 같은 뜻이다. 이 문장속에 동사가족이 3개 있다. '일러주다(경고하다) warn, 피하다 flee, 닥치다 come' 이다. 의문문의 특성에 따라 동사 warned 와 주어 you 의 어순을 바꿨다. 명사나 대명사 뒤에는 자연스럽게 문장을 연결하는 동사류가 와야 하는데 원형부정사, to 부정사, 동명사, 현재분사, 과거분사 등이 올 수 있다.

한 문장속에 본 동사는 오직 하나만 허용된다. 만일 본동사가 두 개라면 주어도 두 개가 되야 한다. 접속사, 관계대명사, 관계부사, 분사구문 용법 등을 제외한 모든 문장들은 오직 한 개의 주어와 한 개의 동사만을 가진다. 따라서 you 라는 대명사 뒤에서 문장을 연결할 수 있는 방법은 5가지 중 하나인데 원형부정사, to 부정사, 동명사, 현재분사, 과거분사가 그 자격을 가지고 있다. 이 중에 you

가 원하는 것은 '피하라고 to flee'라는 동사 가족이다.

to 부정사와 동명사가 한 문장 속에 동시에 오면 to 부정사가 우선순위가 된다. to 부정사는 동명사보다 동사적인 성격이 더 강하며 일시적인 동작을 나타낸다. 반면에 동명사는 명사적인 성격이 더 강하며 지속적인 동작을 나타낸다. '피하다 to flee'는 동사는 일시적인 뉘앙스가 있지만 '다가올 징벌 the coming wrath'은 지속적인 뉘앙스가 있다.

동명사 coming 은 징벌이라는 단어를 수식하여 하나의 복합명사, 즉 '닥쳐올 징벌 the coming wrath'를 구성하고 있기 때문에 대명사 you 뒤에 오는 것은 부적절하며 또한 to flee 보다 길기 때문에 당연히 뒤에 오게 된다.

누가 너희에게 닥쳐올 징벌을 피하라고 일러주더냐?
Who warned you to flee from the coming wrath? 가 된다.

to 부정사와 동명사의 차이점

to 부정사는 대부분 명사 뒤에서 수식하는데 동사 뒤에서 수식하는 경우는 be to 용법과 동사와 동사가 연이어 연결될 경우이다. 하지만 동명사는 명사앞에서만 수식한다는 것을 기억하라.

헤매이다	go through [θruː]
물 없는 곳을	arid [ˈærɪd] place
쉴 곳을 찾느라고	seeking rest
찾지 못하였다	does not find

그는 쉴 곳을 찾느라고 물 없는 곳을 헤매다 (그리고 그곳을) 찾지 못하였다.

질문 1.
주어 다음의 동사를 찾아라.

질문 2.
동사가족 3개를 찾아라.

질문 3.
동사가족의 속성을 파악하라.

*질문에 정답을 생각한 다음 진행하라.
He goes through arid places seeking rest and does not find it.

질문 1의 정답: goes through
질문 2의 정답: 헤매다 goes through, 찾다 seek, 찾지 못했다 does not find.
질문 3의 정답: seek 의 속성, goes through 의 속성, find 의 속성 모두 타동사로써 목적어가 필요한 동사들이다.

한 문장에 동사가 연이어 오면 대부분 그 동사의 속성들은 타동사가 주를 이룬다. 타동사가 오면 목적어가 오고 자동사이면 전치사와 관련된 부사구가 오며, 수여동사가 오면 4형식, 사역동사나 지각동사는 5형식, be 동사는 1형식 또는 2형식, 감각동사는 2형식이 온다.

질문 1의 정답에서 '헤매다 goes through'가 주어 다음에 온 이유를 알아보자. 3개의 동사가족 중에 goes through 가 온 이유는 '헤매다' 뒤에 등위접속사로 연결되어 있기 때문이다. 즉, see 는 동명사적인 성격이 있고 find 는 등위접속사 뒤에 있으니까 당연히 goes through 밖에 온 동사가 없다.

'헤매다'를 '헤매다. 그리고'로 고칠 수 있다. 따라서 '그는'의 주어가 찾는 동사는 goes through 와 seeking rest 가 있는데 seeking rest 는 동사의 가족이지만 본동사에 쓸 수 없는 동명사이기 때문에 goes through 가 본동사로 채택되었다.

다음엔 동사 '헤매다'와 가장 가까운 문단을 찾아 보자. '헤매다'는 동사와 가장 가까운 단어는 무엇인가? '물 없는 곳을 헤매다.' 또는 '쉴 곳을 찾아 헤매다.' 둘 중 어느 것이 맞는 문단일까? 논리적으로 분석해 보면 물이 없어야 쉴 수 있다는 이론이 성립된다. 쉬고는 싶지만 쉴만한 장소가 없다는 것이다. 쉴만한 곳엔 어디든지 물이 있었다는 뉘앙스를 담고 있다. 따라서 물이 없어야 비로서 쉴 수 있다는 합리적인 사고방식이 적용된다.

그렇다면 동사 다음엔 'arid places'가 와야 한다. 그리고 '쉴 곳을 찾아 seeking rest'가 그 다음 오면 '헤매다, 물 없는 곳을, 쉴 곳을 찾아 goes through, arid place, seeking rest'가 된다. 이를 다시 정리하면 그는 쉴 곳을 찾느라고 물 없는 곳을 헤매다. He goes through arid place seeking rest. 가 된다.

여기서 'seeking rest'가 온 이유를 분석해 보자. seeking 은 동명사일까? 아니면 현재분사 일까? 만일 seeking 이 동명사라면 무생물체가 와야 하고 반면에 seeking 이 현재분사라면 그 뒤에 생명체가 오는 것이 일반적인 이론이다. seeking 다음에 rest 가 온 것을 보았을 때 여기에 쓰인 seeking 은 동명사로 쓰일 수 밖에 없다.

동명사는 명사 앞에서 무생물을 수식하는 성질이 있다. 동명사 seeking 이 무생물 rest 를 수식하여 '쉴 곳을 찾았다. seeking rest.'라는 표현을 했다. 여기서 동명사를 쓸 수 밖에 없었던 이유는 앞으로 쉴 곳을 찾아 헤매는 것이 아니라 이미 쉴 곳을 찾고 있었던 표현을 하고 싶기 때문에 동명사가 온 것이다.

만일 동명사 대신 to 부정사를 쓴다면 앞으로 쉴 곳을 찾으려고 한다는 뜻으로 전달된다. 문장의 전반적인 내용의 뉘앙스는 이미 오래전부터 쉴곳을 찾아 헤매도 있었다는 내용을 전달 하고 싶어 하기 때문에 to 부정사를 택하지 않고 동명사를 택한 것이다. 그 이유는 오래전부터 쉴 곳을 찾아 헤매고 있었다는 표현을 해야 하기 때문이다.

그 뒷 문장은 등위접속사로 연결되었기 때문에 역시 앞문장과 같이 타동사+목적어 형태로 (그리고 그곳을) 찾지 못하였다. and does not find it. 라는 패턴을 사용했다. 종합해 보면

그는 쉴 곳을 찾느라고 물 없는 곳을 헤매다(그곳을) 찾지 못하였다.
He goes through arid places seeking rest and does not find it.

사람을 강조하는 목적어 뒤에 to 부정사

주어+동사 다음 인칭대명사+to 부정사를 쓰면 사람을 강조하는 문장이 된다.

나는 너가 이 방에서 떠났으면 좋겠다.	I want you to leave this room.
나는 너가 그 문을 닫아주었으면 좋겠다.	I want you to close the door.
나는 너가 이 세상을 떠났으면 좋겠다.	I want you to leave this world.

문장의 연결고리를 찾아라

짧은 문장에서 긴 문장으로 연결될 때 to 부정사나 동명사를 찾아라. 이들은 문장을 연결하는 키이다.

제거하다.	drive out
능력	authority
더러운 귀신	evil spirits

그는 그들에게 더러운 귀신을 제거하는 능력을 주셨다.

한글식 영어어순 학습방식으로 하나씩 분석해 보자.

주어 '그는 He'와 동사 '주셨다 gave'는 항상 기본적으로 먼저 온다. 문제는 '주셨다 gave'라는 동사가 어떤 단어와 관련있는지를 알아야 한다. 얼핏 보기에는 '능력을 주셨다.'라고 착각할 수 있다. 만일 능력이 동사 뒤에 온다면 이 문장은 능력을 강조하게 된다. 동사 뒤에는 동사와 밀접한 관계가 있든지 아니면 동사가 강조해야할 내용이 와야 한다. 그가 무엇을 준다면 누군가 무엇을 받을 대상이 있어야 한다. 받을 수 있는 대상은 당연히 생물체이다. 무생물체는 무엇을 받을 수 없다.

따라서 이 문장에 나타난 생물체는 '그들에게 them'이라는 단어 밖에 없다. 즉, 그들에게 능력을 준 것이다. 그들이 그에게 받은 것은 '능력 authority'이다. 능력을 가졌기 때문에 더러운 귀신을 제거할 수 있다는 논리적이고 합리적인 이론이 성립된다.

문법적으로도 4형식 문장이다. 영어는 이러한 논리 위에 성립되었다. 더러운 귀신을 제거하는 to drive out evil spirits 이라는 문장 속에 '제거하다 drive out'는 동사의 속성을 가진 to 부정사가 등장한다. 여기에 to 부정사 '제거하는 to drive out'이 다음 문장을 연결하는 키의 기능을 하고 있다. 짧은 문장에서 긴 문장으로 만들 때 나오는 to 부정사는 명사나 대명사 뒤에서 형용사 역할을 하면서 수식하지만 단순히 동사의 역할을 대신하게 될 때에는 목적격 앞에 오게 된다.

to 부정사 to drive out 의 속성이 타동사에서 왔기 때문에 그 뒤에 목적어를 나타내는 '더러운 귀신 evil spirits'이 오면 모든 문장이 순조롭게 완성된다.

그는 그들에게 더러운 귀신을 제거하는 능력을 주셨다.
He gave them authority to drive out evil spirits.

분사적 형용사와 동명사적 형용사가 명사 뒤에서 수식하는 경우

1. 분사적 형용사

분사적 형용사란 동사에 ed/en 가 첨가되면서 형용사화된 단어를 말한다. paint 라는 동사가 painted 로 변하면 분사적 형용사가 된다. 이러한 형용사가 단독으로 쓰이면 명사 앞에서 수식하지만 딸린 식구들이 있으면 명사 뒤에서 수식하게 된다.

수산나가 그린 그림은 박물관에 장식되어 있다.
The picture painted by Susanna is in a museum.

분사적 형용사, 즉 painted 가 picture 뒤에서 수식하고 있다. 왜냐하면 'by Susanna'라는 딸린 식솔들이 있기 때문이다. 이처럼 분사적 형용사에 딸린 식구가 있으면 명사 바로 뒤에서 수식하는 성격이 있다. 하지만 분사적 형용사가 단독으로 쓰이면 명사 앞에서 수식해야 한다.

황금알을 낳는 거위를 죽이지 말라. Do not kill the goose that lays the golden eggs. 처럼 'golden'이 단순하게 'eggs'를 수식하기 때문에 명사 'eggs' 앞에 와야 한다.

2. 동명사적 형용사

동명사적 형용사도 분사적 형용사처럼 같은 속성을 가지고 있다. 즉, 동명사적 형용사에 딸린 식구가 있으면 명사 뒤에서 수식하지만 단독으로 쓰이면 명사 앞에 온다.

개구쟁이 troublemaker

코너에 서 있는 소년은 개구쟁이였다.
The boy standing in the corner was a troublemaker.

동명사적 형용사, 즉 standing 이 the boy 를 뒤에서 수식하고 있다. 왜냐하면 in the corner 라는 딸린 식솔들이 있기 때문이다. 이처럼 동명사적 형용사에 딸린 식구가 있으면 명사 바로 뒤에서 수식하는 성격이 있다. 하지만 동명사적 형용사가 단독으로 쓰이면 명사 앞에서 수식해야 한다.

주차장에 많은 차들이 있다. There are lot of cars in the parking lot. 처럼 'parking'이 단순하게 'lot'를 수식하기 때문에 명사 lot 앞에 와야 한다.

사역동사의 특성

낭비하다 waste

사역동사의 뜻은 누가 누구에게 무엇을 시킨다는 뉘앙스가 담긴 동사이다. 사역동사의 특성은 주로 5형식에 많이 쓰인다.

당신은 나의 많은 시간을 낭비시키고 있다. You are making me waste a lot of time.

사역동사는 make 인데 be 동사를 동반했다. 즉, 진행형 사역동사이기 때문에 be 동사가 동반된다.

사역동사의 특징이 5형식을 구성함으로 동사 다음 목적격이 와야 하는데 한글식 표현으로는 '나의'로 해석되어 소유격으로 느껴지지만 반드시 목적격 me 가 와야 한다. 나머지 '많은 시간을 낭비시키고'에서 동사 '낭비시키다 waste' 다음 '많은 시간 a lot of time'를 첨가하면 당신은 나의 많은 시간을 낭비시키고 있다. You are making me waste a lot of time. 이 된다. 사역동사에 be 동사가 첨가 된 이유는 진행형 사역동사이기 때문이다.

동사 다음 바로 연결된 단어를 찾아라.

  be 동사 뒤에 1형식 또는 2형식 외에는 없다.
  감각동사 뒤에는 2형식이 온다.
  일반동사 뒤에는 3형식이 온다.
  수여동사 뒤에는 4형식이 온다.
  수여동사에 전치사가 오면 3-1형식으로 직목+간목이 온다.
  지각동사와 사역동사 뒤에는 3형식 또는 5형식이 오지만 주로 5형식이 온다.
  지각동사 수동태는 목적보어에 to 부정사가 온다.
  지각동사 수동태 공식: be+지각동사의 과거분사형+to 부정사의 형태+전치사+목적격

  암기방식: 비be+피p.p.+투to+전by+목me(비피투전목)

  이 중에 지각동사의 수동태 예문을 살펴 보자.
  나는 그가 나가는 것을 보았다. I saw him go out. 를 수동태로 하면
  그는 나에게 나가는 것이 보였다. He was seen to go out by me. 가 된다.

즉, 지각동사에서 쓰이는 원형부정사가 수동태로 바뀌면 to 부정사로 변한다는 것을 꼭 기억하라. 강의 #3 지각동사의 수동태 편에서 배운 예문을 사용해 보자.

나는 그가 무대 위에서 춤추는 것을 보았다. I saw him dance on the stage. 를 수동태로 바꾸면
그가 무대 위에서 춤추는 것이 나에게 보였다. He was seen to dance on the stage by me. 가 된다.

지각동사의 특성

(열쇠로) 열다 unlock

지각동사는 사역동사와 같이 5형식 문장이 주로 온다. 지각동사 또는 사역동사의 어순을 정리하면 주어+동사+목적어(간목)+목적보어(원형동사)의 형식을 취한다.

당신은 누군가가 문을 (열쇠로) 여는 소리를 들었습니까?
Did you hear someone unlock the door?

이 문장은 지각동사의 의문문이다. 의문문+주어+동사는 '당신은 들었습니까? Did you hear?' 지각동사라면 5형식 문장으로 주어+동사 다음 목적어 '누군가가 someone' 오고 다음은 목적보어 '여는 unlock' 다음은 직접목적어 '문을 the door' 순으로 배열하면 문법적 이론이 성립된다.

당신은 누군가가 문을 (열쇠로) 여는 소리를 들었습니까?
Did you hear someone unlock the door?

준사역동사
준사역동사는 주로 5형식에 쓰인다.

준사역동사가 5형식에 쓰일 때 목적 보어자리에 to 부정사가 올 수도 있고 동사원형이 올 수도 있지만 동사원형의 문장이 더 좋은 문장이 될 수 있다.

to 부정사가 오는 경우

나는 나의 엄마가 설거지하는 것을 도왔다.
I helped my mom to wash the dishes.

= I helped my mom wash the dished.

to 가 생략된 문장이 더 많이 사용된다.

be 동사의 논리적 문맥을 찾아라

2형식 문장은 대부분 be동사와 관련이 있다. be 동사의 특징을 이해하면 1형식 문장 뿐 아니라 2형식 문장을 이해하는데 큰 도움이 될 수 있다. 예문을 살펴보자.

모든 아이는 부모에게 준 하나님의 선물이다. 주어는 '모든 아이는 Every child'이며 동사는 be 동사 is 이다. be 동사는 주어와 가장 가까운 문맥을 찾아 줄 의무가 있다. 즉, 주어 = 보어를 매치시켜 주어야 한다. be 동사는 주어의 중매자이다. 또한 be 동사는 동작이나 행위를 나타내는 동사가 아니라 주어의 상태나 존재, 형태, 상황을 표현하는 보어 역할만 한다. 이러한 개념을 가지고 주어와 동등한 관계가 있는 단어를 찾아 보자. be 동사가 중매할 수 있는 문맥은 두 종류이다.

첫 번째 종류: 모든 아이는 부모이다.
두 번째 종류: 모든 아이는 하나님의 선물이다.

둘 중에 가장 적합한 문장은 두 번째 종류에 속한 모든 아이 = 하나님의 선물이란 문장이 잘 어울린다. 나머지 '부모에게 준 to parents'는 부사구로서 문장 끝에 올 수 밖에 없다. 이를 정리하면

모든 아이는 부모에게 준 하나님의 선물이다. Every child is God's gift to parents.

동사가족 찾기

포함하고 있다	contain
가사	article
어휘력	vocabulary
갈망하다	eager
증가하다	increase
조언들	tips

문단을 나눌 때는 동사 가족에서 찾아라. 긴문장은 to 부정사적 용법이나 동명사에서 문단을 잘라서 해석하는 습관을 가져야 한다. 그 단어의 속성에 따라 뒷 문장을 쉽게 파악할 수 있기 때문이다. 여기서도 긴 문장이 뒤에 온다는 것을 기억하라.

이 기사들은 자신들의 어휘들을 증가하기를 갈망하는 사람들의 조언들을 포함하고 있다.
This article contains tips for those who are eager to increase their vocabulary.

주어는 '이 기사들은 This article' 동사는 '포함하고 있다. contains'이다. 동사가 목적어를 요구하는 타동사이니까 목적어 '사람들'이 오면 되는데 관계대명사로 수식하는 문장들과 함께 사람들이란 단어가 그룹을 형성하고 있다.

이때 수식하는 관계대명사는 잠시 뒤로하고 다른 그룹들과 함께 묶여 있는 단체를 목적어로 취급하여 '사람들의 조언들을 tips for those'까지 포함시킬 수 있다. 다음엔 명사를 뒤에서 수식하는 관계대명사를 분석해 보자. '자신들의 어휘들을 증가하기를 갈망하는' 이처럼 긴 문장이 오면 가장 먼저 동사의 가족을 찾아 협조를 구해야 한다. 동사의 가족들은 '증가하다 increase'와 '갈망하다 eager'가 포함되어 있다.

관계대명사 문장으로 who are 을 첨가하면 뒤에 올 동사가족은 선행사가 원하는 '갈망하다 eager'이 와야 논리적 이론이 성립된다. 사람들이 갈망하고 있는 것이지 증가하기를 원하는 것은 아니기 때문이다. 동사가족이 연이어 오면 동사류 제2번 법칙에 따라 동사구를 적용할 수 있기 때문에 '증가하기를 갈망하는 eager to increase'를 성립시킬 수 있다. 동명사 대신에 to 부정사가 온 이유는 더이상 설명할 필요가 없을 것이다. 나머지 '자신들의 어휘들을 their vocabulary'가 오면 모든 문장은

이 기사들은 자신들의 어휘들을 증가하기를 갈망하는 사람들의 조언들을포함하고 있다.
This article contains tips for those who are eager to increase their vocabulary. 로 완성된다.

3주는 내가 기다리기에 너무 길다

주어 '3주 Three weeks'+동사는 '~ 이다(길다).' is 즉, be 동사가 왔다. be 동사는 언제나 존재와 상태만을 강조한다. 동작과 행위는 없다. 즉, 주어의 상태나 존재를 보충하도록 되어 있다. 이 예문에서는 기다린다는 상태를 표현하고 있다. 그렇다면 2형식 문장이라는 것을 알 수 있다.

2형식 문장은 주어+동사 뒤에 오직 명사류나 형용사류 밖에는 올 수 없다. too 는 항상 be 동사 다음에 오는 경향이 많이 있다. 전치사 for 는 문장 끝에 오는 경향이 많지만 to 부정사의 형용사 용법이 있으면 for 는 명사나 대명사 me 와 함께 앞에 오게 된다. to 부정사의 성질은 명사 뒤에서 수식하는 경향이 있다.

3 주는 내가 기다리기에 너무 길다.
Three weeks is too long for me to wait.

be 동사 이하에 to 부정사의 형용사적 용법이 왔다. to 부정사의 형용사적 용법은 목적격 뒤에 오는 경향이 있기 때문이다.

It's too long for me to wait three weeks.

모두 가능하다.

셋째: 문법적 이론

만일 어떤 문장이 한글식 이론이나 동사의 이론이 성립되지 않았을 때 세 번째 단계로 문법적 이론을 적용해 보아야 한다.

한글식 어순과 영어식 어순의 한계점

영어의 논리적인 사고방식과 한글식 어순의 사고방식 사이에는 많은 차이점이 있다. 이를 해결하기 위해서는 수많은 노력이 있어야 한다. 영문장은 매우 논리적으로 구성되어 있는 반면에 한글식 표현은 그 논리가 너무 다양하여 한마디로 딱 부러지게 정의할 수는 없다. 한글식 이론이 문법적 이론을 대신할 수 없고 문법적 이론이 한글식 이론을 다 설명할 수 없다.

회개   repent
선포, 설교   preach

그들은 한 복음 전도자의 선포로 회개하였다.
They repented at the preaching of an evangelist.

이 문장에서 주어는 '그들은 They', 동사는 '회개하였다 repented'인데 한글식 문맥의 구조로 보면 '한 복음 전도사의 선포로'가 먼저 와야 논리적으로 회개할 수 있는 동기를 제공할 수 있는 한글식 이론이 성립되는데 문법적 이론은 이를 반대로 설명하고 있다. 한글식 이론에서는 한 복음 전도자의 선포가 있어야 그 선포를 들은 '그들이' 회개할 수 있다는 이론이 성립된다. 그런데 이 문장에서 한 복음 전도자의 선포가 먼저 오지 않고 회개가 먼저 온 것은 한글식 문장의 표현과 영어식 문장의 표현의 차이점을 현실적으로 보여주고 있는 예문이다.

영어식 문장은 올바른 문법에 따라 합리적으로 표현되는데 왜 한글식 문장의 표현은 합리적으로 설명될 수 없을까? 그 이유는 '한 복음 전도자의 선포로 at the preaching of an evangelist'라는 문장이 전치사를 동반하여 전체 문장을 전치사구로 만들었기 때문이다. 전치사나 전치사구가 있는 문장은 아무리 논리적이고 합리적인 한글식 이론이 성립되더라도 설명의 한계가 있다.

따라서 영문장이 논리적인 문법으로 설명될 때에는 불합리한 한글식 이론을 빨리 영어식 사고방식으로 바꿔야 한다. 한 복음 전도자의 선포가 회개라는 단어보다 뒤에 올 수 밖에 없는 이유는 한글식 사고방식보다 문법적 사고방식이 우선되어야 하기 때문이다. 결국 이 문장은 한글식 이론이 논리적인 개념으로 성립될 수 없는 문장이다.

논리적인 개념보다 더 중요한 것은 문법의 구조적인 개념이다. 각 문장의 구조에 따라 영어어순은 항상 변경될 수 있다. 따라서 '한 복음 전도자의 선포로'는 가족을 동반한 문장의 구조와 전치사를 동반한 문장의 구조의 특징을 가지고 있기 때문에 한글식 논리와는 관계없이 문장 끝에 와야 한다.

그들은 한 복음 전도자의 선포로 회개하였다.
They repented at the preaching of an evangelist.

한글 내용을 영어식으로 고친 후 영작하라

던지다   be let down
~과 같다   be like

하늘 나라는 바다에 그물을 던져서 온갖 고기를 잡는 것과 같다.
The Kingdom of Heaven is like a net that was let down into the lake and caught all kinds of fish.

주어 '하늘 나라는 The Kingdom of Heaven', 동사 '~과 같다 is like' 주어와 동사가 서로 돕는 관계라면 be 동사 같은 단어가 와야 한다. be 동사 다음에 오는 모든 문장의 내용은 보어로써 오직 명사구나 형용사구만 가능하다. 그밖에 어떤 것도 올 수 없다. 영어를 해석할 때 한글식 표현으로 설명이 안 되는 부분들과 한글로 해석한 내용을 다시 고치지 않으면 이해할 수 없는 부분들이 있다.

실례로 바다에 그물을 던져서 a net that was let down into the lake 라는 한글식 표현을 '바다(호수)에 던져진 그물'로 바꾸지 않으면 영어식 해석은 쉽게 풀리지 않는다. 이와 같이 때론 한글 내용을 영어식으로 고친 후에 영작을 해야 하는 고난도의 기술이 필요하다. '바다에 던져진 그물 a net that was let down into the lake'로 표현해야 비로서 '바다에 그물을 던져서'의 뜻이 성립된다. 만일 직역 대로 해석한다면 '바다에 그물을 던지자. Let's down a net into the lake.'처럼 해석된다. 따라서 한글식으로 표현하기 어려운 문장들은 기술적으로 한글을 고쳐 활용할 수 있는 능력이 있어야 한다. '바다에 그물을 던져서'라는 문장은 보어의 기능으로 형용사구이다. 보다 정확하게 표현하자면 관계대명사 용법은 모두 형용사 용법이다.

그 다음 '온갖 고기를 잡는 것과 같다 and caught all kinds of fish.'의 문장은 등위 접속사로서 앞에 나온 문장과 뒤에 온 문장이 같은 성격을 가지고 있다. 등위 접속사의 문장은 앞 문장과 뒷 문장이 같아야 한다. '바다에 던져 was let down into the lake'와 '온갖 고기를 잡는 것 caught all kinds of fish'가 같은 구조를 가지고 있다. 이를 모두 정리하면

하늘 나라는 바다에 그물을 던져서 온갖 고기를 잡는 것과 같다. The Kingdom of Heaven is like a net that was let down into the lake and caught all kinds of fish. 라는 표현이 성립된다. 이해하기 힘든 한글식 표현을 영문법에 알맞게 고쳐 표현할 수 있는 지혜가 있어야 한글식 영어어순 학습방식을 따라 잡을 수 있다.

영어 논리와 한글 논리의 차이점

영어를 배울 때 문화와 사고방식뿐 아니라 행동양식까지 겸하여 영어를 습득해야 한다. 다음 예문에서는 영어권의 문화양식을 조금 언급하고자 한다.

심판 때에 한국이 이 세대와 함께 일어날 것이다.
Korea will rise at the Judgment with this generation.

한글식 표현으로는 '심판 때에'가 맨 앞에 주어처럼 등장하지만 영문식 표현을 한글식으로 바꾸면 '한국이 일어날 것이다. 심판 때에 이 세대와 함께'가 된다. 한글식 표현만으로는 정확한 문맥을

잡기 힘든 문장이다.

영어권에 있는 외국인의 정서와 국내에 있는 한국인의 정서는 이와 같이 언어뿐 아니라 문화, 사고방식, 생활습관, 행동방식, 말의 표현, 음식문화 등 말할 수 없이 많은 차이가 있다. 같은 문장의 패턴을 한글식으로만 표현 한다면 동사의 이론, 문법적 이론에 많은 혼돈이 온다. 이런 문장의 패턴은 바르게 고칠 수 있는 지혜가 필요하다. 영어는 단순히 언어만 습득하는 것이 아니라 전반적인 면에서 다른 세계와의 싸움이다.

한글식 어순은 '심판 때에 한국이 이 세대와 함께 일어날 것이다.'에서 '심판 때에'를 강조하기 위한 도치법을 사용할 수 있지만 영어식 어순은 일반적인 문장을 고수하그 있기 때문에 '한국에 Korea'를 주어로 선택할 수 밖에 없다. 동사는 하나이기 때문에 조동사구 'will rise'가 오는데 동사와 가장 밀접하게 관련 있는 문맥을 논리적으로 정리한다면 역시 '심판 때에 at the Judgment'가 가장 잘 어울린다. 나머지 '세대와 함께 with this generation'은 전치사를 동반한 부사구로 문장 끝에 오는 것이 문법적 이론에 어울린다. 이를 정리하면

> 심판 때에 한국이 이 세대와 함께 일어날 것이다.
> Korea will rise at the Judgment with this generation.
> = At the time of Judgment, this jeneration in Korea will rise.

*문장 끝에 오는 그룹들
> **전치사구가 올 때**
> **부사구(절)로 구성되었을 때**
> **의미상 중요하지 않을 때**
> **수단, 방법, 이유, 원인, 목적 등의 문장이 올 때**
> **큰 장소가 뒤에 올 때**
> **비교급에서 두 번째 다시 비교를 할 때**
> **가족과 함께 다닐 때**
> **단어의 의미가 가장 멀리 느껴질 때**
> **장·방·시 또는 장·수·때의 문장 일 때**

독립된 부사구는 문장 앞에 긴 부사구는 문장 끝에
대부분 짧은 부사구의 문장은 앞에 오고 긴 부사구의 문장은 끝에 온다.

다음 4가지 문장 중에 가장 좋은 문장은 어떤 문장인지 살펴보자.

　　　1번. 나는 조금 전에 그가 역 앞에서 택시에서 내리는 것을 보았다.
　　　2번. 조금 전에 나는 그가 역 앞에서 택시에서 내리는 것을 보았다.
　　　3번. 나는 그가 역 앞에서 조금 전에 택시에서 내리는 것을 보았다.
　　　4번. 나는 그가 역 앞에서 택시에서 내리는 것을 조금 전에 보았다.

한글식 표현에서는 짧은 부사구가 문장 앞에 오든지 긴 문장이 뒤에 오든지 상관하지 않고 말만 되면 어디든 섞어 넣으면 그만이다. 반면에 영어는 한글과 달라서 부사구를 아무데나 넣을 수는 없다. 어떤 면에서는 서양인과 동양인의 생활 구조도 이와 유사한 점이 많이 있는 것 같다. 동양인의 융통성을 서양인이 따라 올 수 없고 서양인의 고지식한 면을 동양인이 흉내낼 수 없는 부분들이 있다. 만일 영문법이 한글식 표현처럼 부사구를 다양한 장소에 넣을 수 있다면 어떤 결과가 오는지 시험해 보자.

　　　나는 그가 택시에서 내리는 것을 조금 전에 역 앞에서 보았다.
　　　I saw him get out of a cab a while ago in front of the station.
　　　또는
　　　나는 조금 전에 그가 택시에서 내리는 것을 역 앞에서 보았다.
　　　I saw a while ago him get out of a cab in front of the station.

이와 같은 문장들은 한글식 이론, 동사의 이론, 문법적 이론이 적용되지 않으므로 올바른 영어가 될 수 없다. 한글에는 육하원칙이 있듯이 영어에도 영어가 원하는 어순이 반드시 있다. 이 중에 2번 문장을 분석해 보자.

　　　조금 전에 나는 그가 역 앞에서 택시에서 내리는 것을 보았다.
　　　A while ago, I saw him get out of a cab in front of the station.

'조금 전에 a while ago'는 독립된 부사구 문장 앞에 또는 문장 끝에 오는데 짧은 독립 부사구의 대부분은 문장 앞에 온다. 다음은 주어 동사를 분석해 보자. '나는 보았다 I saw' 무엇을 보았는가? 문장을 푸는 핵심은 언제나 본동사가 가지고 있다. 동사를 분석하는 방법을 새롭게 정리해 보자.

첫째, 동사의 종류를 분석하라. 무슨 종류의 동사류인가? 자동, 타동, 지각, 감각, 사역, 수여 동사 등등이 있는데 그 중에 어떤 종류의 동사인가를 파악해야 한다. 참고로 'saw'는 지각동사이다. 지각동사는 5형식 문형을 이룬다.

둘째, 동사의 강조점을 찾아라. 동사가 특별히 강조하려는 의도가 있는지 아니면 특별동사로써 그 동사만이 가지고 있는 구조가 있는지를 파악해야 한다. 예로 'suggest'는 that 절을 유도하는 3형식 문형에만 쓰인다.

셋째. 동사의 관련성을 알아야 한다. 동사 다음에 올 단어가 한글식 이론, 동사 이론, 문적적 이론에 적용될 수 있는지의 여부를 파악하는 일이다. 예를 들어 '보았다'라는 동사는 주어와 관련되는지, 아니면 5형식 문형의 특성에 따라 목적어와 관련 있는지, 장소와 관련 있는지, 택시에서 내리는 모습과 관련 있는지의 여부를 관찰해야 한다.

이론들을 종합해 보면 동사는 지각동사로서 5형식 문형이어야 하며, 동사의 강조부분에서는 특별히 강조할 만한 부분이 없다. 동사의 관련성을 살펴보면 '보았다'는 내용과 가장 관련된 부분은 '택시에서 내리는 것을 보았다.'는 표현이 '역 앞에서 보았다.'는 표현보다 더 논리적이다. 남은 부분은 부사구의 장소이다. 장·방·시 뿐 아니라 문장의 구조가 길면 이동경로가 느리기 때문에 문장 끝에 오게 된다. 모든 이론을 정리하면

조금 전에 나는 그가 역 앞에서 택시에서 내리는 것을 보았다.
A while ago I saw him get out of a cab in front of the station.

문장 끝에 오는 단어들
문장 끝에 오는 단어들은 보통 부사, 부사구, 장소, 방법(수단), 시간(때)과 문장 속에서 가장 멀리

떨어져 있는 느낌을 주는 단어들이 문장 끝에 온다. 예문을 살펴보자.

품다	entertain
마음 속에	in your heart
마음에서	out of the heart
견디다, 굳건히 서다	stands firm
끝까지 견디다	stands firm to the end

어찌하여 너희는 마음 속에 악한 생각을 품고 있느냐?
Why do you entertain evil thoughts in your hearts?

의문사 문장이다. 의문사 구조는 '의문사 why+조동사 do+주어 you+본동사 entertain' 형식으로 온다. 이와 같은 형태가 의문사의 기본구조이다. 동사 '품고 있느냐 entertain'과 관련된 단어를 논리적으로 생각해 본다면 '마음 속에 품고 있다.'라는 표현보다는 '악한 생각을 품고 있다.'가 더 어울린다. 그렇다면 '품고 있느냐'는 '악한 생각 evil thoughts'와 관련되어 '악한 생각을 품고 있다. entertain evil thoughts.'으로 연결해 볼 수 있다.

나머지 '마음 속에 in your hearts'의 문장은 자연스럽게 뒤에 남게 된다. '마음속에'의 문장이 뒤에 온 이유는 부사구이기 때문에 당연히 뒤에 올 수 밖에 없지만 또 다른 이유는 문장 내용 속에서 가장 멀리 떨어진 느낌을 주고 있기 때문이기도 하다. 만일 문장이 이론적으로 이해되지 않을 때에는 문장 속에서 가장 멀리 떨어져 있는 느낌을 주는 단어를 통해 영어어순을 찾을 수도 있다.

어찌하여 너희는 마음 속에 악한 생각을 품고 있느냐?
Why do you entertain evil thoughts in your hearts?

끝까지 견디는 사람(He)은 구원을 얻을 것이다.
He who stands firm to the end will be saved.

끝까지 견디는 것 보다 더 멀게 느껴지는 것이 구원이다. 구원은 지구 종말에 오기 때문이다. 그런데 한가지 조심해야 할 부분이 있다.

  문장 속에서 그 내용의 느낌이 아무리 멀리 떨어져 있어도 그 내용 자체가 주어로 쓰이면 문장 앞에 오는 것을 막을 순 없다.

          마음에서 악한 생각들이 나온다. Out of the heart come evil thoughts.

'악한 생각들'보다 '마음에서'가 더 멀리 느껴지는데도 불구하고 문장 앞에 온 이유는 '마음에서'가 이 문장의 주어로 쓰였기 때문에 문장 앞에 오는 것을 막을순 없다. 왜냐하면 도치구문으로 사용되었기 때문이다.

모든 부사는 문장의 엑스트라
부사절이 문장 끝에 오는 이유를 알아보자.

    분개하다   be offended
    외국인   foreigner

외국인들이 이 말을 듣고(들었을 때) 분개하고 있다는 것을 아십니까?
Do you know that foreigners were offended when they heard this?

  영어 문장을 한글식 문장으로 잘 분석하는 능력이 필요하다. 이 예문에서 '이 말을 듣고'라고 표현된 문장을 '이 말을 들었을 때'로 바꿀 수 있는 지각이 있어야 한다. 한글식 표현을 수정하지 않고 그대로 영작을 하면 외국인들이 이 말을 듣고 foreigners heard this and 처럼 잘못 표현하게 된다. 그러나 이 말을 들었을 때 when they heard this 로 고치면 때를 나타내는 문장으로 바뀐다. 따라서 앞에 나와야 할 문장이 부사절로 바뀌면서 문장 끝에 오게 된다. 이 예문은 '~아십니까?'라는 문장으로 시작되는 의문문이다. 즉, '아십니까? 외국인들이 분개하고 있다는 것을요? 그들이 이 말씀을 들었을 때 말입니다.'처럼 구성된 문장이다.

  영어를 표현할 때 한글식 문장으로 수정하지 않고 있는 그대로를 번역하거나 또는 말을 하게 되면 문법에서 크게 벗어나는 문장을 표현하게 되므로 언제나 조심스럽게 영어를 한글식 순서로 수정하는 요령이 있어야 한다.

외국인들이 이 말씀을 듣고 (들었을 때) 분개하고 있다는 것을 아십니까?
Do you know that foreigners were offended when they heard this?

부사구나 부사절이 문장 앞에 오는 경우

부사구 또는 부사절이 문장 앞에 오는 경우가 있다. 이런 문장의 구조는 부사구 또는 부사절의 내용이 행위적인 면에서 주절보다 먼저 일어나고 있을 때 종속절인 부사구나 부사절이 앞 문장으로 오게 되는 경우이다.

혼란하다 disturb [dɪˈstɜːrb]

그는 이것을 듣고 (그는) 혼란해졌다. When he heard this he was disturbed.

이 문장을 He was disturbed when he heard this 라고 쓸 수 있으나 어느 곳을 강조하느냐에 따라 문장의 순서가 바뀔 수 있다. 한글식 이론의 문장의 순서는 그는 소식을 들었기 때문에 혼란이 온 것으로 여겨진다. 하지만 문법적 이론의 문장의 순서는 이유, 원인, 목적 등이 올 경우에는 문장 뒤에 오는 경우가 있다. 그가 혼란해졌다. he was disturbed. 는 수동태 문장으로 be+p.p. 용법이다. 또 다른 예문을 살펴 보자.

동침하다   union
~을 낳다   give birth

그는 그녀가 아들을 낳기까지 그녀와 동침하지 않았다.
He had no union with her until she gave birth to a son

이 문장에서는 동침하지 않은 이유를 그녀가 이미 잉태한 상태에 있었기 때문에 아들을 낳기까지 동침하지 않았다는 명백한 이유가 된다. 따라서 종속절이 문장 뒤에 왔다. 그녀가 아들을 낳기까지 until she gave birth to a son 의 문장은 3-1형식에 속한 종속절로서 직목이 앞에 오고 간목이 뒤에 오는 구조를 취했다.

종속절이 주절 앞에 오는 경우

종속절이란 남에게 종속되었다는 의미를 가지고 있는데 종속접속사와 관계대명사가 이에 속한다. 종속절에는 부사절, 형용사절, 명사절이 있으며 이 중에 부사절이 가장 많이 쓰인다.

부사절은 목적, 결과, 시간, 이유, 조건, 양보, 비교, 장소 등을 동반한다. (강의 #10 접속사편 참고)

암기방식: 목적의 결과를 위해 시간이 없다는 이유나 조건을 달거나 양보 등을 비교하거나 장소를 가리지 말라.

종속절은 일반적으로 주절 뒤에 오지만 동사의 이론과 문법적 이론이 동시에 성립되면 종속절이 주절 앞에 올 수 있다.

그는 사고 소식을 듣자(들었을 때) (그는) 아이처럼 소리를 내며 울었다.
When he heard of the accident he screamed and cried like a baby.

한글식 문장을 논리적으로 분석해 보면 무슨 소식을 들었기 때문에 그 소식으로 인하여 울었다는 이론이 성립된다. 문법적인 이론을 적용해 보면 종속절이 주절보다 짧다. 여러번 언급하지만 짧은 내용을 앞쪽으로 보내는 영어의 특성이 있다. 이 예문은 논리적 이른과 문법적 이론 두 가지 모두 포함된다. 주절은 등위접속사 문장이므로 본래 그는 아이처럼 소리-내면서 아이처럼 울었다. He screamed like a baby and cried like a baby. 라는 문장인데 like a baby 가 반복되어 생략하니까 He screamed and cried like a baby. 처럼 문장이 짧아진 것이다. 다시 정리하면

그는 사고 소식을 듣자(들었을 때) (그는) 아이처럼 소리를 내며 울었다.
When he heard of the accident he screamed and cried like a baby.

중요한 내용은 앞으로 보내고 의미부여가 약한 내용은 뒤로 보내라

주어 또는 동사와 가장 가깝게 느껴지는 행위나 특별히 강조하고자 하는 단어가 있는 문장이 먼저 오고 꼭 필요치 않은 문장은 끝에 온다.

흐느끼다	sobbing [sábiŋ]
무자비하게	ruthlessly [ˈruːθləsli]
처형당하다	execute
가까운 거리	close range [reɪndʒ]

그는 흐느끼면서 형과 친구가 무자비하게 처형당하는 장면을 가까운 거리에서 보았다.
He saw his sobbing brother and friend ruthlessly executed at close range.

그는 보았는데 자신이 어떤 상태에서 보았는가? 처형당한다는 것을 알고 있었기 때문에 울고 있는 상태에서 보았다. 누가 처형당하는 것인가? 그의 형과 친구이다. 즉, 형과 친구가 비참하게 처형당하는 모습을 보고 있는 것이다. 어디에서 보고 있는가? 가까운 거리에서 보고 있었다. 이를 한글식 이론으로 정리하면 그는 보았다. 울고 있는 상태에서 (처형당하는 것보다 울고 있는 장면이 먼저이다.) 형과 친구가 비참하게 처형당하는 장면을 가까운 거리에서 이 문장에서 '가까운 거리에서' 가 뒤에 온 이유는 문장 전체 중에 가장 중요하지 않기 때문이다. 어떨 땐 앞에 와야 할 단어가 있는가 하면 어떨 땐 뒤에 올 단어가 있다. 뒤에 오는 단어들은 대부분 중요하지 않은 단어들이다.

그는 흐느끼면서 형과 친구가 무자비하게 처형당하는 장면을 가까운 거리에서 보았다.
He saw his sobbing brother and friend ruthlessly executed at close range.

짧은 문장은 앞에 긴 문장은 뒤에 오는 경우

동사 다음 긴 문장과 짧은 문장이 있다면 짧은 문장이 먼저 온다. 영어는 문장이 길면 길수록 뒤에 오는 경향이 있다. 그 이유는 혼자 외출할 때와 가족과 함께 외출할 때의 차이점과 비슷하다. 혼자 외출할 때에는 이동이 쉽지만 가족과 함께 외출하면 이동하기가 번거롭다. 영어의 속성도 이와 비슷하여 문장이 길수록 이동경로가 늦어진다.

수선하다   mending

그들은 배 안에서 아버지와 함께 그물을 깁고 있었다. (직역)
그들은 아버지와 함께 배에서 그물을 깁고 있었다. (의역)
They were in a boat with their father, mending their nets.

주어 '그들은 they' 동사 '있었다 were' 그 다음 동사 뒤에 어떤 문장이 와야 하나? 먼저 한글식 어순의 이론을 적용해 보자. 그들은 지금 어디에 있는가? 배 안에 있다. 누구와 함께 있는가? 그들의 아버지와 함께 있다.

배에서 무엇을 하고 있는가?

한글식 어순을 종합적으로 정리하면 '그들은 배 안에서 아버지와 함께 그물을 깁고 있었다.'는 이론이 성립된다. 그렇다면 동사 다음 '배에서 in a boat'라는 내용이 와야 하며 다음엔 '아버지와 함께 with their father'와 '그물을 깁고 mending their nets'이 와야 한다. 이렇게 해석하는 방법이 한글식 어순의 이론이다.

이번엔 짧은 문장은 앞에 오고 긴 문장은 뒤에 오는 문법적인 이론의 속성을 적용해 보자. 주어+동사 어순을 뺀 다음 문장이 가장 짧은 부분은 '배 안에서 in a boat'이다. 그 다음 순서는 '아버지와 함께 with their father'라는 문장이 두 번째로 짧고 그 다음 '그물을 깁고 mending their nets.'이 가장 길다. 여기서 한 가지 일반적인 문법의 원리와 다른 점은 부사구가 있는 문장이 동명사가 있는 문장보다 먼저 등장했다는 점이다. 왜 이런 현상이 나타난 것일까? "

본래 이 문장은 복문으로 그들은 아버지와 함께 배에서 그들은 그물을 깁고 있었다. They were in a boat with their father, there are mending their nets. 라는 내용을 짧게 표현한 문장이다. 반복되는 부사절 중에 they were 는 남겨두고 뒤에 있는 there are 를 생략하면 They were in a boat with their father, mending their nets. 의 문장이 성립된다. 영어어순의 속성에 따라 짧을 수록 문장이 앞에 오고 길면 길수록 문장이 뒤에 오는 문법의 원리와 일치한다.

나아가다 go out

대전과 부산 사람들이 다 그에게로 나아갔다.
People went out to him from DaeJeon and Pusan.

이 문장의 본 주어는 '대전과 부산 사람들이 people who are DaeJeon and Pusan'처럼 긴 문장이 앞에 와야 하는데 문장이 너무 길기 때문에 '사람들이 people'이 주어가 되고 '그에게로 나아갔다. went out to him.'이 동사와 목적어로 오면서 짧은 문장 우선순위로 대치시켰다.

천사가 꿈에 그에게 나타났다.
An angel appeared to him in a dream.

'그에게 to him'처럼 짧은 문장이 '꿈에 in a dream'보다 앞에 왔지만 천사가 꿈에 서울에 있는 그에게 나타났다. An angel appeared in a dream to him in Seoul. 처럼 '서울에 있는 그에게'라는 가족을 동반하게 되자 '꿈에 in a dream'에게 밀려 문장 끝으로 물러나게 되었다.

전치사 용법

전치사는 기업에 속한 자재부와 같아서 다양하게 사용된다. 자재부에서 수만 가지의 자재를 알맞게 배치시키는 역할을 해야 하는 것처럼 전치사도 명사나 대명사 앞에서 다양하게 쓰인다. 전치사 용법을 바로 알면 문장의 해석이 쉬워진다.

전치사 with

명사 앞에 전차사가 등장하면 그 명사는 부사구로 변화될 확률이 높기 때문에 각 문장 끝에 오게 된다. 특히 공급(지급)동사는 with 를 동반하는 경우가 많다. 공급동사는 수여동사로서 4형식을 유도한다. 4형식의 특성은 주어+동사+간목+직목 순이지만 with 가 등장하므로 3-1형식으로 변하게 된다. 3-1형식은 주어+동사+직목+간목의 어순으로 오지만 with 를 동반하면 4형식과 같이 주어+동사+간목+직목 순으로 온다.

공급동사 공식: 공급동사+ 목적어+with+간목+직목

그 회사는 직원들에게 유니폼을 지급했다.
The company supplies employees with uniforms

그들은 그에게 황금을 예물로 드렸다.
They presented him with gifts of gold.

for 가 문장 끝에 오는 경우

나는 선물을 그녀에게 사주었다. I bought a gift for her.

본래 이 문장은 4형식 문장이 3-1형식 문장으로 변한 문형이다. 4형식 문장으로 하면 나는 그녀에게 선물을 사주었다. I bought her a gift. 이지만 전치사 for 가 오면서 3-1형식 문장이 되어 선물을 강조하게 된 문장이다. 3-1형식 문장은 이와 같이 직목이 먼저 오고 간목이 뒤에 온다. 4형식 문장과 3-1형식 문장의 차이점은 무엇을 먼저 강조하느냐에 따라 달라질 수 있다. '귀하고 비싼 선물'을 강조하고 싶으면 3-1형식을, '사람'을 강조하고 싶으면 4형식을 자유롭게 선택하여 사용할 수 있다.

전치사 with와 기간

같은 전치사라도 장·방·시를 동반한 전치사가 온다면 대다수의 전치사는 장·방·시를 동반한 전치사에게 양보해야 한다. 일반적으로 전치사 with 는 문장 끝에 오지만 그 문장 속에 장·방·시가 있으면 장·방·시보다 먼저 등장한다.

그들은 정오에 나와 함께 식사할 예정이다.

먼저 한글식 어순 이론을 적용해 보자. 주어 '그들은 they'+동사 '예정이다 are going to' 그런데 무엇을 할 예정인가?

1. 식사　　　　eat
2. 정오에　　　at noon
3. 나와 함께　 with me

이 중에 '식사할 예정이다. are going to eat.'가 잘 어울린다. to 다음에 전치사가 필요한 것이 아니라 동사가 필요하다. They are going to eat. 이 문장은 be to 용법을 써서 They are to 용법을 써도 되지만 문어체는 be to 용법을 선호하고 회화체는 be goint to 용법을 더 선호하고 있기 때문에 회화체를 선택했다. 참고로 be to 용법은 예정, 운명, 의도, 의무, 가능 등 5개가 있다. 즉, '예정된 운명은 의도가 아니라 의무의 가능성이 있다.'라고 암기한 내용들을 기억하고 있는가?

일단 한글식 이론이 적용되었다. 한글식 이론이 적용되면 문법적 이론은 더 쉬워 진다. 나머지는 '정오에'와 '나와 함께'라는 전치사가 달린 부사구이지만 장·방·시의 원리에 따라 '나와 함께'가 앞에 오며 '정오에'라는 부사구는 당연히 기간을 의미하기 때문에 문장 끝에 온다. 정리하면 그들은 정오에 나와 함께 식사할 예정이다. They are going to eat with me at noon.

한 문장 속에 두 개의 전치사가 올 때

한 문장 속에 전치사가 두 개 이상 오면 어떤 전치사가 앞에 올까? 장·방·시가 있는 전치사라면 두말할 필요 없이 장·방·시 문장이 뒤에 오겠지만 장·방·시가 없는 문장 속에 전치사가 두 개 이상 등장 할 때 과연 어떤 종류의 전치사가 앞에 오는지 그 우선순위를 찾아 보자.

나는 너희를 회개시키려고 물로 침례를 준다.
I baptize you with water for repentance.

문장을 해석할 때 제일 먼저 부사 또는 부사구를 임시 생략하는 작업을 해야 한다. 부사구는 전치사와 함께 있는 그룹들이다. with water 와 for repentance 가 앞에서 설명한 부사구에 속한다. 나머지 문장을 분석하면 주어 '나는 I', 동사 '침례를 준다 baptize', 목적어 '너희를 you'이다. 아주 단순한 문장이 되었다. 나는 너희를 침례를 준다. 즉, '나는 너희에게 침례를 준다. I baptize you.' 쉽게 문장을 해석할 수 있는 좋은 방법 중에 하나는 문장 속에 있는 부사를 임시 제거한 후 다시 회복시키는 방법이다.

나머지 생략했던 부사구는 '회개시키려고'와 '물로'라는 문장인데 둘 다 전치사를 동반한 부사구이다. 이럴 때 어떤 문장이 목적어 뒤에 올 수 있을까? 문장의 어순을 선정하기가 난감할 땐 언제나 한글식 이론, 동사 이론, 문법적 이론을 적용하는 습관을 가져야 한다. 이 중에 동사의 의미 부여의 이론을 적용해 보면 문장에서 동사가 원하는 단어는 '회개시키려고'라는 문맥보다 '물로'라는 문맥이 더 잘 어울린다. 왜냐하면 논리적인 이론으로도 성립되지만 '침례'라는 뉘앙스 속에 물이라는 의미가 자연스럽게 연결되어 있기 때문이다.

이 문장 속에서 원하는 것은 전치사의 종류가 아니라 본동사의 속성이다. 본동사가 원하는 내용을 찾아 순위를 정하는 방법이 전치사의 위계질서를 확립시켜주는 길이다.

나는 너희를 회개시키려고 물로 침례를 준다.
I baptize you with water for repentance.

생물체 앞에 오는 전치사 for 는 문장 끝으로 보내라
전치사 for 가 무생물체 앞에 오면 다른 전치사들 보다 앞에 오는 경향이 있다. 반면에 전치사 for 가 생물체 앞에 있으면 다른 전치사들보다 뒤에 오는 경향이 있다. 4형식 문장은 주어+동사+간목+직목 순으로 오지만 for 가 있는 4형식은 3-1형식으로 바뀌면서 직목+간목으로 순서가 바뀌는 속성이 있다.

그들은 잠자리를 집 없는 사람들에게 제공했다.
They provided lodging for the homeless.

공급동사는 목적어 다음 전치사 with 가 주로 오지만 같은 공급동사라도 목적어 다음 전치사 for 가 오면 직목+간목의 순서로 오면서 for 다음 생물체가 주로 온다. 다시 정리하면 공급동사+목적어(간목)+with 는 무생물(직목)이 오고, 공급동사+목적어(직목)+for 는 생물체(간목)가 온다.

가서 그 아기를 샅샅이 찾아라.
Go and search carefully for the child.

무생물체 앞에 오는 전치사 for 문장

옛말에 찬물에도 위아래가 있다고 했는데 전치사는 특별한 서열이 없다. 다만 문장의 내용에 따라 언제든지 변화무쌍하게 어순이 바뀔 수 있다. 전치사 for 는 주로 생물체 앞에 오는데 만일 무생물체 앞에 오면 다른 전치사들 보다 앞에 오는 경향이 있다.

저는 보통 나가서 친구들과 한 잔합니다.
I usually go out for drinks with my friends.

빈도부사는 일반동사 앞에 be 동사나 조동사 뒤에 오는 원칙이 있다. 이를 '일앞 비조 뒤'라고 암기하면 쉽게 기억할 수 있다. 동사 '나가서 go out'이 일반동사이기 때문에 빈도부사는 원칙에 따라 일반동사 앞에 왔다. 나머지는 두 개의 부사구인데 짧은 문장 우선의 원칙을 적용하면 당연히 '한 잔 for drinks'가 앞에 오고 '친구들과 함께 with my friends'는 뒤에 오는 것은 당연하다. 하지만 전치사 for 가 다른 전치사 보다 앞에 쓰이는 또 다른 이유는 for 가 무생물체와 함께 있을 경우에 다른 전치사들 보다 앞에 오는 특징이 있다.

for 와 to 부정사의 순위

전치사 for 와 to 부정사의 형용사 용법이 동시에 들어 있는 문장에서는 전치사 for 가 to 부정사의 형용사 용법 보다 앞에 온다.

이 소설은 내가 읽기에 너무 어렵다.

The novel is too difficult for me to read.

이 문장을 다양한 면으로 분석해 보자. 먼저 문장이 길면 부사구 '내가 읽기에 for me to read'를 임시 생략한다.

이 소설은 너무 어렵다. The novel is too difficult.

부사구가 없는 단순한 문장이 되었다. 다음엔 전치사의 부사구를 첨가해 보자.

이 소설은 내게 너무 어렵다. The novel is too difficult for me.

부사구는 문장 끝에 온다. 이번엔 전차사의 부사구 대신에 to 부정사로 대신해 보자.
이 소설은 읽기가 너무 어렵다. The novel is too difficult to read. 처럼 형용사 뒤에 to 부정사가 왔다. to read 는 부사적용법이 되어 형용사를 수식하게 된다. 그런데 전치사의 부사적용법 for me 와 to 부정사의 형용사용법 to read 가 동시에 오면 전치사의 부사적용법이 to 부정사의 형용사용법보다 먼저 온다. 그 이유는 주어 '그 소설은 the novel'이 무생물체이기 때문이다. 만일 주어가 사람이라면 그 주어인 사람이 소설을 읽을 때 어렵다는 것을 느끼겠지만 주어가 사물일 경우엔 그 소설을 누가 읽을 것인지 대상이 분명하지 않다.

그 소설 the novel 그 자체가 무엇을 읽을 수 있는 생물체가 아니기 때문에 그 소설을 읽을 대상이 필요하다. 만일 그 소설을 내가 읽는다면 for me 를 쓰면 된다. for me 가 오면 주어인 그 소설 the novel이 for me 로 인하여 책을 읽을 대상이 분명해 진다. 그 다음 to 부정사의 to read 는 당연히 for me 를 뒤에서 수식하는 형용사의 후방한정용법 법칙에 따라 뒤에 오면 된다.
따라서 이 소설은 내가 읽기에는 너무 어렸다. The novel is too difficult for me to read. 라는 문장이 쉽게 완성되는 것이다.

나는 내가 읽을 책이 없다. I have no book for me to read.

이 문장에서는 굳이 for me 를 강조할 필요가 없다. 주어인 내가 책과 직접 관련이 있기 때문에 나라는 존재를 강조할 필요가 없어진 것이다. 그래서 나는 내가 읽을 책이 없다. I have no book to read. 라고 하면 된다. 하지만 나는 우리 어버지가 읽으실 책을 가지고 있지 않다. I have no book for my father to read. 라는 문장이 있다면 반드시 '우리 아버지가 for my father'이라는 문장을 언급해야 한다. 이 문장에서는 주어인 나와 책이 관련있는 것이 아니라 나의 아버지와 책이 관련있기 때문에 my father 를 삭제하면 틀린 문장이 된다.

정리

1. 주어가 무생물체이면 주어를 대변할 수 있는 대상을 언급하기 위해 목적격 for me 가 와야 한다.
2. 만일 목적격 for me 가 온다면 그 뒤에 to 부정사가 온다. 이 때 오는 to 부정사는 목적격을 수식하는 형용사의 후방한정용법이 된다.
3. 주어가 생물체이면 주어를 강조하는 목적격 for me 는 올 필요가 없다.
4. 주어가 생물체인데 목적격과 다른 생물체이면 그 목적격을 언급하기 위해 반드시 다른 생물체의 강조를 위해 for 와 함께 언급되야 한다.

전치사 for 와 to 의 차이점

전치사 중에 for 를 쓸 경우와 to 를 쓸 경우가 있다. 전치사 for 와 to 는 그 용도가 비슷하여 문장을 만들 때 많은 혼돈이 생긴다. 이번 기회에 for 와 to 의 용도를 자세히 알아보자.

전치사 for 는 단지 방향을 언급할 때, to 는 어느 목적지를 향해 가는 것을 언급할 때

그녀는 한국을 향해 출발했습니다. She has started for Korea.

한국을 향해 출발한 건 사실이지만 다른 나라를 들렸다 올지 아니면 직접 한국으로 오게 될지 아무도 모르는 상태가 된다. 하지만 그녀는 벌써 한국으로 출발했습니다. She has already started to Korea. 한국이라는 장소 앞에 to 가 오면 한국이 여행의 목적지가 되어 '목적지를 향하여' 또는 '목적지로 간다.'라는 뜻이 된다. 만일 to 대신 for 를 쓴다면 목적지를 나타내기보다는 단지 방향을 언급하는 쪽으로 흐른다.

for 는 직접 해결해야 할 문제를 언급할 때, to 는 간접적으로 해결해도 되는 것을 언급할 때

이 문제는 내게 너무 어렵다. This problem is too hard for me.

여기에 쓰인 for 는 우리에게 직접 영향을 줄 수 있는 문제를 언급하므로 우리가 해결해야 할 책임감을 느끼게 한다. 하지만 그것은 우리에게 문제도 아닙니다. That is no problem to us. 의 to 는 우리가 해결하지 않아도 된다는 뉘앙스가 있다. 누가 문제를 제기 했을 때 우리가 책임을 지고 해결하고자 한다면 for 를 쓰고 문제제기를 회피하고 싶다면 to 를 사용한다.

for 는 화폐교환이나 물건을 교환할 때 또는 물건이나 돈이 상대에게 건네주는 경우
이때 for 대신 to 를 쓰면 안 된다.

나는 5달러를 주고 책을 샀다. I bought the book for five dollars.
책을 사기 위해 돈을 상대에게 건네주었기 때문에 to 보다 for 를 사용해야 한다.

나는 1달러를 10 다임 10개로 바꿨다. I changed a dollar bill for ten dimes.
화폐를 교환할 때 to 를 쓰지 않고 for 를 사용해야 한다.

for 는 사물의 목적이나 용도를 표현할 때 ing 와 함께

이 칼은 빵을 자르는 용도에 쓰인다. This knife is for cutting bread.
이 때 to 를 쓸 수 없다.

for 는 ~에 대해서 감사의 표시를 할 때에 ing 와 함께

집에 태워 주셔서 감사합니다. Thanks for the ride home.
이 때 to 를 쓸 수 없다.

전치사 to 는 유감이나 사과할 때

당신께 유감스럽게 되었습니다. I'm sorry to hear that.
늦어서 죄송합니다. I'm sorry to be late.

to 는 이유를 나타낼 때

나는 당신을 보고자 여기에 왔습니다. I came here to see you.

to 는 진행형에 쓰인다.

우리는 파리에 갈 예정입니다. We're going to Paris.

분사구문

분사구문이란 복문으로 된 긴 문장을 단순하게 사용할 수 있도록 만든 문장을 말한다. 즉, 복문은 주절과 종속절이 연결되는 문장을 말하는데 종속절이 부사절로 앞에 나올 때 긴 문장을 단순하게 만드는 방식으로 종속절에 있는 접속사를 삭제하고 종속절에 있는 주어 동사를 삭제하고 종속절에서 주어 다음에 오는 동사를 원형으로 고친 다음 ing 로 바꾸는 방식을 말한다. 분사구문은 주로 문어체에 많이 쓰인다.

나는 그의 이름을 알고 있기 때문에 나는 그의 이름을 불렀다.
Since (Because) I knew his name, I called his name.

이 문장을 분사구문으로 바꾸면 'Knowing his name, I called his name.' 동사를 고칠 때에는 반드시 원형으로 바꾼 다음 ing 를 첨가해야 한다. 만일 knew 를 knewing 으로 하면 안 된다. 반드시 knowing 처럼 원형에서 바꿔야 한다.

나는 시간이 없었기 때문에 나는 달려야만 했다.
As I had no time, I had to run. = having no time, I had to run.
(강의 #5 분사구문 편 참고)

다음은 현재완료형 분사구문의 예문을 한글식 영어어순학습 방식으로 고치면서 분석해 보자.

꿈에 헤롯에게 돌아가지 말라는 경고를 받았다. (직역)
꿈에 헤롯에게 돌아가지 말라는 지시를 받았다. (의역)

이 문장은 having been 으로 시작한다. 따라서 현재완료형 분사구문이라는 것을 감지할 수 있다. 동사는 '경고(지시)를 받았다.'이다. 동사와 밀접하게 관련된 문맥은 어떤 것일까?

1. 꿈에 경고(지시)를 받았다.
2. 헤롯에게 경고(지시)를 받았다.
3. 돌아가지 말라고 경고(지시)를 받았다.

이 중에 가장 논리적인 이론은 1번 꿈에 지시를 받았다. having been warned in a dream 이다. 그렇다면 꿈에 지시를 받은 내용은 무엇인가?

1) 헤롯에게
2) 돌아가지 말라

이 두 문맥 중에 '돌아가지 말라.'는 내용이 이론적으로 더 설득력이 있다. 왜냐하면 헤롯을 만나기 위해서는 돌아가야 만날 수 있기 때문이다. 돌아가지 않으면 헤롯을 만날 수 없다는 이론이 성립된다. 문장을 종합해 보면 지시를 받았다 꿈에 돌아가지 말라 헤롯에게 즉, 꿈에 헤롯에게 돌아가지 말라는 지시를 받았다. Having been warned in a dream not to go back to Herod. 라는 문장이 완성된다.

형용사의 후방한정용법의 to 부정사와 서술용법의 to 부정사의 차이점

형용사의 후방한정용법의 to 부정사는 항상 명사(목적어) 뒤에서 꾸며주고, 서술용법의 to 부정사는 항상 명사 또는 대명사 앞에서 꾸며 준다.

형용사의 후방한정용법의 to 부정사

나는 비행기 안에서 읽을 책을 샀다. I bought a book to read on the plane.

to 부정사 '읽을 to read'가 앞에 있는 '책 a book'을 꾸미는 것을 형용사의 후방한정용법이라 한다. to 부정사가 명사를 꾸밀 때에는 항상 명사 뒤에서 수식해야 한다. 나머지 '비행기 안에서 on the plane'은 부사구로 당연히 문장 끝에 온다.

서술용법의 to 부정사
서술적 용법이 to 부정사란 일반 동사처럼 서술적으로 동사
와 연결되는 to 부정사를 말한다. 주로 be to 용법에서 많이 쓰인다.

우리는 그를 여기서 만날 예정이다. We are going to meet him here. 를 to 부정사의 용법으로 고치면 We are to meet him here. 예정에 쓰이는 be to 용법으로서 서술적 기능을 하게 된다.

비교급의 특성
뉘앙스가 가장 멀게 느껴지는 문장이라도 비교급에서는 첫 번째 비교급 단어 뒤에 온다.

견디는　bearable
심판　　Judgment

심판 날에는 이 마을이 그 도시보다는 견디기가 쉬울 것이다.
It will be more bearable for this town on the Day of Judgmentthan for the city.

주어가 확실하지 않을 때는 가주어 It 밖에 없다. 미래형이다. It will. 비교급의 특성 중 하나는 대부분 2형식 문장이 주를 이룬다. 2형식의 대표동사는 be 동사이다.
비교급은 본동사 다음 바로 비교대상이 오는데 '견디기가'의 단어는 2음절 이상의 단어로 more ~ than 를 첨가한다. 지금까지 내용을 정리하면 견디기가 쉬울 것이다. It will be more bearable.

다음은 비교의 대상 이 마을이 그 도시 보다는 for this town than for the city 이 왔다. 문제는 '심판 날에는 on the Day of Judgment'의 위치 선정이다. 비교문장에서는 가장 멀리 느껴지는 문장이라도 비교급 중간에 오는 경향이 있다. 이를 정리하면 심판 날에는 이 마을이 그 도시 보다는 견디기가 쉬울 것이다. It will be more bearable for this town on the Day of Judg men tthan for the city. 로 문장이 완성된다. 이 문장을 심판 날에는 이 마을이 그 도시 보다는 견디기가 쉬울 것이다. On the Day of Judgment, it will be more bearable for this town than for the city. 로 고쳐도 무방하다.

주어체가 두 개가 있는 what 의 용법에서는 생명체(간목)가 문장 끝에 온다.

이것은 당신이 요셉에게 말해야 하는 것이다. This is what you should say to Joseph.

한글식 어순을 보면 '이것은 당신이'처럼 주어로 보이는 조사가 두 개있다. 조사가 두 개 있는 what 의 문장에서는 한글식 주어체, 즉 '이것은 당신이'와 같이 쓰는 것처럼 영문장도 연어어 'This is what'으로 연결하여 표현하게 된다.

이것이 내가 그에게 말한 것이다.
This is what I said to him.

이것은 당신이 당신 자녀에게 말해야 한다.
This is what you must to say to your children.

하지만 주어가 하나만 있으면 당연히 목적어(생명체)는 문장 앞에 온다.

다가올 일 yet to come.

그분이 다가올 일을 여러분에게 말해 줄 것이다.
He will tell you what is yet to come.

의문사와 명사, 형용사, 부사의 어순 순위

'어떤 음식', '어떤 운동' 처럼 의문사 뒤에 명사가 바로 오면 항상 의문사+명사 순으로 온다.

어릴 때 어떤 음식을 싫어했으며 지금은 어떤 음식을 좋아합니까?
What food did you not like when you were young that you like now?

*의문사 문장은 언제나 의문사 다음 동사가 와야 하며
접속사 문장은 항상 접속사 다음 주어가 와야 한다.

어릴 때 어떤 운동을 주로 했으며 지금은 어떤 것을 안 하나요?
What activity did you do when you were a kid that you don't do now?

몇 시에 일어납니까? What time do you get up?
몇 학년입니까? What year are you in? =What grade are you in?

의문사+형용사

당신 10살 때 키가 얼마나 컸으며 지금은 얼마나 큽니까?
How tall were you when you were 10 years old? How tall are you now?

당신은 얼마나 빠르게 달릴 수 있나요? How fast can you run?

의문사+부사

당신은 얼마나 자주 여자친구에게 전화를 합니까?
How often do you call your girlfriend?
당신은 얼마나 자주 스트레스를 받습니까?

How often do you get stressed?

하지만 의문사 뒤에 명사나 대명사가 아닌 다른 품사가 오면 의문사+(조)동사+주어+(본)동사가 온다.

무슨 공부를 하고 있니? 전공이 무엇입니까?
What are you studying? =What is your major?

어릴 때 어디서 살았으며 지금은 어디에 삽니까?
Where did you live when you were a child, and where do you live now?

기수와 서수의 순서
수사가 있는 문장이 앞에 온다. (기수: one, two, three 와 서수: first, second)

암기방식: 기원서퍼

그는 두 형제가 바다에 그물 던지는 것을 보았는데 저희는 어부였다.
He saw two brothers, they were casting a net into the lake, for they were fishermen.

내용을 보면 한글식 표현이 적합하지 못할 뿐 아니라 너무 어렵게 느껴진다. 영어를 번역할 때, 영작할 때, 말할 때에는 자신이 쉽게 이해할 수 있도록 수정한 다음 활용할 수 있는 지적 능력이 있어야 더 세련되고 유창한 영어를 하게 될 것이다. 예를 들어 이 문장을 '그는 두 형제를 보았다. 그들은 호수에 그물을 던지고 있었다. 그런데 그들은 어부들이었다.'라고 직역해 볼 수 있다. 이제 영문을 한글식 사고방식으로 능숙하게 교정할 수 있는 프로가 되어 가고 있는가? 어떤 문장이든 한글식 이론, 동사 이론, 문법적 이론을 종합적으로 적용하는 연습과 훈련을 계속하면 할수록 자신의 영어 실력은 끝없이 성장할 것이다.

끝으로 예문을 분석해 보자. 그는 두 형제를 보았다. He saw two brothers. 다음엔 '두 형제를 보았는데 무엇을 하고 있는 것을 본 것인가?'라는 질문을 던져볼 수 있다. 따라서 그들은 호수에 그물을 던지고 있었다. They were casting a net into the lake 이라고 그가 본 내용을 전개해 나갈 수 있다. 그런데 글을 쓴 저자가 보충설명을 하기 위해 그런데 그들은 어부들이었다. for they were fishermen. 으로 덧붙여 설명하고 있는 모습이다. 이를 정리하면

    그는 두 형제가 바다에 그물 던지는 것을 보시니 저희는 어부라. (직역)
    그는 두 형제를 보았다. 그들은 호수에 그물을 던지고 있었다. 그런데 그들은 어부들이었다. (의역)
    He saw two brothers, they were casting a net into the lake, for they were fishermen.

  영어는 보고, 읽고, 쓰고, 말하고, 듣고, 번역하고, 통역할 정도가 되어야 영어를 완전히 정복하게 되는 것이다. 지금까지 학습한 내용들을 순간 순간마다 적용하고 활용하자. 지적능력과 판단력, 적응과 실천 등을 통해 어떤 성격을 바꿔보고 환경을 극복하며 겸손한 마음으로 자신감 넘치는 생활을 해보자.

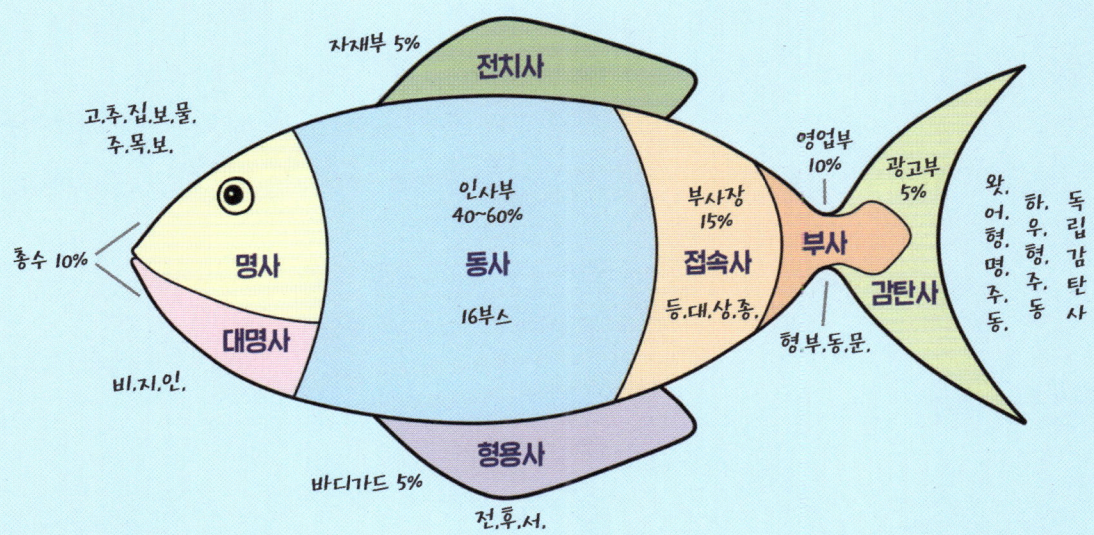